가람 이병기 전집 25

교육학 Ⅰ

— 중등국어 1~6 —

이 도서는 2024년 국립대학육성사업의 지원을 받아 수행되었음
이 도서는 2024년 익산시와 전라북도의 지원에 의해 간행되었음

가람 이병기 전집

㉕

교육학 I

중등국어 1~6

전북대학교출판문화원

교육학 I

중등국어 1~6

목 차

중등국어 1

인정종류	중등학교국어과참고용
인정년월일	4282년8월3일
인정유효기간	4283년8월31일
인정관청	문교부

중등국어 1

이병기 편

『중등국어 1』(이병기, 금룡도서, 1949) 표지

금룡 도서 주식 회사 발행

일러두기

1. 원본 자체의 맞춤법 오류 바로 잡아 표기하고, 각주를 붙여 원문의 표기를 기록하였다.
2. 일반 문법적 오류 아닌 작가의 시대적 사회적 관련으로 나타나는 비표준어적 표기는 그대로 인정하고 띄어쓰기도 그대로 하였다.

목차

1. 팔월

박종화朴鍾和*

팔월 늦은 볕에 전원이 기름지다.

수수는 고개 숙고 올여벼 금 물결일세,
밤송이 소리 없이 뒷 동산에 터지고,
방죽엔 게 다리 살져 내린다.

시냇 가의 송아지 "어매-" 부르고,
수집은 촌 색시 면화 따서 가더라.

침성砧聲

칠월에 별 흐른다,
구시월 서리 차다.

* 박종화. 호는 '월탄月灘'. 시인. 시집 "靑磁賦".

미명옷 다듬노라.
천 리밖 아들 생각.

장안 빈 허공에 짧고 긴 다듬이 소리,
모두 다 시름 걱정을 싸고 돌고 하노라.

2. 무국어撫菊語

조동탁趙東卓*

하는 수 없이 낙향落鄕해 버리고만 것이 어느덧 철수가 박뀌었다. 날마다 산을 바라보고 밤마다 물 소리를 이웃하는 것밖에 나는 책 한 권 바로 읽지 못하고, 소란한 세상을 병든 몸으로 숨어서 살아 간다. 친한 벗에게서는 편지 한 장 오지 않고 들리는 소문이란 쫓기는 백성의 울부짖음밖에 아무 것도 없었다.

어쩌지 못할 설음 속에 내가 그래도 울먹거리는 마음을 다소 가라앉히기는 노란 국화가 피면서부터였다. 여름에 미리 파 뒀던 한평 남짓한 못에다 뒷결 미나리강에서 물을 따대었다. 산에 가서 기이奇異한 돌을 가져다 쌓기도 하고 강 가에서 흰 모래와 갈대 몇포기도 날라온 보람이 있어 방 둘 부엌 하나밖에 없는, 이름 그대로 나의 외로운 초가草家 삼간三間은 하루 아침에 가을이 왔다. 무엇을 하며, 누구와 더불어 얘기하나? 무척은 지루하고 고달프던 세월도 소슬한 바람이 불기 시작하자 줄다름을 치는 듯 하였다. 쓸쓸한 벗 국화와 갈대꽃이 창 밖에 와서 기다려도, 어쩌지 못할 서름을 그들도 하소연하지 않는가. 높은 구름이 못 위에 어리는 날

* 조동탁. 호는 지훈芝薰. 시인.

이면 창을 열고 먼 산을 바라다가 또, 꽃을 바라고 내 마음의 애무愛撫는 이 가냘픈 그러나, 칼날 같은 마음 앞에서 저윽히 설레었다.

서릿발이 높아 지자, 국화는 더욱 청초淸楚해 가고 나는 국화를 바라보단, 불현 듯 맨발로 섬돌을 나리도록 서글퍼졌다. 내일 모래면 광산으로 끌려 가야 한다. 병든 나의 책상에도 이상한 번호 한 장이 왔기 때문이다.

논 밭이 가까운 나의 집에는 이따금 며뚜기가 푸섶에 뛰어 든다. 수탉은 며뚜기를 잡으려 쫓아 가다간 놓쳐 버리고 담장 위에서 "꼬끼요" 하고 길게 목청을 뽑는다. 무척 고요한 낮에 낮 닭 소리가 끝나면, 마을은 더욱 고요해 진다. 서울 성북동城北洞 아무 운치韻致도 없는 집을 꾸미라고 근원 화백近園畫伯이 보내 주신 손수 가꾼 국화 분을 하루 밤 자고 나니, 닭들이 꽃과 잎을 모조리 따 먹고 부러진 줄기가 툇마루에 떨어졌더니, 닭도 시골 닭은 국화를 먹기는커녕 국화 그늘 아래 즐거이 볕을 쪼이며 조은다. 사람이 콩깍지만 먹고 살거니 미물微物이 꽃을 먹는 풍류風流를 아니 배울 수 있겠는가 하고, 그 때는 웃을 수밖에 없었으나, 닭만치도 국화를 즐기지 못하는 지금의 나의 마음을 국화는 알 것이다. 아아 국화가 나에게 한갓 슬픔을 더해 준다기로소니, 영혼과 육신이 함께 목 마른 지금의 나에게 국화가 없으면 낙엽이 창살을 휘몰아 치는 기나긴 가을 밤을 어렇게[1] 견디랴.

---

1 '어떻게'의 오기.

3. 아버지와 아들

최원복崔源福*

이 날 아침에는, 다른 때보다 훨씬 일찌기 산에 오르기로 하였다. 산이래야 거리에서 얼마 되지 않는 곳, 세무서 바루 뒷산이다. 그리 높지는 않고, 올라가면, 산마루에 비교적 평탄한 길이 쭉 깔려 있어서, 세무서 담을 끼고 돌면, 다른 한 쪽으로 내려오게 되어 있다. 이렇게 가깝고 얕은 산이언만, 아침마다 보아야, 별로 오르는 사람이 많은 것 같지 않고 산마루의 길목에서, 단장을 주책 없이 휘두르다가, 성악 연습을 하는 셈인지, 아리랑 타령에 목청을 돋우곤 하는, 두어 청년을 볼 뿐이다. 워낙 사람이 많이 온다면, 이런 욕심이 없을 터이지만, 날마다, 내 길을 앞질러 오곤 하는, 이 두 청년이 나만의 천지를 침입하는 양해서, 나는 적이 불만하였다. 그래서, 이 날 아침은 새벽 일찍이 선등으로 고요한 산 언덕의 새벽을 혼자 즐기고자 하는 것이었다.

아직도, 잠이 덜 깨었는지, 심술 난 것 모양으로 씨무룩하여, 말 없이, 꽁무니만 따르던 귀돌이-열 네 살 되는 일하는 계집애-가 세무서 왼 쪽 지름길을 들어 산 위에 올랐을 때에야 비로소 입이 떨어졌다.

* 최원복. 여류작가.

"언니, 여느 때보다 이른 것 같애."
하고는 눈을 비빈다.

"그래, 좀 이른가 보다. 왜, 너 여태 졸리니?"

"언니, 지금은 정신이 나. 저기 날마다 오던 사내 사람 둘도 없고, 참 좋지?"

"너도 사람 있는 게 싫구나!"

나는 속으로 중얼거리면서, 까닭 없이 웃었다. 동쪽 하늘엔 겨우 산머리의 윤곽만이 금빛 면류관 아래 어렴풋이 들어났을 뿐, 사 방은 어둑어둑한데, 새벽 기운이 가을 날처럼 써늘하고, 발 밑의 이슬이 유난히 차겁다. 우리는, 제일 높은 산 등성이에 가서, 시가지와 반대되는 쪽을 바라보면서, 섰다. 논 벌판에 아직 사람이라곤 없고, 도랑 길에서, 백로가 기지개 펴 듯 무겁게 날아간다. 안개는 산허리를 자욱히 싸 돌고, 멀리 둘러선 멧부리들은 흡사히 바다에 뜬 섬들을 보는 것 같아서, 꿈 같은 생각이 안개 자욱한 지평선 너머로 달아간다. 건너 언덕 산 비탈에, 조기 껍질 같은 초가집들이, 마치 밭 고랑이 누비이불처럼 덮인 속에서, 조는 듯 다소곳이 기대어 있다. 넓은 하늘엔, 새 한 마리도 눈을 자극하는 것이 없고, 온 천지가 내 차지인 것 같아서 마음이 호똣하였다.

발길을 다시 옮기어, 내가 좋아하는, 소나무 침침한, 숲 속으로 가려할 즈음이다. 바로 그 쪽에서 이리로 향하여, 뛰어 올라오는 것 같은 사람의 기척이 들린다.

"에크, 그 자들이로구나."

직각적으로, 이렇게 깨달았을 순간, 거의 절망에 가까운 불쾌를 느끼었다. 맛 있는 것을 혼자 먹다가 들킨 사람처럼 까닭 없이 가슴이 울렁거렸다. 그런데, 올라오는 것은 그 자들이 아니라, 의외에도 나 어린 소년이 아니었던가! 겨우 소학교 일이 학년쯤밖에 안되어 보이는 하복 입은 소년이다. 두 볼이 능금 쪽처럼 새빨개 가지고, 이슬 방울 같이 영롱한 눈을 반짝거리면서, 할딱할딱, 뛰어 올라오는 양이 어찌도 귀여운지, 슬쩍 집어 안고 싶은 충동을 느끼었다.

"얘, 너 혼자 이렇게 올라오니?"

내 입에서 이런 말이 떨어졌을 때에, 내 몸은 어느 새 그 소년의 앞을 가로막고 있었다. 소년은 귀찮다는 듯이, 약간 이맛살을 찡긋하고, 뒤를 돌아보더니. 귀염성 있게 웃어 보이면서, 그 대로 뛰어 달아난다.

"응! 뒤에 누구라 올라오는구나!"

내 짐작이 맞았다.

뒤에 따라 올라오는 것은 소년의 집 머슴인 듯, 군데군데 기운 진흙빛 무명 고의 저고리에 텁수룩한 중년 남자다. 그가 나 있는 데쯤 와서, 머뭇머뭇하는 것을 보더니, 어느새 소년이 퍼르르 뛰어 내려왔다.

"얘, 이거 내가 지고 말았구나. 허허!"

퍽 쾌활한 사람인 것 같다.

소년은 아까 대답 못한 것이 미안하다는 듯이 나를 보고,

"저, 아버지하고 나하고 경주를 했는데, 내가 이겼다나요."한다.

아버지? 나는 깜짝 놀랐다. 어디로 보든지 소년의 집 머슴으로밖에 보이지 않는 그가 소년의 아버지라니? 나는 그 아버지와 아들이 너무도 외양으로 현격함에 잠간 멍하니 말이 없었다.

"참 용ㅎ구나! 어쩌면, 그렇게 잘 뛰니?" 나는 한참만에야 싱겁게 대답을 건너고서, 소년의 얼굴을 살피었다.

"아버지, 어제는 내가 하마트면 질 번 했어도, 오늘은 아버지가 혼났지 뭐!"

하면서, 소년은 좋아서, 못 견디겠다는 듯이 깔깔거린다.

"오냐, 아들은 아버지보다 더 잘 뛰어야 하는 법이란다. 더 잘 먹고, 더 잘 배우고, 일도 더 잘 해야지."

아들을 바라보며, 이렇게 말하는 아버지의 표정은 이긴 편보다 도리어 더 만족스러웠다.

"얘, 우리 예서부터 저기 저 나무 있는 데까지 갔다 오기 내기할가?"

"예, 그래요."

그 아버지와 아들은 또 뛰기 시작하였다. 수풀진 산마루를 달리는 두 그림자를 보면서, 나는 까닭 없이 흥분되었다.

유쾌한 아버지다. 나는 산 비탈을 내려오면서, 이렇게 생각하였다. 자식을 나보다 좀 더 낫게 기르려 하는 그 아버지의 거룩한 노력에 나는 경의를 품지 않을 수 없었다. 날마다 새벽 일찌기 오르는 그들을 나는 몰랐었구나! 세무서 오른 쪽 모퉁이에까지 와서 나는 다시 한 번 그 쪽을 올려다 보았다. 해는 어느 새 떴는지 안개가 뽀얗게 비치는 산마루에서 아직도 이 두 그림자는 금빛 햇발 속에 풍덩거리면서 뛰고 있었다.

"오냐, 아들이 아버지보다 더 잘 뛰어야 하는 법이란다."

왜 그런지, 이 말이 도무지 잊혀 지지를 않는다.

× ×

그 후, 나는 날마다 새벽 일찌기 산에 올라가기로 하였다. 하루도 빼놓지 않고. 그 아버지와 그 아들을 만나곤 하였다. 내가 늦은 날이면, 산 밑 지름길로 아버지를 따라 쫄랑쫄랑 내려오는 소년을 영낙 없이 보았다.

나는 이 아침 등산이 말할 수 없이 즐거운 일과이었다.

4. 근교近郊

최영주崔泳柱*

봄엔 누구나 그렇겠지만, 곧잘 근교近郊를 걷게 된다. 교제성交際性이 옮은지라, 근교를 걷는 데도, 혼자 다닐 때가 많았다. 그래 그런지, 혼자 걷는 취미趣味도 또한 버리기 어려운 데가 있다고도 생각하는 터이다. 혼자건, 삼사 인 작반作伴이건, 도무지 심심해 본 기억은 없다. 다녀 볼수록 묘하고 아름다운 곳이, 실로 서울 근교라고 탄복嘆服만 된다. 어느 분인지, 경성京城은 세계世界 제일第一의 승경勝景 도시都市란 말을 한 걸 보았는데, 그 말이 나한데도 그럴사 하다.

다녀 보면, 또 가고 싶은 데도 있고, 언제고 가서 살고 싶은 데도 많다. 그 중에, 북한北漢, 도선 사道銑寺, 의정부議政府, 회룡 사回龍寺, 수락 산水落山 변두리에 있는 수덕 사修德寺는 내 마음이 무척 끌리는 곳이다. 그러나, 모두 한 번씩 가 보았을 뿐 두 번도 못 가 본 데다.

도선 사道銑寺는, 조선중앙일보朝鮮中央日報때, 백운대白雲臺서 우이동牛耳洞으로 내려 오다가, 잠간 들렸던 곳인데, 내가 만일 소설가小說家라면, 온천溫泉보다 여기 와서, 글을 쓰리라 생각하였다.

---

* 최영주. 이미 작고한 문필가였음.

회룡사回龍寺는 그 이전 진달래가 한창인 적에 갔었다. 경성 보육京城保育에 있던 때다. 절 앞 느티나무랑, 반석盤石과 계곡溪谷이랑 어찌 마음에 드는지, 금강산金剛山보다도 애착愛着을 느끼고, 노후老後를 이런 데서 한가閑暇하게 보낼 팔자라면 하였다.

그 다음, 수덕 사란 데를 간 것도 개벽 사시대開闢社時代니까. 꽤 오래된다. 그 때 내 하숙 주인下宿 主人을 찾아 다니는 보살 마님 한 분이 있었는데, 자칭自稱 족집게 할멈이라고 하면서, 관상觀相도 해 주고, 덕담德談도 하고, 또 소리까지 잘 하여, 오기만 하면, 하숙의 여러 사람을 웃겨주었었다. 그래 저래 길에서 만나더라도 인사를 할만큼 친해 졌는데, 만날 적마다 자기 절로 놀러오라고 청하는 바람에 하숙 할머니랑 일동一同이 신록新綠 무르녹은 오월 어느 날 노정기路程記를 보면서, 찾아 간 것이 수덕 사다.

망월사望月寺 건너 편 수락 산水落山 골짜기에, 폭 파묻힌 절이었다. 평퍼짐한 길로만 자꾸 들어가다가, 암석巖石이 나오고, 계류溪流가 흐르는 기슭에, 절이 있었다.

물도 좋고, 나무들도 좋고, 그보다도 바위들이 좋았다. 절 뒤로는 온통 삽주랑, 취랑, 고비랑 질펀하게 난다. 여동생 많은 나는 나물 뜯기를 좋아해서, 그 때도 하숙 할머니와 꽤 많이 뜯었었다. 절 밑으로 채전菜田도 있고, 철로鐵路길도 가깝고 해서, 그 때 이런 데서 묻혀 살면, 오죽 좋을가? 하였다.

이렇게 쓰다가 생각하니, 올 봄에는 그 곳들을 가고 싶은 생각이 불쑥 더 난다. 족집게 할머니가 그저 살아 있는지 모르거니와, 세 군데를 못 다 가면, 수덕 사만이라도 가 보겠다.

5. 농업

농업은, 모든 직업 중에서, 가장 신체를 건강하게 하는 것이다. 세상에는 햇볕도 보지 못하고, 공장에서 노동하는 이도 있고, 한 걸음도 안두案頭를 떠나지 못하고 사무에 골몰하는 이도 있으나, 농업에 종사하는 이는 한 종일 신선한 대기大氣를 마시며, 충분한 일광에 멱감는다. 세상에 이처럼 건강한 직업이 어디 있으랴?

신체 건강에 적당한 농업은, 또 정신을 건전하게 한다. 농업으로 말미암아 얻는 덕은 착실과 근면이다. 아무리 조급히 서두를지라도 어제 심은 모가 오늘 이삭이 나오는 것은 아니다.

옛적 어느 곳에, 벼를 빨리 성장시키려고 줄기를 잡아 빼어, 벼가 곧 말라 죽어 버렸다는 우스운 이야기도 있다. 비약飛躍은 농업에 금물禁物이다. 그러나, 다만 자연에 맡겨 두고, 누진하게 기다리고만 있다면, 농작물은 잘 되는 것이 아니다. 인력人力을 다한 뒤에, 비로소 자연에 맡겨 두어야 한다. 즉 인사人事를 다하고, 천명天命을 기다려야 한다. 여기에서, 저절로 근면과 착실의 미풍美風이 길러지는 것이다.

농업은 가정의 화락和樂을 준다. 논 밭을 갈 때나, 씨를 뿌릴 때나, 거름 줄 때나 온 집안이 힘을 모아 일하기 때문에, 그들 사이에 아름다운 동정이 일어나게 된다. 저녁 밥상을 대할 때에, 서로 위안慰安을 줄 수 있는 그들은, 하루의 노고勞苦를 모두 잊어버리고, 일가일심一家一心의 단란團欒

을 충분히 맛볼 수가 있다.

농업은 가장 취미 많은 직업이다. 온 종일 자연을 벗 삼고 일하는 농부는 또한 충실한 자연의 관찰자觀察者이다. 그러나, 그들은 다만 방관적傍觀的으로 자연을 즐기는 풍류객風流客은 아니다. 깊은 동정과 모든 신고辛苦로써, 나무를 심고, 논 밭을 간다. 그 노작勞作으로 말미암아, 산은 미美를 발휘發揮하고, 들은 경치를 더한다.

이렇게 보면, 농업은 참으로 견실堅實하고 행복幸福스러운 직업이라 아니 할 수 없다.

6. 만주滿洲 벌판에 눈 날릴 때

박계주朴啓周*

만주의 표정表情은 아무래도 겨울에 이르러서야 제 멋을 갖후는가 보다. 그렇기에 봄이나 여름의 만주보다도 겨울의 만주가 더 큰 매력을 가지고 우리에게 친근하여 지는 것이다. 그 겨울 중에서도 백설白雪로 산천을 화장化粧시킨 때만이 만주의 본색을 가장 제 멋에 맞게 보여 주는 것이다.

송이송이 눈 내리는 황혼黃昏은 무척 포근하다. 더욱이 뼈만 앙상하게 남은 해란강海蘭江가의 버드나무에 육화六花가 만발滿發한 북국의 특유한 정경情景에 접할 때는, 정철의 시조 한 가락이 저절로 읊어진다.

> 송림松林에 눈이 오니, 가지마다 꽃이로다.
> 한 가지 꺾어 내어 임 계신 데 보내과저,
> 임께서 보신 후에야 녹아지다 어떠리.

송림에 설화雪花가 만개滿開하였다는 이 시조를 읊게 되면, 으레 일송

---

* 박계주. 소설가. 장편 저작이 많음.

정一松亭이 그리워 진다. 일송정은 용정 이 편에 솟은 조그만 산인데, 그 산 발부리 밑으로는 해란강이 굽이쳐 흐른다. 용정 거리에서 누구에게나 치어다보이는 일송정에 눈이 내릴 때마다,

이 몸이 죽어 가서 무엇이 될고 하니,
봉래산蓬萊山 제일 봉에 낙락장송落落長松 되었다가,
백설이 만건곤滿乾坤할 제 독야청청獨也青青하리라,

하는 성삼문의 시조가 저도 모르게 흥얼거려지기도 한다.

일송 정 곁에 평강 고개라는 영嶺이 있다. 이 영을 넘어서면, 평강 평야가 눈 앞에 활작 열려진다. 눈이 하얗게 쌓인 이 벌판으로 마차를 몰 때에는, 서 백리아 설원雪原을 트로이카로 달리는 듯 싶은 감흥感興이 나서 절로 어깨가 들먹거려지는 것이다.

이 평화한 복판에 동고성자東古城子라는 정방형正方形의 성벽城壁이 있다. 듣건대 이 성을 고구려 병정이 쌓았다는 설說도 있고, 혹은 여진 군사가 쌓았다는 말도 있으나, 어느 것이 옳은지, 나 같은 과객過客은 그 역사를 캐어내지 못함을 탄식할 따름이다.

이 곳에서 삼십 리 가량 서편으로 가면, 이와 꼭 같은 성이 또 하나 있다. 서고성자西古城子다. 어느 눈 오는 겨울 저녁, 나는 두도구頭道溝를 떠나, 이도구二道溝를 향하여 밤길을 가던 도중에, 이 서고성자의 성벽도, 그 위에 통로通路가 있어 걸어 다닐 수 있게 되었다. 나는 그 위로 걸어 갔다. 가는 중에 저도 모르게 옛 시조 한 가락이 나왔다.

삭풍朔風은 나무에 불고 명월明月은 눈 속에 찬데,

만리萬里 변성邊城에 일장검一長劍 짚고 서서,
긴 바람 큰 소리에 거칠 것이 없에라.

7. 영동永同을 지나며

박두진朴斗鎭*

만연漫然히 집을 나와 만연하게 다니는 길이 예정이 어글어져 최후 일정日程의 세 배培나 느리어졌읍니다. 오늘은 스무 나흘, 지금은 오전 영시 반쯤, 추풍령秋風嶺까지 왔다가 이제 집으로 돌아가는 길의 차중車中입니다. 아래의 그림은 옥천沃川에서 묵을 때 군서郡西라는 촌을 찾아 가다가, 들린 물이 푸르고 말기가 금강산 옥류천과 맞서는 용보암이란, 금강錦江의 상류입니다.

물가의 백사白沙가 하도 깨끗하기에 한 나절 동심童心에 어린 아이 같이 놀다가 온 곳입니다. 소박素朴한 자연에 안기어 새로 어린 춘색에 나는 겨울을 벗어난 사슴과 같이 즐겁고 안온安穩합니다.

무엇 글을 끄적거려 쓰는 동안 찬는 황간黃澗에서 벌써 영동에 왔읍니다. 차실車室 안에는 불과 팔 구 인人이 있을 뿐 거지반 빈 것 같이 한료閑廖합니다. 바깥 풍경도 매우 화창和暢한 것이 차를 내려서 걸어가고 싶읍니다.

소향 형!

---

* 박두진. 호는 혜산兮山. 시인.

그간 어떠하십니까. 무엇을 형은 사고思考하며 지내십니까?

흰 구름 둥둥
구름은 가고……

이래 다시 제弟는 잠자는 시혼詩魂 —, 나의 잠자는 시혼을 일깨워야 하겠읍니다. 또는 멀리 나드리 간 시혼-, 복사꽃 피는 마을, 화안하니 복사꽃 피는 마을을 찾아 혼자 나드리 간 나의 시혼을 나는 어서 불러야겠읍니다.

이 벌을 지나면 저기
남향 받이 산 기슭
그 다소곳한 마을에
복사꽃, 오오
화안히 그
복사꽃은 피리니

형!
나는 이제 복사꽃, 복사꽃이 피는 마을을 향하여 가오리까?
영원히 영원히 화안한 나라를 찾아가오리까?

-그러므로 이 세상 장막帳幕이 무너지면 그는 너희를 위하여 다른 한 성城을 예 비豫備하였나니-

-성서聖書-(뜻만)

소식 주십시요.

주主 안에 더욱 건강健康하시기를 비옵니다.

8. 어린 시절

김환태金煥泰*

사 방을 산이 빽 둘러 쌌다. 시내가, 아침에 해도 겨우 기어 오르는 병풍 같은 덕유산 준령에서, 흘러 나와, 동리 앞 남산 기슭을 씻고, 새벽 달이 쉬어 넘는 강선 대 밑을 휘돌아 나간다.

봄에는, 남 산에 진달래가 곱고, 여름에는, 시내 가 버드나무 숲이 깊고, 가을이면, 멀리 적성 산에 새빨간 불꽃이 일고, 겨울이면, 산새가 동리네로 눈보라를 피해 찾아온다.

나는 그 속의 한 소년이었다. 사발고의를 입고 사철 맨발을 벗고, 달음질로만 다녔기 때문에, 돌부리에 채어, 발가락에 피가 마르는 때가 없었으나, 아픈 줄도 몰랐다. 여울에서 칭게미 뜨기와 덤불에서 멧새 잡기를 좋아하여, 낮에는 늘 산과 들 가에서만 살았고, 밤에는 씨름판에 가, 날을 새웠다.

어떤 날, 나는 처음으로 풀을 뜯기러, 소를 몰고 들로 나갔다. 이라 어저저저 하며, 고삐만 이리 저리 채면, 그 큰 몸뚱이를 한 짐승이 내 마음 대로 제어되는 것이, 나의 조그만 자만심을 간지럽혀 주었다. 소가

---

* 김환태. 이미 작고한 평론가였음.

풀을 우둑우둑 뜯을 때, 그 향기가 몹시 좋았다. 그 그림자 속에 소풍경 소리가 맑았다.

나는 해가 지는 줄을 몰랐다. 이웃 집 영감 님이 재촉하지 않았더면 밤이 깊은 줄도 몰랐을 것이, 집에 돌아왔을 때는, 아주 날이 깜깜하였다. 모두들 마루에 불을 달아 놓고, 저녁도 먹지 못 하고, 걱정 속에 나를 기다리고 있었다.

"왜 이렇게 늦게 오느냐?"

하고, 어머님이 꾸중을 하셨다. 그러나, 나는 입술을 무신 어머님의 잇발 사이로 웃음이 터져 나오는 것을 보았다. 어머님은 얼굴에 더 노염을 가장하려고 하시나, 밑에서 피어 오르는 기쁨을 억제할 길이 없으신 모양이었다. 끝끝내 웃으시고야 말았다. 그리고, 이렇게 칭찬까지 하셨다.

"우리 환태가 이젠 다 컸구나."

머슴은 소 고삐를 받아 말뚝에 매 놓고는 일어서서, 소 엉덩이를 손바닥으로 철석 때리며, "이 놈의 소, 오늘 포식했구나. 어떻게 처 먹었던지, 배지가 장구통 같다."

이렇게 욕설을 하셨다. 그러나, 소는 머슴의 이 욕설이 만족의 표시인 것을 아는지, 몸을 말뚝에 비빌 뿐이었다.

이튿날 나는 학교에서 하학을 하고 나오자 마자, 할머님이

"어린 것이 어느 새, 어떻게 소를 뜯기러 다니느냐?"

하고, 말리시는 것도, 동무들이 산으로 멧새알을 내리러 가자는 것도, 봇돌로 물고기를 잡으러 가자는 것도 다 물리치고, 또 소를 뜯기러 나갔다.

가을이 되자, 나는 머슴을 따라 다니며, 겨울 먹일 소풀을 뜯어 말렸다. 겨울에는 여물을 썰고, 소죽을 쑤었다. 그랬더니, 이듬해 첫 봄에 소가 새끼를 낳았다. 나는 동생을 보던 날처럼 기뻐, 밤 새도록 잠을 자지 못하

였다.

이 시절이 나의 가장 행복하던 시절, 내 마음의 고향이다. 돌아가신 어머님 생각이 날 때면, 그 시절을 생각한다. 그리고 소를 생각한다. 고향이 그리울 때면, 그 시절이 그립다. 그리고, 소가 그립다.

9. 옛 시조

이 몸이 죽어 가서 무엇이 될고 하니.
봉래산 제일봉에 낙락장송落落長松되었다가,
백설이 만건곤滿乾坤할 제, 독야청청獨也青青하리라.

성삼문成三問

가마귀 눈 비 맞아 희는 듯 검노매라.
야광夜光 명월明月이야, 밤인들 어두우랴.
임 향한 일편단심一片丹心이야 고칠 줄이 있으랴.

박팽년朴彭年

간 밤에 우던 여흘 슬피 울어 지내거라.
이제야 생각하니. 임이 울어 보내도다.
저 물이 거스리 흐르과저, 나도 울어 보내리라.

원호元昊

천만 리 머나 먼 길에. 고흔 임 여희옵고.
내 마음 둘 데 없어, 내 가에 앉아이다.
저 물도 내 안 같아야 울어 밤길 녜난다.

왕방연王邦衍

10. 성공

서양 격언에 이르기를, "천재라는 것은 쉬지 않고, 활동하는 힘이라." 고 하였다. 이것은 노력의 귀중함을 이른 것이다. 사람은 천품이 혹은 후하고 혹은 박하므로, 천재와 범재의 구별이 있음은 진실로 면할 수 없는 일이지마는, 큰 사업을 이룸에는 천재가 아니면, 할 수 없다는 것은 큰 잘못이다. 인생의 모든 일은, 무엇이나 하루 아침에 이룰 수 없는 것이다. 천재라 할지라도. 꾸준히 노력함이 없으면, 무엇을 이룰 수 있으랴. 무릇 큰 사업은, 둔재 범재의 알뜰한 노력의 결과로, 된 것이 많은 것을 보더라도 천품이 부족하다하여, 불평을 품고 낙망할 것이 아니다. 거북이 토끼를 이겼다는 우화寓話도 있다. 천재의 하루에 이룰 일을, 나는 열흘 동안이라도 성취하리라는 의기를 어떠한 둔재 범재라도 가져야 할 것이다.

또 천재와 범재를 구별한다 하더라도, 그 재주의 낫고 못함을 무엇에 의하여, 알 수 있을가. 그 이루어짐을 보고, 아는 외에는, 도리가 없는 것이 아닌가? 그런데, 남이 사업을 성취함에 들인 고심과 노력은, 밖으로 엿보아 알 수 없는 일이 많다. 다만 이루어진 결과로만 본다면, 노력을 들이지 않고, 성취하는 듯도 하다. 그러나, 그것은 거죽으로만 본 생각이다. 거기에는, 남 모를 참담한 고심이 있나니, 그 성공은, 특별한 노력이 뭉쳐서 된 것이다. 이것을 생각하지 않고, 한갖 남의 성공을 부러워하여,

그 천품의 재능에 돌리고, 자기의 성공하지 못함을 운명에 붙여, 노력의 부족함을 반성하지 아니하면, 큰 천재를 가졌다 하더라도, 한 가지도 성취하지 못할 것이다.

그러므로, 우리는 성공의 어려움과 늦음을 탄식할 것이 아니다. 쉬지 않고 활동하는 힘을 천재라 믿고, 반드시 목적한 바를 뚫어 내도록 힘써야 할 것이다. "구하면 얻고, 놓으면 잃는다."고 한 것은 맹자의 교훈이요, "구하라. 그러면, 주실 것이다."고 한 것은, 예수의 교훈이다. 얻고 못 얻음은, 구하고 구하지 아니함에 있다. 우리는 오로지 노력하여, 성공을 거두어야 할 것이다.

11. 두부 장수

최현배崔鉉培*

서울의 명물名物 아니 진경珍景의 하나는 확실히 행상行商들의 외는 소리이다.

조석朝夕으로 이 골목 저 골목에는 혹은 곧은 목소리로 혹은 타목으로 또 남성男性으로 혹은 여성女性으로 제가끔 가진 물건들을 사 달라고 외친다. 이 소리에 귀가 닳은 서울 사람에게는 아무 신기할 것 없겠지마는 처음으로 서울로 올라온 시골 사람의 귀에는 이 행상行商들이 외는 소리처럼 이상야릇한 서울의 진풍경珍風景은 없는 것이다.

오늘에서 도리켜 생각하면 꼭 30년 전의 일이다. 내가 시골서 백 여리를 걸어 겨우 경부선京釜線 물금勿禁 역에서 생전 처음 보는 기차를 타고 공부 차로 서울에 와 잡은 주인집은 관훈동寬勳洞 (청석淸石골) 정 소사鄭召史의 집이었다.

같이 온 동무도 있었거니와, 이 주인집에 묵는 학생들은 고향 친척도 있고, 또 영남嶺南 학생들이기 때문에 오는 날 당장에는 그리 설다는 느낌이 일어나지 아니 하였다.

---

* 최현배(4227~) 조선어학자. 저서 "우리 말본", "한글갈", "글자의 혁명" 등.

하룻밤을 자고 나서 그 이튿날 이른 아침에 들창 밖으로서 들려 오는 각종 행상들의 외치는 소리는 참으로 어린 시골내기의 귀를 찔러 놀라게 하였다.

"생선 비웃들 사려"

"무우 드렁 사려!"

"맛 있는 새우젓 사오!"

어느 소리가 하나 귀에 익은 게 없다. 모두 신기 그것이다. 갖온 시골내기는 먼저 온 영남嶺南 친구더러 그 외침의 뜻을 물으며 서로 보고 웃었다.

이것은 다 지난 옛날 이야기의 한 토막이어니와, 서울 거리의 도붓장수行商의 외치는 소리는 예나 이제나 별로 다름이 없이 아침마다 저녁마다 거리거리의 공기를 울려 난다.

나는 서울로 이사 온 뒤로부터 열 해가 넘도록 이 행촌동杏村洞에 살아 온다.

우리 집이 이 동네로 이사 온 때로부터 이 행촌동 거리에는 아침 저녁으로 여러 가지의 식료품食料品 파는 도붓장수가 가지가지의 음색音色으로 가지가지의 어법語法으로 외치고 지나간다.

그 중에도 두부 장수가 있어 남 다른 어법으로 또 남 다른 어조語調로 특색特色있게 아침 저녁으로 외치며 도부친다.

여늬 두부 장수들은

"두부 사려오!" 하거나 그렇잖으면,

"두부나 비지 살이여" 하는 것이 보통인데 이 특색 있는 한 두부 장수는 반드시

"두우부 사이 주오"하고 외친다.

듣는 사람마다 이상히 여겨 불러서 사 준다.

우리 집에서는 한 번 두 번 사 주다가 나중에는 아주 북박이 단골이 되었다. 그래서 그 외침이 들리기만 하면 아이들이,

"어머니! 사주오가 가아요"하고 두부 사기를 묻던 것이 버릇이 되다 싶이 되었다.

이 "사주오"는 거의 날마다 우리 집 문 앞에 기계를 받치고서 두부 한 모 두 모를 주고는 분필로 판장에다 한 금 두 금씩 긋고 가는 터이다. 그러므로 만약 그저 지나게 되는 때에는 그 두부장수 자신도 섭섭하려니와, "사주오"를 부르지 못하고만 아이들의 마음은 더욱 섭섭한 느낌이 생기는 것이었다.

"사주오"까지 하는데 그것 하나 못 사주다니! 하는 생각이 절로 드는 모양 같았다.

그래서 월말月末에는 그 판장에 그어 놓은 분필의 흔적을 따라 두부 값을 갚는데 그 "사주오"는 거저로 두부를 한 모나 두 모를 주는 것이 상례이었다. 더구나 세말 같은 때에는 더 많이 거저 두고 가는 것이었다. 그럴 적마다 그 두부 받는 사람은 그만두라하고 주는 장수는 들여 가시라고 서로 싸우는 것이 예사였다.

그리다가 어느 해 섣달 대목 쯤 해서 그 "사주오" 두부 장수가 그만 오지 아니 하게 되었다. 대목이 다 되어도 종내 두부 값 받으러 오지도 않았다. 그 두부 값을 못 갚은 우리 집에서는 온 식구가 처음에는 이상히 생각하다가 나중에는 걱정하기 시작하였다.

식구들이 저녁을 먹고 앉으면,

"그 '사주오'가 왜 안 오는가?"

"아마도 그 찬 바람을 쐬면서 외치고 다니다가 감기가 들었는 게지."

하고 서로 문답하던 것이 종종이었다. 그리면서도 얼마 지나면 설마 오겠지 하고 기다리는 마음을 놓지 아니하였다. 그러나, 그 "사주오" 두부 장수는 정월이 가고 이월이 다 가고 봄철이 지나고 여름이 지나도록 종내 그 특색 있는 외침의 소리를 행촌동 골목에 들리지 아니하였다.

이렇게 날이 가고 달이 가고 또 드디어 해가 가도, 우리 내외內外는 그 두부 값 갚지 못한 "사주오" 두부 장수를 잊어 버리지 못하고 간간히 조용할 때는 무슨 그루터기를 타서 그 "사주오" 두부 장수를 생각하는 것이었다.

"참 그 두부 장수가 그만 죽었는가 봐요"

"글쎄요, 아마 그렇기에 도무지 오지 않는 게지오."

이러한 문답이 우리 집의 밥상 물린 자리에 일어나는 것이었다. 두부 값을 못 갚으니 속이 끄림도 하고, 그 두부 장수가 그만 죽었는가 하니 가엾기도 하였다.

어느 날 저녁 저자이었다. 내가 독립문獨立門밖 푸성귀 장에서 배추를 사려고 하니까 어떤 사람이 나를 보고서 그저 머리를 꾸벅하면서 목례目禮를 하고 간다. 나는 머리로 그의 인사를 받았으나, 그가 누구인지 확실이 깨치지 못하였다. 나중에야 생각하니 아무래도 그가 그전 죽었다고 생각하던 "사주오" 두부 장수인 것 같다. 의복은 깨끗이 입었고 그 누른 얼굴도 훨씬 부해 졌지마는 그 전형典型이 "사주오" 두부 장수임이 틀림없었다.

그래서 나는 집에 오자, 마누라를 보고 그 이야기를 하였다. 마누라는 나의 말을 듣고 그 두부 장수가 살아 있는건-더구나 우리 집 가까이 살아 있다는 것을 믿으려 하면서도 종내 믿기 어려워 하였다. 그래서 이 "사주오"가 오랫만에 다시 우리 집 식구들의 화제話題가 되었으며, 나는 그 때에 그에게 "당신이 두부 장수하던 이오?" 하고 다져 보지 못한 것만을 유감으로 생각하였다.

그 뒤에 여러 달이 지나서, 우리 마누라가 관동館洞 갔다가 오더니, 내가 그 두부 장수를 만났다고 반가이 시원스럽게 이야기한다.

그 이야기의 내용은 대략 이러하다 — 그가 관동에서 그 사람을 만났는데, 분명히 "사주오" 두부 장수라. 어디 살며 무엇을 하고 사는가를 물으니, 그는 옛날부터 살아오던 관동에 여전히 사는데 두부를 쑤어 도매都賣만 하고 거리로 도부치는 일은 바빠서 못 한다고 대답하였다.

그래서 마누라가, 왜 두부 값은 안 받으러 오는가 하니, 그는 다만 "예 인제 받으러 가지요"하였다. 그래서 마누라는 오라고 여러번 부탁하였다.

그러나, 고 "사주오"는 종내 오지 아니 하여 우리도 아직 그 두부 값을 갚지 못 하고 지난다.

12. 박꽃

이희승李熙昇*

초가 지붕 마루에, 흰 옷 입은 아가씨.
부드럽고 수줍어, 황혼 속에 웃나니.

달빛 아래 흐느끼는 배꽃보다도.
가시 속에 해죽이는 장미薔薇보다도.

산골짝에 숨어 피는 백합百合보다도.
부드럽고 수줍어, 소리 없이 웃나니.

초가집의 황혼을 자늑자늑 씹으며.
하나 둘씩 반짝이는 별만 보고 웃나니.

---

* 이희승(4230~) 호는 일석一石. 조선 어학자. 저서 朝鮮文學研究抄.

13. 문호암애사文湖巖哀詞

정인보鄭寅普*

산 같이 믿던 임을 바람 같이 여의다니,
이 말이 어인 말고 생시 아녀 꿈이런가.
인생을 거품이라자 꺼진 새는 언제니.

엊그제 갔읍덴다 고하古下하고 갔읍덴다.
잠 잠간 드셨다기 안 깨오고 왔읍덴다.
그 잠이 존 잠 아닐 줄 생각이나 했겠소.

나보다 다섯 해 우 점잖기로 일찍부터
상해서 처음 보긴 대신 여관 우일러니,
진 영사陳英士 마중하던 날 같이 거나했겠다.

남 보매 겁 있는 듯 불덩이를 품으셔라.
인경전 모퉁이서 그 글 어이 읽었던고.

---

* 정인보(4220~) 역사가. 호는 위당爲堂. "朝鮮史 硏究" 등의 저작이 있음.

별 고생 다 하셨건만 끝내 뻿뻿하시니.

붓대에 어린 구름 오천 년이 뭉울뭉울,
날 두고 임 가시니, 향하려니 데가 없다.
벗이란 어떠한 줄을 임 잃고야 알과라.

막다른 깊은 골목 날 보려고 아침 저녁.
비 오는 어느 밤에 옷이 흠뻑 젖었겠다.
고깃근 청어 마리를 손수 들고 오시니.

먼 소식 업박잡박 같이 속을 끓이면서,
언제나 헤질 적은 바랄 무엇 들췄더니,
그 날이 가마고한 데 눈을 어찌 감은고.

넋 잃고 뛰어가니 문 앞 벌써 다르구나.
안팎에 울음 소리 날 보더니, 더 터진다.
삼십 년 알뜰한 정이 눈물 될 줄 알리오.

14. 서울의 봄

현진건玄鎭健*

서울의 봄은 눈 속에서 온다.

남산南山의 푸르던 소나무는 가지가 휘도록, 철겨운 눈덩이를 안고 함박꽃이 피었다.

달아나는 자동차와 전차들도 새로운 흰 지붕을 이었다. 아스팔트 다진 길바닥 평퍼짐한 빌딩 꼭지에, 백포白布가 널렸다. 가라앉은 초가집은 무거운 떡가루 짐을 진 채, 그 대로 찌그러질 듯하다. 푹 꺼진 기와 골엔 흰 반석이 디디고 누른다. 삐쭉한 전신주도, 그 멋갈 없이 큰 키에, 잘 먹지도 않은 분을 올렸다.

이 벼란간에 지은 흰 세상을, 노래하는 듯이 바람이 인다. 은 가루, 옥 가루를 휘날리며, 어지러운, 흰 소매는, 무리무리, 덩치덩치, 흥興에 겨운, 잦은 춤을 추어 제친다. 길이길이 제 세상을 누릴 듯이,

그러나, 보라! 이 사품에도 봄 입김이 도는 것을.

한결같은 흰 자락에 실 금이 간다. 송송 구멍이 뚫린다. 돈짝만 해 지고, 쟁반만 해 지고. 대님만 해 지고, 당기만 해 지고… 그 언저리는 번진

---

* 현진건. 작고한 소설가. 호는 憑虛. 저서 "조선의 얼굴", "墮落者", "지새는 안개" 등.

다. 자배기만큼 검은 얼굴을 내 놓은 땅 바닥엔, 김이 무럭무럭 떠 오른다.

겨울을 태우는 봄의 연기다. 두께두께 얼은 청계천清溪川에서도, 그윽한 소리 들려 온다. 가만가만 자취 없이 가는 듯한 그 소리. 사르르 사르르, 이따금 그 소리는 숨이 막힌다. 험한 고개를 휘어 넘는 듯이, 헐떡인다.

그럴 때면, 얼음도 운다. '찡'하며 부서지는 제 몸의 비명悲鳴을 친다. 언 얼음이 턱 갈라진 사이로, 파란 물결은 햇볕에 번쩍이며, 제법 졸졸 소리를 지른다.

축축한 담 밑에는. 눈을 떠 이고, 푸른 풀이 닷 분이나 자랐다.

끝장까지 보는, 북악北岳에 쌓인 눈도, 그 사이 햇볕을 잃었다. 석고색石膏色으로 우중충하게 흐렸다. 그 위를 싸고 도는 푸른 하늘에는 벌써 하늘하늘 아지랑이가 걸렸다.

봄은 왔다. 눈 길. 얼음 고개를 넘어, 서울의 봄은 순식간에 오고 만 것이다.

15. 조그만 기쁨

이양하李敭河*

와우산臥牛山에 첫 눈이 왔다. 하늘에는 달이 있고 엷은 구름이 있다. 촌설寸雪도 못 되는 적은 눈이나, 눈이 몹씨 부시다. 강 건너 사장沙場 위에도 눈이요, 멀리 희미하게 보이는 관악冠岳에도 눈이다. 하늘을 반 나머지 차지한 엷은 구름도 달 빛을 받아 눈같이 희다. 온 하늘에 눈이 오고, 온 땅에 눈이 왔다.

라라라트랄 라라라……

기다란 흰 수염을 휘날리는 와우산 소나무를 올려다보고, 달리는 달과 구름을 쳐다보고 달이 숨으면 멀리 관악을 바라보고,

라라라트랄 라라라……

나는 허둥지둥, 내 걸음은 바쁘고, 내 마음은 기쁨에 뛰는다.

초라한 내 집이 오늘은 조금도 욕되지 아니하다. 산 허리에 외롭게 서 있는 일간두옥一間斗屋 아니 내 집도 이렇게 아담雅淡하고 아름다웠던가! 여기도 눈이 쌓이고 달빛이 찼다. 문은 으레이 굳이 닫혀 있고, 나를 기다릴 개 한 마리 있을 리 없다. 그러나, 이것도 오늘 밤에는 조금도

* 이양하. 영문학자.

나를 괴롭히지 않는다. 빈뜰 숫눈 위에 첫 발자국을 내며 댓돌 위에 올라서, 쿵쿵 한 번 발을 굴러 눈을 털고, 열쇠를 꺼내어 쥐니, 오래 동안 비어 두었던 별장을 오래 간만에 멀리 찾아온 듯, 모든 것이 반갑고 신기스럽다. 지금 저기 한 가지로 흰 꽃을 피우고 있는 들장미와 무궁화, 그것은 내가 매일 바라보는 앙상하고 메마른 그 들장미 그 무궁화가 아니다. 뜰 가에 꽃을 담뿍 달고 쪼르르 나란히 서 있는 조그만 황양목들도 내가 오래 동안 잊어버렸던 귀염둥이들이다.

이 기쁨과 신기감은 문을 열고 방 안에 들어서도 좀처럼 덜리지 아니한다. 방은 확실히 내가 어제도 기거하고 이제도 기거하고 오늘도 아침 신문을 내던진 채 남겨 두고 나간 방이다. 신문은 아직도 펴진 채로 놓여 있고, 다른 모든 것도 여전히 두서頭緖없이 쌓여 있고, 벌어져 있다. 한마디로 하면 어제나 그저께나 조금도 다름이 없는 음산하고 깨끗지 못한 방이다. 그러나, 나는 아직도 여행을 하여 오래 간만에 비어 두었던 별장을 찾아왔다는 착각에서 자유롭지 못 하다. 첫째 내가 거닐 때마다 쿵쿵 울리는 마루 소리가 신기롭다. 난로 안에서 탁탁 타는 장작불 소리도 확실히 보통 때와 다르다. 타는 나무 향기가 유난히 높고, 불꽃이 한 층 더 찬란하다. 가만히 귀를 기우리면, 밖에서 때때로 가벼운 발 자취 소리가 들려 온다. 나무 가지에서 눈이 떨어지는 소리다. 앞 무궁화나무에서 떨어지는 소리다. 또 들린다. 저 것은 아마 높은 뒤 고염나무에서 떨어지는 소리리라 기쁜 순간이다. 차 그릇을 올려 놓자. 차 끓는 소리가 들리기 시작하면, 그로서 나의 오늘의 기쁨은 완전하리라.

나서, 자라, 학교에 입학이 되고, 방학 때가 되어 짐을 꾸려 가지고 정거장으로 달려 나가고, 좀 더 자라, 마지막 학교를 졸업하고 처음 넥타이를 매고 어떤 회사나 관청에서 내일부터 출근하라는 통지를 받고, 가

합한 여성을 얻어 부민관에서 결혼식을 올리고, 이어 금강산으로 신혼 여행을 떠나고, 또 얼마 아니하여 첫하들을[2] 낳고 — 우리 일생의 기쁨이랄 기쁨이란 대개 이러한 것으로 다 하는 것이 아닐가? 어찌어찌 썼던 글이 책이 되고, 그 책이 팔려 집 하나가 생기고 어떤 돈 많은 동무나 공공한 기관의 호의로 오래 동안 꿈꾸던 외국 유학의 길을 떠나게 되고, 또는 강원도 어떤 땅에 가져 두었던 금광에서, 갑자기 노다지가 쏟아져 나와서, 하루 아침에 백만 장자가 된다는 것들은 이야말로 노다지 기쁨, 천의 한 사람만이 가져 볼 수 있을가?

그러나, 그렇다고 우리는 조금도 비관할 것은 없다. 이렇게 큰 기쁨이 아니요, 조그마한 일 조그마한 것에서 오는 조그만 기쁨을 찾으려면, 우리는 우리의 범상한 일상 생활 가운데서도 얼마던지 찾아 낼 수 있지 아니한가? 이러한 기쁨은 우리가 매일 걷고 있는 거리에서도 수두룩하게 발견할 수 있다. 지나가느라면 식료품점에서 풍겨 나오는 커피 냄새만 하여도 하루 동안의 울분을 잊기에는 충분할 게다. 데파아트 쇼오윈도 안에 오늘 새로 내 놓은 마네킹의 명랑한 포오즈도 그저 지나갈 수는 없는 광경이다. 그리고 철 아닌 꽃이 담뿍 놓인 풀러리스트의 쇼오윈도로 말하면, 우리 거리의 아들로서 누구나 다 깊이 감사하여야 할 한 큰 축복임에 틀림 없다. 나는 오늘도 가는 길을 멈추고 쇼오윈도에 한참 동안 붙어 있었다. 들국화, 장미, 백합, 수선, 튜립, 카아네이슌…… 어쩌면 지금 저렇게 아름다운 꽃을 피울 수가 있을가? 나도 어서 봄이 되면 내 뜰에 저런 꽃을 피워 보리라. 괭이를 들고 맨발이 되어… 이마에 햇살이 따갑고, 봄 바람에 나부끼는 머리카락이 향기롭고, 발가락 사이에 스며드

2 첫하들을 → 첫아들을

는 흙이 몹씨 간지럽고도 보드러우리라.

여러 분은 또 이러한 때를 생각해 보라. 오래 간만에 좋은 기우棋友를 만나, 장기를 벌여 놀 때, 아름다운 동무한테서 온 편지를 받아 들고 피봉皮封을 뜯으려 할 때, 거리를 걷다가 많은 사람 가운데 문득 벙글벙글 웃는 동무의 얼굴을 발견하였을 때, 어떤 모퉁이를 돌아서자 우연히 들려오는 피아노 소리를 들을 때, 극장이나 영화관에서 이제 막 시작되는 종이 울리고 이어 뛰이하고 명랑한 음악이 쏟아져 나올 때, 또는 인제 한 십 분만 있으면 이 학기 마지막 종이 울리고 종이 울이면 길고 자유로운 여름 방학이 시작되려고 할 때……. 또 여러 분은 이러한 것을 생각하여 보라. 어린 애의 그 조그만 주먹, 늙은 노인의 미소, 외로운 양羊의 눈동자, 참새의 그 가느다란 다리, 또는 아지랑이 낀 먼 산, 흐르는 시내, 잔디 위에 누워서 쳐다보는 아름아름한 봄 하늘, 친한 동무와의 산보와 이야기……. 이러한 것은 모두 조그마한 기쁨이나마 우리의 한 때의 기분을 전환하고 우리의 그 날 그 날을, 애상과 우수에서 건져내는 큰 힘이 되지 아니할가? 그리고 이러한 기쁨이야말로 어떻게 말하면, 도리어 우리 인생의 참다운 기쁨이 되는 것이 아닐가?

16. 꽃(시조)

진달래

이은상李殷相*

수집어 수집어서, 다 못 타는 연분홍이,
부끄러 부끄러서, 바위 틈에 숨어 피다.
그러나 남이 볼세라 고대 지고 말더라.

개나리

샛노란 옷을 입고, 곳곳이 떼를 지어,
서로 곱기 자랑하며, 봄놀이를 하는구나.
나비들 지날 적마다, 방글방글 웃더라.

---

* 이은상. 시인. "노산 시조집"을 비롯하여, 사화집이 있음.

옥잠화

이병기李秉岐

빛나는 파란 잎새, 파란 대공 하이안 꽃,
꽃마다 동글동글, 옥비녀 꽂아 놓은 듯,
이 아니 아름다우랴, 이름 또한 옥잠화.

함박꽃

이제야 피는 양은 때가 늦어 그리는지,
푸른 잎 사이사이, 흰 송이 붉은 송이
제여곰 수줍은 듯이 고개 절로 숙인다.

봉선화

김상옥金相沃

비 오자 장독간에, 봉선화 반만 벌어,
해마다 피는 꽃을 나만 두고 볼 것인가,
세세한 사연을 적어, 누님께로 보내자.

누님이 편지 보며, 하마 울가, 웃으실가.
눈 앞에 삼삼이는 고향 집을 그리시고,
손톱에 꽃물 들이던 그 날 생각 하시리.

17. 삼일 운동의 회고

권동진權東鎭*

날로 시들어 가는 내 몸과 어두워 가는 내 눈도, 먼 옛일이 된 기미년己未年에 일으킨 삼일 운동의 회고로 다시 돌아가면 삼십 년 전의 일이라고는 도무지 생각되지 않고 바로 얼마 전의 일과 같이 생생히 불타 오르며, 늙은 이 사람의 가슴은 셀레는[3] 것이다.

우리는 그 당시 우리 삼십 삼 인이 바라고, 우리 민족이 원하던 바, 무저항 민족자결의 해방을 가지게 된 오늘날을 당하고 보니, 결코 우리들 삼십 삼 인이 일으킨 독립 선언, 삼일 운동의 목적한 바가 그렇게까지 미약했다고는 느껴지지 않는다.

해방 후 처음 당하는 삼월 일일을 앞두고 늙은 이 사람의 가슴은 메어질 듯이 기꺼우면서도 하루 빨리 완전 독립 국가가 되기를 바라 마지 않는 마음, 또한 두터운 것이다.

바야흐로 오늘의 세태는 미묘히 움직이고 있는 데, 비록 우리의 몸은 늙었으되 우리의 국가를 위하는 지성이야 늙었으리오? 우리들 생존한

---

* 권동진. 삼일 운동 때, 독립 선언문에 서명한 33인 중의 한 분.

3 원문 오기. 셀레는 → 설레는

그 당시 동지들은 서로 자리를 같이할 때마다, 어떻게 우리의 태도를 결정할 것인가를 숙의하던 것이다.

이 사람은 당년 팔십 육 세요, 이 사람과 의사를 같이하던 생존해 있는 동지들도 다 고령이며 시대도 추이하여 완전 독립의 민족 대업을 이룩할 이 땅의 중견들이 많으니, 우리들은 적지 아니 마음이 든든하며, 그네들에게 바라는 바가 큰 것이다.

우리에게 남은 것은 다만 우리들 늙은 사람들이 할 수 있는 바 직책을 쓰러질 때까지 수행할 따름이다.

삼월 일일도 머지 않은 날로 당도하였다. 이 사람은 정국과 정견을 생각하는 바 있어 말하지 않을 것이나, 기미년 독립 선언서에 서명한 한 사람으로서 그 당시를 회고하여 여러 후배들에게 알려 드림으로써 건국 노선에 매진하는 오늘날 국민의 사기를 지향시킨다면 하는 이 사람의 노파심에서 그 당시의 이야기를 몇 자 적으려 한다.

누구나 다 아다, 싶이, 삼일 운동을 일으키자는 논의가 결정적으로 된 것은 날자는 잘 기억나지 않으나, 이 운동을 일으킨, 즉 기미 삼월 일일을 상거하기 약 일 주일 전이라고 생각된다.

그 때, 우리는 먼저, 같은 천도교에 있던 손병희孫秉熙씨와 위창葦滄 오세창吳世昌씨가 이 사람 집에 모여 밤이 늦도록 숙의한 결과 삼월 일일을 택한 것이다.

그 이유를 말하면 그 때 고종의 승하를 당하자, 국민의 민심은 극도로 흥분하고 국장이 삼월 일일로 정하여 졌으므로, 분명히 그 날 국내는 소연할 것이며 관헌은 민심 수습에 분망할 것이니, 그 때가 운동하기에는 제일 적당하다고 생각되므로, 우리는 그 날로 정하였던 것이다. 날자를 정하자, 우리들의 밀의는 한층 더 빈번했고, 대내외對內外의 연락은 더

밀접하여, 마침내 만반 준비가 완료되니, 때는 이미 삼월 일일도 절박한 이월 이십 팔일이었다.

그 때는 이미 우리들의 정신과 행동은 단결되었다.

이십 팔일 밤—약속 대로 삼십 삼 인은 의암義菴 손병희씨 댁에 모인 것이다. 그때 기독교 측에서 한 분은 다른 일로 참석하지 못하고 다 모이니, 삼십 삼 인, 그 때 모인 분의 기백은 하늘을 찌를 듯하고, 그 눈들은 조국애에 불타오르던 것이다.

삼경이 지나도록 숙의에 숙의를 거듭한 나머지, 우리들은 먼저 예정이던 빠고다 공원에서 선언할 것을 중지하고 태화관泰和舘에서 하기로 변경하였다. 왜 그랬느냐 하면, 우리가 만약 빠고다 공원에서 실행한다면 미리 모이기로 연락된 학생은 물론, 군중들도 합류될 것이다. 그러면 학생은 물론, 군중들도 체포할 것이며, 우리들은 무저항으로 가되, 군중과 학생이 그대로 있지 않을 것이니, 그렇게 되면 관헌과 동포 사이에 충돌이 있을 것이다. 충돌이 생기면 우리가 의도하지 아니한 유혈과 파괴가 생기고, 많은 사상자들 낼 것이니, 어찌 우리가 이것을 알면서도 행할 것이랴?

그래 태화관으로 정하고, 해산하니, 이미 날은 먼동이 터가는 것이다.

삼월 일일날 아침, 단정히 옷을 입고 집을 나서 거리에 나오니, 군중은 안색이 고조되고 걸음걸이조차 설레어 보인다.

약속한 시간 열 시에 태화관에 이르니 몇몇은 이미 모여 있다. 역시 긴장하기는 했으나, 태연한 표정으로 단정히 자리에 앉아 있는 것이다. 요릿상이 들어올 때까지 우리는 보통 손님과 같이 태연히 상을 받고 앉았었다. 우리는 이미 준비 된 선언서와 봉투을 꺼내서, 하나는 장곡천長谷川 총독에게, 또 하나는 종로 서장에게 보내기로 하여, 장곡천에게는 연락원으로 있던 학생에게 전하기로 하고, 종로 서장에게는 요릿집 인력거군을 시켜 전하도록 하였다. 그 때 우리가 부탁한 것은 문 앞에서부터 가지고 온 것이 독립선언서이라는 것을 소리치며 알리고 들어가 전해달라고 부디부디 일러 보내니, 그 때 시각은 정오 가까워진 때였다.

빠고다 공원에 모인 학생들과 군중들은 우리가 변경한 것은 알고, 성화星火 같이 나와 달라는 것이다.

그러나, 우리들은 그들의 청원을 받아 줄 수는 없는 것이다. 이미 우리가 있는 곳과 선언서를 알린 후이었고, 변경한 것은 먼저 말한 바와 같은 이유에서인지라, 그 대로 진행하였다. 한참 우리는 요리를 먹기 시작하니, 시간은 열 두 시를 알린다.

그 때였다, 틀림 없은 삼월 일일 열 두시!

장안이 들끓기 시작한다. 처음에는 멀리서부터 만세 소리가 들리더니 그 소리는 꼬리에서 꼬리를 물고 일어나며, 만세 소리는 우뢰 소리와 같이 커 가고, 고함은 천지를 진동하듯이 일어나는 것이다.

우리들 삼십 삼 인은 알지 못 하는 사이에 만족의 미소를 띤 것이다.

얼마 있지 않아 우리에게 드나드는 별순검別巡檢이 씨근거리며 뛰어 들어오며, 우리들의 너무도 태연자약한 태도를 보고는 놀래고 멈춧하면서,

"선생님! 정말 우리 나라가 독립했읍니가? 지금 거리에는 야단입니다. 만세들을 부르고, 정말이어요?"

하며 묻는 말에, 나는

"암, 독립이 됐지! 되다 뿐이겠나!"

이 말이 끝나기도 전에 요릿집 심부름군이 뛰어 들어오며,

"큰 일 났읍니다."

"왜! 무슨 일이기에?"

다 아는 일이지마는 우리들 가운데 한 사람은 물은 것이다. 너무 태연한 데 기가 질렸던지 멈춧한다. 그리고는

"순사들 수천 명이 요릿집을 에워싸고 야단입니다. 거기에, 그것을 보고 흥분한 군중들도 수만 명이 몰려와 있으니 무슨 일입니까?"

"응! 그래?"

때는 온 것이다. 우리들의 계획 대로 일은 진행된다. 우리들은 그 대로 아무 일도 없는 듯이 담화를 계속하고 있을 따름으로, 방 안에 공기는 지극히 평온하였다. 이러는 가운데, 한용운씨가 일어서며

"우리가 기다리던 기회는 왔습니다. 시간도 되고 했으니 만세를 부릅시다."

모인 동지들은 말없이 일어나자, 우렁차고 힘차게 소리를 높혀,

"대한 독립 만세! 대한 대립 만세! 대한 독립 만세!"

"먼 옛 우리 선조들이시여! 기뻐하소서. 이 날을 보지 못 하시고 이슬과 같이 쓰러진 순국의 의사 선배의 넋이여! 기뻐하소서."

우리가 부른 만세의 삼창이 끝나기도 전에, 문 밖에서는 군중들이 부르는 만세의 고함이 혼연히 우리와 및 우리 민족의 잠잠한 가운데 바라고 바라던 넋을 소리쳐 깨우니, 놀란 것은 포위했던 왜 순사들뿐이다. 비록 순사일망정 반만 년 대한의 피가 흐르는 이 땅의 아들들이 어찌 독립 만세를 아니 불렀으랴?

왜倭 경부가 들어와서는 손병희 씨 앞에 와서 마치 대감들 앞에 나선 종놈 같이 어름거리며 손을 비벼대고,

"가셔야지요."

"암! 가야지."

염연恬然[4]하고도 위엄이 보이는 날카로운 대답이었다.

"어떻게 가시겠읍니까?"

"우리는 부뜰려 가는 사람이다. 너희는 붙잡아 가는 편이다. 네 마음대로 해라."

예리한 칼날과 같은 말이었다.

이 말에 경부의 어름거리는 것이 너무도 딱해서 나는

"잡아 가거나 모셔 가거나 그것은 그대들의 자유이다. 그러나 군중들은 흥분하여 이 집에서 일어난 일을 알고 싶어 한다. 그 대로 우리를 부뜰어 간다면 폭동이 일어날 것은 눈 앞에 보이는 일이다. 그대들도 알다싶이 우리가 일으킨 독립 선언 운동은 무저항이 제일의第一義의 목적인 것이니, 우리를 다같이 가도록 하되, 자동차를 불러 타고 가도록 해라."

분명히 나의 언사는 명령이었다.

다른 동지들도 그게 좋겠다 라고 찬성한다.

"그리겠읍니다."

나는 말을 이어,

"우리를 너무 경계할 필요는 없다. 우리 삼십 삼 인은 조금도 반항할 의사는 없으며, 반항할 필요를 느끼지 않으니, 안심하고 차나 빨리 준비하도록 해라."

그가 어름거리며 나간 후 다시 우리들의 담화는 태연히 계속되었다. 몇 시간이나 지났는지, 아마 세 시간은 지났으리라. 먼저 왔던 그가 들어와서는

"차가 왔는데 가셔야겠읍니다."

---

4 염연恬然의 오기.

그 때 우리들의 체포 광경을 본 태화관을 에워싸고 있던 군중들은 놀랐으리라. 대감들의 출입을 모시는 하인들의 형상, 그 것임에, 우리들이 나오는 것을 본 군중들은 만세를 연달아 부르며, 우리가 독립 선언서의 장본인들이라는 것을 알자, 만세 소리는 드높은 벽공을 뚫어낼 듯이 높아 가며 그칠 줄 모르고 웨쳐지는 것이다.

우리는 만족하였다. 나는 미소를 띠며 차에 올랐다. 내 차에는 손병희 씨 오세창 씨 그리고 또 한 사람이 탔다. 우리가 탄 차 좌우에는 사람들이 백 차일 치 듯 하고 만세 소리는 그칠 새 없이 일어난다.

그 때 우리가 간 곳이 남산 밑, 지금 미군 헌병들이 있다는 헌병대였었다. 우리를 데리고 간 그 놈들은 가진 간사를 다하여 친절히 보호하는 척하여 주었다.

우리가 들어가던 날, 얼마 있지 않아, 민중들이 부뜰려 들어온다. 우리들이 있는 곳에서 환히 보인다. 가슴이 메어질 듯하다.

그러나, 민중들에게도 그들은 절대로 해를 가하지는 않았다. 시간이 갈수록 부뜰려 들어오는 사람의 수는 늘어 간다. 부뜰려 오는 사람들이 만세를 부르면, 먼저 부뜰려 온 사람들이 이것에 끌려 또 부른다.

저 곳에서 나면 이 곳에서도, 만세 소리는 우리가 있는 곳에서 그치지 않고, 부뜰려 오는 사람이 늘고 밤이 깊어 갈수록 만세 소리는 고조에 달해 가니, 이 사람의 심회, 그 얼마나 통쾌하였으랴! 지금도 잊어지지 않는다.

하루를 잠자리에 눕지 않고 그 광경만 바라보고 날을 새우니, 이튿날 삼월 이일 우리는 감옥으로 옮겨 갔다. 이 날도 역亦 서울 장안에는 만세 소리에 뒤덮이었다.

우리를 데리고 간 그들은 우리에게 이 놈이란 소리 하나 못 하고 찍소리 하나 못하고, 저희들 깐은 힘껏 친절을 보이는 듯하였다. 우리들이 붙잡힌 바람에 순사들의 월급이 갑자기 뛰어 올랐다는 이야기도 있지마는, 그런 까닭으로인지 우리를 지키는 순사들은 우리를 극진히 보호하기에 노력하였다.

심문도 급작히 하지 않고 차차로 가끔 불러 내다가는 묻는 정도이었다.

이 사건 전말에 대하여는 사실 그 대로 말하였다. 그 때도 그들은 우리에게 경어를 잃지 않고 심문하였다.

수삭 후, 우리는 마포 감옥으로 갔으나, 그 때도 만세 소리는 감옥 안 도처에 일어나, 민족의 독립을 바라는 기백은 높았다.

우리는 삼 년 구형을 받았으나, 반 년이 감형되어, 그물 뜨는 것으로 소일하며 형기를 마치고 나오니, 불행히 동지 가운데 양한묵, 장기렴 양씨가 별세하였었다. 우리의 슬픈 마음 이를 바 없었고, 세상은 하욤없이 평온하여졌을 뿐이었다.

18. 당신은 주인입니까?

안창호安昌浩*

묻노니, 여러 분이시어, 오늘 조선의 주인 되는 이가 몇 분이나 됩니까? 조선 사람은 다 조선의 주인인데, 주인 되는 이가 몇이냐 함은 무슨 말이냐고 하시리다. 그러나, 조선 사람 된 이는 누구든지 명의의 주인은 다 된다 하더라도, 실제상 주인다운 주인은 얼마나 되는지 알 수 없습니다.

어느 집에든지 주인이 없으면, 그 집이 무너지거나, 그렇지 아니하면, 다른 사람이 그 집을 다스리게 됩니다. 민족도 그러하고, 사회도 그러합니다. 그러므로, 우리는 우리 민족의 장래를 생각할 때에, 먼저 우리 중에 주인이 있는가, 없는가, 있다 하면, 얼마나 있는가 하는 것을 살피지 아니할 수 없습니다. 나로부터 여러 분은, 각각 우리 자신이 이 민족 사회에 참 주인인가, 아닌가를 물어 볼 필요가 있습니다.

주인이 아니면, 객인데, 주인과 객은 무엇으로 구별하는가? 그 민족 사회에 대하여, 스스로 책임감이 있는 이는 주인이요, 책임감이 없는 이는 객입니다. 우리가, 한 때에, 우리 민족 사회를 위하여, 뜨거운 눈물을

* 안창호(4211~4271) 호는 도산島山 혁명가, 흥사단 단장, 대한임시정부 각원이었음.

뿌리는 때도 있고, 분개한 말을 토하는 때도 있고, 눈물과 말뿐 아니라, 우리 민족을 위하여, 몸을 위험한 경우에 던지는 때도 있다 할지라도, 그렇다고, 주인인 줄로 자처하면, 오해입니다. 지나가는 객도 남의 집에 참변이 있는 것을 볼 때에는, 눈물을 흘리거나, 분한 말을 토하거나, 또, 그 집의 위급한 것을 구제하기 위하여, 몸을 던지는 수도 있습니다. 그러나, 그는, 주인이 아니요, 객이기 때문에, 그 때, 한 때 그러할 뿐이요, 그 집에 대한, 영원한, 책임심은 없습니다. 내가 알고자 하고, 구하는, 주인은, 우리 민족 사회에 대하여, 영원한 책임심을 진정으로 품은 주인입니다. 진정한 주인에게 비관도 없고, 낙관도 없고, 질투도 없고, 불상히 여기는 바도 없고, 제 일이므로, 오직 어찌 하면 우리 민족 사회를 건질가 하는 책임심뿐입니다. 우리의 전도는 낙관이라, 비관이라 하는 것이나, 조선 민족의 현상을 측은하다, 밉다 하는 것이나, 모두 객으로써 하는 말이지, 주인이 할 말은 아닙니다.

그 집안 일이 잘 되어 가거나, 못 되어 가거나, 그 집의 일을 버리지 못 하고, 그 집 식구가 잘 났거나, 못 났거나, 그 식구를 버리지 못 하고, 자기 자신의 지식과 자본의 능력이 짧거나, 길거나, 자기의 있는 노력대로, 그 집의 형편을 의지하여, 그 집을 유지하고 발전할 만한 계획과 방침을 세우고, 자기 몸이 죽는 순간까지 그 집을 맡아 가지고, 노력하는 이라야 비로소 참 주인입니다.

참 주인 된 이는 집 일이 어려운 경우에 빠지면 빠질수록, 그 집에 대한 관념이 더욱 깊어 져서, 그 어려운 경우에서 건지어 낼 방침을 세우고야 맙니다.

이와 같이 자기의 민족 사회가 어떠한 위난과 비운에 처하였든지, 자기의 동족이 어떻게 못 나고, 잘못하든지, 자기가 민족을 위하여 하던 일이 몇 번 실패하든지, 자기 민족 사회의 일을, 일 분 일 초 간에도 버리지 아니하고, 또는 자기의 능력이 족하든지, 부족하든지, 다만 자기의 지성으로 자기 민족 사회의 처지와 경우를 의지하여, 그 민족을 건지어낼 구체적 방침과 계획을 세우고, 그 방침과 계획 대로, 자기의 몸이 죽는 때까지, 노력하는 이가 그 민족 사회의 책임을 중히 여기고, 일하는 주인이외다.

내가 옛날 고국에 있을 때에, 한 때 한 때, 비분강개한 마음으로, 사회를 위하여, 일한다는 자선 사업적 일군을 많이 보았으되, 영원한 책임을 지고, 주인 노릇하는 일군은 드물게 보았으며, 또, 일종의 처세술로 체면을 차리는 행세거리 일군들은 있었으나, 자기의 민족 사회의 일이 자기의 일인 줄 알고, 진실로 일하는 일군은 귀하였습니다. 내가 생각하기는, 지금 와서는, 그 때보다, 주인 노릇하는 일군이 생긴 줄 압니다. 한 집 일이나, 한 사회 일의 성쇠 흥망이, 좋은 방침과 계획을 세우고, 못 세우는 데 있습니다. 그러나, 이것도, 주인이 있은 뒤에, 문제지, 한 집이나, 한 사회의 책임을 가진 주인이 없다고 하면 방침이나 사업도, 아무 것도 없을 것입니다. 그런즉, 어떤 민족 사회의 근본 문제가 주인이 있고 없는 데 있습니다.

여러 분은 스스로 살피어, 내가 과연 주인이요, 나밖에 다른 주인이 또한 많다고 하면, 모르거니와, 만일에 주인이 없거나, 있더라도 수효가 적은 줄로 보시면, 다른 일을 하기 전에, 내가 스스로 주인의 자격을 찾고, 또한, 많은 사람으로 하여금, 주인의 자격을 찾게 하는 그 일부터 하여야 되겠습니다.

우리가 과거에는, 어찌 하였던지, 이 시간, 이 경우에 임하여서는, 주인 노릇할 정情도 일어날 만하고, 자각도 생길 만하다고 믿습니다.

19. 보슬비

김억金億*

황포黃浦에 보슬보슬 내리는 실비는
오늘도 한나절을 모래알만 울려 놓았소.

기다릴 때엔 안 오다가도
설은 날은 보슬보슬
만나지도 못하고 갈려진
그 사람의 눈물이던가

설은 날에는 보슬보슬,
어영도魚泳島 갈매기도
나래가 축진해서 떼를 지어 날아드오.

수로水路 삼백 리를
뱃길로 떠 도는 몸이라,

---

* 김억(4248~) 호는 안서岸曙, 시인, 시집 "岸曙詩集", "同人草".

남포南浦의 사공 님

지금쯤은 어느 곳에서

보슬비에 눈물 겨울고?

20. 어린이 예찬

방정환方定煥*

어린이가 잠을 잔다. 내 무릎 위에 편안히 누워서, 낮잠을 달게 자고 있다.

볕 좋은 첫 여름, 조용한 오후이다.

고요하다는 고요한 것을 모두 모아서, 그 중 고요한 것만 골라 가진 것이, 어린이의 자는 얼굴이다. 평화라는 평화 중에 그 중 훌륭한 평화만을 골라 가진 것이, 어린의 자는 얼굴이다. 아니, 그래도 나는 이 고요히 자는 얼굴을 잘 말하지 못 하였다. 이 세상의 고요하다는 고요한 것은, 모두 이 얼굴에서 우러나는 것 같고, 이 세상의 평화라는 평화는 모두 이 얼굴에서 우러나는 듯 싶게, 어린이의 잠자는 얼굴은 고요하고 평화롭다.

고운 나비의 날개, 비단결 같은 꽃잎, 아니 아니, 이 세상에 곱고 보드럽다는 아무 것으로도 형용할 수 없이, 보드럽고 고운 이 자는 얼굴을 들여다 보라.

그 서늘한 두 눈을 가볍게 감고, 이렇게 귀를 기울여야 들릴만큼 가늘

* 방정환(4232~4264) 동화 작가, 어린이 운동 선구자. 호는 "소파小波" 저서 "사랑의 선물".

게 골면서, 편안히 잠자는 이 좋은 얼굴을 들여다 보라. 우리가 종래에 생각해 오던 하느 님의 얼굴을 여기서 발견하게 된다. 어느 구석에 먼지만큼 이나 더러운 티가 있느냐? 어느 곳에 우리가 싫어할 한 가지 반 가지가 있느냐? 죄 많은 세상에 나서 죄를 모르고, 부처보다도. 야소보다도 하늘 뜻 그 대로의 산 하느님이 아니고 무엇이랴.

아무 꾀도 갖지 않는다. 아무 획책도 모른다. 배 고프면 먹을 것을 찾고, 먹어서 부르면 웃고 즐긴다. 싫으면 찡그리고 아프면 울고 거기에 무슨 꾸밈이 있느냐? 시퍼런 칼을 들고 협박하여도 맞아서 아프기까지는 방글방글 웃으며 대하는 이다. 이 넓은 세상에 오직 이 이가 있을 뿐이다.

오오, 어린이는 지금 내 무릎 위에서 잠을 잔다. 더할 수 없는 참됨과 더할 수 없는 착함과, 더할 수 없는 아름다움을 갖추고, 그 위에 또 위대한 창조의 힘까지 갖추어 가진 어린 하느님이, 편안하게도 고요한 잠을 잔다. 옆에서 보는 사람의 마음 속까지 생각이 다른 번루한 것에 미칠 틈을 주지 않고, 고결하게 순화시켜 준다. 사랑스럽고도 부드러운 위엄을 가지고 곱게 곱게 순화시켜 준다.

나는 지금 성당에 들어간 이상의 경건한 마음으로 모든 것을 잊어버리고, 사랑스러운 하느님-위엄뿐만의 무서운 하느님이 아니고-의 자는 얼굴에 예배하고 있다.

21. 산

이효석李孝石*

나무하던 손을 쉬고 중실은 발 밑의 가얌나무 포기를 들쳤다.

지천으로 떨어지는 가얌 알이 손 안에 오르를 들었다. 익을 대로 익은 제 철의 열매가 어금니 사이에서 오드득 두 쪽으로 갈라졌다. 돌을 집어 던지면 가얌 알 같이 오드득 깨어질 듯한 맑은 하늘, 물고기 등 같이 푸르다. 높게 뜬 조각구름 떼가 해별에 뿌려진 조개 껍질 같이 유난스럽게도 한 편에 옹졸봉졸 몰려들었다.

높은 산등이라 하늘이 가까우련만, 마을에서 볼 때와 일반으로 멀다. 구만 리일가, 십만 리일가, 골짜기에서의 생각으로는 산기슭에만 오르면 만져질 듯하던 것이 산 허리에 나서면 단번에 구만 리를 내빼는 가을 하늘 산 속의 아침나절은 졸고 있는 짐승 같이 막막은 하나, 숨결이 은근하다. 휘었한 산등은 누워 있는 황소의 등어리요, 바람 결도 없는데, 쉴새없이 파르르 나부끼는 사시나무 잎은 산의 숨소리다.

첫 눈에 띠는 하얗게 분장한 자작나무는 산 속의 일색. 아무리 단장한 대야 사람의 살결이 그렇게 흴 수 있을가?

---

* 이효석(4240~75) "해바라기" "聖畵" 등의 저작이 있음.

수북 들어선 나무는 마을의 인총보다도 많고 사람의 성보다도 종자가 흔하다. 고요하게 무럭무럭 걱정 없이 잘들 자란다. 산오리나무, 물오리나무, 가락나무, 참나무, 졸참나무, 박달나무, 사수래나무, 떡갈나무, 피나무, 물가리나무, 싸리나무, 고루쇠나무, 골짜기에는 산사나무, 아그배나무, 갈매나무, 개꽃나무, 엄나무, …… 산 속은 고요하다. 웅성한 아름다운 세상이다.

과실 같이 싱싱한 기운과 향기. 나무 향기 흙 냄새, 하늘 향기 마을에서는 찾아 볼 수 없는 향기다.

낙엽 속에 파묻혀 앉아 가얌을 알뜰히 바수는 중실은 이제 새삼스럽게 그 향기를 생각하고 나무를 살피고 하늘을 바라보는 것이 아니었다. 그런 것은 한데 합쳐서 몸에 함빡 젖어들어 전신을 가지고 모르는 결에, 그것을 느낄 뿐이다. 산과 몸이 빈 틈 없이 한 데 얼린 것이다. 눈에는 어느 결엔지 푸른 하늘이 물들었고, 피부에는 산 냄새가 배었다. 바슴할 때의 짚북더기보다도 부드러운 나뭇잎—여러 자 깊이로 쌓인 가락닢의 부드러운 보료—속에 몸을 파묻고 있으면, 몸이 마치 땅에 솟아난 한 포기의 나무와도 같은 느낌이다. 소나무, 참나무, 총중叢中의 한 대의 나무다. 두 발은 뿌리요 두 팔은 가지다. 살을 베면 피 대신 나뭇진이 흐를 듯하다. 잠자코 섰는 나무들의 주고 받는 은근한 말을, 나무가지의 고갯짓하는 뜻을, 나무잎의 소곤거리는 속 마음을 총중의 한 포기로서 넉넉히 짐작할 수 있다. 해가 쪼일 때에 즐거워하고, 바람 불 때 농탕치고, 날 흐릴 때 얼굴을 찡그리는 나무들의 풍속과 비밀을 역력히 번역해 낼 수 있다. 몸은 한 포기의 나무다. 벼란간 부드득 솟아 오르는 힘을 느끼고, 중실은 벌떡 뛰어 일어났다. 쭉 펴는 네 활개에 힘이 뻗쳐 금시에 그 대로 하늘에라도 오를 듯 싶다. 넘치는 힘을 보낼 곳 없어 할 수 없이 입을 크게 버리고, 하늘이 울려라 고함을 쳤다. 땅에서 솟는 산 정기의 힘찬 단순한 목소리다. 산이 대답하고 나무 가지가 고갯짓한다. 또 하나 그 소리에 대답한 것은 맞은 편 산 허리에서 불시에 푸드득 날아 뜨는 한 자웅의 꿩이었다. 살진 까투리의 꽁지를 물고 나는 쟁끼의 오색 날개가 맑은 하늘에 찬란하게 빛났다.

살진 꿩을 보고 중실은 문득 배가 허출함을 깨달았다. 아래 편 골짜기 개울 옆에, 간직하여 둔 노루 고기와 가락잎에 싸아 둔 개꿀이 있음을 생각하고 다시 낫을 집어 들었다. 첫참 때까지에는 한 짐을 채워 놓아야 파장되기 전에 읍내에 다닫겠고, 팔아 가지고는 어둡기 전에 다시 산으로 돌아와야 할 것이다.

한참 쉰 뒤라, 팔에는 기운이 남았다. 버스럭거리는 나무 잎 소리가 품 안에 요란하고 맑은 기운이 몸을 한바탕 미역감긴 것 같다. 산은 마을보다 몇 곱절이나 살기 좋은가! 산에 들어오기를 잘 했다고 중실은 생각하였다.

4282年 8月 5日 發行

중 등 국 어

臨時定價

1권 190圓

板權所有

編　者 **李秉岐**

發行者 **金時必**

서울市鐘路2街91

發行所 **金龍圖書株式會社**

서울市鐘路區樂園洞九八

印刷所 **泰洋印刷公司**

중등국어 2

인정종류	중등학교국어과참고용
인정년월일	4282년8월3일
인정유효기간	4283년8월31일
인정관청	문교부

중등국어 2

이병기 편

『중등국어 2』(이병기, 금룡도서, 1949) 표지

금룡 도서 주식 회사 발행

일러두기

1. 원본 자체의 맞춤법 오류 바로 잡아 표기하고, 각주를 붙여 원문의 표기를 기록하였다.
2. 일반 문법적 오류 아닌 작가의 시대적 사회적 관련으로 나타나는 비표준어적 표기는 그대로 인정하고 띄어쓰기도 그대로 하였다.

목차

1. 스승

박노갑朴魯甲*

세 사람 가운데 반드시 나의 스승이 있다치면, 이 세상에 나의 스승은 과히 적다 할 수 없을 줄 안다.

착하고 악한 것이 다 나의 스승이라 치면, 세상은 과연 나의 스승 투성일 것이다.

생각건대, 스승이 너무 많아서 언짢을 이치가 있는가. 알면 알수록, 의문이 많으면 많을수록, 나의 스승은 늘어 갈 줄로 안다.

스승 없는 스승을 모시었다고, 별다른 자랑이 될 리도 없고, 그럴 수도 없는 것이 아닌가.

공자孔子가 노자老子에게 예를 물은 것이 공자의 수치가 될 리 없고, 공문孔門 자제子弟의 명예스럽지 못한 일이 될 리 만무다.

모든 것을 알고자 길게 탐구를 마지 않는 사람에게, 스승은 이 세상에, 무궁無窮 무진無盡할 것이다.

공중을 날아가는 한 마리의 새에도, 땅 위에 움직이는 한 마리의 벌레에도, 마음이 있는 자에게는 뜻이 없지 않을 것이거든, 세속世俗에서 말하

* 박노갑(4238~) 소설가. 장편 "四十년"의 작가.

는 유식有識 무식無識이 어찌, 스승 되고 못 되는 기준이 될 것인가.

초동과 목수의 심상한 일문一問 일답一答이, 만권 서적에서 얻지 못한 해답을 해주지 못하리라, 단정이야 할 수 있을 것인가.

우리의 현실現實 생활은 글에만 의존依存한 것이 아닐 것이다. 세상에는 과연 글로 못 나타낼 생활이, 진리가 얼마나 많을 것인가. 살아서, 뛰고 움직이는 과정過程은 정체停滯가 아닐 것이다.

이 것을 잡아 매어 구속할 사람이 누군가. 자라는 현실은 가는 곳마다, 생동生動하는 대상對象이다.

들로 가면 농부가 스승이요. 학교로 가면 학생이 스승이요. 거리로 가면 거리 사람들이 모다 나의 스승이었다.

보는 것, 듣는 것, 스승 아닌 것이 없다. 그렇다. 자기 자신조차 또한 남의 스승일 것이다. 세상은 과연 스승의 세상이 아니고 무엇이겠는가.

인류의 역사는, 한 나라의 역사는, 이렇게 추진推進하여 나아가는 것이 아닌가.

2. 계절季節의 맑은 놀이

박태원朴泰遠*

어디서 이다지도 맑은 바람이 이리 시원스리 불어 듭니까?

부채질하던 손을 멈추고, 한참을 혼자 망연하여 합니다.

문득 깨닫고, 고개를 들어 하늘을 우러러봅니다.

오오, 그렇게도 높고 또 깨끗한 저 하늘!

우리 모를 사이, 어느 틈엔가 가을은 이곳을 찾아온 것입니다.

☆ ☆

나는 우선 부채를 한 구석에 치어 버립니다. 한 여름의 더위와 희롱하기에 지친 한 자루 부채를 가져, 어찌 이리도 맑고 새로운 계절을 맞이하겠습니까?

나는 또 옷을 벗어, 아내에게 장 속 깊이 감추어 버리라고 말하였습니다. 나의 여름옷은 본래는 가벼운 것이었으나, 한 여름 흘린 땀에 그것은 또 무거울 대로 무거워지지 않았습니까?

나도 이 계절에 합당한 새 양복을 가든히 입고, 오랜 동안 간직하여 두었던 단장을 벗 삼아 거리로 나갑니다.

---

* 박태원(4242~) 소설가. 단편집 "소설가 구보씨의 일일" 장편 "천변풍경"이 있음.

가을을 맞은 한 개의 예의로 간 밤에 은근히 비 내린 뒤, 거리 위에는 일어나는 한 점의 티끌도 없이 가로수 한 개의 잎사귀 속에도 새로운 계절은 스며 있습니다.

보도 위를 오고 또 가는 우리들의 걸음걸이도 이제는 결코 더위에 쫓기어 황황할 까닭 없이, 걸음에 맞추어 단장이 울 때, 그 소리 또한 귀에 상쾌합니다.

☆　　☆

그러나, 우리는 이 거리에 그다지 연연하여 하지 않아도 좋을 것이 아니겠읍니까?

여름내 자주 찾았던 거리의 다방의, 아직도 한 그릇 아이스크림의 미각이 남아 있는 그 탁자 위에서 어찌 이 새로운 손님을 대접하여서 옳겠읍니까?

우리들의 인생에 있어서의 용무라는 것이, 그것이 결코 그리 대단한 것이 못 될진대, 하루의 번거로운 '볼일'은 뒤로 밀우어 두고, 마음도 가든히 거리 밖의 한 때의 맑은 놀이를 꾀하여야 하겠읍니다.

☆　　☆

"두어 명 좋은 벗과 더불어, 한 병 향기 높은 술을 가져……."

이것은 이미 오랜 옛날에 제정된, 이 계절을 맞이하는 한 개의 예법일 것입니다.

3. 고향의 가을

채만식蔡萬植*

갑자기 생각난 것처럼 솨아 비가 쏟아진다. 비는 오면서도 바람 한 점 없고, 무덥다. 우환憂患중에 방은 누기가 차, 아침에 군불을 때서, 흡사 한증汗蒸가마 속이다. 뚫린 구들 구멍에서, 훈김이 훅훅 치닫는다. 얼굴로, 등으로, 온 몸에서 샘물 솟 듯 땀이 솟는다.

빗줄기가 이번에는 갑자기 뚝 그치면서, 언제 비가 왔더냐는 듯이, 쨍쨍 볕이 쬔다, 요전 번에 호우豪雨가 있은 뒤로, 날은 줄곧 이렇게 지짐거린다. 다 늦게 장마라니 부질없다. 지지리도 가물어, 한창 때, 모를 못 내게 해 놓더니, 공연한 객수客水다.

날이 지짐거려, 좋기는 콩뿐이다. 뒤 울 안에다 화초 삼아 던진 콩포기가, 여간 탐스러운게 아니다. 콩은 콩잎 끝에 노 물[5]이 댕강댕강 들어야 잘 된다는 것이다. 검푸른 콩포기에 함빡 비가 젖어 흐트러진 것이 보기에도 시원하다.

저 콩포기에는 한 가락 향수鄕愁가 어리었다. 밤콩이라고 맛이 밤 맛

* 채만식 소설가(4237~) 단편집 "쑥국새" 등과 장편 "탁류", "아름다운 새벽" 등의 저작이 있음.

5 '노 물' → '노란 물'의 탈자로 보임.

같이 달고, 알이 유난히 굵은 콩으로, 해마다 가을이면 고향 집에서 조금씩 보내 주어, 두고 별미로 먹던 것을 한 주먹 남겼다 뿌렸더니, 저렇게 무성히 자란 것이다.

콩밭에 수수가 길로 자라고, 콩포기가 저렇게 우거질 무렵이면, 고향에도 벌써 가을이다. 바람도 높고 하늘도 높고, 높은 하늘에서 밤이면 은하수銀河水머리가 서쪽으로 넌지시 기운다. 높다랗던 원두막이, 벼 이삭 수기기[6] 시작하는 논두던으로 옮겨 와, 새막이 된다. 우여라, 우여라, 새 보는 소리, 곧 풍년가豊年歌의 한 토막이다.

올벼를 베어다 털어서, 시루에 쪄서, 오려쌀을 장만하여 밥을 짓고, 나물과 햇 과실을 괴어 놓고 오려식례를 지낸다. 신명神明과 조상祖上께 올리는 신곡新穀 감사제感謝祭다. 형세 따라 잘 차리고 못 차리고는 하여도, 집집이 궐하지 않고 다들 차린다. 오려쌀은 집에서 장만도 하지만, 장날 촌 사람이 멱서리에다 조금씩 지고 들어와서, 팔기도 한다. 올벼를 심지 못한 집에서는 그 걸 사다 오려식례를 지낸다.

6 '숙이기'의 오자인 듯.

4. 새 옷

이양하李敭河*

오래 간만에, 참으로 오래 간만에 여름 옷을 한 벌 장만하였다. 그러나 불행하게도 옷감의 선택이 좋지 못 하였다. 전등불 아래 보는 빛이 수수한 부라운이요, 세로 박힌 무늬는 무슨 빛인지 분명하지는 아니하나 어떻게 하면 부라운의 너무나 겸허謙虛하고 단조함을 깨뜨리고, 델리케이트한 뉴안쓰를 보여 줄 것도 같아서, 달리 더 생각하지 아니하고 맡겨 버렸었다. 그러나, 옷이 다 되어 막상 입고 나 서니, 전등불 아래서 보던 빛과는 아주 딴판이다, 전체의 기조基調가 되는 부라운이 겸허한 부라운인데는 틀림이 없으나, 세로 간 줄 무늬는 이제 보니 봐이올렡, 그것도 아주 선명한 봐이올렡이요, 그것이 지색地色의 부라운과 어울리어 나타내는 빛 같은 보라빛에 가까운 이상한 뉴안쓰의 빛갈이다. 봐이올렡 자체로 말하면, 누구나 다 사랑하지 아니하지 못할 꽃의 하나요, 그 빛깔도 아름다운 빛갈의 하나임에 틀림이 없을 것이다. 그러나, 보라빛 — 내 옷빛으로서의 보랏빛 — 그것은 생각만 하여도 몸서리가 치는 빛이다. 나는 의복에 있어서는 역시 '훌륭하게 그러나, 호화롭지 않게' 하는 쉐이크스

* 이양하. 영문학자. "시와 과학" 등 저서가 있음.

피아의 가르침을 무엇보다 귀한 가르침이라고 생각하는 자로, 청초清楚하고 아담雅淡하게 입으려고는 할망정 호화롭게 입으려고는 꿈에도 생각지 아니하는 자이다.

그런데, 봐이올렡 내지 보라로 말하면 화려하고 호사한 빛일 뿐 아니라, 제일로 보아 여름에 입어 마땅하다 할 만한 서늘한 감촉과는 도대체 인연이 먼 빛이 아닌가!

여기 오래 간만에 새 옷은 입었으나, 마음이 편할 리가 없다. 더욱이 상당히 좋은 취미를 갖고, 또 그림을 한다고 하느니만큼 그의 색채감에 각별한 신뢰를 두지 아니하지 못할 동무의 하나가, 새 옷 입은 나를 평하여, 봄 바람에 불리어 돈푼이나 쓰고 다니는 시골뜨기 같다고 한 이래의 나의 괴로움이란 그야말로 형용할 수가 없다. 학교에 가서도 도무지 일이 손에 붙지 아니한다. 그리고, 만나는 동료들이 혹 내 옷을 화제로 삼는 때는, 물론 오래 간만에 해 입은 옷이니, 인사 겸 이야기하는데 지나지 아니하는 것이련마는, 어찌 나의 악취미를 조롱嘲弄하는 것만 같아서 어쩔 줄을 모른다. 칠팔 세 때의 조급燥急을 아직 가지고 있었던들, 나는 그 당장에 옷을 벗어 며[7]때렸을 것이다. 아니 지금에 있어서도, 내가 쉬 또 하나 다른 옷을 장만할 만한 여유餘裕만 가졌다면 이 옷을 집어친지 이미 오래겠다.

나의 취미란—이러한 데 취미란 말을 쓸 수 있을는지 의문疑問이지마는—대개 이렇게 까다롭고 결벽潔癖스러운 것이다. 아니, 까다롭고 결벽스럽다느니보다 어떤 자는 옹졸하고 쇠살스럽다고 빈축嚬蹙할른지 모르겠다. 나 자신 나의 청탁淸濁이 이다지도 심하지 아니 하였던들 나의 일상

7 원문 탈자 오기.

日常이 좀 더 평탄平坦한 것이 되지 아니할가 하고 반성反省하는 때가 있다. 왜 그러냐 하면 이와같이 사소些少한 일에 이렇게 마음을 쓰는 소심小心한 사람이 음식, 거주, 오락, 독서, 기타 백반百般 사상事象에 처處하여, 겪을 괴로움을 생각하여 보라. 그야말로 이마의 잔 주름 펼 날이 없을 것이 아닌가. 그러나, 나는 또 한번 이렇게 생각한다. 우리가 우리의 신변身邊의 사소한 일에 이르기까지 일정一定한 취미를 갖고, 그 취미를 살리려고 힘쓴다는 것은 그렇게 일소一笑에 붙일 일이 아니라고. 우리는 우리의 보통 가정에 가면 흔히 이가 실 듯한 괴상한 빛으로 대문을 채색彩色하고, 또 벽에는, 노상路上에서 파는 정체正體모를 산수도山水圖니 미인도美人圖니 한 것을 붙인 것을 본다. 그리고, 또 우리는 우리가 보기에는 악취미에 틀림이 없는, 한 개의 파라솔, 한 감의 치마를 사기 위하여 밥 한두끼 굶는 것쯤은 사양辭讓하지 아니하는 가두街頭의 여성을 상상想像할 수가 있다. 그러나, 우리는 이들을 그저 웃어 버릴 수가 있을가? 이러한 것은 말하자면, 그들의 아름다운 것을 추구追求하는 마음, 우리의 이 어지러운 주위周圍보다는 한 걸음 높고 밝고 깨끗한 세계를 동경憧憬하는 마음, 다시 말하면, 엉클어진 잡초를 잡아 젖히고 그 가운데 한 송이 꽃을 피워 보고자 하는 갸륵한 마음을 말하는 것이 아닐가? 그리고 이러한 노력이야말로, 이 세상을 무지와 빈궁貧窮과 죄악罪惡에서 건지고자 하는, 학자나 정치가나 종교가의 노력에 못지 아니하게 귀한 노력이니, 잘 이끌고 북돋기만 하면 족히 이 세상을 움직일 수도 있는 것이 아닐가.?

나는 잠간暫間 스스로 이렇게 변명辨明하여 본다. 그러나, 한 번 다시 벽에 걸린 옷을 돌아볼 때, 얼굴이 화끈거리는 것은 어찌할 도리가 없다. 악취미는 역시 틀림 없는 악취미다.

5. 방물 장수의 유래

방정환方定煥*

요사이 집집으로 돌아 다니는 여자 화장품 장수라 하면, 모르는 사람이 없을만큼 여자 상인으로는 그 수효가 제일 많은 모양입니다. 이 화장품 장수는 십 여 년 전까지도 방물 장수라 부르던 것이 근년에 와서는 화장품으로 변하였으나, 분, 실 등 여자의 소용품을 팔러 다니는 것은 마찬가지며, 예전 방물 장수는 대개 사십 이상 중 늙은이던 것이, 지금와서는 그와 반대로, 사십 이내 젊은 여자뿐인 것이 다르다 할 수 있습니다. 예전에는 광주리를 종이로 발라, 방물을 담아 가지고, 보자기에 싸서 머리에 이고 다니던 것이 오늘 날은 트랑크에 담아 들고 다니며, 지금은 아무나 하는 모양이나, 예전에는 기생이 젊어서는 기생 노릇을 하다가, 나이 많아 늙게 되면, 방물 장수로 나가는 것이었읍니다.

이 방물 장수의 본래 소질이 방랑 생활을 하던 터이라, 방물 장수는 간판에 지나지 못하고 암암리에 나쁜 짓을 많이 하였던 까닭에, 절조 있는 가정이나, 수절하는 과부 집에 방물 장수가 들어가는 것을 보면, 대단히 흉도 보고, 꺼리던 것입니다.

---

* 방정환. 이미 작고한 아동문학작가. 아동문학의 선구자.

이 외에, 방물 장수는 정치상 정탐 노릇도 하였고, 경찰 행위도 하였던 것은, 지금은 남녀의 내외라는 것이 예전 같이 엄격하지 아니하나, 수십 년 전까지도 남자가 남의 내정에 함부로 들어가지 못 하는 엄격한 관습으로 죄인을 수색할 수 없기 때문에, 피신하려는 사람이 집에 들어 앉고도 얼마 동안은 피할 수 있던 터이므로, 방물 장수는 여자인 까닭으로 통기로 없이 무시로 들어갈 수 있는고로, 정탐의 힘을 빌 수 있었던 것입니다.

이 방울 장수의 시초는 근세 조선 시대에 생긴 것으로, 처음 시작된 것을 보면, 봄철 푸성기를 심을 때, 박을 많이 심어 여름철이 되면, 무성할 시기에 박 덩굴 잎사귀를 잘라 버리고, 잎사귀 줄거리를 병 모가지 속으로 꽂아 두면, 박 덩굴 잎사귀 잘라 낸 구멍으로 박 물이 떨어져 흘러 병 속으로 물이 괴입니다, 이와 같이 물 받는 병을 여러 개 만들어 밤을 지나면, 밤새도록 박 물이 떨어져 병에 그득히 차게 되는 것을 모아 가지고. 식전이면 각 집으로 팔러 다니었읍니다. 이 박 물이라야, 분을 박 물에 개어 바르거나, 그러지 아니하고 그 대로 얼굴에 바르면 피부가 윤택이 나고, 죽은깨가 없어질 뿐만 아니라 분이란 것이 박 물이라야 잘 개어지고, 퍼지는 관계도 있고, 새 색시의 연지도 박 물이라야 잘 퍼지는 신효한 물건이었던 것입니다. 오늘날 화장품 장수는 몇 해 전 방물 장수이며, 방물 장수는 예전 박물 장수가 방물 장수로 와전한 것이며, 방물 장수가 처음에는 박의 물만 가지고 다니며 팔던 것이, 그 후 차차 변하여, 분, 실 그 외에도, 수십 종의 일용품까지 가지고 다니는 장수가 된 것입니다.

6. 불

염상섭廉尙燮*

딸을 막 보내고 돌아서던 모친은, 흘끔 지붕을 쳐다보더니, 벼란간,

"아! 저게 웬 일야?"

하고, 외마디 소리를 치고는 다시는 말을 어우르지도 못 하고, 밥 먹는 아들더러 어서 내려오라고 손짓만 하고 벌벌 떤다. 들쳐가려던 딸도 강종강종 뛰어, 무서워서 들어오지도 못 하고 골목 밖으로 뛰어나가지도 못 하면서, 오빠만 부른다. 상 머리에 동생과 막 앉은 오라비는 깜짝 놀라서, 배 고픈 것도 잊어버리고 맨발로 단 걸음에 뛰어 내려와 보니 뒷집 처마와 이 집과 맞닿은 사이에서 연기가 모락모락 쏟아져 나오는 것이 밤 하늘에 뽀얗게 풍기어 나간다.

"불! 불! 불!……"

겁 결에 속마저 비었으니, 목소리가 크게 나올 수도 없다. 마치 꿈 속에서 소리를 지르려면서도 목이 꽉 막혀서 허덕거리는 셈이다. 어린 동생도 숟가락을 내던지고 뛰어 내려왔다. 저녁상을 받고 자시려던 부친마저 "뭐야 뭐"하고 뛰어 나왔다. 부친은 칠십 노인이 빈 속에 약주를 자신

* 염상섭. 소설가. "만세전"을 비롯하여 저작이 많음.

끝이라, 떨리는 다리를 잘 겨누지를 못 한다. 그 때까지도 여기서는 "불야!" 소리를 시원스럽게 지르지는 못 하다가, 이 집에서 수선거리는 통에 제 각기 잘 차비로 헤여져 들어갔던 옆 집, 앞 집, 사람이 뛰어 나오며 비로소, "불야!" 소리를 벼락 같이 질러서 소동을 일으켰다.

연기는 그 대로 가라앉을 듯하더니, 풀썩하고 호되게 다시 뿜은 뒤를 따라서, 뱀의 혓바닥 같은 불길이 흐르르 떨면서 치밀어 올라왔다. 동네는 금시로 물끓 듯 하였다. 벌의 집을 쑤셔 놓은 것 같이 제 각기 떠들고, 제 각기 갈팡질팡이다. 지붕에 올라가서 물을 한두 바가지 끼얹어 본댓자 별 도리가 없겠지만, 그 보다도 아무리 허접쓰레기 같은 세간이라도 그것부터 한 가지라도 빼내는 것이 급하였다. 아무런 고루거각高樓巨閣이라도 집은 떠 가지고 가지 못 할 것이니, "불야!"하면 누구나 짐부터 들고 나서는 것이지마는, 아쉬운 대로 얽어 놓은 집 — 자식의 대代에까지 물려주게 될가 보아 겁을 내는 집 — 당장에 어디로 헐어 가지고 갈지 모르는 이 집이니, 이왕이면 솥 쪽박이나 모자라진 빗자루 하나라도 손길들여 쓰던 것이나 건져 내려는 것이다.

불난 이 편쪽이고, 가운데 길을 건너 저 편이고, 나오느니 세간이다. 으스러지라는 듯이 바위에 내던지는 농짝, 헤갈을 하고 흩어지는 때 묻은 이부자리. 그릇 박을 안은 채 바윗돌에 나동그라지며, 사기 그릇이 악살을 하는 칼날 같은 모진 소리와 함께, 무릎에서 피를 철철 흘리며 목을 놓고 우는 아낙네의 고생에 찌든 그 얼굴! 엿 바가지가 바위 아래로 떽데굴 굴러 내려가는 것을, 그 대로 울며 불며 잡으려고 쫓아 내려가는 맨발 벗은 다박머리 계집애! 손과 발이 공연히 걸려서 뒷재주를 치며 얼기설기 비비고, 둙[8]고, 맞다닥뜨리고, 그런 대로 입으로는 제 각기 악에 바친 소리를 버럭버럭 지르며 아우성을 치는 그 속에서, 어머니를 울부짖고 찾으며 갈팡거리는 아이들은 뭇발길에 툭툭 채여 세상이 떠나갈 듯이 울어 대는데, 덩달아 놀란 개 떼는 어디서 몰려온 것인지, 점점 더 세차가는 시뻘건 불길을 바라보며, 가로 뛰고 세로 뛰며 짖어댄다.

서까래 같은 기둥에 푼 오리 널과 멍석 쪼각으로 얽어 매고, 양철 지붕이 아니면 한 두 치 두께 밖에 못 이은 새장 같은 집이 처마를 이어 맞닿았는데, 열흘 보름씩 가문끝이니, 마른 솔잎에 쏘시게불을 지른 셈이다. 게다가. 평지에는 바람이 없어도 여기에는 산바람이 내려질리니, 전후 좌우로 홀홀 홀홀 번져 나가는 불길은 이 집을 뒤덮는가 하면, 눈 깜작할 사이에 벌써 저 집 지붕을 날큼 하고 빨건 혓발로 핥아 간다. 여간 물동이 쯤이야 단 쇠에 눈이지만, 이 불길을 쳐다보는 사람은 언저리로 끼어 든 구경군뿐이요, 누가 하나 불이 어디까지 퍼졌는지 정신을 차리고 보려는 사람조차 없다.

8 뚫의 오기.

7. 봄비

변영로卞榮魯*

나직하고 그윽하게 부르는 소리 있어, 나가보니, 아 나가 보니-

졸음 잔뜩 실은 듯한 젖빛 구름만이 무척이나 가쁜 듯이 한없이 게으르게 푸른 하늘 위를 거닌다. 아 잃은 것 없이 서운한 나의 마음!

나직하고 그윽하게 부르는 소리 있어, 나가보니, 아 나가 보니-

아렴풋이 나는 지난 날의 회상回想같이 떨리는 뵈지 않는 꽃의 입김만이

그의 향기로운 자랑 안에 자지러지노나!

아 찔림 없이 아픈 나의 가슴!

나직하고 그윽하게 부르는 소리 있어 나가보니, 아 나가 보니—

이제는 젖빛 구름도 꽃의 입김도 자취 없고, 다만 비둘기 발목만 붉히는 은銀실 같은 봄비만이

소리도 없이 근심 같이 내리누나!

아 안 올 사람 기다리는 나의 마음!

---

* 변영로(4230~). 시인. 시집 "조선의 마음" 등의 저작이 있음.

8. 부용화

홍종인洪鍾仁*

그리운 옛 벗이여!

지금 여기에 꽃씨를 몇 알 동봉하여 부칩니다. 까마득한 이 씨만 보고는 무슨 꽃씨인지 몰라, 내년 여름까지 기다리기가 궁금하리다. 하기는 나도 이 꽃을, 북지나北支那 하북성河北省 어떤 촌락에서 처음 꽃을 보기만 하고, 따 왔을 뿐이고, 과연 그 꽃이 무슨 꽃인가 이름은 몰랐던 것입니다.

내딴은, 만 리 타향에서 헤매다가 이 꽃을 발견했을 때, 나는 알지 못하게 혼자 마음으로 기뻐하며, 별반 꺼릴 것도 없고, 숨길 것도 없을 것이지만, 남의 것을 몰래 가져 오는 듯이 혼자 배랑 밑에 간직해 가지고 돌아왔고, 다시 그 꽃 이름이 무엇인가 알아 보려고도 않고, 이삼 년 키워 왔던 것입니다.

혹 짐작해 아실는지요? 그 때가 벌써 사년 전인가요? 바로 북지에 전쟁이 터졌던 그 해 가을 석가장石家莊 대회전大會戰이 벌어졌을 때, 아우는 피란해 고국으로 돌아오는 참이었읍니다. 동포 몇 사람이 몰리어 중국인

* 홍종인. 신문계의 중진임.

마을로, 고량 밭 사이로 다니게 된 때도 있고 보니, 무서운 생각도 없지 않았습니다. 그리다가 가는 앞 길에서 싸움이 벌어지면, 여기저기서 총소리가 나는 것입니다. 어느 숲 사이에서, 어떤 길 모퉁이에서 총알이 날아 올지도 모르리라는 겁이 안 나는 것이 아니었습니다.

전쟁이고 보니, 무섭기도 무섭지만, 갈 길이 고된 데다가, 지나는 마을마다, 정돈된 것이라든가, 건설적인 규모 짜인 것은 하나도 볼 수 없고, 어디까지나 쓸쓸하고 퇴폐한 것만이 북지 농촌의 풍경이라고 할만큼, 그들의 가옥이며, 시가지市街地며, 살림 범절이 몹시 피폐하여, 우리에게는 이국異國풍경을 본다는 호기심도 별로 일어나게 하지 못 하고, 나중에는 내 마음조차 어디까지나 쓸쓸하고 적막한 것을 느끼게 할 뿐이어서, 흥겨운 구석이란 전혀 없었습니다. 겸하여 전쟁판이 아닙니까?

그러던 중에 어느 밭 모퉁이로 돌아 가다가 보니, 벌써 추수를 마친 밭 가운데, 키는 가슴노리에 오는 풀 포기에 꽃이 달린 것을 발견했던 것입니다. 목화꽃 같이 생긴 것이, 그보다는 좀더 부드럽게 클 뿐이고, 어여쁘다는 것은 아닙니다. 그저 외 겹으로 된 품이 유아하고, 맑고, 깨끗한 것뿐입니다. 어느 중국 집을 지나도 뜰에 화단이라고 모아 놓은 것을 하나도 보기 힘들었던 터에, 웬 일인지 이 꽃만은 밭 가운데 자연히 생긴 것이 아니고, 일부러 심었던 것임을 알 수 있게 될 때, 이 땅의 저 가난한 농군도 꽃을 이런 곳에 이렇게도 심어 기르고 있는가 생각하고 한층 더 이 꽃에 마음이 끌리어, 그 씨를 받아 왔던 것입니다.

그 이듬해 서울서 이것을 심었습니다. 땅이 박하고 보니, 꽃이 잘 되지는 않았으나, 하여간 피기는 피었습니다. 나로서는 귀한 선물이라 마음에 기뻐하며, 제법 귀히 가꾸었던 것입니다. 그 가을에 우리가 이사할 때도 이사 짐 틈에 끼워 새 집에 옮겼던 것입니다. 겨우 귤곽에 옮겨 심었던 것이 늦가을까지 간신히 연명을 해 가며, 여윈 몸에 두세 송이 꽃은 며칠에 한번씩 아침마다 피어 주었습니다.

어느 날 늦게 집에 돌아갔더니, 어머님이 하시는 말씀이, 오늘 어떤 중국인 장수가 한 사람 왔었는데, 저 꽃을 보더니, 뜰에 들어와 꽃을 어루만지며 제 가슴을 가리키며, 무엇이라고 한참 중얼거리다가 갔는데, 저 꽃을 보고 아주 좋은 낯을 하더라는 것입니다.

그 때 무어라고 했을가, 지금도 알 수가 없습니다. 하나, 생각기에는 고향의 꽃을 타향에서 보는 기쁨을 말했을가요? 하기는 그보다도 그 꽃 열매를 중국 가정에서는 요긴히 쓰는 약재藥材가 되는지도 모르지요. 하나, 나는 그가 고향의 꽃을 타향에서 보는 기쁨을 말하고 간 것이라고 보고 싶습니다.

꽃에 대한 사연은 대략 이런 것입니다. 그뒤 다른 친구에게도 이 꽃씨를 나눠 주며 알아 보니, 부용이란 꽃입니다, 알고 보면 단순한 것일는지도 모르나, 이름만은 들으면서도 보지 못했던 꽃입니다. 조선에도 이 부용이 있기는 하나, 빛갈이 조금 다르다고 합니다.

하여간 적은 것이오나, 이런 사연을 생각하와, 마음의 선물로 받으시기를 바랍니다. 내내 건강하소서. 이만.

9. 예술藝術의 성직聖職

문일평文一平*

"인생人生은 짧고 예술은 길다." 함은 인생의 수명壽命은 백 년도 가지 못 하나, 예술의 수명은 영구永久히 가는 것을 말함이다.

그러나, 우리 인생은 예술에 의하여 짧은 수명을 연장할 수 있으니, 가야금의 곡조에서는 오늘까지도 오히려 우륵于勒의 유음遺音을 들을 것이며, 불국사佛國寺의 건축에서는 오늘날까지도 김 대성金大城의 솜씨를 찾을 것이다. 혜원蕙園의 풍속화風俗畵에는 혜원의 넋이 뛰 놀고 단원檀園의 신선도神仙圖에는 단원의 영靈이 움직이니, 인간은 불후不朽의 예술을 창조創造함으로 말미암아 불사不死의 생명을 누릴 수 있는 것이다.

그러나, 예술이 홀로 그 작자作者 개성個性의 생명을 연장하는 데만 성능性能을 가졌다면, 이는 예술을 깊이 이해理解하지 못 하는 말이다. 예술의 성직은 차라리 작자 개성의 생명을 연장함에 있는 것보다도 시대상時代相을 반영反映하며 민족성民族性을 구현俱現함에 있다고 하겠다. 고구려의 벽화壁畵는 활기活氣에 넘쳐 인물人物과 짐승들이 모두 날뛰며 앞으로 나아가는 형세를 보이고 있음은 당시 수 나라, 당 나라와 패권覇權을 다투

* 문일평. 호는 "호암湖岩". 이미 작고한 역사가.

던 고구려 사람들의 용맹스러운 기상을 그 대로 나타낸 것이 아니냐? 신라의 예술은 그 성할 때에는 자못 웅장한 빛을 띠었던 것이 말운末運에 가서는 차츰 섬교纖巧한 폐弊에 빠졌으니, 우리는 여기에 나타난 시대상의 반영을 볼 것이다. 고려高麗 자기磁器를 예로 들지라도 맵시 곱고 호젓한 그 형체形體와 섬세纖細하고도 부드러운 그 선과 맑은 하늘 같이 파란 그 색채色彩는 어디까지 고려 사회를 풍미風靡하던 불교佛敎 그것의 정적미靜寂美를 상징象徵시킨 것이다. 이조李朝 자기는 고려 것과 달라서, 그 형체가 펴지고 안정적安定的이 되어 선과 그 색채도 강하여 지고 질박한 기분이 떠도는 것은 신흥新興 이조를 지배하던 유교儒敎의 경제적經濟的 사상思想을 들어낸 것이다.

그러나, 위대偉大한 예술에는 한갖 시대상이나 민족성을 표시表示함에 그칠 뿐이 아니라, 안으로 문화를 빛내고 밖으로 성예聲譽를 높이나니, 담증[9]曇徵의 저 금당벽화金堂壁畵는 가장 훌륭한 문화보文化寶의 하나로 치거니와, 그것이 오늘날까지 고구려 사람 성예를 높이고 있는가를 보라. 석굴 암의 조각은 신라 문화의 꽃으로 뒷 사람이 길이 그네의 영롱玲瓏한 천재天才를 탄상하는 바며, 청자기는 고려 문화의 꽃으로 세상 사람이 크게 그네의 독특한 솜씨를 찬미하는 바이다. 이를 보면, 한 민족이나 또는 한 국민의 성예를 높임에 있어서 예술의 힘이 참으로 위대하다 하겠으나, 예술가의 훌륭한 작품이 능히 삼군三軍의 위세威勢를 대적하고 남음이 있을 것이다.

조선에는 예로부터 명공名工 거장巨匠이 계속하여 나서 미美의 세계를 개척할새, 예술의 백보탑百寶塔을 쌓았음은 우리의 큰 자랑거리다. 그림,

9 '담징'의 오기.

조각 및 건축 그밖에 시가詩歌에 이르기까지 훌륭한 걸작傑作을 많이 내놓았건만 역대歷代 병화兵火에 무참하게도 없어졌으며 약간 남은 것도 무심한 뒷사람들이 보호를 아니 하였으므로, 오늘날 유물은 거의 탕진蕩盡하게 쯤 되었다. 작품作品이 이미 그러하거던 작자의 이름 같은 것이 어찌 뒷 세상에 전하게 되랴? 더구나 고대古代에 갈수록 작자의 개성이 무시되었고, 또 작자 자신도 예술에 정진하니만큼 개인의 영예에는 치중置重하지 아니 하기 때문에 위대한 작품으로서 그 작자를 아지 못 하는 예가 많다.

그리고, 고대 예술은 흔히 귀인貴人의 오락娛樂을 위하여 생겼으므로 오늘날 이른바 민중民衆 예술과는 그 근본 뜻에 있어서 얼마큼 다르나, 작자의 영혜靈慧와 신기神技에 이르러는 예와 이제가 무엇이 다르랴.

선민先民의 전통을 이은 우리 후예後裔는 그 영혜의 근원이 마르지 않은 이상 우리네 자각自覺과 노력努力 여하에 따라서는 이로부터 예술계藝術界에 또 다시 활개를 칠 수 있을 줄 믿는다.

10. 동해안

노자영盧子泳*

황룡 산 머리를 감도는 백양 떼 같은, 구름 덩이를 바라보며, 안변 역에서 지체하기 두 시간, 차는 오후 네 시 오십 분에야 겨우 안변 역을 떠나게 되었다. 동해로 가는 기차! 꿈에조차 그립던 동해안을 이제 간다고 생각하니, 심두에 떠오르는 양미는 살 찐 유월의 녹음보다 시원하다.

차는 남천 강을 건느기 시작한다. 삼방 협곡과 석왕 사의 고운 향기를 모두 싣고, 둘레를 치고, 굽이를 돌아 유유히 흘러 오는 이 강수 — 이 고운 물결은 안변 수전의 생명수가 되는가? 차는 남천 강을 건느고, 오계 역을 지나, 달아나기 시작한다. 차창으로 내다보니, 멀리 산협을 격하여, 하늘의 은하 같이 허옇게 가로막힌 것은 동해의 원경이다.

꿈에조차 그립던 동해의 푸른 물이, 저 멀리 하늘 가에 그림 같이 비껴 있네. 이 맘도 흰 새가 되어, 저 물 위에 날고자.

여기서부터는 동해안 지역이다. 그러나, 차는 우회를 피하여, 산중 계변으로 질주한다. 찔레꽃이 눈송이 같이 피어 있고, 송림 사이에는 노란 꾀꼬리가 푸두둥 뛰어 나온다. 초롱 같이 하얀 패래꽃, 뻐국초, 모두 볼

---

* 노자영. 이미 작고한 시인으로 저작이 많음.

수가 있었다. 그러나, 차가 어느덧 계곡을 넘어서니, 망망한 동해가 하늘과 함께 안계眼界에 벌어진다. 어느덧, 상음역 — 여기는 요새지대다. 촬영불가라고 간판이 붙어 있다. 앞으로는 가도 없고, 끝도 없는 듯한, 대해의 전개展開! — 옆으로 소도가 반신을 해중에 파묻고 고요히 있지 않은가.

상음 역을 떠난 차가 턴넬을 두어 곳 넘어 서더니, 동해를 발 밑에 끼고, 평행선을 그리기 시작한다. 차창으로 손을 내밀면, 동해수를 한 줌 쥐어 올 듯, 아! 그립다. 파란 물결이여, 작곡가 요한 슈트라우스가 마늅강을 보고, 뿔루리버-라고 찬미하였으나, 사실 그 강을 가 본 사람들은 그 강이 황톳빛이라고 질색을 한다. 그러나, 리보네풀보다 맑고 청조의 날개보다 더 파란 이 물결은 뭐라고 찬사를 드릴 것인가? 하늘의 은하와 합수인 듯 구슬을 갈아 놓은 듯한 이 동해는 영원의 청수경이라고나 할가?

금강산 이 물결을 비치고, 이 물결 금강산을 비쳐, 언제나 맑은 자태는 천하의 한폭 그림이리라. 더구나, 기변에 부딪치는 고운 물결 — 바위에 부딪치며, 철석하고 흩어지는 허연 물결은 하얀 찔레꽃이 바람에 지 듯 고운 구슬이 공중에 날 듯 그 고운 동작을 멈출 때가 없다. 황해안은 간조의 차가 이십 여 척이나 되지마는, 동해안은 간조의 차가 별로 없다. 그래서 물결은 언제나 한모양으로 철석거린다. 인형의 바위 위에, 백진주를 조각한 듯 고운 수포水泡 그 너머로 백범白帆이 조는 듯이 떠 있다. 어촌漁村을 지나고, 해안을 돌고 괴암의 기변으로 평행선을 그리고 차는 언제나 멈출 줄을 모른다.

손을 잠그고, 발을 넣을 듯한 동 해변 — 사람들은 지중 해가 맑고, 나포리가 좋다고 한다. 이태리 사람들은 나포리 아름다운 나포리!

죽기 전 나포리를 보라.

하고 말한다. 그러나, 동해의 고운 물은 지중해에 비할 바이 아니다. 언제나 흐릴 줄을 모르고, 언제나 붉을 줄을 모르는, 상벽常碧의 바다, 아, 동해안은 하느님의 사랑하는 호수이리라. 이태리 사람들은 나포리의 바다를 보고 죽으라 하지마는, 나는 동해의 고운 바다를 보고, 죽으라 하고 싶다.

동해의 푸른 바다는, 당신의 가진 거울보다 더 맑고, 기변에 부딪치는 물결은 당신의 손에 끼신 진주보다 더 고우리라. 인어가 암사슴이 대신으로 바다에 헤염을 치고, 산호가 삼월화보다 더 곱게 피었으리라. 동해를 아니 보고, 어찌 천하의 바다를 말할 것인가?

차는 좌우로 청송青松 백사白沙를 끼고, 달아난다. 여기는 자동 역이다. 별다르게도 소나무가 많다. 턴넬을 지나고, 또 들어가고—차는 턴넬 속으로 숨박곡질을 여러 번 한다. 그러나, 옆에는 언제나 소나무들이 청청한 머리채로써 시원한 그늘을 드리우고 있다. 그리고 한편으로는 눈 같은 모래가, 님의 발자국이나 기다리는 듯이, 곱게 펴 있지 아니한가?

동해를 보고, 죽자. 문호 또데는 북해의 고래가 되고 싶다고 하였다. 그러나, 나는 동해의 고래가 되고 싶다. 상벽의 동해를 나의 유장遊場삼아, 금강산에 비낀 달을 언제나 바라보면, 이에 더한 기쁨이 없을 것이다. 내 맘은 노래를 잊은 카나리아였다. 그러나, 오늘 저녁만은 다시금 한 마리 새가 되어, 이 해변에 날 듯하다.

11. 화랑 소년 관창

이은상李殷相*

신라新羅 태종太宗 무열왕武烈王 칠년 서기西紀 660년, 경신庚申 추 칠월이었다.

몇 해를 두고, 신라는 백제 임금 의자 왕義慈王의 손에 곳곳이 수없는 침략을 당하여 온 터이라, 신라는 분함을 참지 못 하고, 당나라에서 구원병으로 온 소 정방蘇定方의 군사와 함께 황 산黃山의 벌판에서 백제군과 싸우게 되었다.

백제 장군 계백階伯의 군사에게 네 번이나 쫓김을 받은 신라 군사는 기운이 진盡하고 힘이 다 되어, 다시는 더 나아갈 생각을 일으키지 못하였다. 그리하여 대장군 김유신金庾信과 그 아우 장군 흠춘欽春과 및 장군 품일品日은 한 곳에 모여, 어찌하면, 이 기운 풀린 군병들을 일으키어 볼 수 있을가, 하는 것을 의논하였다. 그 때에 흠춘이 두 주먹을 부르쥐며,

"그것은 다만 하나, 죽음을 두려워하지 않는 것을 보여야 할 것이오."

하고는 곧 그 아들 반굴盤屈이라는 소년을 불러,

"이제 너는 네 나라를 위하여 네 목숨을 바치겠느냐"

* 이은상. 호는 노산鷺山. 시인. "노산 시조집"을 비롯하여 사화의 저작도 많음.

하고 물었다.

"네, 충성을 다하겠습니다."

하고, 반굴은 돌아서서 적진으로 들어가 싸우다가, 마침내 적군의 칼날에 죽고 말았다.

장군 품일에게도 한 소년 아들이 있었으니, 그는 관창官昌이었다. 그 인물이 계집을 비웃을만큼 어여쁜 위에 재주와 용력이 또한 겸비하였다. 그리하여 일직 화랑花郞이 되어, 무리들로 더불어 높은 산 맑은 강으로 두루 다니며 의기를 길렀고, 말 타기와 활 쏘기에 능숙하더니, 이번 황산의 싸움에는 부장副將이 되어 출전하게 된 것이었다.

소년 부장의 아버지 장군 품일은 소년을 불러 앞에 세우고,

"관창아! 너는 나이 비록 어리다 하나, 지기가 높은 줄로 내 일직 아는 바니, 오늘의 이 나라 흥망이 네 어깨에 달린 줄을 너도 응당 알려니와, 너는 이에 큰 용기가 없느냐!"

하였다.

"네, 이 목숨이 이 나라의 것인 줄을 저 푸른 하늘로써 맹세합니다"

하고, 곧 말 위에 올라타며 긴 창槍을 비껴 쥐고, 나는 듯이 몰아, 적진 속으로 들어갔다.

그러나, 관창은 몇 사람의 적군을 죽인 것 뿐이요, 곧 사로잡히어 백제 장군 계백의 앞으로 끌리어 갔다.

계백은 관창에게서 갑주甲冑를 벗기니, 관창은 한 아름다운 소년이었다. 그가 일개 소년인 것을 보고 놀라며,

"신라는 참으로 기특한 군사들을 많이 가지었다. 소년이 이러하거든, 하물며 장사들이야…… 아! 과연 남이라도 장한지고!"

하며 탄식하고, 관창의 충의를 어여삐여겨 도로 놓아 보내 주었다.

관창이 돌아와 여러 군사들 속에 서서,

"내가 이제 적진 속에 들어가서도, 장군의 목을 빼앗지 못 하고 기旗를 꺾지 못하였으니, 어찌 마음이 편안할가보냐. 다시 들어 가서는 성공하고 오리라."

하고, 급하여 손으로 우물 물을 움켜 마시고는 두 번째 적진 속으로 달려 들어갔다. 그러나, 많은 군병들을 당할 수가 없는 소년 관창은 또 다시 계백의 손에 붙잡히니, 그제는 계백도 참지 않고, 칼을 들어 관창의 목을 베었다. 그리고, 그 머리를 말 안장에 매어 달아 돌려 보내니, 때에 관창의 나이 겨우 열여섯이었다.

품일이 그 아들 관창의 머리를 받아 안고, 소매 자락으로 흐르는 피를 닦으며

"내 아들의 면목이 이제야 살았고나, 아! 착하다, 내 아들아!"

하였다. 그것을 본 신라의 많은 군사들은 다시 한 번 큰 기운을 내었다.

"어 나도 저 같이 죽어야 하겠고나!"

"나도 내 나라를 위해 의롭게 죽자!"

신라의 군중에는 북 소리가 요란히 울리었다. 그리고 많은 군병은 광풍狂風 같이 몰리어 갔다. 그리하여 신라 군과 백제 군과는 다시 한 번 큰 싸움을 하게 되니, 백제의 군사가 날래기는 하였어도 그 수가 적으므로, 새로이 죽기로 맹약하고 나가는 수 많은 신라 군사를 당할 수가 없어, 마지막엔 백제 군이 크게 패하고 말았으며, 백제의 장군 계백도 그 목숨을 잃어버리었다. 이와 같이 계백은 백제의 장군으로 백제를 위하여 제 목숨을 바치었고, 관창은 신라의 부장으로 신라를 위하여 아름답게 죽었다. 이리한지 열흘이 채 못 지나, 백제의 역사는 끝을 막았다.[10]

10 '맞았다'의 오기.

12. 운명과 노력

바람은 마음 없이 불며, 물은 생각 없이 흐른다. 풀이 싹트며 꽃이 피는 것도 역시 그렇다. 저 못에서 뛰는 고기, 하늘에 나는 새, 골짜기를 닫는 짐승에 이르러서는, 모두 무슨 마음인지 있는 듯하면서도, 대개는 자연 그 대로 생활하여, 부족이 있더라도 자각自覺하지 못 하고, 따라서 그 생활을 개선改善하려고 노력하지도 않는다. 그런데, 사람은 현상現狀에 만족하지 않고, 노력하고, 노력하여 현재의 생활 상태를 좀 더 향상개선向上改善하려 한다. 즉 사람은 스스로 운명을 개척開拓하려고 자강불식自强不息한다.

그러나, 사람의 현재는 과거의 노력의 총화總和요, 장래는 또 과거와 현재의 노력 다과多寡에 의하여서만 결정된다고는 할 수 없다. 부귀富貴한 집에 태어나서 일생에 영화榮華를 누리는 사람도 있고, 빈천貧賤한 집에 태어나서 어릴 때부터 신산辛酸을 겪는 이도 있다. 인가人家가 즐비櫛比한 도회에서 난 이도 있고, 한적閑寂[11]한 산가山家에서 일생을 지내는 이도 있다. 혹은 형과 누이로, 혹은 아우와 누이동생으로 태어난다. 누가 이것을 자기가 마음 대로 바라서 되는 것이라 하랴? 그밖에 체질의 강약强弱과 재능의 후박厚薄이 대개는 천부天賦의 것이고, 자기의 노력이나 희망의

11 '閑寂'의 오기.

결과가 아님은 말할 것도 없다. 천변지이千變地異 등 불시의 사변을 만나 재앙災殃을 받는 것은, 인지로 예측하기 어려우며 인력으로 예방하기 어려운 것이니, 자기의 행위의 과보果報라고는 할 수 없다.

무릇 인간사人間事에는 자기 의지意志로 좌우할 수 있는 것과 그렇지 못 할 것이 있다. 후자後者를 운명 또는 천명이라 한다. 위에 말한 것과 같은 것은 무엇이나 다 운명이다. 이것을 아무리 부러워하며 아무리 뉘우치더라도 어찌할 수 없는 것이므로, 좋은 고비가 돌아오는 이는 행운幸運이고, 나쁜 고비가 돌아오는 이는 불운이라고 달관達觀할 수밖에 없다. 그렇지마는 무슨 일이나 다 운명이라고 생각하여, 자기의 결심으로 능히 좌우할 만한 일까지도 그 대로 운명에 맡겨 두고, 노력하지 않아서는 아니 된다. 스스로 부른 바가 아니고, 제 대로 돌아오는 것을 운명이라 할지라도, 결심과 노력 여하에 화복禍福의 어느 것으로든지 만들 수 있는 것이 적지 않다. 또 순경順境에 있는 이도 안분安分하여 행실行實을 삼가지 아니하면 재앙을 부르게 되며, 역경逆境에 빠진 이라도 발분흥기發憤興起하면 화를 복으로 돌리는 실례實例가 많다. 그리하여 지덕智德이 부족하고 의지가 박약한 이는 이와 반대다. 그러므로 사람은 각각 지덕을 함양涵養하고 의지를 단련하며, 전력을 다하고 최선을 다하여야 한다. 하늘은 스스로 돕는 이를 돕는다. 호운好運은 호운의 가치에 해당한 사람에게로 돌아온다.

그렇다 할지라도, 세상에 뜻과 같이 안 되는 일이 십상팔구十常八九인 것은 인생의 실상이다. 노력하여도 오히려 얻지 못 하는 것은 천명에 돌리고 안심하는 것이 옳다. 노력하지도 않고 운명을 하늘에 맡기는 것은 그르다. 모름지기 최선의 노력을 다하고 고요히 천명에 안심할 것이다. 인생의 진미는 진실로 여기에 있는 것이다.

13. 붉은 산

김동인金東仁*

그것은 내가 만주를 여행할 때의 일이었다. 만주의 풍속도 좀 살필 겸 아직껏 문명의 세례를 받지 못 한 그들의 사이에 퍼져 있는 병病을 좀 조사할 겸 해서 일 년의 기한을 예산하여 가지고, 만주를 샅샅이 다 돌아 온 적이 있었다. 그 때에 R 촌이라 하는 조그만 촌에서 본 일을 여기에 적고자 한다.

R 촌은 조선 사람 소작인만 사는 한 이십여 호 되는 작은 촌이었다. 사 면을 둘러 보아도 한 개의 산도 볼 수가 없는 광막한 만주의 벌판 가운데 놓여 있는, 이름도 없는 작은 촌이었다.

몽고 사람 종자從者를 하나 데리고 노새를 타고 만주의 촌촌을 돌아다니던 내가 그 R 촌에 이른 때는, 가을도 다 가고 어느덧 광포한 북국의 겨울이 만주를 찾아온 때였다.

만주의 어느 곳이라, 조선 사람이 없는 곳은 없지만, 이러한 오지奧地에서 한 동네가 모다 조선 사람뿐으로 되어 있는 곳을 만나니 반가웠다.

---

* 김동인(423**~) 소설가. 단편집 "감자"를 비롯하여 역사소설 등 저작이 많음.
**'4233'의 오기.

더구나 그 동네는 비록 모두가 만주인의 소작인이라 하나, 사람들은 비교적 선량하고 정직하여, 장성한 아들은 그래도 모두 천자문, 한 권쯤은 읽은 사람들이었다. 살풍경한 만주 그 가운데서 살풍경한 살림을 하는 만주인이며 조선 사람의 동네를 근 일 년이나 돌아다니다가 비교적 평화스러운 이런 동네를 만나면, 그것이 비록 외국인의 동네라 하여도 반갑겠거든, 하물며 우리 같은 민족임에랴! 나는 그 동네에서 한 십 여 일 이상을 일 없이 매일 호별방문을 하며, 그들과 이야기로 날을 보내며, 오래 간만에 맛보는 평화적 기분을 향락하고 있었다.

"삵"이라는 별명을 가지고 있는 정 익호라는 인물을 본 것이 여기서이다.

익호라는 인물의 고향이 어디인지는 R 촌에서 아무도 몰랐다. 사투리로 보아서 경기 사투리인 듯하지만 빠른 말로 재재거리는 때에는 영남 사투리가 보일 때도 있고, 싸움이라도 할 때는 서북 사투리가 보일 때도 있었다. 그런지라, 사투리로서 그의 고향을 짐작할 수가 없었다. 쉬운 일본 말도 알고, 한문 글자도 좀 알고 중국 말은 물론 꽤 하고 쉬운 러시아 말도 할 줄 아는 점 등등, 이 곳 저 곳 숫하게 겪어 온 것은 짐작이 가지만, 그의 경력을 똑똑히 아는 사람은 없었다.

그는 내가 R 촌에 가기 일 년 전쯤 빈 손으로 이웃이라도 오듯, 후덕덕 R 촌에 나타났다 한다. 생김생김으로 보아서 얼굴이 쥐와 같고, 날카로운 이가 있으며 눈에는 교활함과 독한 기운이 늘 나타나 있으며, 발룩한 코에는 코털이 밖으로까지 보이도록 길게 났고, 몸집은 적으나 민첩하게 되었고, 나이는 스물 다섯에서 사십까지 임으로 볼 수 있으며, 그 몸이나 얼굴 생김이 어디로 보던 남에게 미움을 사고, 근접치 못 할 사람이라는 느낌을 갖게 한다.

그의 장기長技는 싸움 잘 하고 트집 잘 잡고 칼부림 잘 하는 것이라 한다.

생김생김이 벌써 남에게 미움을 사게 되었고, 거기다 하는 행동조차 변변치 못 한 일만이라, R 촌에서도 아무도 그를 대적하는 사람이 없었다. 사람들은 모두 그를 피하였다. 집이 없는 그였으나 뉘 집에 잠이라도 자러 가면, 그 집 주인은 두말없이 다른 방으로 피하고 이부자리를 준비하여 주고 하였다. 그리면 그는 이튿날 해가 낮이 되도록 싫껏[12] 잔 뒤에 마치 제 집에서 일어나 듯 느직이 일어나서 조반을 청하여 먹고는 한 마디의 사례도 없이 나가 버린다.

그리고 만약 누구든 그의 이 청구에 응ㅎ지 않으면 그는 그것을 트집으로 싸움을 시작하고 싸움을 하면 반드시 칼부림을 하였다.

"삵"

이 별명은 누가 지었는지 모르지만, 어느덧 R 촌에서는 익호를 익호라 부르지 않고 "삵"이라고 부르게 되었다.

"'삵'이 뉘 집에서 묵었나?"

"김 서방네 집에서."

"다른 봉변은 없었다나?"

"요행히 없었다네."

그들은 아침에 깨면 서로 인사 대신으로 "삵"의 거취를 알아 보고 하였다.

"삵"은 이 동네에는 커다란 암종이었다. "삵" 때문에 아무리 농사에 사람이 부족한 때라도 젊고 든든한 몇 사람은 동네 안에 머물러 있지

12 '실컷'의 오기.

않을 수가 없었다. '삵' 때문에 아이들은 아무리 더운 여름 저녁에라도 길에 나서서 마음 놓고 바람을 쐬여 보지를 못 하였다. "삵" 때문에 동네서는 닭의 우리며 돼지 우리를 지키기 위하여 밤을 새우지 않을 수가 없었다.

동네 노인이며 젊은이들은 모여서 '삵'을 이 동네에서 내쫓기를 의논하였다. 물론 협의는 되었다. 그러나, 내어쫓는데 선착할 사람이 없었다.

"첨지가 선착수하면 뒤는 내 담당하마."

"뒤는 걱정 말고 형 님 먼저 말해 보시오."

제 각기 '삵'에게 먼저 달려 들기를 피하였다.

이리하여 동네에서는 합의는 되었으나 "삵"은 그 대로 태연히 이 동네에 묵어 있게 되었다.

"며눌년들이 조반이나 지었나?"

"손주놈들이 잠자리나 준비했나?"

마치 그 동네의 모두가 자기의 집안인 것 같이 '삵'은 마음 대로 이 집 저집을 드나들었다. R 촌에서는 사람이라도 죽으면 반드시 조상 대신으로,

"'삵'이나 죽지 않고."

하는 한 마디의 말을 잊지 않고 하였다.

누가 병이라도 나면,

"에익, 이 놈의 병 '삵'한테로 가거라."

고 하였다. 암종-누구나 '삵'을 동정하거나 사랑하는 사람이 없었다.

'삵'도 남의 동정이나 사랑은 벌써 단념한 사람이었다. 누가 자기에게 아무런 대접을 하던 탄하지 않았다. 보이는 데서 보이는 푸대접을 하면 그 트집으로 반드시 칼부림까지 하는 그이었지만, 뒤에서 아무런 말을

할지라도-그러나 그것이 '삶'의 귀에까지 갈지라도 탄하지 않았다.

"흥……"

이 한 마디는 그의 가장 큰 처세 철학이었다.

흔히 곁 동네 만주 인들에게 때때로 둘들겨 맞고 피투성이가 되어서 돌아오는 일도 있었다. 그러나, 그 하소연을 하는 일이 없었다. 한다 할지라도 —들을 사람도 없거니와—. 아무리 무섭게 둘들겨 맞은 뒤라도 하루만 샘물에 상처를 씻고 절룩절룩한 뒤에는 또 이튿날은 천연히 나다녔다.

내가 R 촌을 떠나기 전날이었다. 송 첨지라는 노인이 그 해 소출을 나귀에 실어 가지고 만주인 지주가 있는 촌으로 갔다. 그러나, 돌아올 때는 그는 송장이 되었다. 소출이 좋지 못 하다고 두들겨 맞아서 부러져 꺾겨 진 송첨지는 나귀 등에 몸이 결박되어서 겨우 R 촌으로 돌아왔다. 그러나, 놀랜 친척들이 나귀에서 몸을 내릴 때에 절명되었다.

R 촌에서는 왁작하였다.

"원수를 갚자."

명 아닌 목숨을 끊은 송 첨지를 위하여 동네의 젊은이며 늙은이는 모두 흥분되었다. 제 각기 이제라도 들고 일어설 듯하였다. 그러나, 그뿐이었다. 누구던 앞장을 서려는 사람이 없었다. 만약 이 때에 누구던 앞장을 서는 사람이 있었더면 그들은 곧 그 지주에게로 달려갔을지 모른다. 그러나, 제가 앞장을 서겠노라고 나서는 사람은 없었다. 제 각기 곁 사람을 돌아보았다.

발을 굴렀다. 부르짖었다. 학대 받는 인종의 고통을 호소하며 울었다. 그러나, 그뿐이었다. 남의 일로 지주에게 반항하여 제 밥 자리까지 떼이기를 꺼림인지, 용감히 앞서서 나가는 사람은 없었다.

나는 의사라는 나의 직업상 송 첨지의 시체의 검시를 하였다. 돌아오는 길에 나는 '삵'을 만났다.

키가 작은 '삵'을 나는 내려다 보았다.

'삵'은 나를 쳐다보았다.

"가련한 인생아. 인종의 거머리야, 가치 없는 인생아, 밥버러지야 기생충아"

나는 '삵'에게 말하였다.

"송 첨지가 죽은 줄 아나?"

나의 말에 아직껏 나를 쳐다보고 있던 '삵'의 얼굴이 아래로 떨어졌다. 그리고, 내가 발을 떼려는 순간 얼핏 '삵'의 얼굴에 나타난 비참한 표정을 나는 넘길 수가 없었다.

고향을 떠난 만 리 밖에서 학대 받는 인종의 가엾음을 생각하고, 그 밤은 나도 잠을 못 이루었다.

그 억울함을 호소할 곳도 못 가진 우리의 처지를 생각하고 나도 눈물을 금하지를 못 하였다.

이튿날 아침이었다.

나를 깨우러 오는 사람의 소리에 나는 반사적으로 일어났다.

'삵'이 동구洞口 밖에서 피투성이가 되어 죽어 있다는 것이었다. 나는 "삵"이라는 말에 눈살을 찌프렸다. 그러나, 의사라는 직업상 곧 가방을 수습하여 가지고 '삵'이 넘어진 데까지 달려갔다. 송 첨지의 장례 때문에 모였던 사람 몇은 나의 뒤로 따라 왔다.

나는 보았다. '삵'이 허리가 기억 자로 뒤로 부러져서 밭고랑 위에 넘어져 있는 것을 나는 달려가 보았다. 아직 약간의 온기는 있었다.

"익호! 익호!"

그러나, 그는 정신을 못 차렸다. 나는 응급 수당을 하였다. 그의 사지는 무섭게 경련되었다.

이윽고 그가 눈을 번쩍 떴다.

"익호! 정신 드나?"

그는 나의 얼굴을 보았다. 끝이 없이 한참을 쳐다 보았다. 그의 동자가 움직이었다. 겨우 처지를 깨달은 모양이다.

"선생님 저는 갔었읍니다."

"어디를?"

"그 놈 — 지주 놈의 집에."

"무엇?" 나는 눈물 나오려는 눈을 힘있게 닫았다. 그리고, 덤석, 그의 벌써 식어 가는 손을 잡았다. 잠시의 침묵이 계속되었다. 그의 사지에서는 무서운 경련이 끊임 없이 일어났다. 그것은 죽음의 경련이었다. 듣기 힘들은 작은 그의 소리가 또 그의 입에서 나왔다.

"선생님"

"웨?"

"보고 싶어요. 전 보고 시……"

"뭣이?"

그는 입을 움직였었다. 그러나, 말이 안 나왔다. 기운이 부족한 모양이었다. 잠시 뒤에 그는 또 다시 입을 움직이었다. 무슨 소리가 그의 입에서 나왔다.

"무얼!"

"보고 싶어요, 붉은 산이 그러고 흰 옷이!"

아아 죽음에 임하여, 그는 고국과 동포가 생각난 것이었다. 나는 힘있게 감았던 눈을 슬그머니 떴다. 그 때에 '삵'의 눈도 번쩍 뜨이었다. 그는 손을 들으려 하였다. 그러나, 이미 부러진 그의 손은 들리지 않았다. 그는 머리를 돌이키려 하였다. 그러나, 그 힘이 없었다.

그의 마지막 힘을 혀 끝에 모아 가지고 입을 열었다.……

"선생 님!"

"웨?"

"저 것-저 것-"

"무얼"

"저기 붉은 산이 — 그리고 흰 옷이 — 선생님 저게 뭐에요?"

나는 돌아보았다. 그러나, 거기는 황막한 만주의 벌판이 전개되어 있을 뿐이었다.

"선생님 노래를 불러 주시오. 마지막 소원-노래를 해 주시오. 동 햇물과 백두 산이 마르고 닳도록 —"

나는 머리를 끄덕이고 눈을 감았다. 그리고, 입을 열었다. 나의 입에서는 노래가 흘러 나왔다.

나는 비참하게 불렀다.

"동 해 물과 백두산이 마르고 닳도록……"

눈물겨워 부르는 나의 노래 소리에 뒤에 둘러섰던 다른 사람의 입에서도 숭엄한 코로스는 울리어 나왔다. —

"무궁화 삼천 리
화려 강산 —"

광막한 겨울의 만주 벌 한 편 구석에서는, 밥버러지 익호의 죽음을 조상하는 숭엄한 노래가 차차 크게 차차 엄숙하게 울렸다. 그 가운데서 익호의 몸은 점점 식었다.

14. 시조

이병기李秉岐*

소나기

구름이 밀려 들고 굵은 비가 쏟아진다.
앞뒤 처마 끝에 낙수落水마다 폭포 되고,
한마당 좁은한 곳이 강을 문득 이루다.

비는 물러가고 바람이 불어온다.
우러러 바라보니 허공虛空은 씻은 듯하고,
은은한 우뢰 소리는 먼 곳에서 들리다.

담으로 굴어오는 매미 소리 더욱 맑고,
뜰 한 머리 분마다 물이 괴고,

* 이병기 호는 가람 시인 "가람 시조집"이 있음.

시들은 수구화繡毬花 잎도 다시 생기 얻었다.

여름 저녁

발 설은 좁은 길에 밤 눈이 안 보이니,
얼굴은 모르지만 말소리 귀에 익네.
이제야 내 다시 오니, 너를 만나는구나.

저녁 이슬 젖은 옷을 걷어 낸 울타리에
호박꽃은 좋아라고 반딧불과 입 맞추니,
별들은 눈웃음치며 처마 끝에 나더라.

달 없는 등 없는 밤에 그림자나 있으리오.
반딧불 파란 불만 선뜨기는 바람결에,
춤추는 풀 언덕 위로 오락가락하더라.

15. 충무공忠武公의 최후

이은상李殷相

사천泗川, 남해南海, 곤양昆陽, 고성固城, 등지에 있던 적군들이 모조리 합하여 오백 여척, 까마귀 떼 같이 몰려 오며 최후의 발악發惡을 하는 11월 18일 오전 일곱 시의 노량露梁 바다에 장차 어떠한 혈투극血鬪劇이 벌어질 것인지는 실로 예측하기 어려웠다.

공公은 밤이 어둡기를 기다려, 오후 열시에 진 도독陣都督의 군선軍船과 합세合勢하여 출발하였다. 대양大洋 밖으로 적선을 향하여 가는 충무공忠武公! 공은 무엇인지 전에 없이 비감悲感한 생각을 금할 길이 없었다. 망망茫茫한 바다. 물결치는 바다를 내다 보고 있던 충무공은, 문득 일어나 손을 씻고 갑판甲板 위로 홀로 올라갔다.

무릎을 꿇고 두 손을 모아 하늘께 빌었다. "만일 이 원수를 갚으면 죽어도 한이 없겠읍니다." 오직 이 한 마디다. 공의 눈에는 영웅의 눈물이 펑하고 솟았다. 그러나, 곧 그 눈물은 불덩어리로 변하는 것이었다. 그리자, 문득 보매, 이상도 하다, 큰 별이 해중으로 떨어진다. 이것은 충무공만이 본 것이 아니오, 모든 장졸이 다 보았다.

바로 그 전날 진 도독이 충무공에게 편지를 보내어, "내가 밤에 천문을 보고, 낮에 인사人事를 살펴 보니, 동방東方 장성將星이 장차 병이 든지라, 아마도 공에게 멀지 않아 화가 있을 것이어늘, 공은 어찌 하여 이를 알지 못 하고 저 무후武候의 양법禳法을 쓰지 아니하오?" 하였더니, 공이 이에 진 도독에게 "나는 충忠과 덕德과 재材가 다 무후에 불급不及하니, 비록 무후의 법을 쓴다 한들, 하늘이 어찌 응하겠오?" 하였다는 것이다. 공은 진실로 충성忠誠의 인人이요, 엄정嚴正의 인일 따름이었다. 대의를 이루기 위하여는 생사生死란 아무 것도 아니었다.

이리 하여, 밤은 깊어 19일 새벽 두 시 경에 적선들이 모여 있는 노량 바다에 이르렀다.

화포火砲 일발一發! 대해전大海戰은 벌어졌다. 적선들은 놀라서 사방으로 흩어지는데, 우리 군선은 적선을 대파大破하여 이미 적의 태반이 무너졌다. 그리자, 날은 밝아 왔다. 전쟁은 의연히 계속한다. 공은 또 다시 적선 오십 여 척을 분파焚破하고, 진 도독도 분통噴筒을 흩어 적선에 대해大害를 입히는 도중에, 적선들은 진 도독의 배를 포위하여 바야흐로 위급하게 됨을 보고, 공은 용감히 뛰어 들어 역전力戰하여 진 도독을 구출하자, 다시 명군明軍의 던진 화기火器가 잘못 떨어져 명의 부총장副總將 등자룡鄧子龍의 배에 불이 붙으니, 군사들이 불을 피하여 소동하는 길에, 배는 한 쪽으로 기울어지기 시작하고, 적병이 습격하여 자룡을 죽이니, 그 배는 소진燒盡되고 말았다.

우리 군사들은 그 배를 적선으로 오인誤認하고, 더욱 여기勵氣 쟁선爭先하여 환호歡呼 분전奮戰하는데, 적추賊酋 세 사람이 누선樓船에 앉아 독전督戰하므로, 공은 그리로 공격을 돌려, 그 중의 일추一酋를 쏘아 죽이니, 적의 사기士氣가 크게 저상沮喪되어 둔주遁走하기 시작한다. 공은 친히 북채를 쥐고 독전하여 이미 수백 척의 배를 함몰陷沒시키고, 수천 명의 적을 죽였거니와, 최후의 한 사람도 남겨 보내지 않으리라는 굳은 결의로 적을 추격追擊하였다.

어허 슬프다! 붓을 놓고 통곡痛哭하고 싶구나. 적의 비환飛丸에 공은 좌액左腋을 맞아 관통貫通하니, 분하고 원통하다. 이것이 충무공의 최후이었다. 공은 숨을 지우며, 그러나 조용히 자기 곁에 활을 들고 서 있는 장자長子 회薈와 조카 완莞을 향하여, "방패防牌로 내 앞을 가리우라." 하니, 이것은 적에게 이 꼴이 보일가 함이요, 다시 입을 열어 유언遺言하여 "지금 전쟁이 한창 급하니, 내가 죽었다는 말을 내지 말라." 이 한 마디를 최후로 부탁하고 전선戰船 위에서 눈을 감으니, 이에 다시 기억하자. 공의 향년享年은 54세, 전몰일戰沒日[13]은 선조宣祖 13년 무술戊戌 (서기 1598) 11월 19일 아침.

이 때 만일 공의 죽음을 알린다면, 일군一軍이 경동驚動하여 피적彼賊이 도리어 승할지도 모르며, 그렇게 되면 공의 시구屍柩도 전귀全歸하지 못할 것이다. 회, 완의 형제는 눈물을 참고, 공의 시체를 안고 방 안으로 들어갔다.

공의 죽음을 안 사람은 회, 완과 공의 시노侍奴 김이金伊를 합하여 삼인뿐이요, 직속直屬 장교將校인 송희립宋希立도 이를 알지 못 하였다.

유언에 의하여 우리 전함에는 하등의 이상도 없이 여전히 휘기麾旗 독전할새, 유연柳珩과 송희립이 탄알에 맞아 잠깐 혼도昏倒하였다가, 다시 일어나 상처를 싸매고 분전하여, 일오日午에 이르러 파전罷戰하니, 적의 빠져 죽은 자, 잡혀 죽은 자가 수천 명이요, 재물財物과 총기銃器가 탕진蕩盡되자, 적장 도진의홍島津義弘 등은 겨우 50여 척을 남겨 도망하고, 이

13 '戰歿'의 오기.

틈에 행장行長이 묘도猫島 서량西梁으로 빠져 나가 외양外洋으로 자취를 감추어 도망가니, 이것으로 임진난壬辰亂 칠년 전쟁이 끝난 것이다.

16. 무제초無題抄

박종화朴鍾和*

울긋불긋한 산야山野에 흩어져 있는 꽃맵시가 애써 내게 보이려는 아양이 아니요, 속골俗骨 중에도 범골凡骨인 게으름뱅이 내가 제법 상춘賞春할 기회機會를 만들려 함도 아니언마는, 저절로 내 눈결에 백태百態 어리워지매. 굳이 안 볼 길 없이. 비치어 지는 대로. 부딪치는 대로 보고 난 뒤엔, 뒤퉁스럽게 한 마디,

"으흥! 봄이란말가!"

이렇게 며칠 동안 해가 뜨고 밤이 지났다.

뜰 앞에 선 복숭아 한 나무, 파초芭蕉 한 줄기 푸릇푸릇 싱싱한 잎이 가지마다 줄기마다 너울거리니, 머리에 떠도는 옛 사람의 글 구句 하나,

(錄樹陰濃夏日長)

때 벌써 여름이란말가?

해는 한낮이다. 하늘은 쨍쨍하게도 눈이 부시도록 파랗다. 뒷길 천변川邊 가로 엿 장사가 지나간다. 컬컬한 목소리로 "엿 안사" 그 넙적하고도 무지한 엿가위 소리가 요란하게도 동네를 흔들고 지나 간다.

---

* 박종화. 호는 "월탄月灘" 시인 시집 저작이 많음.

뒷집 삼층 벽돌집 지붕 위에선 양철장이 젊은이가 함석 장을 펴면서 콧노래를 부른다.

"반半 남아 늙었으니. 다시 젊든 못 하리라!"

녹음綠陰! 녹음綠陰! 신선新鮮하고도 검푸른 녹음綠陰! 뜰이 넓지 못 하고, 동산이 없는 우리 집에는 제법 한 큰 녹음綠陰을 찾을 수 없다.

몇 포기 일년초一年草와 조그마한 도리桃李가 있어, 초록草綠은 동색同色이나, 제법 한 녹음綠陰의 무르녹은 정경情景을 맛볼 수는 없다.

녹음綠陰을 찾아 거리로 거리로.

첫 번으로 눈에 푸른 빛이 두 갈래로 갈라져 주루륵 들어오니, 묻지 않아도 가로수街路樹다.

따끔따끔한 초여름 오후午後 볕이 거리를 서로 꿰뚫어 비스듬히 반을 걸쳐 비껴 있다.

페브멘트 위에는 푸른 나무 녹음綠陰의 그림자가 길쭉길쭉 누워 있다. 잎 하나마다 그려 진 그림자. 가지 하나마다 그려 진 그림자, 가벼운 미풍微風이 자취 없이 올 때마다. 그림자, 그림자는 아롱아롱 한들한들 따끈한 노란 볕 위에 아롱진 무늬를 수놓고 있다.

산뜻한 맥고자麥藁子 쓴 사람 무엇 무엇인지 농담하고 지나가니, 벌써 산보散步를 나온 셈인가?

하얀 파라솔 하나 푸른 나무 밑으로 얼른 얼른, 가깝게 보니, 눈 같이 흰 모시 적삼에 이름 모를 누른 바둑판 치마를 입고 뾰죽한 분粉구두로 사뿐사뿐 때의 첨단尖端을 걷고 있다. 산뜻한 이 모양이 또한 녹음綠陰에 겨누어, 초하初夏에 없지 못할 정경情景의 하나다.

나무 장사가 지나간다. 한 간 통이나 되는 솔가지 나뭇단을 땅에 끌리도록 쇠바리에 실었으니, 소란 놈의 더움이 오죽이나 하랴. 커다란 눈방울을 디룩디룩 그 큰 몸집엔 땀이 쭉 배었다. 헐떡거리는 목줄띠, 비 오듯 흐르는 소침, 과천果川 삼십 리三十里를 밤 새도록 들어와서, 온 종일 장안을 헤매이고도, 짐을 부리지 못한 소 팔자야 기구崎嶇만 하대서야 말이 되는가.

나무 장사는 소를 길 가 녹음綠陰으로 끌어 들인다. 소를 끌면서도 작자나 있을가 하여. 휘휘 사방을 둘러본다.

또 다시 발길을 옮긴다. 녹음綠陰을 찾아서, 청량리淸凉里의 녹음綠陰도 좋다. 달리는 전차電車의 창窓어구를 후리쳐 치는 아까시아의 늘어진 가지도 좋다. 갈수록 유수幽邃하고, 구불어질수록 우거진 남산南山의 낙락장송落落長松도 좋다.

장충단奬忠壇 경학원經學院 다 녹음綠陰의 명소名所다.

걸음이 가는 대로, 발길이 내키는 대로, 게으름뱅이의 지팡이는 어느 곳을 향하려 하느냐?

17. 학생의 정신

안창호安昌浩*

사회는 활동으로부터

학생은 장차 사회에 나아가 활동할 준비를 하는 사람입니다. 생존生存과 번영繁榮은 사람의 활동에 따라 되는 것이므로 활동 이것이 있으면 살고, 없으면 죽을 것이며, 많으면 크게 번영하고, 적으면 적게 번영할 것이다. 그런즉 인류 사회의 생존은 사람의 활동에 있고, 사람의 활동은 활동할 무기를 잘 준비함에 있으며, 이 무기를 준비하는 이는 곧 학생이외다.

그러므로 조선의 학생된 이는 먼저 조선 사회로부터 세계 어느 사회에든지 나아가 활동할 사람임을 잊지 말아야 하겠읍니다.

* 안창호(4211~4271). 호는 "도산島山". 혁명가. 대한 임시 정부의 각원이었음.

참 활동은 직분職分 이행履行

활동에는 허영적 활동과 실제적 활동이 있습니다. 무슨 취지서에나 발기문에나 신문지상에나 어디에나 버젓하게 성명이나 쓰는 것을 활동이라 할 수 없고, 다만 실제상 자기가 마땅히 할 직분을 이행하는 것이 참 활동이외다. 그리고, 영국의 학생은 영국의 경우에, 또 미국이나 중국의 학생은 미국이나 중국의 경우에 따라서 준비하여 가지고 활동하는 것이외다. 조선의 학생은 조선의 경우에 따라서 준비하여 가지고, 조선 사회에 또는 세계 사회에 나아가 활동하여야 되겠습니다.

직분을 이행한다 함은 자기의 의무를 이행한다 함인데, 의무로 말하면 자신에, 친족에, 동족에, 국가에, 세계에 대한 의무가 있습니다. 또 각각 그 의무를 잘 이행하려면, 먼저 자기의 가족은, 동포는, 사회는, 국가는 어떠한 경우에 있는지, 아울러 자기 자신이 어떠한 경우에 있는지를 잘 알아야 하겠습니다.

경우가 남과 같지 않다.

지금 우리는 민족적으로 남과 다른 경우에 있습니다. 우리의 찬란한 옛 문화는 극도로 파괴되어 복구 수리할 길이 멀고, 새로운 문화는 이제 엄돋는 시기에 있습니다. 또 구 도덕은 무너지고 신 도덕은 서지 못하여 혼란 상태에 있습니다. 또 다른 나라 학생은 학자가 넉넉하여 배우고 싶은 것은 마음 대로 배울 수가 있지마는, 우리 조선 학생은 그렇지 못하외다. 게다가 우리는 유혹이나 허영에 휘둘리기 쉬운 환경을 가지었습니다.

오늘날 이와 같은 불리한 경우에 처한 조선 학생으로서 그 직분은 매우 크외다. 이 학생된 이의 손으로라야 우리의 집이나 사회를 장차 바로잡을 수가 있는 것이요, 만일 그렇지 못 하면 우리의 앞길은 영영 가엾이 될 뿐이겠읍니다. 그러니. 오늘의 조선 학생들은 무의식적으로 남의 흉내나 내지 말고, 명확한 판단을 가지고 나아가야 학생 그네들에게도 다행히 되고, 민족 전체에게도 다행히 되겠읍니다.

헌신적, 희생적 정신

첫째, 남은 알든지 모르든지, 조선 민족에 대한 헌신적 정신과 희생적 정신을 길러야 하겠읍니다. 조선 민족을 다시 살릴 직분을 가진 이로써 이 정신이 없으면 안 되겠읍니다. 자주라, 독립이라, 평등이라 함이 다 자기를 본위로 하는 이지적이외다. 어떤 때에 일시적 자극으로 떠들다가도, 그 마음이 가라앉으면, 다시 이기심이 생깁니다. 자기의 생명을 본위로 함은 이것이 진리요 자연이외다. 그런데, 이제 자기의 몸과 목숨을 내 놓고 부모나, 형제나, 동포나, 국가를 건진다는 것은 혹 모순이 아니겠읍니까? 아니외다. 이 헌신적과 희생적으로 하여야, 부모와 형제가 안보되고, 민족과 사회가 유지되는 동시에 자기의 몸도 있고 생명도 있으려니와, 만일 이 정신으로 하지 아니하면, 내 몸과 아울러 사회가 다 보전되지 못 하는 법이외다. 가령 상업이나 공업을 하는 것도 자기의 생명을 위하여 하는 것이지마는 여기도 헌신적, 희생적 정신으로 하지 않으면 안 됩니다.

이 위에 말한 바 의지적으로뿐 아니라, 정의적으로도 민족에 대하여 일어나는 정을 억제하지 못 하며, 헌신적 희생적 활동을 아니할 수 없읍니다. 오늘의 조선 학생 된 이는 옛날에 자기의 명리를 위하여 출세하려는 듯이 하지 말고, 불상한 내 민족에 대한 직분을 다하기 위하여야 되겠읍니다.

긍휼矜恤히 여기는 정신

둘째, 긍휼히 여기는 정신을 길러야 하겠읍니다. 여기에 있어서 이 정신이 더욱 필요하외다. 학생이 되어서 무엇을 좀 안 뒤에는 교만한 마음이 생기어서, 자기만큼 모르는 자기의 부형이나 이웃이나 존장에게 대하여 멸시하는 마음이 생기고, 따라서 제 민족을 무시하게 됩니다. 그 결과로 동족을 저주하고, 질시하고, 상관하지 아니하려 합니다. 나만 못 한 사람을 무시할 것이 아니라 긍휼히 여기어야 옳고, 남의 잘못하는 것을 볼 때에 저주할 것이 아니라, 포용심을 가지어야 하겠읍니다. 긍휼히 여기는 마음이 없으면 내 동족을 위하여 헌신적으로 희생적으로 힘쓸 마음이 나지 않습니다. 소학생 시대나 대학생 시대보다 중학생 시대에 남을 업신여기는 교만한 마음이 가장 많은 것이외다. 이것은 무엇을 좀 알기 시작할 때에 저마다 잘 아는 듯 싶어서 그렇게 됩니다.

또 어떤 이는 걸핏하면 제 동족의 결점만을 들어 가지고 나무랩니다. 그러나, 우리 조선 사람도 다 잘 배울 기회를 가지었거나, 다 좋은 환경을 가졌었더라면, 누구보다 조금도 못할 민족이 아니외다. 그러므로 제 동족에 대한 불평을 가질 것이 아니라, 일체로 서로 긍휼히 여기는 마음을 가지어야 옳겠읍니다. 제 동족에 대한 긍휼심이 적으면 외족에게 대한 독립심이 박약한 법이외다.

너와 나의 협동적 정신

세째, 서로 협동하는 공동적 정신을 배양하여야 하겠읍니다. 조선의 일은 조선 사람 된 내가 할 것인 줄 아는 동시에, 조선 사람 된 이는 누구나 다 분담하여 가지고 공동적으로 하자 함이외다. 어떤 이는 무슨 일을 저 혼자 하겠다는 생각을 가집니다. 그 결과에, 하려는 일은 되어지지 않고, 도리어 분쟁이 생깁니다. 제가 무엇이나 다 한다고 하다가는 낙심하기가 쉽습니다. 혼자 하는 일은 잘 이루어지지 아니하므로, 과거의 성공이 없음과 장래가 아득한 것을 보고는 곧 비관하여 낙망합니다. 나와 다른 이가 다 함께 할 것으로 아는 이는 자기는 비록 성공을 못 하더라도 다른 이가 성공할 줄을 믿고, 또 자기 당대에 못 이루고 죽더라도 자기 후손이 이어서 할 것이므로, 여기에는 낙망이 생기지 않고 오직 자기의 할 직분을 다할 뿐이외다. 그 민족 전체에 관계되는 사업은 한두 사람의 손으로 되지 않고 전 민족의 힘으로라야 됩니다. 그러므로 내가 깨달은 바에 대하여 나의 직분을 다하여 노력하고 아울러 온 민족과 협동하여 할 정신을 길러야 되겠읍니다. 너와 내가 다 함께 한다는 관념이 절실하여지는 날에야 성공이 있겠읍니다. 협동적 관념이 있어지면 공동적 주장과 계획이 세워지겠읍니다. 이 협동적 정신 아래에서 협동적으로 하는 것을 미리 연습하여 두어야 공동적 큰 사업에 나아가서도 협동적 실행이 있어지겠읍니다.

한 가지 이상의 전문 지식

이 위에 말한 것은 정신 방면을 말한 것이외다. 이제는 실질 방면에 들어가서 누구나 한 가지 이상의 전문 지식을 가지어야 된다 함이외다. 전문 지식을 못 가지겠거든 한 가지 이상의 전문적 기술이라도 가지어야 하겠읍니다. 오늘날은 빈 말로 살아가는 세상이 아니요, 그 살아 갈 만한 일을 참으로 지어야 사는 세상이외다. 실제에 나아가 그러한 일을 지으려면은 이것을 감당할 만한 한 가지 이상의 전문적 학식이나 기술이 없어서는 안 됩니다. 이것이 있고야 자기와 가족과 및 사회를 건집니다. 오늘에 있어서는, 옛날에 벼슬하기 위하여 과거보러 다니던 관념으로 허영을 위하여 공부하는 이가 많습니다. 사회에 유익한 사업을 감당하기 위하여 실지의 학문을 참으로 연구하는 이는 적고, 아무 대학을 마치었다는 이름이나 얻기 위하여 사각모자를 쓰고 다니는 것이나, 대학 졸업장을 얻는 것으로 성공을 삼는 이가 많습니다. 그런 이는 한번 졸업한 후에는 다시 더 학리를 연구하지 않습니다. 우리 학생들은 직업을 표준하지 않고, 허영적 영웅을 표준하는 이가 많은 듯하외다. 만일 실지 학문을 배워서 정당한 사업에 나아가지 않고 헛수작과 난봉이나 부리면 그는 차라리 학교에 아니 다니고 집에 있어서 부모를 위하여 소 먹이고 꼴 베는 것만 못 하겠읍니다.

18. 마음

김광섭金珖燮*

나의 마음은 고요한 물결,
바람이 불어도 흔들리이고,
구름이 지나도 그림자 지는 것.

돌을 던지는 사람,
고기를 낚으는 사람,
노래를 부르는 사람.

이리하여 이 물 가 외로운 밤이면,
별은 고요히 물 위에 뜨고,
숲은 말 없이 물결을 재우느니.

행여 백조가 오는 날,
이 물 가 어즈러울가,
나는 밤마다 꿈을 덮노라.

* 김광섭(4238~). 시인. 시집 "동경"이 있음.

19. 평양과 패수의 소재지所在地

이호李灝*

우리는 역사를 몰랐습니다. 나라 지경을 몰랐습니다. 모를 뿐 아니라 조선은 역사가 없다 하였습니다. 역사는 훌륭한 역사이었지요. 다만 역사책 그것이 없었습니다. 우리 역사상에 큰 원수는 한 족의 적어 놓은 것입니다. 그저 그들은 제 멋 대로 써서 원수 그들에게만 좋도록 만들었습니다.

그러므로 청천 강淸川江에서 수隋나라의 양광楊廣의 십만의 참패와 안시 성安市城에서 이 세민李世民의 눈을 뺀 것은 저희들의 적어 놓은 데는 하나도 볼 수가 없고, 다만 네 고을 곧 현토, 낙랑樂浪, 진번眞番, 임둔臨屯을 두었느니 하는 따위뿐입니다.

우리 동방 역사에 전하되, 안시 성 주인 양 만춘楊萬春이 당唐 나라 임금 이세민李世民의 눈을 활을 쏴서 맞히었다 하며 이조 초에 김 창흡金昌翕이 그 아우 창업昌業을 연燕으로 보내는 글에 말하기를 "천추에 큰 씰개 양 만춘이 화살로 구레나룻을 쏘아 눈방울을 떨어뜨리었다"하였으며 이 색李穡의 묵연히 읊은 시에 "우리를 주머니 가운데의 한 물건인 줄 알았더

---

* 이호. 자세히 모름.

니, 어찌 검은 눈에 흰 것이 떨어질 줄을 알았으랴"하였읍니다. 그런데 사대주의事大主義에 머리가 팔린 김 부식金富軾이 삼국사기를 지으매 역시 한족이 적은대로 그것을 빼어버리었읍니다. 두 늙은 이의 읊은 바 마땅히 그 유전의 증거가 분명할 터인데 거짓말 잘 적기로 유명한 한족의 역사 그것이 옳단 말입니까? 위의 옛 말에 큰 새를 안시安市라, 봉황鳳凰을 안시라 배암을 백암白岩이라 하였다 하여, 혹 봉황 성으로 안시 성이라 하니 그 말이 그럴듯 하지마는 당서唐書에 안시성이 평양서 가기 오백 리요, 봉황성 을 임검 성壬儉城이라 하며 지지地誌에 봉황 성을 평양이라 하며, 또 안시 성은 개평 현蓋平縣 동북 칠십 리라 하니, 개평으로부터 동으로 수암 하秀岩河가 삼백 리, 수암 하로부터 동으로 이백 리를 가서 봉황 성이라 하니, 만약 이로써 첫 평양이라 하면 당서에 오백 리란 것과는 틀림이 없지마는, 그렇지 않다 합니다. 대체 우리 조선 선비들은 지금 평양에 기자箕子가 도읍하였다. 정전井田이 있다. 기자의 무덤이 있다 하면 예 옳소하다가, 만약 봉황 성에 평양이 있다 하며 요동遼東에 평양이 있다 하면 두 눈이 뚱그래서 "에 그놈 미친말 말아라."합니다. 요동이 근본 옛 조선 판도인 줄은 캄캄할 뿐만 아니라 숙신肅愼, 예맥濊貊, 여진女眞, 물길勿吉, 말갈靺鞨, 발해渤海, 걸란契丹, 요遼, 금金이 다 조선에 붙었으며 동으로 창해滄海, 서으로 흥안령興安嶺을 껴서 사막에 닿고 남으로 영해瀛海, 북으로 흑룡 강을 거치어 소해小海에 이르기 연긍延亘 만 여 리의 큰 판이 우리의 강역이며 오라烏拉, 영고寧古, 훈춘暉春이 근본 고구려의 옛 도읍임을 알지 못 합니다.

슬프다. 후세에 지계가 자세하지 아니하여 사군四郡의 땅을 가지어 압록 강 안에 판을 정하고 패수浿水와 평양을 정하려고 하여 혹 압록강을 가리켜 패수라 혹 청천 강을 가리켜 패수라 혹 대동 강을 가리켜 패수라 하니 이는 우리 고강古疆이 싸우지 아니하고 줄어졌읍니다. 첫째 평양을 한 곳에 정하고 패수를 따라 찾아야 하겠지오. 그러므로 이전 한 사군의 땅이 다만 요동뿐 아니라, 마땅히 여진에 들었을 것입니다.

한서 지리지漢書 地理志에 현토낭랑이 있고 진번 임둔은 기록한 곳이 없으니, 대개 한 나라 시원 오년始元 五年에 사 군을 합하여 이부二府를 만들고 원봉 원년元鳳 元年에 또 이부를 고치어 이군二郡을 삼았읍니다. 현토는 삼현三縣인데 고구려에 있고 낭이 이십 오 현인데 조선에 있고 요동이 십팔 현인데 안시에 있고 임둔이 장안에서 가기 육천 일백 리, 진번이 칠천 리라 하나, 지금 우리 경내에 어디서 이에 당한 거리를 찾겠읍니까. 그것이 영고탑 등지라 합니다. 이로 밀우어 보면, 진번 임둔은 한말漢末에 부여扶餘, 읍루挹婁, 옥저沃沮에 붙었다가, 혹 변하여 말갈, 물길, 여진, 발해가 되었읍니다. 발해 태조 대조영大祚榮은 고구려가 망한 후 이십 칠 년 만에 동모산東牟山에서 일어나서 고구려의 고강을 찾고 부여의 끼친 풍속을 받아 오경五京 십오부十五府 륙십 이주六十 二州를 두어서 지금까지 그 경, 부, 주의 지명이 시대를 따라서 조금씩 변한 곳이 있지마는 그 골자骨子는 볼 수 있읍니다. 나도 중국 땅에 있을 때에 길림성 밀산부 반절하吉林省 密山府 半截河라는 곳 그 곳의 토인이 옛 도읍이라는 데서 금동金銅으로 만든 발해 사람의 쓰던 행상서륙부시랑인行尙書六部侍郎印을 파낸 것을 보았읍니다.

이와 같이 우리 나라 땅 연긍 만 여 리의 큰 폭원은 패수가 정하지 못 하고 지금 평양으로 푯대를 잡아 분분한 의론으로 큰 초점焦點을 일으키었읍니다. 첫째 패수와 평양이 정하여야 정리程里와 기록이 맞아서 강역이 판명되겠읍니다.

당서唐書에 고구려는 근본 고죽 국孤竹國인데 주周나라 무왕武王이 기자를 고죽에 봉하였고 고죽은 지금 영평永平이라 하며 또 영평에 백이 숙제의 묘가 있으며, 광녕廣寧에 기자 묘가 있어 광녕 사람이 광녕을 평양이라고 하니, 이것이 아마 기자의 첫 도읍인 평양인가 합니다. 요사遼史에는 발해 현덕부顯德府는 기자를 봉한 평양인데, 요가 발해를 치고 동경東京을 삼았다 하니, 이 동경이 곧 요양遼陽이라. 이로 보면 요양도 한 평양입니까? 박 지원朴趾源은 그것은 기 씨가 처음 영평에 도읍하였다가, 연인燕人 위만衛滿에게 쫓긴 바 되어 동으로 가면서 머물러 있는 곳마다 성은 평양이라 하고 물은 패수라 하면서 봉황 성을 거치어서 지금 평양까지 왔다고 합니다. 지금 평양에 낭랑 고분古墳을 발견하고 그것을 유일한 증거를 삼아 가지고 이것이 낙랑의 옛 도읍이라 함은 사실이 아주 틀림이 아닐가요? 마치 지금 우리 조선 사람이 서 북간도에 가서 살면서 기호촌畿湖村, 경상 도 촌慶尙道村, 함경 도 촌咸鏡道村, 평안 도 촌平安道村이라 하여 가장 고향을 사모하는 마음으로 호마胡馬는 의북풍依北風하고 월조越鳥는 서남지棲南枝라 하는 것 같이 고향은 멀고머나마 지명이라도 잊지 않으려고 요동 넓은 들을 거치어 왔지마는, 사람 가는 데를 따라 "낭랑"이란 지명도 따라 온 것이므로 근본 낭랑은 요동이라 합니다.

4282年9月15日 再版發行

중 등 국 어 2

定 價

200圓

板權所有

編 者 李秉岐

發行者 金時必

서울 鐘路

發行所 金龍圖書株式會社

(4280.9.20. No, 102)

서울市中區太平路一街六一

印刷所 朝鮮日報社工務局

(4280.9.15.No,60)

중등국어 3

인정종류	중등학교국어과참고용
인정년월일	4282년8월3일
인정유효기간	4283년8월31일
인정관청	문교부

중등국어 3

이병기 편

『중등국어 3』(이병기, 금룡도서, 1949)
표지

금룡 도서 주식 회사 발행

일러두기

1. 원본 자체의 맞춤법 오류 바로 잡아 표기하고, 각주를 붙여 원문의 표기를 기록하였다.
2. 일반 문법적 오류 아닌 작가의 시대적 사회적 관련으로 나타나는 비표준어적 표기는 그대로 인정하고 띄어쓰기도 그대로 하였다.

목차

---

* 원문 오기. 귀촉도가 옳음.

* 원문의 차례가 누락되어 교정자가 입력한다.

1. 새벽이여

신석정辛夕汀*

진주 같은 별들이 밤 하늘을 성장盛裝하던 것은 벌써 어제 밤 이야기가 아닙니까?

글쎄 그 별들이 또 어느 밤 하늘을 성장하기 위하여.

작은 새새끼들처럼 포르르포르르 날아 가 버리었을가요?

태양은 지금 아주 먼 어느 숲 속을 건너서,

작은 산새 새끼들의 보드러운 털을 쓰다듬느라고, 아직 한 줄기의 광선光線조차 대지大地에 보내 주지 않는데,

한가한 여행을 무척 좋아하는 저 구름들이 벌써 일어나서, 뭉게뭉게 산을 넘어오지 않습니까?

이윽고 남풍이 불면, 저 구름은 우리들을 찾아 온다 합니다 그려!

당신이 가장 사랑하는 당신의 비둘기들이

지금은 그 작은 보금자리 속에서 노래하고 있지만,

---

* 신석정 시인. "신석정 시집"이 있음.

저 숲 너머 푸른 하늘을 오고 가는 것으로 그들의 생활은 오늘의 일과日課를 삼을 것입니다.

여보,

얼마나 훌륭한 새벽이요.

우리는 몇 억만 년을 두고 우리의 생활에서 너무나 오래오래 잊어버리었다 하는 그 푸른 하늘을 찾으러 가지 않으렵니까?

2. 자기를 믿으라

안호상安浩相*

한말韓末에 있어서의 역사적 사실事實을 본다면, 우리는 어떻게 생각할 것인가? 혹은 일본日本, 혹은 청국淸國, 혹은 러시아, 이들만 믿고 이들의 힘을 빌어야만, 이 나라가 잘 될 줄을 믿었던 것이다. 그러나, 그 결과는 어떠하였는가? 그 결과로 1910년 8월 29일에 한국은 망했다는 사형장死刑狀 하나 밖에 더 얻은 것은 없었다.

여러분! 이러고야 어찌하여 멸망滅亡이 없기를 바라겠는가? 자기를 믿지 않고 남을 믿음은, 자기를 무시無視하며, 또 배반背反하고, 남을 높히며 좇는 것이다. 이와 같이 우리가 우리 자신을 무시하고 배반하는데, 어찌하여 남이 우리를 무시하고 배반하지 않겠는가? 남이 우리를 천만 번 무시하며 배반하는 것보다, 우리가 자신을 한 번 무시하고 배반하는 죄악罪惡이 천만 배나 더 큰 것이다. 저 자신을 믿지 않고 배반하는 이는 이 세상에 생존할 가치도 권리權利도 다 없는 사람이다. 보라! 우리가 남들을 속으로 믿을 때. 그들은 우리를 도와 주기는커녕, 도리어 우리의

---

* 안호상. 철학 박사 저서 "철학총논"** "논리학"

**'철학논총'의 오기(을유문화사, 1948)

속과 겉 전체를 다 빼앗아 먹으려는 야심野心을 갖게 되는 것이다. 만일 그들이 우리를 한 가지 도와준다면, 그들은 우리에게서 백 가지 이익을 볼 욕심이다. 이것은 야심의 원칙原則이요, 또 현대정치現代政治의 예사이다. 이것을 깨닫지 못하고, 자기를 믿지 아니하고, 남만을 믿으며 숭배崇拜하는 무리들은 눈 뜬 장님이 아니면, 이는 바보임에 틀림이 없다. 우리는 이러한 무리들을 어떻게 처치處置하면 좋겠는가? 이런 무리들은 제 아무리 무어라 하지만, 그 근본 동기根本動機에 있어서는, 그들의 이기적 욕심利己的 慾心과 감정感情의 무지無知에 있는 것이다. 이러한 무리들을 우리는 말로써, 또 글로써 깨우쳐 줄 것이며, 그래도 깨닫지 못할 경우에는, 부득이 주먹으로써라도 깨우쳐 주지 아니하면 아니 된다. 만일 소수의 그들을 없애지 아니 하면, 우리의 전체全體가 없어지고 말 것이다.

우리도 모든 것을 하루 바삐 고치어 발전시켜야 한다. 그리자면 힘이 있어야 하며, 이 힘은 우리가 우리 자신을 믿는 데만 있는 것이다. 우리가 서로 깊이 믿을 때에는, 없는 힘이 새로 나고 있던 힘은 더 굳세게 될 것이다. 우리가 남을 한 번 믿을 때 백 가지 해가 생기지만, 우리를 한 번 믿는 데서는, 백 가지 이익이 있다. 한 가족을 보라. 자기의 아버지와 어머니, 아들과 딸, 아이와 동생을 믿지 아니하고, 남들만을 믿을 때, 그 아들과 딸 그 아내와 동생이, 그 아버지와 남편과 형님을 믿지 아니 할 것은 분명한 일로서, 그 집은 반드시 망하고 말 것이다. 우리의 나라 생활이 또한 그러하며, 그 백성들이 저희끼리 서로 믿지 아니한다면, 내부內部는 분렬分裂되어 멸망하지만, 그와 반대로 서로 믿으면, 믿을수록 더욱 믿게 되어, 그 나라는 철석鐵石 같이 굳게 되어 억센 나라가 될 것이다. 보라! 동서 고금東西 古今의 모든 억센 나라와 위대한 문화는, 그 나라 백성들의 철석같은 단결團結과 그들의 굳은 믿음으로써 된 것이 아니냐?

외부外部에서 침략侵掠하는 백만의 적군敵軍보다, 내부의 백성들이 서로 믿지 아니하는, 그 내부의 적이 더 무서운 것이다. 제 나라가 아무리 약하다 할지나, 저희끼리 굳게 믿을 때에는 자연히 굳세게 되는 법이다. 그런즉, 우리도 잘 살며 크게 되려면, 무엇보다 우리 자신을 깊이 믿어야만 한다.

3. 조국

김광섭金珖燮*

지상에 내가 사는 한 마을이 있으니,
이는 내가 사랑하는 한 나라이리다.

세계에 무수한 나라가 큰 별처럼 빛날지라도,
내가 살고 내가 사랑하는 나라는 오직 하나 뿐.

반만 년의 역사가 바다가 되고, 혹은 시내가 되어,
모진 바위에 부딪쳐 지하로 숨어 들어갈지라도
이는 나의 가슴에서 피가 되고, 동맥이 되는 생명일지니,
나는 어디로 가나 이 끊임 없는 생명에서 큰 영광을 찾아.
남북으로 양단되고 사상으로 분렬된 나라일 망정,
나는 좀처럼 이 무거운 나라를 끌고 신성한 곳으로 가리니.

오래 닫혀 진 침묵沈黙의 문門이 열리는 날,

* 김광섭. 시인. 시집 "동경"이 있음.

상징象徵하는 한 떨기 꽃은 찬란히 피리라.
이는 또한 내가 사랑하는 나라,
내가 사랑하는 나라의 꿈이어니.

4. 책임에 대하여

김진섭金晉燮*

아무도 보는 사람이 없다고 해서, 아무도 알 사람이 없다고 해서, 또는 자기 혼자만이 하는 데 무슨 큰 영향影響이 있으랴 해서 못할 일을 한다면, 그 결과가 과연 어찌 될가? 어린이들이여! 아니다. 그럴수록에 더욱이 그대들은 좋은 일을 해야만 될 것이다. "그럴수록에 더욱이" 라고 그대들은 반문反問하는가? 그러면 나는 대답하겠다. 왜 그러냐 하면 그 순간瞬間에야말로 그대들은 완전히 혼자 있었기 때문이요, 그리고 그대들은 혼자서 그 일을 했으니 그 한 일에 대해서 그대들은 혼자서 책임責任을 져야만 되겠기 때문이다.

그러면, 책임이란 대체 무엇을 말하느냐? 나는 그대들에게 이것을 어떻게 설명했으면 좋을가? 그대들이 그것을 이해理解할 수 있을 뿐이 아니라, 진심眞心으로 책임을 느끼고 또 장차 있는 생활을 하도록 노력하기 위해서, 나는 그대들에게 이것을 어떻게 증명했으면 좋을가?

그러면, 잠시 귀를 기울여 내 말을 들어보라. 우리를 둘러 싸고 있는 온 세상은 한 커다란 통일체統一體를 이루고 있으니, 이 속에 있어서는

* 김진섭. 독일문학 연구가. 수필집이 있음.

긴緊하고 밀密한 관련關聯을 가지고 있지 않는 것은 하나도 없다. 가령, 머리 위에 구름은 우리에게 비를 실어 오고, 구름이 실어 온 비는 군데군데 굽이쳐 흐르고, 흐르는 시내 물로 적하滴下되며, 하천河川이 얻은 물은 바다와 바다로 흘러 들어, 이리해서 된 바다가 써 전 지구를 위요圍繞함에 이른 것이 아닌가? 하늘 위에 혁혁赫赫히 빛나는 태양은 온 천지를 고루고루 비추어 주며, 우리에게 온기溫氣와 광명光明과 쾌적快適한 기상氣象을 보내 준다. 이 지구의 인간人間 생활生活이 역시 그와 같으니, 우리들이 이 세상과 우리들 자신自身을 더욱 크고 더욱 아름답고 더욱 완전하게 만들어 가기 위해서, 우리는 모두가 제 각기 좋은 섬유纖維가 되어 이 세상이라 하는 크고 아름다운 베를 짜 나아가고 있는 것이다. 모든 것이 서로 활발한 관계를 가지고, 이 곳은 한 가지 한 가지의 행동과 사유思惟가 알지 못 하는 사이에 다른 곳의 한 가지 한 가지의 행동과 사유에 영향을 끼치고 있다는 것은 참으로 놀라운 일이라 아니 할 수 없다. 오늘, 그대가 우연히 구제救濟를 비는 어려운 사람에게 은혜를 베풀지 않았다 하자. 그 때문에, 이 가난한 사람은 절망한 끝에 무슨 악행惡行을 저지르고, 혹은 옥중獄中의 몸이 될지도 모른다. 그래서 그의 처자는 기한飢寒을 참지 못 하여 도둑질을 하게 되고, 그것이 동기動機가 되어 그들은 차차차차 건지기 어려운 악한惡漢으로 타락墮落하고야 말는지도 모른다. 인과因果는 참으로 이 같이도 단순하고 명백한 것이니, 우리는 모두가 한 몸이요, 한 덩어리이기 때문이다. 우리는 한 조직組織이요 통일統一이기 때문에, 서로 의지하고 서로 부조扶助하지 않고서는 살 수 없는 것이다. 서면 같이 서고, 넘어지면 함께 넘어지는 수밖에 달리 도리는 없다. 한 민족 한 국가로 말하면 더욱이 그러하니, 여기서는 원래 분리分離된 존재存在, 고립孤立된 인간이란 한 사람도 있을 수 없다. 한 사람이 불행에 울 때 우리 전체가 동정의 시선視線을 보내지 않을 수 없으며, 한 사람의 아사자餓死者는 우리 전체의 빈곤貧困을 뜻하며, 우리 전체에게 문제를 제공提供한다. 시험적으로 그대가 입고 있는 째키트에서 한 오리의 실오리를 빼내어 보라. 그로 인해서 째키트의 모든 조직은 상하고야 말 것이 아니냐? 이 한 개가 아파도 온 몸이 괴롭지 아니한가? 줄 하나가 상해도 양금洋琴 전체의 조화調和는 깨어지고야 말지 않는가?

우리는 물론 저 혼자만 이 이익을 추구追求하고 개인적 행복을 얻으려고 꾀하는 이기 주의자利己主義者의 행동에 대해서, 경우에 따라서는 간혹 눈을 감을 수도 있는 것이지만, 그것이 상대적相對的으로 반드시 다른 사람의 선망심羨望心을 자극刺戟하고 혹은 복수욕復讐欲을 유발誘發하는 불길不吉한 원인이 되는 바 적지 않은 영향을 생각할 때, 우리는 한 가지 사소한 행동인들 결코 소홀히는 할 수 없는 것을 통감痛感하지 않을 수 없다. 그러기 때문에 우리는 모든 사람을, 말하자면 그 광선을 외계外界에 끊임없이 방사放射함에 의해서 우리들이 호흡呼吸하고 있는 지상地上의 공기를 혹은 유해有害하게도 할 수 있고 혹은 신선하게도 할 수 있는 일편一片의 라디움에 비교할 수 있으니, 우리는 사실상事實上 우리의 인격人格 여하如何로 혹은 악하며 혹은 선善한 광선을 외계에 항상 발사하고 있다는 것을 잊어서는 아니 된다.

여기서, 사람된 자는 모름지기 스스로 반성反省하고 모든 점을 숙고熟考하여 써 결의決意를 새로이 하고, 이자二者 중 하나를 선택할 필연必然에 부딪칠 것이니, 그대는 우선 어떤 사람이 되기를 원하려는가? 즉 사회에 해독을 끼치는 악인이 되기를 원하는가? 혹은 정직하고 충실忠實한 사람이 되어, 주위에 이익을 주기를 원하는가? 다시 말하면, 그대는 파괴破壞를 하고 싶은가? 혹은 건설建設을 하고 싶은가? 약탈掠奪을 하고 싶은가?

그렇지 않으면 봉사奉仕를 하고 싶은가? 미워하기를 그대는 원하는가?

그렇지 않으면 사랑하기를 그대는 택擇하는가? 이 소원 여하에 따라서, 그대는 그대의 내부內部를, 곧 그대의 마음과 그대의 의지意志와 그대의 사상思想을 재빨리 정돈하지 않으면 아니 된다. 여기서 그대가 속으로 원하고 택한 것이 곧 외부外部적으로 행동화行動化할 것만은 확실한 사실일 것이니, 왜 그러냐 하면 그대의 마음은 그대의 행동 속에 반드시 계시啓示되고 반영反映될 터이기 때문이다. 그러므로, 또한 아무도 본 사람이 없다고 하더라도, 그것을 결국은 모든 사람이 알게 되는 것이다. 그래서, 그대는 결국은, 그대의 마음과 의지意志의 표현이 모든 글의 결심과 모든 그대의 행동의 배후背後에 서지 않아서는 안 되는 것이요, 그대가 r 배후에 서 있는 까닭으로 최후까지 그대는 그대의 모든 행동을 증명할 수도 있는 것이며, 변호辯護할 수도 있는 것이다. 그 행동을 한 사람이 있는 이상, 본 사람이 없다고 해서 그 행동이 없어질 수는 도저히 었을 수 없는 일이니, 그대가 그대의 모든 행동에 대해서, "내가 그것을 했소. 나야말로 그것을 빚아낸 근원根源이니, 호악간好間에 그 결과는 나 때문에 일어난 것이요"하고 용감히 말하지 않아서는 아니 될 것이다. 실로 책임이란, 정正히 이를 피하지 않음이다. 비겁卑怯한 자만이 자기를 은폐隱蔽하려 하고 사기한詐欺漢만이 자기自己 탈출脫出을 꾀하려 하는 것이요, 원래 그 성질이 강직剛直할 때, 최선最善의 일이 아니면 거사擧事하지 않을 것은 물론이므로 매사에 아무 불안이 없이 확호確乎하고 명랑한 태도를 견지堅持할 수 있는 것이다.

나이 어린 사람들이여! 끝으로 내가 건국 도상 중요한 지위에 있는 그대들에게 또 한가지 부탁하고 싶은 것은, 증오憎惡의 감정은 사람을 서로 이반離叛시키되, 사람은 사람을 서로 삽시霎時에 결합結合 시킨다는 단순한 사실이니, 사랑할 줄을 알고 나라를 건설하려 하는 모든 선량한 동포는, 그 자체가 이미 서로 의속依屬된 결합체結合體로서의 우리 민족이 동족同族에 대한 민감敏感한 인식認識, 커다란 책임감, 상호간相互間의 신뢰성信賴性을 가지고 건국이란 위대한 공동共同 목표目標를 향해서 씩씩하게 매진邁進할 때, 비로소 자유에 빛나는 우리 조선을 우리는 구가謳歌할 수 있을 것이다.

5. 소년

김동리金東里*

아카시아나무가 서 있는 황토 언덕 위에서 못 가까지는 한 마장 채 못 되는 꼬부랑 길이다. 눈오듯 하얗게 덮은 서리를 밟으며 한 달음으로 못 가까지 뛰어오니, 못 물은 가에서 기은 데까지, 한 절반이나 뼁 둘러 살얼음이 덮어 있다. 오리 두 마리는 그 살얼음이 걸려 있는 끝으로, 어저께 맞은 선불의 쓰라린 상채기도 먼 날의 추억인 양, 평화롭게 안온하게, 나라히 떠 다니고 있다. 성재는 너무도 즐거움에, 이것이 마치 지난 밤의 꿈의 연속이나 아닌가고 하속으로 가만히 의심하여, 한참 동안 정신 없이 멍하니, 서 있었다. 그리면서 일방, 저도 모르게, 손으로 연방, 옷을 벗으며 있는 것이다.

옷를 다 벗기가 바쁘게, 오리를 내려 보며 한쪽 발을 얼음 위에 들여 놓고, 다시 남은 발마저 얼음을 밟으려 할 즈음, 물은 어느덧 그의 한쪽 정강 마루를 잠그었다. 그러한 살얼음을 헤치고, 몇 발을 들여 놓지 않아, 물은 곧 그의 허리를 잠그었다. 머리 끝이 쩌르르 하며, 얼음 서슬에 살추리나 베이지 않았나 하였다. 물이 가슴 밑까지 닿으니, 갑자기

---

* 김동리. 소설가 단편집 “무녀도”가 있음.

입에서 뜨거운 김이 연기 같이 펑 나왔다. 그 순간, 그의 시야時夜에서 좀 멀어 졌던 오리가 다시 그의 두 눈에 비취었다. 그는 손으로 엷은 얼음을 헤치며, 다시 몇 발을 나아갔다. 이제 한 발만 앞으로 더내어 디디면 물은 갑자기 깊고, 살어음이라 해도, 한 머리 물로 이지러지는 판이다. 두 발을 힘껏 굴려 몸을 솟구쳐, 그 한 머리 물로 이지러지는 살얼음 위로 헤엄을 시작하였다. 여름내 저의 집 앞 마당인 거나처럼, 제 마음대로 헤어 다니던 물이언만, 몸에 살얼음이 걸리고 하는 이젠 도무지 수심조차 짐작할 길이 없다. 몸은 이제 참을 감각하기에도, 그리 민첩하질 않다. 아픔을 모르리만큼 잘 드는 칼로 온 몸을 난도질이나 하는 듯. 어디랄 수 없이, 뜨끔뜨끔하고, 쩌릿쩌릿하고, 아랫 배와 등어리 어디가 돌덩이처럼 굳어지는 것만 같다.

살얼음이 다하고 푸르고 고요한 물을 헤엄칠 때부터, 얼마만큼 손 발에 감각이 돌아오는 듯, 제법 자유롭게 물을 차고 헤엄칠 수 있었다. 게다가 오리 두 마리는 발 눈 앞에 놀지 않는가. 이제부터는 다만 오리와의 헤엄 경주다. 제가 오리고, 이 쪽이 성재이니만치, 그만큼 나은 점도 못한 점도 상반이다. 발로 차고, 손으로 뛰어 짚고 아물 뻗대어도, 오리 두 마리는 늘 마찬가지 한 걸음 앞이다. 어저께의 선불은 날개에 맞은 모양, 물에서 날아기진 못하나, '뚤 뚤 뚤' 하고 주둥어릴 저으며 달아니긴 늘 한 모영이다. 오리의 등어리를 겨누어 힘껏, 물을 차고 팔을 뻗쳐 철벙, 엎더지는 것이다. 오리는 그 때마다 물 속에 폭 폭 잠겨 버렸다간, 소년이 낯을 들 때쯤은 오리 역시 머리를 들고, 한 걸음 앞에 의연히 떠 가고 있는 것이다. 이러기를 두 번, 세 번, 네 번………열 번, 열 한 번, 열 두 번쯤 했을 때는, 몸이 차다 쓰리다 하는 것보다도 우선 아랫배 밑이 당겨서 몸을 뜰 수 없어진다. 온 몸의 심줄이 모두 그리로 당기는 듯한다.

물 밖으로 나오니, 그제야 제 몸과 얼음과 아침 바람 사이에 다만 차다는 감각 그것이 있을 뿐이다.

옷 곁에 던져 둔 짚 몇 단을 풀어 헤쳐 놓고, 거기 불을 붙이고는, 처음 앞으로 쬐다. 다음엔 뒤로 등을 쬐다. 그래도 늘 한 폭이 춥고 보니, 이번에는 훨훨 타는 불꽃 위로 이리 저리 건너 뛰기로 하였다. 몸이 얼추 풀려 가자. 아랫배 밑에도 핏기가 도는 듯 시언해지고, 두 팔목에서 손등으로는 엷은 껍질 밑으로 피가 스미 듯, 그저 한 빛으로 새발갛다.

이번에는 먼저보다, 훨씬 자신 있게 살얼음을 밟을 수 있었다.

(소설 "소년"에서)

6. 시

이병기李秉岐*

외오 두고 두고 그리워하던 그대,
다만 믿어 오기 고운 그 맘이러니,
이제야 보는 얼굴도 맘과 다름 없구나.

그리 아오실 이 몇몇이나 있으리요.
머리를 조이고 간절히 비옵노니
처음에 맹세하시던 그 뜻 잊지 마오라.

촌경村景

노천명盧天命

등잔 심지가 실뱀 같은 방 안에 태곳적 평화를 담고,

* 이병기. 시인, 시조 "가람 시조집" 등 있음.

소여물은 삶는 사랑방은 늘 끓어,
글방 아이들은 옛말이 좋아 저녁마다 꽤 들었다.

나이가 쉰에도 총각인 신 삼는 첨지는,
오늘도 미투리 굣날을 만지며 괜히 좋구,
얘기 속에 구월 산 노루가 알을 빠뜨렸다.

7. 노변 잡기

양주동梁柱東*

질화로에 재가 식어 지면,
빈 밭에 밤바람 소리 말을 달리고,
엷은 졸음에 겨운 늙으신 아버지가
짚베개를 돋워 괴시는 곳,
그 곳이 참아 꿈엔들 잊히랴?

이것은 나의 공경하는 재사才士 정 지용씨의 "향수鄕愁"라 제題한 가작시佳作詩의 일련一聯이다. 얼마나 진솔眞率한 시경詩境인가? 기교시奇巧詩인 지용에서 이러한 구수한 경지境智를 발견하는 것은 또한 뜻밖이다.

촌가村家의 질화로는 가정의 일 필요품必要品, 일 장식품裝飾品일뿐만 아니라, 그들의 정情의 사랑의 용로鎔爐이다. 되는 대로 만들어진, 흙으로 구운 질화로는 그 생김 생김부터가 촌사람들과 같이 순박純朴하고 단순單純하건마는, 지긋이 눌러 있는 넓적하고 커다란 불돌은 사뭇 온 종일 동안 혹은 밤새도록 저 혼사 불을 지니고 보호保護하고 있으리만큼 믿음직

* 양주동. 평론가 "古歌研究" "麗謠箋注" 등 저서가 많음.

스럽고 덕성德性스럽다. 갑자기 활활 달았다가 이내 꺼지고마는 요새의 문화화로文化火爐와는 무릇 본성本性이 다른 것이다.

이 질화로를 두른 정경情景은 안방과 사랑이 매우 다르다. 안방의 질화로는 방 한가에 놓여 있으니마, 그 위에 놓여진 찌개 그릇은, 혹은 에미네들이 남정을 기다리는 사랑 혹은 오마니가 서당 아이를 고대하는 정성과 함께, 언제나 따뜻하다. 장에 무우를 썰어 버무린 찌개나마, 거기에는 정情이 있고, 말 없는 이야기가 있고, 글로 표현하지 못할 그윽한 아름다운 정다운 세계가 있다. 누가 식전食前의 방장方丈을 말하는가, 수륙水陸의 향연饗宴을 이르는가? 진실로 행복 된 점에 있어서야, 진실로 참된 정에 있어서야, 나의 옛날 마을집 안방 화로 위에 놓인 찌개 그릇만 할소냐?

마을에서 소년은 서당아이로 불려진다. 혹은 사략史略 초권初卷을 끼고 혹은 맹자孟子를 들고 서당書堂에 다닐 때에 불리어진 서당아이란 이름은, 장가를 들고 스무 살이 넘고 아들을 본 뒤까지도 그 대로 남아서 마을 사람은 삼십이 넘어도 부모는 서당아이라고 부른다. 우리 집 곁의 늙은 부부夫婦는 늙마에 아들을 얻어서 자기네는 목불식정目不識丁인 것이 철천徹天의 한恨이 되어서, 아들만은 어떻게라도 글을 시켜 보겠다고, 어려운 살림에 아들을 서당에 보내고는 노상 우리 서당애, 우리 서당애 하며, 그를 이야기한다. 그의 집 단간 방에 있는 다 깨어진 질화로가 점심 먹으러 돌아오는 예例의 서당애를 기다리는 따뜻한 토장찌개를 가졌음은 물론이다. 그 아들이 천자문千字文을 읽는데, 질그릇도陶 당나라당唐 이라 배운 것을 어쩐 셈인지 꾀꾀요도陶 당나라당唐이라는 기상천외奇想天外의 오독誤讀을 하였다. 이것을 들은 늙은 오마니가 알지는 못 하나마 하도 괴이怪異하게 생각하였던지 의의疑議를 삽揷한즉, 늙은 영감이 분연憤然히, "여보 할멈 아지도 못하면서 공연히 쓸데없는 소리 마소. 글에 별소리가

다 있는데 꾀꾀요도陶는 없을라구.” 이렇게 단연斷然 서당아이를 변호한 것도 바로 그 화로의 찌개 그릇을 둘러서다. 얼마나 인정미人情味 많은 태고연太古然한 진실한 풍경이냐!

그러나 사랑舍廊에 놓인 또 하나의 질화로는 이와는 좀 다른 풍경이다. 머슴 소배少輩들이 모인 곳이면, 신 삼기, 둥구미 만들기에 화로를 에워싸고 한창 분주하지마는, 가다가 술내기로 팔씨름을 하다가 엎드리고 쌍방雙方이 버티는 서슬에 화로를 발로 차서 그 숱한 재를 엎질러 방 안에 헤쳐 놓기가 일수요, 노인들이 모인 곳이면 고담古談 책보기, 시절時節 이야기, 동네 젊은 놈들 버릇 없어져 간다는 이야기들이 주主로 그 화로를 둘러 있는 일이거니와, 더구나 노인들이 입김이 적어서 꺼지기 쉬운 장죽長竹은 연방 화로의 불돌 밑을 번갈아 찾아 간다. 그리하여 기나긴 겨울 밤은 어느덧 밝은녘이 되고 만다.

돌이켜 우리 집은 어떠한가? 나도 오륙세 때에는 서당아이였었고, 따라서 화로 위에는 나를 기다리는 어머니의 찌개 그릇이 있었고, 사랑에는 밤마다 아버지의 담뱃대 떠는 소리와 고서古書를 읽는 소리가 화로를 둘러서 끊임 없이 들렸었다. 그러나, 여덟 살 되던 해에 그 소리는 사랑에서 그쳤고, 따라서 바깥 화로는 필요가 없어졌고 오직 안방 화로 하나를 둘러서 어머니는 나에게 대학大學을 구수口授하게 되었다. 그리자, 그 어머니 마저 내가 열 두 살 되던 때 화로 앞을 길이 떠나 갔으니, 그리하여 서당아이는 완전한 고아孤兒가 되어 신식 글을 배우려고, 옛 마을을 떠나 동서東西로 표박漂泊하게 되었고, 화로는 둘 다 다시 찾을 수 없는 어머니의 사랑과 함께 영영 잃어버리고 말았다.

질화로의 찌개 그릇과 또 하나 질화로 깊이 묻히던 장죽! 노변爐邊의 추억追憶은 이십 년이 바로 어제와 같다.

8. 낙엽

이효석*

가을이 깊어지면, 나는 거의 매일과 같이 뜰의 낙엽을 긁어 모으지 않으면 안 된다. 날마다 하는 일이언만, 낙엽은 어느덧 날고 떨어져서 또 다시 쌓이는 것이다. 낙엽이란 참으로 이 세상의 사람의 수효보다도 많은가 보다. 삼십 여 평에 차지 못하는 뜰이언만, 날마다의 시중이 여간 ㅎ지 않다. 벚나무, 능금나무—제일 귀찮은 것이 벽의 담장이다. 담장이란 여름 한 철 벽을 온통 둘러 싸고, 지붕과 굴뚝의 붉은 빛만을 남기고, 집안을 통채로 초록의 세상으로 변해 줄 때가 아름다운 것이지, 잎을 다 떨어뜨리고, 앙상하게 들어난 벽에 메마른 줄기를 그물 같이 둘러칠 때쯤에는 벌써 다시 거들떠볼 값조차 없는 것이다. 귀찮은 것이 그 낙엽이다. 가령 벚나무 잎 같이 신선하게 단풍이 드는 것도 아니요, 처음부터 칙칙한 색色으로 물들어, 재치 없는 그 넓은 잎이 지름길 위에 떨어져, 비라도 맞고 나면, 지저분하게 흙 속에 묻혀지는 까닭에, 아무래도 잎이 떨어지는 족족 그 뒷시중을 해야 된다.

벚나무 아래에 긁어 모은 낙엽의 산더미를 모으고 불을 붙이면, 속의

* 이효석. 이미 작고한 소설가. 저서 "해바라기".

것부터 푸슥푸슥 타기 시작해서, 가는 연기가 얕게 드리워서, 어느덧 뜰 안에 가득히 담겨진다. 낙엽 타는 냄새 같이 좋은 것이 있을가? 갓 볶아낸 커피의 냄새가 난다, 잘 읽은 가얌 냄새가 난다. 갈퀴를 손에 들고는 어느 때까지든지 연기 속에 우뚝 서서, 타서 흩어지는 낙엽의 산더미를 바라보며, 향기로운 냄새를 맡고 있노라면, 벼란간 맹렬한 생활의 의욕意慾을 느끼게 된다. 연기에 몸에 배서, 어느 결엔지 옷자락과 손등에서도 냄새가 나게 된다. 나는 그 냄새를 한없이 사랑하면서, 즐거운 생활감生活感에 잠겨서는, 새삼스럽게 생활의 제목題目을 진귀한 것으로 머리 속에 떠 올린다. 음영陰影과 윤택潤澤과 색채가 빈곤해 지고, 초록이 전혀 그 자취를 감추어 버린, 꿈을 잃은 헌칠한 뜰 복판에 서서, 꿈의 껍질인 낙엽을 태우면서, 오로지 생활의 상념想念에 잠기는 것이다. 가난한 벌거숭이의 뜰은 벌써 꿈을 배이기에는 적당하지 않은 탓일가, 화려한 초록의 기억은 참으로 멀리 까마아득하게 사라져 버렸다. 벌써 추억에 잠기고 감상에 젖어서는 안 된다. 가을이다. 가을은 생활의 시절이다. 나는 화단의 뒷자리를 깊게 파고, 다 타 버린 낙엽의 재를—죽어 버린 꿈의 시체를—땅 속 깊이 파묻고, 엄연한 생활의 자세姿勢로 돌아서지 않으면 안 된다. 이야기 속의 소년 같이 용감해 지지 않으면 안 된다.

9. 국화菊花

장덕조張德祚*

국화야, 너는 어이 삼월 춘풍 다 지내고, 낙목한월落木寒月에 너 홀로 피었나니? 아마도 오상 고절傲霜孤節은 너 뿐인가 하노라.

삼주三洲 이정보李鼎輔의 시조이다.

이 정보는 이조 영조 조英祖朝에 이판吏判까지 지낸 분으로 소시에 과제科第하였으나, 일시 낙척落拓하여 불우不遇한 신세를 탄하며, 고향인 연안延安에 내려 갔는데, 그곳에서 이 시조를 지었다 한다. 가을도 다 가서 소슬蕭瑟한 추풍이 옷깃에 스미는데, 묵연히 안석에 의지하여, 뜰 앞에 한 떨기 국화를 바라보는 불우한 선비의 풍모가 완연한 것 같다.

국화 한 떨기, 그것은 천만언의 웅변보다 더 여실하게 낙척한 자의 탄식을 설명하고 있지 아니하냐?

저 유명한 도연명陶淵明의 시 "채국동리하, 유연견남산採菊東籬下悠然見南山"도 마찬가지다.

이것은 너무 사람들의 입에 오르내리기 때문에, 언뜻 듣기에 평범한 것 같으나, 그 유수幽邃한 맛을 읊은 점에 있어서는, 오히려 전자를 능가凌

* 장덕조. 여류 문사.

駕한다 하겠다.

아무ㅎ든 국화라 하면, 우선 그 생태부터 심히 동양적이다.

그 중에는 물론 외국 것도 있겠고, 새로 인공적으로 가공하여 만든 사발만큼씩한 꽃송이도 있어서, 보기에 아름답고 그의 독특한 매력魅力도 없는 바 아니겠으나, 암만해도 국화라면 우리 나라 전래의 조그맣고 다다분한 조선 국화, 길 가에 아무렇게나 피어 있는 들국화를 연상하게 되며, 그 특유한 향기와 기품과 자태를 사랑하게 된다.

나는 시골에서 생장하였기 때문에, 여러 가지 국화의 자태를 알고 있다. 더욱이 소 몰고 돌아 가는, 마을 처녀의 귀밑머리 옆에 간신히 꽂히어, 하늘거리며 따라 오는, 한 송이 야국의 정취情趣란, 얼마나 애처러운 것인지 말할 수 없다.

가을 화초 중에도 여러 가지 종류의 것이 있건마는, 국화란 이름만 들어도 웬 일인지 그리움을 느끼고, 이유 없이 사랑하게 되는 것은, 말하자면 국화가 가진 바 한 개의 성격이라는 것이, 깊이 우리들의 전통傳統 속에 스며 있기 때문이 아닐가?

그러고 보니, 성별로 말한데도, 이 꽃이 가지고 있는 자태는 특히 우리 동양의 여성미를 나타내고 있는 것 같다. 가는 허리, 나비조차 그림자를 감춘 들 가에, 있는 듯 마는 듯 수줍음을 먹고 서 있는 국화의 한 송이는, 신통히도 구박을 받고 설음을 당해 가면서도, 남편에게 향한 애정을 끝까지 지켜 가는, 우리 나라의 가엾은 아내이다, 크고 강렬한 마음을 가진 다른 꽃에 혹하며, 한 여름을 보내었던 벌과 나비가, 가을 바람에 날개 찢어지고 눈 어두워, 지향 없이 방황하다가, 무너져 가는 담 옆에 얌전히 피어 있는 한 송이 들국화를 발견하였을 때,

"고마운 이여! 아마도 오상 고절은 당신 뿐인가 하오"

하는 소리가 절로 났을 것이다.

언젠가 외국인의 젊은 선생이, 국화가 좋기는 좋으나, 너무 쓸쓸하고 외로운 기상이라고 평하는 것을 들었다. 현대인은 암만해도 그 같이 보수적保守的이요, 얌전한 꽃보다, 좀 더 활발하고 건강한 꽃이 좋지 않으냐 하는 것이었다.

그러나, 암만해도, 우리 동양 민족의 아름다운 정조는, 유순하고 온자한 맛에 있지 않을까?

요사이 뜰 구석 공지에 한 그루 국화를 심고, 그 적료寂廖한 맛과, 유연悠然한 정취를 맛보는 것도 오로지 유한계급有閑階級의 한산閑散한 도락道樂은 아닐 것이다.

10. 손

계용묵桂鎔默*

종이에 손을 베었다.

보던 책을 책꽂이 위에 던진다는 게, 책꽂이 뒤로 넘어가는 것 같아, 넘어가기 전에 그것을 붙잡으러 저도 모르게 냅다 나가는 손이 그만 책꽂이 위에 널려져 있던 원고지 조각 가장자리에 힘껏 부딪쳐 스치었던 모양이다.

산듯하기에 보니, 장손가락 둘째 마디 위에 새빨간 피가 비죽 스미어 나온다. 알알하고 아프다. 마음과 같이 아프다.

차라리 칼에 베었던들, 그리고 상처가 좀 더 크게 났던들, 마음조차야 이렇게 피를 보는 듯이 아프지는 않았을 것이다.

나는 칼 장난을 좋아해서 가끔 손을 벤다. 내가 살아오는 사십 년 가까운 동안, 칼로 손을 베어 보기 무릇 몇 백 번 넘었으리라 짐작된다. 그러나, 그 때 그 때마다, 그 상처에 아픔을 느끼었을 뿐, 마음에 동요動搖를 받아 본 적은 없다.

그렇던 것이 칼로도 아니고, 종이에 손을 베인 이제, 그리고 그 상처가

* 계용묵. 소설가. "병풍에 그린 닭"이 있음.

겨우 피를 내어 모를만큼 그렇게 미미한 상처에 지나지 않는 것이언만, 오히려 마음은 아프다. 종이에 손을 베이다니! 종이보다도 약한 손, 그 손이 내 손임을 깨달을 때, 내 마음은 처량하게 슬펐던 것이다.

내 일찍 내 손으로 밥을 먹어 보지 못 했다. 선조가 물려 준 논 밭이 나를 길러 주기 때문에, 내 손은 놀고 있어도 족했다. 다만 내 손이 필요했던 것은 펜을 잡기 위한 데 있었을 뿐이다. 실로, 나는 이제껏, 내 손이 펜을 잡을 줄 알아, 내 마음의 사자使者가 되어 주는 데만 감사를 드리고 있었다. 그리고, 그 펜이 오른 손의 잔손가락 끌 마디에 작은 팥알만한 멍울을 만들어 놓은 것을 자랑으로 알고 있었다. 글 같은 글 한 줄 이미 써 놓은 것은 없어도, 그것을 쓰기 위하여 만들어 준 멍울이래서 그 멍울을 나는 내 생명이 담긴 재산 같이 귀하게 여겼다. 그리고, 그것은 온갖 불안과 우울까지도 잊게 하는 내 마음의 위안이기도 했다.

그러나, 그 멍울 한 점만을 가질 수 있는 그 손은 인제 확실히 불안과 우울을 가져다 준다. 내 손으로 정복征服해야 할 그 원고지에 도리어 상처를 입었다는 것은, 네가 그 멍울의 자랑만으로 능히 살아 갈 수가 있느냐, 하는 그 무슨 힘찬 훈계訓戒도 같았던 것이다.

아닌게 아니라, 내손은 불쏘시개 장작 한개비도 못 팬다. 서울로 이사를 온 다음부터는 불쏘시개 장작 같은 것은 내손으로 패어야 할 사세事勢인데, 한 번 그것을 시험하다 도끼 자루에 손이 부르터 본 후부터 영 마음이 없다. 그것이 부르터서 터지고 또 터지고, 그렇게 자꾸 단련이 되어서 펜의 단련에 멍울이 장손가락에 들듯, 손 전체에 굳은 살이 쫙 퍼질 때에야, 위안이던 불안은 다시 마음의 위안이 될 수 있을 것이련만, 그 장손가락의 멍울을 기르는 동안에, 그런 능력을 이미 빼앗기었으니, 전체의 멍울을 길러 보긴 인제 장히 힘든 일일 것 같다.

그러나, 역시 그 손가락의 멍울에 불안은 있을 지언정, 그것이 내 생명이기는 하나. 그것에 애착을 느끼지 못 하게 되는 때, 나라는 존재의 생명은 없다. 나는 그것을 스스로 자처自處하고도 싶다.

하지만, 원고지를 정복할 만한 그러한 손을 못 가지고 그 원고지 위에다 생명을 수 놓아 보겠다는 데는, 원고지가 웃을 노릇 같아, 손을 베인 후부터는 그게 잊히지 아니하고, 원고지를 대하기가 두려워진다. 손이 부르튼 후부터는 도끼자루를 잡기가 두려워 지듯이…….

11. 오우가五友歌

윤선도尹善道*

내 벗이 몃치냐 ᄒᆞ니, 수석水石과 송죽松竹이라.
동산東山에 달 오르니, 긔 더욱 반갑고야,
두어라 이 다섯밧긔 또 더ᄒᆞ야 무엇ᄒᆞ리.

구름이 빗이 조타ᄒᆞ나, 검기를 자조 ᄒᆞᆫ다.
바람 소ᄅᆡ 맑다 ᄒᆞ나, 그칠 적이 ᄒᆞ노매라
조코도 그칠 뉘 업기난 물뿐인가 하노라

곳즌 무스 일로 퓌며서 쉬이 디고,
풀은 어이ᄒᆞ야 푸르난 듯 누르나니,
아마도 변치 아닐손 바회 뿐인가 ᄒᆞ노라,

더우면 곳 퓌고 치우면 닙 디거날,
솔아 너난 엇지 눈서리를 모르난다.

---

* 윤선도. 호는 고산孤山. 인조 때 시조 대가.

구천九泉에 불휘 고든 줄을 글로 ᄒᆞ야 아노라

나모도 아닌 거시 풀도 아닌 거시
곧기난 뉘 시기며 속은 어이 뷔엿난다,
저러고 사시四時에 푸르니, 그를 됴하 ᄒᆞ노라.

작은 거시 놉히 떠서 만물萬物을 다 비취니,
밤중의 광명光明이 너만ᄒᆞᆫ 이 또 잇나냐.
보고도 말 아니 ᄒᆞ니, 내 벗인가 ᄒᆞ노라.

12. 고독孤獨

김용준金瑢俊*

아무 것도 아닌 일에 걸핏하면 외로움을 느끼게 된다.

나이 이십을 전후前後할 적에 이런 일이 많았다. 그것을 나는 인생의 가장 낭만적浪漫的인 시기인 관계라 하였다.

처녀로 치면 공연히 산만 보아도 울고 싶고, 꽃만 보아도 울고 싶은 그러한 심사心思와 같이 공연히 울적鬱寂하여, 대하는 사람마다 모두 나를 보고, 조롱嘲弄하는 것 같고, 친구들까지도 나만을 따로 돌리는 것 같아서 외롭고, 슬픈 마음을 걷잡을 수 없던 때가 제법 한 동안 계속되었었다.

그럴때면, 나는 흔히 책을 읽고 그림을 그렸었다.

아무도 안 보는 호젓한 곳에서 혼자서 글을 읽고, 그림을 그리는 동안에, 이 고독한 심사는 얼마쯤 위안慰安이 되는 것이었다.

그 때 나는 생각기를 고독이란, 자기의 역량力量이 빈약貧弱할 때 느껴지는 일종의 감정이라고 했다.

물질적 여유餘裕보다도, 정신적 여유가 부족할 때 더욱 절실히 느껴지는 것이, 이 고독이라는 감정이라 했다.

---

* 김용준. 화가 수필집이 있음.

사실로, 나는 때때로 친구들과 명랑하게 떠들고 놀다가도, 공연히 외로워, 그 자리를 피해 울 것처럼, 호젓한 내 집으로 돌아오는 악성惡性이 있으면서도, 만일 한 동안 고독한 가운데서 서책을 탐독耽讀하고, 화필畵筆을 희롱한 후이면, 어쩐지 그 외롭던 심사가 사라지고, 배 부른 듯, 도도滔滔한 여유를 느끼게 되면서, 내 편에서 도리어, 남이 청하지 않는 쾌활快活을 뽐내 보기도 하는 것이었다.

이런 심리 가운데서 나는 또, 생각기를 이것은 사춘기思春期를 전후前後한 젊은 사람의 일시적 심리상태心理狀態이리라 하였다. 그리고 나이 살이나 들면 차츰차츰 사라져 버리는 감정이리라 하였다.

그리던 것이, 작금昨今 양 년으로 들어서 어쩐 셈인지, 나는 다시금 바짝 외로워짐을 느낀다.

사물에 대한 흥미가 사라지고, 인생에 대한 회의懷疑가 다시 생겨난다. 이럴 때면, 나는 친구들에게 떳떳한 일을 해 주지 못 하는 주제이면서, 친구들에게서는 나만을 알뜰히 생각해 주기를 염원念願하는 덧 없는 외로움까지도 느낀다. 그러나, 지금의 나는 설사 어느 친구가 끔찍이 나를 사귀어 주는 이가 있다 치더라도, 나의 외로움은 오히려 더 한 층 심각深刻함이 있을 것이다.

이 외로움은 이십 년대年代의 그것과는 질적質的으로 벌써 다르다. 미온적微溫的인 듯 하면서도, 그 반면反面으로, 깊은 곳에 뿌리를 박고 있다.

시기 아닌 이 외로움을 나는 혹 생리적生理的 변조變調로 오는 것일가 하고, 생각해 본 적도 있다. 그러나, 생리적 변조를 일으킬 아무런 조건도 나에게는 없다.

그러면, 이것은 나의 인격적人格的 수양修養이나, 예술적 토대土臺가 부족한 데서 느껴지는 것일가. 여기에는 다소 수긍首肯할 점이 없지도 않다.

호화豪華로운 일을 보거나, 유쾌愉快한 일을 당할 때, 기쁜 감정보다도, 도리어 외롭고 적막寂寞한 심사를 느끼는 것이, 반드시 인격의 부족으로나 지식의 결함缺陷에서만 오는 것은 아닐 것이다.

이것을 혹 신경질神經質이라고 해석하는 이도 있다. 혹 어떤 이는 이러한 감정이 있고서야 예술을 창작創作할 수 있다고도 한다. 그 어느 말이 어느 점까지 경청傾聽할 여지가 있는지 나는 모른다.

다만 이 감정이 때때로 나로 하여금 불안하게 하는 것만은 사실이다.

바다에 조수가 밀려오 듯, 이 불안한 감정이 내 온 몸에 밀려 들 때는, 나는 무어라 형언形言할 수 없는 공포恐怖를 느끼면서, 내가 왜 진작 순진한 신앙을 갖지 못 하였던고 하는 회한悔恨을 금할 길이 없다.

13. 국토 녹화國土綠化

도봉섭都逢涉*

국가 백년 대계百年大計를 수립하려 하는 건국초에, 우리는 민족의 흥망興亡을 좌우하는 중대重大 기로岐路에 있어, 우리에게 부하負荷된 임무의 중차대重且大함을 절실히 느껴야 한다. 고금 동서를 막론莫論하고 어떠한 국가나 민족의 해방 운동에 있어서, 청년 학생이 그 선봉대先鋒隊가 되며 건국 대업을 완수함에도 또한 그 초석礎石이 되는 것이다.

우리 민족이 폭악暴惡한 일제日帝의 철쇄鐵鏁에서 해방된 지도 벌써 일년 반, 우리는 해방의 과정을 마치고 건설 과정에 있다. 국토 재건 과정에 있어, 목전의 사리 사욕에 또는 자기의 명예에, 입으로는 애국이니 건국이니 부르짖으나, 실은 민족을 좀덕게 하는 비 건국적非建國的 파괴분자破壞分子로 말미암아 각계 각층은 혼란 상태에 빠졌으며, 민생 문제는 도탄塗炭의 극極에 달하였으니, 실로 한심하다 아니할 수 없다. 건국 대업은 실로 용이한 것이 아니다. 그러나, 누구나 자기에게 부하된 사명使命, 자기의 천분에 대하여 총력량을 발휘하는 것이 가장 건국 과정을 완수함이며, 건국에 이바지함이라 나는 믿는 바이다. 이러한 의미에서 나는 해방

* 도봉섭. 박물 학자.

후 금일까지 대한 산악회大韓山岳會의 실질적이고 건설적인 노력을 높이 아는 것이다. 일상, 대자연의 영기靈氣를 호흡하며, 영력靈力에 감화 받아 오는 그 호연浩然의 기氣, 그 순고純高한 정신은 산악 회원이 아니면, 도저히 체득 완미體得 玩味할 수 없을 것이다. 사리 사욕이나 명예 획득으로 소위 건국에 공헌貢獻한다는 인사에게, 때때로 자연의 영기를 호흡시켜, 정신을 바꾸게 할 필요를 나는 느낀다. 국가 백년 대계를 수립함에 있어, 동서 고금을 통하여 가장 중대하고 근본 문제의 하나인 치산 치수治山治水는, 더욱 우리 대한 현실에 비추어, 가장 중대 문제임은 누구나 부인할 수 없을 것이다.

백두 산 묘항 산이나, 지이 산 한라 산 같이, 인적人跡이 미도未到한 심산 유곡深山 幽谷은, 아직 울창鬱蒼한 원시림原始林이 잔존殘存하여, 외국에도 부끄럽이 않은 임상林相을 형성形成하고 있으나, 다소라도 교통이 편하다든지 인가가 있는 산은 난벌亂伐과 화전으로 말미암아, 전산이 나무 하나 볼 수 없는 나산裸山을 이루었으니, 실로 한심하며, 그 점은 아마 세계적으로 유명하다 할 것이다.

녹음 없는 나산은 의복 없는 나체와 다름이 어디 있으랴? 개골皆骨은 등산자의 조망眺望에는 다소 편한 점이 있을는지 모르나, 임상으로 말미암아 구성된 기기 묘묘奇奇妙妙한 대자연의 풍경, 산의 진가치眞價値는 전멸이라 않을 수 없다. 그 뿐만 아니라, 우리 인생의 일상 생활에 영향하는 바 또한 중대하다.

천연 자원天然資源은 지하 자원, 지상 자원으로 이대별二大別한다. 지하 자원에 있어 금 은 중석광 등 우리 대한 강산은, 세계에 그 명성이 높으며, 일편 지상 자원으로 논하여도, 석시昔時의 울릉도의 향목재香木材나 동재桐材가, 노국露國이나 일본으로 수출된 일이 있었고, 북한의 울창한 삼림을 국내의 건축재로, 가구재家具材로, 침목枕木으로, 압록강을 흘러 내리는 벌목伐木은 유명하다 않을 수 없다. 뿐만 아니라, 산에 나무가 무성하면, 낙엽 등으로 자연 부식토腐植土가 되고, 이 부식토는 식물의 영양榮養인 천연 비료 지대天然肥料地帶이다. 따라서 식용 식물, 약용 식물, 향료 식물香料植物 등 중요한 유용식물有用植物의 자연 번식을 조장助長하여, 자주 독립 국가로 우리 민족이 천만 년 행복을 누리려면, 삼천 리 강산의 울창한 삼림, 즉 국토 녹화 운동이 가장 중대 문제인가 한다. 또 산의 나무의 유무有無는 기온난화氣溫暖和와 풍우조절風雨調節에 영향하는 바 또한 크다. 우리 대한은 칠 팔 월 임우시霖雨時 우량雨量은 비교적 적은데 불구하고, 각지에 수재水災 소리를 들으며, 수재로 말미암아 국민의 팔할을 점한 순진한 농민의, 혈한血汗을 흘리면서 노력한 청청한 전답이 일조一朝에 수해화水海化되어, 전일까지 풍년이라고 보도報道되던 것이, 평년작平年作이 되든지 혹은 모모某某 평야 수재 전멸로 국민의 식량 문제에 에쓰·오·에쓰(S.O.S)를 발하게 됨은, 매년 하절 우리가 경험하는 바인데, 이 수난水難의 원인은 어디 있는가? 산야에 삼림이 없는 것이 주원인이다. 나무 잎에 내린 비는 수림하樹林下 낙엽 잡초 사이로 서서徐徐히 흐르고, 계곡溪谷으로, 강으로 서서히 흐른다면, 대폭풍우의 급습急襲 외에는 대홍수란 없는 것이다. 우리 대한의 홍수洪水의 대부분은 산에 나무가 없는 까닭에, 비가 오면 일시에 계곡으로 합류合流가 되고, 강에 합하니, 우량이 적으나 수량은 급증急增함으로 인하여, 더욱 나산裸山의 토괴土塊로 탁류화濁流化 하는 것이다.

이상, 산의 삼림의 중요성에 대하여 생각나는 대로 논술하였으나, 해방 후 혼란 시대에 이미 도시 부근은 연료燃料로 전산이 개벌皆伐되었으며, 산간 지대는 화전으로 혹은 남벌로, 간신히 남아 있던 나무까지도 없어지게 되니, 실로 한심하다 않을 수 없다. 나무는 생명 있는 생물이다. 벌목伐木은 일조 일석에 용이하지만, 거수노목巨樹老木은 수백 년의 수령樹齡을 가지고, 녹화 정도의 삼림이라도, 적어도 수십 년의 긴 세월을 요하는 것이다.

입으로만 애국 건국을 부르짖지 말고, 각자가 자기의 맡은 일에 전력을 다하여 노력하는 동시에, 산야나, 정원이나, 도시나, 촌락에 나무 한 그루라도 더 심어 키워 애호하는 것이, 실로 건국에 공헌이라고 나는 믿는다.

14. 개골산皆骨山의 일부토一抔土

문일평文一平*

금강산에서 마의 태자麻衣 太子 능陵을 뵈올 때, 나는 한참 동안 회고의 감에 잠겼었다. 한 움큼의 거친 흙 속에 오늘 날도, 오히려 그 어른의 피 자취를 찾아 보면 분명히 있으리라.

지금부터 천 여 년 전 일이다. 경주에 서울 둔 신라 조朝가 아주 쇠미하여져 개성에 서울 둔 신흥新興한 고려 조에 대하여 무조건으로 항복하게 되어, 국가 최후의 운명이 결정될 때 신라의 군신君臣이 모두 푸른 서슬을 저어하여 숨도 크게 쉬지 못 하는 판에, 마의 태자 한 분이 홀로 일어나 반대하였으니, 나라를 들어 남에게 가볍게 내 줄 수 없으니, 마땅히 우리는 성을 등지고 한 번 싸워 의義에 죽을 뿐이다, 하고 역설力說하였지만 그 주장主張이 물거품으로 돌아감을 보게 된 마의 태자는 비분강개悲憤慷慨함을 이기지 못 하여, 드디어 개골산皆骨山에 들어가, 마의 초식麻衣草食으로 일생을 마치었다 한다. 이것은 정사正史에 적힌 개의槪意이었다.

그러나, 전설에 나타난 마의 태자는 정사와는 반대로 금강산 중에서 광복운동을 꾀한 것으로 내외內外 금강의 여러 지명에서도 그 편영片影을

* 문일평. 호는 호암湖岩. 작고한 역사가. "湖岩全集" 등 저서가 있음.

짐작할 것이 얼마든지 있다. 혹은 곡필曲筆로 쓰게 된 관리보다 도리어 여항閭巷의 전설이 사실을 전해 주는 예도 없는 것이 아닌 즉, 이로 보면 마의 태자는 죽을 때까지 회천回天의 사업을 실현하려고 무척 애를 쓴 것이 아닌가? 어쨌든지 나운羅運이 장종將終 할 때 마의 일인麻衣一人이 눈에 띈다. 기울어지는 큰 집을 나무 하나로 버티기 어렵다 하니 그만큼 비장한 의거義擧가 마의 태자에게 의하여 꾀하게 된 것만은 신라 멸망사의 일 이채一異彩가 됨을 잃지 않으리라.

금강산에는 고운孤雲과 봉래蓬萊같은 선인의 수택手澤도 있고, 서산西山과 사명四溟 같은 걸승傑僧의 유적遺跡도 있고, 또는 율곡栗谷같은 유현儒賢의 유적遺跡도 있고, 기타 고금古今 명류名流의 자취가 많으나 마의 태자의 행적行蹟처럼 비통한 것은 없다.

우리는 갈 길이 바빠서 외 금강에서 그의 능묘만 뵈옵고 내 금강에서 그의 집터를 가 보지 못 하였으나, 금강 유행遊行 중에 있어, 우리의 마음을 많이 끌고 있는 것은 이 마의 태자이었었다. 나는 말 되지 않는 오언五言 절구絶句를 지었으니,

나운장종석羅運將終夕　　마의유일인麻衣有一人
회천수부득回天雖不得　　백세견정신百世見精神[14]

이것을 도중에서 불러 서로 웃고 말았다.

---

14 신라의 운수 장차 마치려는 저녁,
마의 태자 한 사람이 있었으니,
천명天命을 돌이키려 하다 못 했으나,
백세에 그의 정신은 나타나 있도다,

15. 고시조

내 해 좋다 하고 남 싫은 일 하지 말고
남이 한다 하고 의 아녀든 좇지 마라
우리는 천성지키여 삼긴 대로 하리라.

변계량卞季良*

말하기 좋다 하고 남의 말을 말을 것이
남의 말 내 하면 남도 내 말 하는 것이
말로써 말이 많으니 말 말을가 하노라.

지은이 모름

듣는 말 보는 일을 사리에 비겨 보아,
옳으면 할지라도 그르면 말을 것이,
평생에 말씀을 가리면 시비될 줄 있으랴.

지은이 모름

---

* 변계량. 자는 거경巨卿. 호는 춘정春亭. 이조 태종 때 사람.

16. 이순신李舜臣과 한산도閑山島 싸움

이선근李瑄根

한 민족이건, 한 나라이건 오래 구안苟安의 길을 누리고자 할 땐, 반드시 시련의 길이 닥치는 법이다. 근세 조선은 그 건국의 처음부터 적극적 진취의 기상이 없고 오로지 사대교린事大交隣의 미봉彌縫 외교책을 지키어, 그 날 그 날 무사주의의 단 꿈에 도취하여 왔으니, 이에서 안으로 부패의 싹이 나타난 것이 이른바 사색四色 당쟁黨爭이란 것이요, 밖으로 절대한 시련이 닥치게 된 것은 곧 임진壬辰의 왜란이다.

돌이켜 보건대, 태종太宗, 세종世宗, 세조世祖의 세 대代를 중심한 초엽初葉은 그래도 신흥의 기세를 담뿍 실어 문물 제도의 볼만한 발전을 해 왔다. 그러나, 선조宣祖 시대를 전후하여, 국초國初의 예기銳氣는 사라지고 문약에 흐르기 시작하여, 상하의 인심은 극도로 해이解弛해 지며, 그 위에 당쟁黨爭의 뿌리는 더욱 심각하게 되어, 그 자체로도 조만간 일대 수술을 요하지 않으면 안 되게 되었다. 때마침 일본은 군웅할거群雄割據의 전국 시대戰國時代를 거쳐, 통일의 단서가 잡힌 터이라, 풍신 수길豊臣秀吉이 군정軍政의 채를 잡게 되자, 전국 시대에 닦아 놓은 전술과 새로 조총 같은 이기利器를 알게 되어 전쟁할 날을 기다리고 있었으니, 이러한 때에, 일본의 장삿군으로 해외에 이를 본 자 이따금 명明 나라와 조선의 부富를 일컬어, 수길의 호기심을 돋우매, 그는 뜻을 대륙에 두고 중간의 조선을 이용하고자 하였다. 그리 하여 선조 20년 이래로는 대마도주對馬島主를 시켜 자주 수호修好를 청하였고, 나중엔 명 나라를 칠 뜻을 말하는 동시에, 길을 빌리라고까지 하였다. 그러나, 당시의 조선은 그의 요구를 천연해 오다가, 무사주의 정신廷臣들로 하여금 아무런 방비도 없이 묵살만 거듭하게 하였다. 그러나 기회를 엿보는 수길에게야 조선 정부의 천연 묵살이 무슨 소용이 있으랴? 오히려 반발적으로 조선을 무찌른 후, 명을 치고자 하였으니, 변보邊報 급을 고하게 되었을 땐, 해륙海陸으로 약간의 응급應急 시설을 가하였다고 하나, 만시지탄晩時之歎도 할 사이가 없이 선조宣祖 25년 왜란의 큰 싸움은 일게 되고 말았다. 풍신 수길은 이십 오만 대군을 동원하여, 소서 행장小西行長 가등 청정加藤淸正, 흑전 장성黑田長成을 삼군三軍의 장將으로 삼아, 오만 장병을 먼저 떠나게 하고, 그 뒤에 대 부대가 따르게 하였다. 이리 하여, 소서 행장이 부산釜山에 상륙하기는 사월 십삼일인바, 원체 방비가 없었던 터이라, 동래 부사東萊府使 송 상현宋象賢을 처음 희생으로, 세 길로 몰아 오는 일본 군에게 보름이 못 가서, 경상, 충청慶尙, 忠淸의 네 도道가 모두 짓밟히고 말았다, 이십칠일에는 충주忠州를 지키던 신 입申砬이 탄금 대彈琴臺의 한 번 싸움에 패몰하고, 달이 바뀌기도 전에, 삼로 적병은 경성을 직충直衝하게 되었으니, 부산서 경성까지를 불과 이십 일이 걸리었다. 그 얼마나 비참한 사실이랴? 경성의 이서以西에서도 일본 군은 거의 파죽지세破竹之勢로 휘몰아, 오월 이십칠일에 임진臨陣이 실수하고, 유월 십사일에는 평양平壤이 함락되어, 몽진蒙塵중의 어가御駕는 의주義州에까지 이르게 되었으니, 일본 군이 이에서 한 발걸음만 더 전진한다면, 전국의 운명이 압록鴨綠 강변에서 위태할 지경이었다.

그러나, 다행히 그들의 대 부대가 평양에 머물러 형세를 관망觀望하는 바 있었으니, 다름 아니요, 환귀丸鬼, 가륭嘉隆, 등당藤堂 고호高虎 등의 수사水師 십만이 황해黃海를 북상北上하여, 패강浿江을 끼고, 수륙水陸 병진竝進해 주기를 기다리는 때문이었으며, 우리 측으로 이를 막아, 큰 집이 장차 무너지려 함에 한 나무로 능히 지탱하게 된 것이, 곧 이 순신의 한산 도 대첩이다.

돌이켜 보건대, 육군이 전멸되다 싶이 된 이즈음, 적의 십만 수군이 서해西海를 돌게 된다는 것은 대세를 결정하고 마는 최후의 전국이었으니, 이럼에도 불구하고, 경상慶尙 우수사右水使 원균元均은 일본 수군水軍이 웅천熊川 해상海上에 이르자, 전선戰船과 무기를 물 속에 처넣고 상륙 도주하고자 하였다. 그러나, 그의 부하 이운룡李雲龍이 극언極言 항쟁하는 바람에 마음 대로 못 하고, 겨우 전라全羅 좌수사左水使 이순신에게 구원을 청하게 되었으니, 그 인물됨이 얼마나 겁약하였던가?

다행히 이순신은 이미 깊은 꾀를 품어, 온 나라가 잠자고 있을 때, 벌써 준비하고 있던 터이다. 그의 창안創案으로 된 세계 해군사 상海軍史上에 일찍 보지 못한 정예精銳 귀선龜船을 중심으로, 팔십 여 척의 주사舟師를 거느리고, 원 균으로 더불어 회합하여, 임진 오월 칠일, 거제도巨濟島 동안東岸 옥포玉浦 전양前洋에서 적의 수군과 맞다질리게 되었다. 그리 하여, 우선 이십 륙 척의 적선을 불사르고, 다시 노량해露梁海에서 크게 이겨, 육전에 참패한 기운을 해상에서 회복하게 되었다.

한산 대첩으로 일본 수군의 서회西回를 막은 것은 직접 육전에 영향하여, 수길의 최초 책전策戰인 수륙 겸진兼進책을 부서 버리는 동시에, 그의 육군이 감히 평양에서 더 나아가지 못하였고, 다음으로는 안으로 국민의 사기士氣를 진작시켜, 각지의 의용병이 죽음을 맹세하고 국란에 나아가게 하였으며, 밖으로 명에 청원請援하여, 원군이 도래할 수 있는 여유를 짓게 된 것이니, 이 싸움 한 번이 있어, 조선의 국맥國脈은 겨우 부지되었다 하여도 과언이 아니다. 따라서 이 순신의 공을 말하다면, 평양 성하城下에서 수隋의 수군을 격파한 왕제王弟 건무健武에서 더한 바 있고, 서기西紀 1805년 트라판가 해상에서, 불佛, 서西 연합 함대聯合艦隊를 격파하여, 나폴레온의 말 발굽으로부터 대영大英 제국의 운명을 구해 낸 넬손 제독提督의 그것이나 무엇이 다를 바 있으랴? 공을 세우기 다 못하여, 원균 따위 소인小人의 작간으로 일시 갇힌 바 있었으나, 노량의 최후 일선에 또 다시 대첩한 후 유탄流彈에 맞아 몸을 진중陣中에 바쳤음은 넬손의 최후와 조금도 다름이 없다.

17. 국어와 국문학

조윤제趙潤濟*

언어를 떠나 문학이 있을 수 없는 것은 절대적의 것으로 양자의 관계는 이를 물건에 비하면 겉과 안이 된다. 그러나, 언어는 문학을 떠나서 언제든지 있을 수 있는 것이다. 그러니까 말하자면, 문학은 언어에 집을 빌고 언어에 종속하여서 존속하는 것인데, 언어를 기초에 비한다면 문학은 그 위에 건설된 건물이요, 언어를 물에 뜬 배라 한다면, 문학은 그 배에 탄 사람이라 할 수 있어서. 언어가 움직이는 데는 문학이 이에 따르지 않을 수 없다. 그런데, 언어는 우리들 생활의 방편으로 쓰이는 한 연장이라고 하겠지마는, 그 자체는 스스로의 한 생명체로서, 늘 진보 발달하고 있어, 일시를 쉬고 있지 않다. 그러므로, 고대어와 현대어와의 사이에는 적지 않은 구별이 있어, 그 어휘의 소장消長이 있을 뿐 아니라, 그 음운音韻 조직組織에 변천이 있고 또 문법 양식에도 차이가 생겨, 벌써 고대어로서는 현대어에 통하지 못 하고, 현대어만으로는 고대어를 이해하지 못하게 된다. 여기에 있어, 문학은 저절로 그 내용을 떠나 형식에서만도, 고대 문학과 현대문학에 나누일 것은 판연한 일이나, 문학을 감상하고

* 조윤제. 조선 문학 연구가. "朝鮮詩歌史綱", "朝鮮詩歌의 硏究" 등 저서가 있음.

또 연구하자면 무엇보다도 먼저 그 문학을 읽을 필요가 있는 것인데, 현대 문학은 아직 그만두고라도, 고대 문학은 어학의 힘을 비는 것이 가장 크다. 이를테면, 신라의 향가鄕歌라든지. 고려 시대의 시가詩歌를 두고 보더라도, 향가를 표현한 언어는 신라 시대의 고어일 것은 물론이지마는, 그를 기록한 문자까지가 국문이 아닌 한자로 되어, 그 해득이 고난하고, 또 고려 시대의 시가는 그 기록 방면에 있어서는 비록 국문으로 되어 있다 하지마는, 그 언어는 이조李朝 시대의 언어와 상당한 거리가 있어, 지금은 벌써 난해의 것으로 되어 있다. 따라서 이들 문학은 먼저 어학의 힘으로 그 해득을 구명하고, 난어를 해석한 연후가 아니면, 감상과 연구를 기대할 수 없는 것이다. 또 이것은 비단 고대 문학에만 한한일이 아니다. 현대 문학이라 할지라도 마찬가지니, 같은 내용을 가지고 있는 말에도 귀천의 구별이 있을 뿐 아니라, 같이 귀하고 같이 천한 말 중에서도, 자음 하나, 모음 하나의 차이에 따라, 어감이 사뭇 달라지는 일이 우리의 언어에는 얼마든지 있어서, 이것이 그 대로 문학에 나타나니까, 어학의 힘이 없이 그 문학을 이해할 수 없는 것이다.

또 그 뿐만 아니라, 이를 창작 방면으로 생각하여 볼지라도, 같이 말할 수 있으니, 창작하는 사람은 있는 것과 같이 또는 있는 그 대로 표현할 능력이 없으면 안 될 것은, 군말을 할 필요가 없거니와, 그 능력은 오로지 어학의 힘으로부터 나오는 것이다. 그러니까, 창작자는 많은 어휘를 가질 것은 물론이지마는, 또 어학자와 마찬가지로 각 계급언어를 통한 철저한 지식과 문법 조직 내지는 음운 변동에 의한 어감을 양득諒得할 수 있는 교양이 필요한 것이다.

이와 같이, 문학은 이를 이해하는 편으로나 또는 창작하는 편으로나, 어느 편으로 본다 할지라도, 어학의 힘을 비는 것이 절대로 필요한 일로서, 문학에 들어가고자 하면, 먼저 어학에 힘을 닦지 않으면 안된다. 그러나, 문학에 있어서의 어학 자체를 위한 연구를 말하는 것은 아니다. 어학 자체를 위한 연구는 어학에 있어서 할 일이고, 문학에서는 차라리 그 연구의 힘을 빌 것으로, 말하자면, 문학에서는 그 자체의 연구를 위하여 그를 연구하고 또 이용하는 것이다. 다만 어학과 문학과의 관계는 지극히 밀접하여서, 잘못하면 양자 사이의 경계선이 불분명한 수도 없지 않다. 이를테면, 문학서의 주석 같은 것은 곧 그것이니, 말에 주석을 단다 하는 것은 어학적 부문에 속할 것이겠지마는, 그것이 문학을 이해하는 계단이라 한다면, 구태여 문학적 부분에 속하지 않는다고도 할 수 없는 것이다. 즉 어학과 문학과는 이만큼 접근하여 있다.

다음 문학은 언어에 집을 빌고, 그에 담기어 있는 관계상 그 형식은 저절로 그 언어의 성질에 의하여 규정되지 않을 수 없다. 더욱이, 시가의 형식은 완전히 그렇다 할 수 있으나, 영시英詩의 질운質韻 화가和歌의 양운量韻은 각각 그 언어의 음운 조직에 의하거니와, 조선의 시조는 순수한 질운도 아니요, 양운도 아니면서, 또 질운이고, 동시에 양운의 형식을 취하여 있다. 즉 조선의 시는 질운과 양운 양 방면으로서 규정된 것인데, 이것은 전혀 국어의 근본 음운 조직에 의한 것으로서, 국어는 국문학의 형식을 규정하는 데 있어서도, 또한 중대한 관계를 가지고 있는 것이다.

18. 백마강 뱃속에서

정인보鄭寅普*

줄로 선 사시나무 산 그림과 마주 잠겨,
흰 모래 푸른 언덕 동서남북 두루 좋다.
술 없이 취하는 흥을 못내 겨워하노라.

높대야 만질 만한 미인 같이 앉은 산들.
결 없는 넓은 강이 바랄수록 호묘浩渺하다.
공중空中에 도는 구름도 나직한 듯하여라.

낙화암落花岩 저 석벽石壁아 너만 어찌 남았는가?
강풍江風에 날린 홍상紅裳 백제百濟 번화繁華 마지막을.
자취나 지켜 보려고 무된 듯이 있노라.

흐르는 인생 백년 저 물결과 어떠하니?
머물 듯 붙들려니, 그 일 아니 우스운가?

* 정인보. 한학가. "朝鮮文學源流", "朝鮮의 얼" 등 저서 있음.

내던져 되오는 목숨 알 이 없어 하노라.

긴 강에 배를 저어 흘러흘러 내려갈 제.
산들아 맘 없을쏜, 사람이니 정 없으랴?
구름이 저기서 오니, 내 시름가 하노라.

19. 외유外遊하는 아우에게

이희승李熙昇*

해포 소식 몰라 궁금하기 측량 없던 차에. 글씨 받아 보니, 탐탐 기쁘기 그지 없다. 해외 풍상海外 風霜에 신상身上 무탈無頉하다 하니. 그만 다행 다시 없으며, 이 곳은 모시고 거느리고 아직 이렇다 할 연고 없이 지내니, 역시 만행이다. 네가 집을 떠난 후, 풍상우우風霜雨雨 항상 마음 놓일 때가 없을 뿐더러, 더욱 양친께서는 어느 날 어느 때에 일시라도 너의 객고를 잊으시는 일이 없이, 그리워하시고 염려하시는 양, 하정에 참아 뵈옵기 불안스럽다. 젊은 혈기에 철 모르고 멀리 뛰어 보면, 무엇이 좀 시원할 줄 알았을 터이나, 그 곳 역시 사람 사는 곳이라, 인간 사회란 어느 곳이나 그만그만할 것이요, 별 도리 없을 듯하니, 그만 집으로 돌아오기 바란다. 그만하여도 집에 있을 때보다 갖은 신산을 다 맛보았을 듯하니, 이도 또한 이 세상을 살아 가는 데 귀중한 경험이라, 그 경험을 앞날에 값있게 응용하여 나아가면, 또한 헛되지 않을 듯하니, 모쪼록 다시 생각하고 깊이 헤아려서, 부모님의 기다리시는 간절한 애정을 만분지일이라도 위로하여 드리기 바란다.

---

* 이희승. 조선어학자. "朝鮮文學研究" 등 저서 많음.

네 편지를 보니, 무슨 사업 단서가 잡힌 듯하나, 그 정도가 과연 얼마나 한 것인지, 만일, 정 착미着味할 무엇이 있다면, 그도 굳이 거두어 버리고 돌아오랄 수 없으니, 너의 수완을 다하여 활약하여 보는 것도 좋을 듯하다. 그러나, 형편 돌아가는 대로 쉽사리 한번 다녀가기 바란다.

낸들 해외에 발전하려는 청년의 의기를 꺾고 싶지는 아니하나, 다만 늙으신 양친의 심려가 너무도 간절하신 고로, 이런 소식 기별하는 바이다. 그 동안 서신이라도 종종 있었더면, 그다지 과념過念하시지는 않으셨을 것을, 수년이 되도록 일 자一字 신식信息이 없으니, 어찌 그리 하시지 않겠느냐? 이 후로는 자주 소식 전하여 주기 바란다.

"전전긍긍戰戰兢兢하여 여리박빙如履薄氷하라."는 말이 있으니. 소위 너의 사업이란 것을 '주의에 주의를 더 하고, 고려에 고려를 가하여 심사숙려深思熟慮한 나머지에 신중히 처사하기 바란다. 너의 연배年輩로는 항상 전진이 조급하고, 뒤 수습에 소홀疎忽할 염려가 있으니, 부디 경솔히 처사하지 말고, 백 번 다시 생각하여, 천려에 일실이 없기를 기하기 바란다. 끝으로 다시 이역 풍토에 몸 잘있기 바라며, 총총 이만 적는다.

년　　월　　일

사형舍兄 희승熙昇 답

20. 낙화의 기

박화성朴花城*

봄이란 도무지 말썽구러기! 엄이 튼다네, 싹이 돋는다네, 꽃이 핀다네 하여, 잡지와 신문의 문예란에 선전 포스타를 붙이고, 찬사讚辭 모집을 하여, 시인과 문객으로 억지의 흥에 붓을 놀리게 하더니, 이제 또 꽃이 집네 하고, 낙화사落花詞를 읊으라 하니, 이 소위 엎질러 절받기! 내 이미 삼십의 고개에 앉은 시들은 가슴이니, 옛날의 재사 가인이 낙화를 울며 낙화를 매장하던 애틋한 감정이야 어찌 움직이랴마는, 내 또한 봄의 손이라, 광풍에 흩날리는 편편낙화片片落花를 무심하게 볼 줄이 있으랴?

지네, 날리네, 도화 붉은 잎이 소리 없이도 흩날리네, 아까울사, 개골창에 떨어지고, 애닯도다 담 너머 어디메로 불려 갔나?

세수 물에 동실 뜨니, 저 큰 아기 고개 숙여 물끄러미 바라보고, 어머니의 흰 머리에 세네 잎이 나팔나팔. 아하! 바라보는 딸의 가슴이 찢어 질 듯 아픔이여!

철 없는 이 낙화야! 어디라 질 데 없어, 우리 아기 약그릇에 무엇하러 남실거리느냐? 그 대로 갖다가 주어도 안 먹겠다고 앙탈할 줄 알았더니,

* 박화성. 여류 작가. 소설 "백화"의 작가.

웬걸 여윈 손을 딱딱 치며 분명한 발음으로 "복숭아꽃" 하고는, 쪽 들어 마셨겠다. 흥 빈 그릇 받아 드는 어미의 열적은 미소일다.

낙화란 염치도 없어, 곱게 쪽진 양머리쪽 틈에는 하필 왜 떨어지며, 구태여 신사 양반 중절 모자 틈에까지, 하다못해 시골 샌님 갓 머리에까지 얹혀 있으니, 대관절 비위는 썩 좋단 말이지. 글쎄 이제야 겨우 싹이 나서 한들한들하는 밭이랑에 수북히 쌓여 지니까, 떡잎들이 낙화가 무겁다고 못 견디어 하겠지요. 그걸 보면, 꽤 잔인도 한 듯한데, 또 못나기는 무척 못 났지요. 술 취한 부랑자가 마구 짓밟고 가건만, 발길에 밟히면서도, 꼼짝없이 당하는 걸 보면, 성인처럼 잘나서 그런지, 지지리 못나서 그런지, 그저 내 마음만 안타까웁더라니까요.

꽃이란 필 때 그 미美를 보며, 질 때 그 기氣를 보고 싶다. 필 때야 어느 꽃이 곱지 않으랴? 향기를 머금고 반만 웃는 그때야말로 아름다움의 극이니까. 그러나, 질 때의 그 기氣는 꽃이 저마다 갖지 못한 것이다.

장미화 같이 곱건만, 옥매화 같이 아담 청초하건만, 백합화 같이 우아 고상하건만. 그리도 생을 못 놓는 듯이, 누런 사체를 끝내 보이고 있는 것은, 그 기氣의 결함이다.

질 때의 기氣에 있어서는 해당화를 들 수 있다. 타고 타는 붉은 꽃잎이 팔팔 져버린다. 저 왜인들이 사랑하는 벚꽃도 그러하거니와, 도화 붉은 잎도 그러하다. 낙화 축에 들기가 좀 군색할지 모르나, 낙엽의 기氣로서는 은행나무를 따를 아무 것도 없을 것이다.

가을 늦은 볕에 금빛 몸을 번뜩거리며, 저녁 바람에 우수수 떨어지는, 아니 우수수 한 다면 궁상스럽다. 무어라 할고! 옳지, 솨—수—솨르를—하고 꺼꾸로 날려 떨어지는 그 장한 최후! 이것은 무인의 죽음! 그것일 것이다.

도화 붉은 잎이여! 날려라, 떨어져라, 떨어질 길이매, 지고야 말 길이매, 용감하게 날려라.

구구한 생을 하루라도 더 잇고자, 나머지 향락을 뒤돌아 보고 지척거리는 사람들의 비열을 비웃으라, 열매를 맺기 위하여, 낙화의 책무를 다하는 너의 거룩한 희생을 사람들에게 보일진저.

21. 귀촉도歸蜀道

서정주徐廷柱*

눈물 아롱아롱
피리 불고 가는 임의 밟으신 길은,
진달래 꽃비 오는 서역西域 삼만 리.
흰 옷깃 여며 여며 가옵신 임의
다시 오진 못하는 파촉巴蜀 삼만 리.

신이나 삼아 줄걸, 슬픈 사연의
올올이 아로새긴 육날 메투리.
이승에선 못 뵈올 임이시라면[15]
부질없은 이 머리털 엮어 드릴걸.

초롱에 불빛 지친 밤 하늘,
굽이굽이 은핫물 목이 젖은 새,

---

* 서정주(4251~). 시인. 시집 "花蛇集" 등의 저작이 있음.

15 원시 은장도 푸른 날로 이냥 베어서

차마 아니 솟는 가랑눈[16]이 감겨서,
제 피에 취한 새가 "귀촉도" 운다.
그대, 하늘 끝 호올로 가신 임아!

16 원문 가락눈

22. 첫 여름

채만식蔡萬植*

깊으련 하다가 채 못 깊고 새는 게 첫여름의 가냘픈 새벽이다.

밤은 대전 역大田驛 그 근처서부터 휘엿이 벌써 동이 트더니, 호남 선湖南線으로 선로가 갈려 들어, 촌 정거장을 서 넛 지나 K 역을 거의 바라볼 무렵에는, 연변의 농가에서 아침 연기가 게으르 듯 솟아 오르고, 두어 장 구름이 잠자던 동녘 지평선 위로, 불그레 햇살이 퍼지기 시작한다.

차는 여축 없이 그 대로 세차게 달리고…… 경히는 차창 앞으로 바투 닥아 앉아, 눈에 들어 오는 대로 바깥 풍경을 바라보기에 한동안 무심하다.

끝 없이 퍼져 나간 넓은 들이 창 밖에서 커다랗게 회전을 한다. 들 바닥에는, 오늘도 날은 좋으려는지 엷은 안개가 조용히 잦아졌다.

잘 갈아서 잘 태운 마른 갈이 논이 자꾸 자꾸 잇대어 있는 사이사이로, 바다 가운데 작은 섬 같은 못자리 판이 물을 가득 싣고 모는 예쁘게 푸르다.

논도 못자리 판도 모내기를 앞에 두고서 마침 서로 대기를 하고 있는

* 채만식. 소설가. 단편집 "채만식 단편집", 장편 "탁류" 등이 있음.

태세다.

조그마한 야산野山 산발을 타고 모롱이를 돌아 나서면, 얕은 언덕을 의지 삼고, 다섯 채 열 채 농가가 들어 앉은 촌락이 으레껏 기다리고 있다. 울타리도 앞 뒤 언덕도 모두 푸르다. 그 중에 보리밭만 보리가 다 익어서 누렇게 고시라졌다.

언덕과 촌락이 다하면, 다시 들판이 넓고, 들판을 한 동안 잊고 달리느라면, 어느 새 또 비슷한 언덕과 촌락이 나오고…….

평범하다 할지언정 별반 탐탁스럽게 아름다운 경치는 아니다. 그러나, 그만해도 벌써 육 칠 년 전 그 때까지는 일 년 두고도 몇 차례씩 고향을 오고 가고 하면서, 자주 자주 대하던 연변의 풍경이요, 그러한만큼 어쩌면 모두가 낯에 익은 듯, 또 어쩌면 생소한 듯 한 것이 모처럼 반가워서 좋고, 겸하여, 비록 교외에서 거처는 했다지만 그와는 정취가 달라, 아낌없이 개방적인 첫여름 전야田野의 아침이 신선해서 또한 좋았다.

(소설 "반점"에서)

23. 시조 연구

이병기李秉岐*

달은 밝은 것이다.

하면 이는 한 설명說明이 되고 시취詩趣는 없으나

달은 밝다.

하면 먼저 것보다는 시취詩趣가 있지 않습니까? 또

봄이 오므로 꽃이 핀다.

하면 이는 한 이론理論이 되고 시취詩趣는 없으나,

봄이 온다. 꽃이 핀다.

---

* 이병기. 호는 "가람". 시인. 시집 "가람 시조집"이 있음.

하면 먼저 것보다는 시취詩趣가 있지 않습니까?

'달은 밝다' 든지 '봄이 온다' '꽃이 핀다' 든지가 그 어떻다는 이유理由는 없으나, 달과 봄과 꽃에 대하여 그 느끼는 바는 얼마쯤 표表한 것입니다. 그리고 또

천만 리千萬里 머나먼 길에 고운 임 여의옵고
내 마음 둘 데없어 내 가에 앉았으니,
저 물도 내과 같아 울어 밤을 예는 고나.

라는 걸 읽어 보시오. 이것은 설명說明도 아니고 이론理論도 아니고 감정感情의 의미意味를 그 대로 잘 표현表現한 것입니다. 이런 것이야말로 참다운 시가詩歌의 의미意味를 가지고 있는 것입니다.

불란서 문학자佛國 文學者 볼테는 말하기를 "시詩의 공적功績을 부정否定할 이는 아마 없으리라, 시詩는 산문散文보다도 적은 말로 산문散文보다 많은 사실事實을 표현表現한다." 하였고 미국 시인美國詩人 포오는 시詩는 순간감격瞬間感激의 표현表現이라고 하였읍니다. 이것은 다 장시長時보다도 단시短時따위를 의미意味하여 한 말이 아닌가요? 과연果然 서정시抒情詩로는 단시短時 따위가 가장 이상적理想的으로 된 것입니다. 종래從來 동양東洋의 시가詩歌에 있어서는 장시長詩보다 단시短詩가 퍽 발달發達 되었으며, 명편名篇 가구佳句도 단시短詩에 많이 있읍니다. 한시漢詩도 그렇고 시조時調도 그렇습니다. 그런데 종래從來의 시조時調를 그 의미意味로 보아 다음과 같이 특점特點을 들어 말할 수 있읍니다.

첫째로 진실眞實한 것 아무 허식虛飾이 없이 진솔眞率하게 소박素朴하게 표현表現하는 것입니다. 천진난만天眞爛漫한 어린 애와 같이 자아自我의 감

정感情을 그 대로 표현表現한 것입니다.

거기에는 얼마쯤 유치幼稚한 것도 없지는 않으나, 순진절애純眞切愛한 정취情趣가 향기롭게 느껴집니다. 만일 그와 같은 진실성眞實性을 가지지 못한 시가詩歌이고 보면 아무리 호사롭고 고운 말을 쓴 것이라도 그는 조화造花모양으로 생기生氣도 향香내도 없을 것입니다. 야생野生한 엉겅퀴 한 포기가 화병花瓶에 꽂아 놓은 장미薔薇의 조화造花 송이보다 좋을 것 아닙니까?

> 월출 산月出山 높더니마는 미운 것이 안개로다
> 천왕天王 제일봉第一峰을 일시一時에 가리왜라
> 두어라 해퍼진 후後면 안개 아니 거두랴.

이 시조時調를 보시오. 얼마나 진실眞實합니까? 그 공작자工作者가 그 이름만 듣고 평생平生 그리워하던 월출산月出山을 찾아가 바라볼 제 그 중中에도 제일第一 수려秀麗한 천왕봉天王峰을 바라볼 제 한 편에서 희끄무레한 안개가 뭉게뭉게 피어나며 어느덧 갑자기 가려버렸읍니다. 여북 미워야, 미운 것이 안개로다. 하고 진솔眞率하게 표현表現했겠읍니까? 이 따위는 참으로 진정眞情의 유로流露라고 볼만 합니다.

둘째는 간단簡單한 것 쓸 데 없는 군소리는 하지 않거나, 또는 생략省略하기도 하여 표현表現한 것입니다. 단시短詩는 어느 것이고 간단簡單할수록 좋습니다. 흔히 장시長詩 따위는 단시短詩보다 너무 길고 지리한 느낌을 주어 독자讀者로 하여금 염증厭症이 나게 합니다. 이는 장시長詩가 단시短詩보다는 간단簡單하지 못하게 된 까닭입니다. 시詩가 또 산문散文보다 보기에 편하고 외기에 편함도 이 간단簡單한 점點에 있읍니다. 그러므로

시詩는 한 편으로 혹或은 알기 어려운 점點이 있는 것도 있다 하여도 간단簡單할수록 좋습니다. 더욱 단시短詩에 있어 그러합니다. 시조時調에 있어 그러합니다.

백설白雪이 잦아진 골에 구름이 머흘에라
반가운 매화梅花는 어느 곳에 피었는고
석양夕陽에 호을로 서서 갈 곳 몰라 하노라.

이는 겨울 동안에 온 눈이 볕바른 데는 다 녹아 버리고 응달이나 골짜기 같은 데는 아직도 여기저기에 남아 있고 구름은 마침 그 곳을 뭉울뭉울 가려 있는 데 새 봄빛을 전하는 매화梅花는 어디서 피었나 하고 찾아다니다가, 지팡이를 비껴 들고 석양夕陽아래 홀로 서 있는 것을 묘사描寫한 것입니다. 이렇게 그 의미意味를 생각하게 한만큼 얼마나 간단簡單하게 표현表現될 것입니까?

세째 장중莊重한 것 씩씩하고도 무겁게 보이는 것입니다. 어찌보면 거만스럽기도 합니다.

오늘날 사람으로서는 평이平易하고 경쾌輕快한 것을 좋아하는 모양이지마는 옛날 사람으로서는 이런 걸 퍽 높이고 귀엽게 여겼으므로 시가詩歌에도 자연自然 그 의미意味가 많이 나타나게 된 것입니다.

황하수黃河水 맑다 더니 성인聖人이 나시도다.
초야군현草野 群賢이 다 일어나단 말가.
어즈버 강산풍월江山風月을 누를 주고 이거니.

이는 그 일례一例입니다. 옛날 한학자漢學者들이 황하일청성인부성黃河一清聖人復生이라는 말을 믿고 있다가, 마침내 밝은 임금이 나서 시골에 숨어 있는 선비들까지 다 불러 쓰이게 되매, 일생一生의 벗을 삼아오던 강산풍월江山風月은 어찌할가 함입니다. 이는 과연果然 장중莊重한 뜻이 있지 않습니까? 인물人物까지도 생각하게 되지 않습니까?

네째는 고아古雅한 것. 야비野卑하지 않고 속되지 않은 것입니다. 옛날 그 시조時調들을 지을 그 때에는 그렇게 고아古雅하였는지는 모르나, 지금 보면 퍽 고아古雅합니다.

이시렴 부디 갈따 아니 가든 못 할소냐.
무단히 네 싫더냐 남의 권을 들었는가?
그려도 하 애닯고나 가는 뜻을 일러라.

이는 이조李朝 성종 대왕成宗大王이 그의 가장 사랑하는 신하 유 호인兪好仁을 보낼 제 친히 술잔을 들어 권하며 지으셨다는 것입니다. 퍽 고아古雅하고 좋습니다.

이걸 다시 지금 말로 옮겨 보면

있어라 부디 가겠느냐? 아니 가든 못 하겠느냐?
무단히 너 싫더냐 남의 권을 들었느냐?
그러나, 퍽 애닯고나 가는 뜻을 말해라.

고 할 것입니다. 이것은 읽어 보아도 그와 같은 고아古雅한 맛은 아니 납니다.

24. 고향 생각

이은상李殷相*

어제 온 고깃배가 고향을 간다하기,
소식 전ㅎ자 하고 개 가[17]로 나갔더니.
그 배는 멀리 떠 가고 물결 출렁거리오.

고개를 숙으리니, 모래 씻는 물결이요,
배 뜬 곳 바라보니, 구름만 뭉기뭉기,
때 묻은 소매를 보니, 고향 더욱 그립소.

십이폭十二瀑

열 두 물 한줄기로 떨어지니 일장폭一長瀑을
일장폭 열 두 단段에 꺾였으니 십 이 폭十二瀑을
하나라 열 둘이라 함이 다 옳은가 하노라

* 이은상. 호는 "노산". 시인. 시집 "鷺山時調集"이 있음.
17 원문 오기. '갯 가'

열 둘로 보자 하니 소리가 하나이요,
하나로 듣자하니 경개景槪가 열 둘인가?
십 이 폭 묻는 이 있으면 듣고 보라 하리라.

25. 대한의 맥박

양주동梁柱東

한밤에 불 꺼진 재와 같이
나의 정열情熱이 두 눈을 감고 잠잠할 때에,
나는 대한의 힘 없는 맥박을 짚어 보노라.
나는 임의 모세관毛細管, 그의 맥박이로다.

이윽고 새벽이 되어 훤한 동녘 하늘 밑에서
나의 희망과 용기가 두 팔을 뽐낼 때면,
나는 대한의 소생蘇生된 긴 한숨을 듣노라.
나는 임의 기관氣管이요, 그의 숨결이로다.

그러나, 보라. 이른 아침 길 가에 오고 가는
튼튼한 젊은이들, 어린 학생들, 그들의 공 던지는
날랜 손발, 책보 낀 여생도의 힘 있는 두 팔,
그들의 빛나는 얼굴, 활기 있는 걸음걸이.
아아, 이야말로 참으로 대한의 산 맥박이 아닌가?

무럭무럭 자라나는 갓난 아이의 귀여운 두 볼.
젖 달라 외오치는 그들의 우렁찬 울음,
작으나마 힘찬 무엇을 잡으려는 그들의 손아귀,
해죽해죽 웃는 입술, 기쁨에 넘치는 또렷한 눈동자,
아아, 대한의 대동맥大動脈 대한의 폐는, 아기야, 너에게만 있도다.

4282年8月5日 發行

중 등 국 어

臨時定價

3권 200圓

板權所有

編者 李 秉 岐

發行者 金 時 必

서울市鐘路2街91

發行所 金龍圖書株式會社

서울市鐘路區樂園洞九八

印刷所 泰洋印刷公司

중등국어 4

인정종류	중등학교국어과참고용
인정년월일	4282년8월3일
인정유효기간	4283년8월31일
인정관청	문교부

중등국어 4

이병기 편

『중등국어 4』(이병기, 금룡도서, 1949) 표지

금룡 도서 주식 회사 발행

일러두기

1. 원본 자체의 맞춤법 오류 바로 잡아 표기하고, 각주를 붙여 원문의 표기를 기록하였다.
2. 일반 문법적 오류 아닌 작가의 시대적 사회적 관련으로 나타나는 비표준어적 표기는 그대로 인정하고 띄어쓰기도 그대로 하였다.

목차

1. 민족 문화의 나아갈 길

안재홍安在鴻*

조선은 그 산하가 수려하고 풍광이 아름답고 깨끗함과 같이, 그 백성도 매우 총명 성실하고 강인하고 부지런하다. 그러나, 상대에 있어서는 한토漢土 문화의 크다란 침식侵蝕으로 말미암아, 그 덕자적인 자라남 피어남의 길을 마음껏 밟아 오지 못하였으며, 내려와 근세近世 여러 세기 동안에는 봉건적 쇄국적인 국민적 침체沈滯와 문화적 퇴영退嬰과 사회적 원심遠心 경향이 하나의 고루한 정치 문화적 특수 경향으로 되었었고, 더구나 최근 반 세기에 가까운 포학한 외족의 지배는 그 야만적 탄압으로써 비굴한 순종을 강요하는 속에 퍽 많은 병적인 사회 풍속을 북돋우었다. 이러한 역사적 불리한 조건밖에 우리는 또한 지난 몇 세기 동안의 도덕 편중偏重의 교화 경향에 화를 입어, 여러 가지 정신적 병폐를 가지고 있는 것이 사실이다.

예를 들면, 사물에 대한 일종 관념병적觀念病的인 정신적 태도, 또는 숭외崇外 사대事大의 악풍이 어설핀 배외적인 기습과 나란히 서는 꼴들 이를 바로 잡으려면 무엇보다도 국민 문화 — 민족 문화의 순화앙양醇化昂揚이

* 안재홍(4224~). 호는 民世. 저서 "白頭山登陟記", "新民族主義와 新民主主義"

있어야 할 것은 물론이나, 그것은 반드시 현대적 사회적 현실에 조화되고, 다시 국제적인 인류 대동大同의 사조思潮와 잘 조합 병진竝進되어야 할 것이다. 그러므로 우리 민족 문화의 순화 앙양은 재래와 같은 일부 계급의 그것이 아닌, 농민 근로자들 넓은 범위의 대중을 대상으로 하는 그것이어야 하며, 그 효과로서는 민족적 자랑과 자부自負가 순화 앙양되는 반면, 국제적으로는 화동협진和同協進의 기풍을 촉진함이 긴급緊急한 일이다. 그런데 그 실천 수단으로 여러 가지 길이 있으려니와, 요컨데 넓은 의미의 교육, 우선 무엇보다도 역사 언어 예술들을 통한 대중적大衆的 계몽적啓蒙的 교화敎化가 필요하다고 본다. 다만 섭섭한 것은 그만한 것을 똑바로 실천할 재료가 아직 우리에게 준비하여 있지 않은 것이다. 우리에게는 같은 문화와 같은 운명의 띠에서 걸리우고 감기우고 하면서의 감격은 추진 발전으로서의 국민적 역사서가 아직도 완성된 것이 없어, 사단史壇은 의연히 처녀지적 경역을 멀리 벗어나지 못하였고, 일부의 국어 사전조차 퍽 많은 파란 곡절을 겪어 오면서, 아직 그 대성大成 완비를 보지 못한 터요, 한 편 가요歌謠 희곡들은 참신斬新과 통일을 지향하는 채, 한편에서는 의연 중세기적인 잡박雜駁한 형태가 아니면 천박 비속한 유행적 저조低調에 헤매는 모양이니, 이들 기초적인 국민 문화의 추진 발전은 대중적, 계몽적 국민 교화를 뜻하는 이의 중요한 관심사가 아닐 수 없다.

문화의 민족성이 반드시 배타排他 독선의 국수 주의적 경향과 혼동되지 않아야 할 것은 물론이나, 조선적인 사상 이념을 걸핏하면 고루 그것과 완명頑冥 그것인 것처럼 시기猜忌함도 청년 문화인의 엔간치 않은 병폐라 생각한다. 문화의 사상과의 신구新舊는 그 취재取材의 신구에 있지 않고, 그 인식 방법의 신구에 달린 것이니, 묵은 것에도 새 인식이 있는 것이요. 고문화古文化에도 새 목숨은 잠겨 있는 것이다. 그 자료 생장의 연대기적年代記的 신고新古가 결코 문화성의 신고로는 아니 되는 것임을 알아야 한다. 농민 근로자는 만국의 농민 근로자와 혹은 어깨를 겨누고, 혹은 어울리어 나아갈 것이나, 그렇다고 반드시 비민족적 초 국가적인 문화 경향으로 대번에 무리하게 비약함은 필요하지 않나니, 농민·근로자도 조국의 역사와 전통적인 문화에서 당연히 민족적 취미 속상俗尙과 자광 정세를 가질만치 그 교화와 생활에 여유 있기를 기함이 새 시대 창성으로서의 민족 국가건설의 요무要務이어야 하는 것이요. 근대 문화인의 착안着眼, 구성構成, 용의, 노력도 마땅히 이 방면에서 하나의 경지를 가져야 할 것이다.

요컨데 새 문화 건설의 참 요체는 구 사회에 있어서 귀족이나 넉넉한 사람들 같은 특수 계급의 독천獨擅하던 문화소를 무조건으로 무분별로 모두 두들겨 부시고 소탕하여, 일단 황무荒蕪한 경지를 만든 뒤에, 그 황무지 위에 새로 수입할 해외 문화를 전연 딴 것으로 묘종을 부움이 아니요, 오히려 일부 계급이 독점하고 있는 예술과 예법과 도의와 그밖의 온갖 생활 양식으로서의 문화소를 그 부폐, 정체한 부면을랑 날카로운 "메쓰"로서 떼어 치우며 씻어 버리고, 거기에 생신한 새 목숨과 발달한 새 활용을 부여하여, 그 새로운 문화적 발아發芽, 성장을 시급히 촉진시키는 동시에, 이를 평민적, 대중적 실생활의 영역에 보급, 침투ㅎ게 함에 있는 것이니, 한 예를 들자면, 저 귀족적인 품위나 아치雅致 같은 것은 일부 계급의 독천적인 문화, 양식이었으나 그 침체 부폐한 부면을 깎아 없애 버린 뒤에, 농민, 근로자적인 질소質素의 과용果勇으로써 약동하는 새 목숨의 문화적 소질을 양성하는 그것일 것이다.

또한 이를테면 저 "홍익인간弘益人間"의 이상과 같은 것도 그것이 원래 사천 수백 년 전 단군 건국의 이념으로 되어 있으나, 현대에 있어서 대중大衆 공생共生의 새 사회를 세우려 함에도 의연히 새로운 지도 이념이 됨에 아무런 거스림이 없다. 더구나 침략 세력에 오래 압복되었던 우리 나라 건설에는 복고적復古的인 반성이 큰 혁신革新적 의도로 될 수 있는 것이요, 숭외崇外 사대事大의 뿌리 깊은 인습因襲을 가진 우리 사회에는 민족적 긍지矜持와 자부가 그 대로 진보적인 세력이 됨을 방해하지 않는다.

국민 문화의 순화醇化 앙양昂揚과 함께 현하 우리의 당면한 현실에 있어서 또 하나의 절실히 요청되는 조건은 "과학과 기술과 관리의 간능幹能"에의 고조古調와 정진이다. 그러나, 이에 대하여는 또 별론을 요하겠으므로 여기는 길게 느리지 않는다.

2. 청추 수제清秋數題

이희승李熙昇*

벌레

낮에는 아직도 구십 몇 도의 더위가 가만히 앉아 있는 사람의 숨을 턱턱 막는다. 그런데 어느 틈엔지 제일선에 나선 가을의 전령사傳令使가 전등 빛을 따라 와서, 그 서늘한 목소리로 노염老炎에 단 심신을 식혀 주고 있다. 그들은 여치요, 베짱이요, 그리고 귀뚜라미들이다.

물론 이 전령사들의 전초역前哨役을 맡아 가지고 훨씬 먼저 온 것으로, 매미 쓰르라미가 있지마는, 그들은 소란한 대낮에, 우거진 녹음 속에서 폭양을 항거하면서 부르는 외침이다, 듣는 사람에게 "가을이다"하는 기분을 부어 주기에는 아직 부족한 무엇이 있었다.

그렇더니 이 저녁에 들리는, 정밀靜謐 속에 전진하여 오는 백제百濟의 경필警蹕 소리야말로 "인젠 확실한 가을이로구나!" 하는 영추송迎秋頌이

* 이희승(4230~) 호은 일석一石. 조선어학자 저서 "朝鮮文學研究抄" "朝鮮語學論*"

나도 모르는 사이에 입술을 들치고 튀어 나온다.

달

전등을 끄고 자리에 누우니, 영창이 유난히 환하다. 가느다란 벌레 소리들이 창 밖에 가득 차 흐른다. "아!"하는 사이에 나는 내 그림자의 발목을 디디고, 퇴 아래 마당 가운데 섰다. 쳐다보아도, 쳐다보아도, 눈도 부시지 않는 수정 덩이가, 도시의 무수한 전등과 "네온사인"에게 나 보아란 듯이 달려 있다.

저 달이 생긴 뒤로 몇 사람의 마음이 그를 어루만지고 주무르고 꼬집고 하였을가? 울기는 누구누구며, 웃기는 또 누구누구? 원망인들 오죽 쌓였을라고, 그의 얼굴은 따뜻한 듯 서늘한 듯 쌀쌀하면서도 다정도 하다.

성결한, 숭고한, 존엄한, 그의 위력에 나는 다시 내 자리로 쫓겨 들어왔다.

이슬

이슬은 가을 예술의 주옥편이다. 하기야 여름엔들 이슬이 없으랴? 그러나, 청랑晴朗 그대로의 이슬은, 청랑 그대로의 가을이고야, 더욱 청랑하다.

삽상颯爽한 가을 아침에 풀잎마다 괴어, 이슬 방울들의 영롱玲瓏도 표현할 말이 막히거니와, 달 빛에 젖고 벌레 노래에 엮여진, 그 청신한 진주 떨기야말로 보는 이의 눈만 부실 뿐이다.

창공

옥에도 티가 있다는데, 가을 하늘에는 얼 하나 없구나? 뉘 솜씨로 물들인 깁일러냐? 남이랄가 "코발트"랄가, 푸른 물이 뚝뚝 듣는 듯 하구나!

내 언제부터 호수를 사랑하고, 바다를 그리워하고, 대양을 동경하였던가? 그러나, 내 심장은 저 창공에 조그마한 조각배가 되어, 한없는 항해를 계속하여 말지 않는, 알뜰한 향연饗宴을 이 철마다 누리곤 한다.

독서

서중書中에 자유천종록自由千種祿이란 실리주의實利主義에 밝은 중국 사람에게 있을법한 설법說法이었다. 그러나 속대발광욕대규束帶發狂慾大叫란 형용이 일 분의 에누리도 없는 삼복三伏허리에, 만종록萬種祿이 당장 무릎 위에 떨어진다기로서니, 독서삼매에 들어갈 그런 목석연木石然한 사람이 있을라고? 너무도 자아류自我流의 변설辨說인지도 모르나, 그러기에 나는 육십 일 휴가 동안 제법 독서 줄이나 하였다고 장담할 뱃심을 갖지 못하였다.

먼 산이 불려나 온 듯이 닥아 서더니, 아침 저녁으로 제법 산들산들한 맛이 베 적삼 소매 속으로 기어 든다. 벌레가, 달이, 이슬이 창공이 유난스럽게 바빠할 때, 이 무딘 마음도 먼지 앉은 책장 사이로 기어 가는 부지런이 부풀어 오름을 금할 수 없다.

3. 한글 창제創製의 고심

이윤재李允宰*

한글이 문자로서의 과학적 가치가 있음과 세계 문자 중 가장 우수한 지위에 있음은, 이제 더 말할 것이 없거니와 이러한 것을 창제하기에 얼마나한 노력과 고심이 여북 들었을가를, 우리로서 다시금 한 번 생각하지 아니 할 수 없게 된다.

대저 사물의 크고 작음은 물론하고 이를 창작함에는 반드시 여러 가지 용의와 비심費心을 요하는 바이다. 더욱이 우리 문화생활에 직접 관계되어, 잠시도 떠날 수 없는 문자, 곧 전 민족이 영원무궁하도록 사용하게 되는, 만대萬世의 법이 될 국자를 창정創定함이 어찌 일조일석에 무난히 될 수 있으랴? 혹은 이렇게 생각하리라. "그까짓 언문이란, 자수가 적고 획수가 적고, 배우기 쉽고, 쓰기 쉬운 것이니, 이것을 만들기에 무슨 힘이 들었겠느냐."라고. 아닌게 아니라, 세종께서 뒷간에서 뒤 보시다가 만드셨다 하는 이도 있으며, 창호窓戶의 문살을 보고 직각적으로 생각하여 만드셨다 하는 이도 있으며, 외국 문자를 모방하여 만드셨다 하는 이도 있다. 이것이 얼마나 한글의 가치를 떨어뜨리는 말이며, 세종 대왕께 대

* 이윤재(4224~4276). 호는 항산恒山. 조선어학자. 조선어학회 사건으로 홍원 감옥에서 작고.

하여 무엄한 짓이냐?

세종 대왕께서 한글을 창제하시어, 반포하시기까지에 여러 가지 고심하신 것은 이루 다 말할 수 없거니와, 다만 기록에 남아 있는 이외의 고심을 살필 수가 있다. 이제 몇 가지 사실만 간단히 들어 보자.

첫째, 세종께서 "각국이 다 제 나라의 문자가 있으되, 홀로 우리 나라만 없다."라고 탄성을 발하시었다. 곧 우리 나라의 문자 없는 것이 국가적으로 수치가 되는 것은 물론이요, 어음이 같지 아니한 남의 나라의 글을 쓰게 되므로, 인민에게 곤난을 줌이 막대하다는 뜻이다. 이 얼마나 고통에서 나온 말씀인가?

둘째, 세종께서 정음청正音廳을 궐내闕內에 설치하신 것을 보면, 한글의 제작이 다만 일시의 사업에 그치지 아니하고, 이와 같이 새 관청을 설치하게까지 하시어, 영속적으로 연구의 기관을 삼으셨음이며, 또 연구원으로 조신중 정인지鄭麟趾, 성삼문成三問, 신숙주申叔舟, 최항崔恒 등 음운학音韻學에 밝은 학자들을 거기에 두어 밤낮 연구를 쉬지 않게 하시었으니, 한글의 제작이 국가 정치에 중대성이 있음을 아시었음입니다.

세째, 세종께서 당시 명明나라 학자 황 찬黃瓚이 요동搖東에 적거謫居한다 함을 들으시고, 성 삼 문을 보내시어 음운을 질문하게 하시었는데, 요동의 왕반往返이 무릇 삽 삼 회에 이르렀다. 그와 같이 머나먼 길에 십 삼 회 왕반이란 것은 여간한 시일과 노력이 들었을 것이 아님을 알겠으며, 이밖에 한글을 제작하실 때에 세계 각국의 언어 문자를 많이 참고하셨다 한즉. 그것을 조사 연구하시기에도 물론 이와 같은 노력이 있었을 것을 짐작할 수 있다.

네째, 세종께서 일직 안질을 앓으시사, 요양하시기 위하여 청주淸州, 초정椒井에 거동하실새, 다른 공문 서류는 다 밀어 두고, 오직 한글의 원고만은 가져 가셔서 옥체玉體에 실섭失攝하도록까지 연구에 초심하시었다.

다섯째, 새 문자 곧 한글을 창제하심에 대하여 온 조정이 다 한문 사상에 심취한 자들뿐으로, 도무지 이를 이해하지 못 하였던 것은 물론이요, 완부頑腐 고루固陋한 최만리崔萬理 등의 항소극론抗疏極論함 같은 것은 얼마나 성려聖慮를 거스리었음인가?

여섯째, 한글을 창제하심에 얼마나 한 시일이 걸리었는지 자세히 알 수 없으나, 세종 이십오 년 계해癸亥 겨울에 훈민정음이 이루었다 하고, 이십 팔 년 병인丙寅 구월에 반포하였다하니, 그 사이가 삼개 년이 지난지라. 이를 보더라도, 이를 제작하심에는 응당 상당한 시일이 걸리었을 것을 추칙하겠으며, 또 이를 즉시 발포하시지 아니하고 삼개 년이나 두고 연구를 거급하며, 먼저 용비어천가龍飛御天歌를 지으시어 실용의 예를 보이시고 만전을 아신 뒤에, 비로소 발포하셨으니 그 신중한 처리와 주도한 용심에는 과연 감복하지 아니할 수 없다.

4. 육신묘六臣墓

김성칠金聖七*

노량진鷺梁津 가는 전차를 타고 한강漢江 인도교를 건너서 용봉 정龍鳳亭 앞 종점에 내리면, 바른 손 편으로 헐리어 가는 붉은 언덕이 보인다. 이 언덕을 바라고 영등포永登浦 가도街道를 다시 얼마를 더 가면, 언덕 앞에 옹기종기 몰려 선 인가人家 사이에 크다란 비석이 을시년스러운 표정으로 한 길을 굽어보고 서 있다. 이것이 육 신 묘의 소재所在와 그 유래를 우리에게 알려 주는 육신묘 비석碑石이다. 이 비는 지금으로부터 160여 년 전인 정조正祖 6년에 세운 것으로 용봉 정과 연대를 거진 같이 하고 서로 부르면 대답하리만치 가까이 서 있어서 오랜 세월의 갖은 세상을 함께 겪어 내려오는 것도 무슨 역사 상의 인연인 것 같다. 이 비를 세울 때엔 이 언덕에 수목이 우거져 있었던 듯 이 휘지李徽之의 글에,

"내가 이 노량을 지나다 보니, 도랫솔이 울창해서 다시는 전일과 같은 황폐한 언덕이 아니었다."

하였거늘, 지금은 풀 한 포기 변변히 남아 있지 않고, 거칠 대로 거칠어진 언덕에 초라한 네 무덤이 무연無緣 분묘墳墓처럼 스산하게 놓여 있을

* 김성칠. 역사가.

뿐,

내가 처음으로 육 묘를 찾기는 지금으로부터 바로 십 년 전이다. 그 때만 해도 듬성드문하게 남아 몇 그루 소나무가 서 있고, 무심한 아이들의 장난터가 되어 있을망정, 오늘날처럼 봉분 바로 옆에까지 구렁을 파고 밭을 이룩하고 하지는 않았었다. 그 때, 나는 청년 학도로서의 비분한 생각을 누를 길이 없어, 어떤 지상紙上에

"그 거룩한 곳을 수호守護, 숭봉崇奉함으로 해서, 우리들의 무너져 가는 마음의 성을 다 함께 지켜 나아가자."

고 웨쳤다. 그러나, 그 무렵부터 우리 민족의 수난受難이 더욱 겹들어서, 이러한 문제에 마음둘 경황이 없기도 했지마는, 십 년이 지난 오늘날, 더욱 말 못 되게 변하여진 이 성역을 찾아 와 뵈옵고, 한 줄기의 감회가 가슴 속에 유연히 일어남을 금할 수 없다.

육 묘는 오늘날, 조선 사람에게 이처럼 푸대접을 받아도 좋을 존재일가? 여기엔 잠시 역사를 회상해 볼 필요가 있겠다.

한글을 만드시어, 캄캄하던 우리 겨레의 문화에 영원히 꺼지지 않을 횃불을 밝히어 주신 세종 대왕이 돌아가시고, 그 맏아드님 문종이 즉위하시었으나, 본시 병약하신 분이므로 이태만에 돌아가시고, 원손元孫, 단종端宗이 즉위하시니, 나이 겨우 열 두 살이었다. 이에 단종의 숙부 수양대군首陽大君이 가만히 야심을 품고, 그 아우 안평대군安平大君과 황 보인皇甫仁, 김 종서金宗瑞 같은 어진 대신들을 애매하게 역적으로 몰아 죽이고, 나라의 실권을 한 손에 잡은 뒤에, 이내 어린 단종을 얼르고, 달래고 하여, 마침내 왕위를 물려 받으니 이 때, 예방승지禮房承旨 성 삼문成三問은 국새國璽를 안고, 실성통곡失聲痛哭하였으며, 박 팽년朴彭年은 경회 루慶會樓 못에 빠져 죽으려 하는 것을, 성 삼문이 붙들고, 이제 왕위는 옮겨 갔으

나, 단종이 아직 상왕上王으로 계시니, 후일을 기약함이 좋다고 말리었다.

선왕先王의 수우殊遇를 입은 집현전集賢殿출신의 소장少壯 관리들이 급전직하急轉直下하는 이 사태를 보고, 당년의 고명顧命을 잊을 길이 없어, 성 승成勝, 성 삼문의 부자父子와 박 팽년, 이 개李塏, 하 위지河緯地, 유성원柳誠源 등이 중심이 되어 무인武人 유 응부兪應孚로 더불어 일대一大-데- -ㅆ 상왕의 복위를 획책하니, 이는 성공하면 좋지만, 실패하면 구족九族을 멸하는 참혹한 화를 입을 것을 각오하지 않으면 안 될 일이었다. 역사 상에는 이러한 모험이 없지 않다. 그러나, 그 동기는 대부분이 불평과 야심에서 나온 것이요, 이 육 신의 모의謀議처럼 한 몸의 영욕을 잊어버린 순수한 의리감에서 출발한 일은 그 유례 드물 것이다.

그러나, 불행히 일에 차질이 생기어, 거사도 하기 전에 발각이 나서, 그들은 봉건 시대의 전제專制 군주君主 밑에서 이름만 들어도 몸서리칠 역적이란 죄명으로 국문을 받게 되었다.

먼저 성 삼문이 세조世祖의 추상 같은 호령에도 굴하지 않고, 끝끝내 그를 상감이라 부르지 않고 "나으리"라 불렀으매, 불에 다룬 쇠까치로 그 팔을 잘르고, 그 무릎을 으깨어도 오히려 얼굴 빛을 변하지 않고, "나으리의 형벌이 진실로 참혹하도다." 할 뿐, 입을 다물고 말이 없었다. 세조가 분함을 참지 못하여 발을 구르며,

"너는 이미 나의 녹을 먹고, 이제 와서 나를 배반함은 모순됨이 아니냐?"

하매, 삼문이,

"나으리의 의 아닌 녹을 먹지 않았으니, 우리 집에서 찾아 가라. 나으리의 말이 허망함을 알 수 있을 것이다."

하였다. 세조가 사람을 보내어, 그 집을 적몰籍沒할 제, 과연 그가 즉위한

이후의 녹은 따로이 쌓아 두고, 방에는 거적을 깔았으며, 부엌에는 저녁 거리가 없었다고 한다. 세조가 박 팽년의 재주와 인품人品을 아껴서, 가만히 사람을 보내어, "잘못했다고만 하면 살려주마"하고, 달래었으나, 팽연은 웃고 대답하지 않았다. 그도 역시 국청에서 으레이 "나으리"라 부르므로, 세조가 크게 노하여, 무사로 하여금 쇠뭉치로 그 입을 쳐서 얼굴이 으깨어져도 조금도 굽히지 않고, 끝끝내 항쟁하다가 마침내 그 자리에서 맞아 죽었다.

유응부는 이 사건의 연루인連累人 중에서도 이채異彩 있는 무인武人으로서 그는 서생書生들이 일을 서툴리 하여, 큰 일을 어긋나게 했음을 꾸짖고, 세조를 향하여, "내 칼로 나으리의 목을 베이지 못함을 한할 뿐이라." 하고, 세조의 노여움이 머리 끝까지 치밀어서, 쇠까치를 불에 다루어, 허벅지를 지지어서, 기름이 부글부글 끓고, 살이 뚝뚝 묻어 나도, 오히려 얼굴 빛을 변하지 않고, 쇠까치가 식기를 기다려서, 땅에 팽개치며, "이 쇠가 식었으니 다시 다루어 오라."고, 호통해서, 사람들의 넋을 잃게 하였다고 한다.

다음, 이 개와 하 위지의 차례에 이르렀으나, 두 사람이 다 "무슨 참혹한 짓이요? 우리에게 역적의 이름을 씌우면, 죽여 버릴 일이지, 다시 더 묻는 것이 부질없도다." 하고, 더 대답이 없고, 세조도 아무리 해도 그들의 항복을 받을 길도 없고, 또 스스로의 잔인한 형벌에 지치어서, 더 심한 고문은 없었다고 한다.

이 때, 유 성원은 성균관成均館에 있다가 일이 발각났단 소문을 듣고, 곧 집으로 돌아가서, 갑자기 술을 내 오라 해서, 안해와 말없는 영결을 짓고, 사당祠堂에 들어가서 자결하였다. 집안 사람들이 영문을 몰라서 어리둥절하고 있는 차에 관원이 달려 와서 그 시체를 가져 갔다고 한다.

이리 하여, 박 팽년이 국청에서 맞아 죽고 유 성원은 집에서 자결하고, 나머지 사람들은 노량진 새남터에 끌려 가서, 능지처참凌遲處斬을 당하였다. 성 삼문은 국청에서 나와서 수례에 실려 새남터로 갈 때, 대여섯 살 먹은 그의 어린 딸이 따라 서면서 울고 몸부림하고 하니, 너의 오래비들은 다 죽을 것이로되, 너는 계집아이니 살아 남을 것이라 하고, 종이 울면서 따라 바치는 술을 받아 마시고. 태연히 시를 읊었다고 한다.

이 몸이 죽어 가서 무엇이 될가 하니,
봉래산蓬萊山 제일봉에第一峰에 낙락장송 되었다가,
백설이 만건곤滿乾坤할 제 독야청청獨也靑靑 하리라.

한 시조는 그의 고결한 지조志操를 방불하게 함이 있다.

박팽년의

가마귀 눈비 맞아 희난 듯 검노매라.
야광명월夜光明月이야 밤인들 어두우랴.
임 향한 일편단심一片丹心이야 가실 줄이 이시랴?

하는 시조나, 이 개의

방 안에 혔는 초불 눌과 이별하였관대.
겉으로 눈물 지고, 속 타난 줄 모라난고.
우리도 천 리에 임 이별ㅎ고 속 타는 듯 하여라.

하는 것이나, 유 응부의

간 밤에 불던 바람 눈 서리 치단 말가.
낙락장송이 다 기울어 지단 말가.
하물며 못 다 핀 꽃이야 일러 무삼하리오.

하는 애끊는 시조들은 모두 그들의 생애와 아울러 생각해 볼 때, 더욱 절실하게 느껴 진다.

노량진 형장刑場에서 능지처참을 당한 그들의 시체는 들개에게 물려 가지 않으면 까마귀 밥이 될 운명이매, 뚜렷한 묘가 있을 리 없었으나, 그 날 밤 몰래 이들의 시체로 수습해서, 한강 언덕에 묻은 중이 있었으니, 그는 목숨을 아끼지 않고, 이 의로운 지사들의 만년 유택을 이룩하려 한 매월당梅月堂 김 시습金時習이었다. 그는 어릴 때부터 천재로 이름이 높았고, 세종으로부터도 부지런히 공부하여 장래에 국가의 인재가 되라는 고마우신 말씀을 받잡고, 삼각 산에 들어가서, 글을 읽다가, 단종의 손위하였다는 소문을 듣고는 책을 불사르고, 그 길로 중이 되어서, 한 평생을 미치광이로 세상을 풍자하고 살았다.

그가 육 신 묘를 이룩할 제, 후세 사람들에게 이를 분간하게 할 길이 없어서, 묘 앞마다 성 씨지 묘成氏之墓니 박 씨지 묘朴氏之墓니하고, 부인의 묘처럼 성 씨로만 표시하였다. 성명을 모두 밝히면, 당년의 형편으로 보아서, 묘를 후세에 남길 수 없음을 알기 때문이었을 것이다.

그러나, 지금 남아 있는 것은 성 씨지 묘, 박 씨지 묘, 유 씨지 묘의 네 상구뿐이다.

비문엔 성 씨지 묘가 둘이라고 하고, 하나는 성 승의 것일 게라고 하였는데, 지금은 문면文面이 마멸된 구갈舊碣이 하나 퉁겨져 나 있을 뿐, 일 기基를 상실하고 말았다. 조선 사람은 이 몇 백 년 동안, 제 집의 족보는 외어도 나라의 역사는 잊어버렸으며 제 조상의 무덤을 위해서는 악착한 산 송사를 되풀이하면서도 민족 전체가 우럴어 받들어야 할 위인의 무덤은 쑥밭이 되어도 돌보지 않았다.

이리 하여, 나라는 망하여도 제 집만 보전하면, 그만이라는 옳지 못한 생각을 가지게 되었고, 육 묘는 아무리 황폐하더라도 제 조상의 무덤만 지켜 가면 제일이라는 그릇된 생각을 갖게 되었다. 마침내, 성 씨지 묘일 기基가 잃어지게 되어도, 아무도 이에 관심을 갖지 않기에 이른 것이다.

우리는 과연 육 묘를 이토록 푸대접해도 좋을 것인가? 육 신은 우리 역사 상에 강렬한 향기를 풍기는 한 다발 꽃이다. 우리 역사가 세계에 자랑할 수 있는 존재이며, 우리의 가슴 속에 이토록 용감한 민족의 피가 흘러 내려옴을 생각할 때, 우리는 아무러한 곤난에 부딪치더라도, 앞날에 대한 양양한 희망과 굳은 자신을 가질 수 있다.

충忠이란 관념에 대한 견해는 각 사람의 품은 사상에 따라 다를 수 있을 것이다. 그러나, 믿는 바에 충실하여, 모든 참혹한 형벌을 달게 받으며, 의義가 있는 곳에 목숨을 티끌 같이 버림은 물론, 화가 천양泉壤에 이르고, 구 족九族에 미쳐서, 사랑하는 안해와 아들 딸들이 사지를 찢기어 죽어도, 추호도 믿는 바를 굽히지 않는 꿋꿋한 그 기상은 만고萬古에 불역不易할 인류의 의표일 수 있을 것이다.

육 묘가 만일 조선 아닌 다른 나라에 있었더면 민족의 성역으로 끔찍한 숭봉崇奉과 수호守護를 받았을 것이다. 그에 대한 문헌은 한 도서관을 이루었을 것이요, 수목이 울창한 그 성역聖域 밑에는 그에 관련된 공원과 학교와 클럽이 늘어서고, 사 시로 참배하러 오는 사림이 끊이지 않을 것이며, 세상에 어버이들은 그 아들 딸의 손목을 이끌고 이 성역 앞을 지나면서, 옳다고 믿는 일을 위하여 목숨을 바치는 것이 얼마나 거룩한 일인가를 설명해 주고, 또 몇 백 년 전 우리 조상에 바로 이러한 어른들이 있었으니, 우리도 그들에게 부끄럽지 않을 만할 한 평생을 쌓아 가야 한다고 서로의 마음 속에 다짐할 수 있을 것이다.

만일, 육 묘가 이 대로 황폐해 버린다면, 나는 조선 사람의 민족과 국가에 대한 향념向念과 정의를 사랑하는 마음이 아직도 수준水準 이하인 것을 슬퍼함과 동시에, 사학도史學徒로서의 의분義憤을 느끼는 바이다.

개인이고 민족이고 국가이고 간에, 우리는 역사적 산물이며, 또 역사를 창조하고 있다.

과거는 과거로서 끊진 것이 아니고, 현재에 작용하고 있으며, 현재는 또 미래에 결정적인 계기契機를 짓고 있는 것이 역사의 흐름이요, 그 흐름 속에 몸을 담아 있는 우리 민족이요, 국가이다. 그러므로, 역사를 무시하는 민족과 국가는 앞날의 행복도 희구希求할 수 없을 것이다. 조선 사람이 진실로 희구를 잊어버리지 않았을진대, 육 신 묘를 이토록 자연적인, 또 인위적인 황폐에 맡겨 버릴 수 있을 것인가? 오늘날, 우리들이 이 육 묘에 다시 도랫솔을 심고, 이를 잘 지켜 나감은 부질없이 과거의 추억에 침잠沈潛하는 것이 아니고, 새 역사의 창조에 이받이하는 것일 것이다.

5. 고시조

산촌에 밤이 드니 먼 데 개 짖어 운다.
시비를 열고 보니 하늘이 차고 달이로다.
저 개야, 공산 잠든 달을 짖어 무삼하리오.

천금千錦

북소리 들리는 절이 멀다 한들 얼마 멀리.
청산지상青山之上이요, 백운지하白雲之下연마는
그 곳에 안개 잦으니, 아무 덴 줄 몰라라

지은이 모름

문 닫고 글 읽은 지 몇 세월이 되었관대,
정반庭畔에 심은 솔이 노룡린老龍麟을 일웠구나.
동원東園에 피어 진 도리桃李야, 몇 번인줄 알리요.

이정진李廷□[18]

18 '이정신'의 오기.

추강秋江 밝은 달에 일엽주 혼자 저어
낚대를 떨쳐 드니 잠든 백구 다 놀란다.
어디서 일성一聲 어적漁笛은 조차 흥을 돕나니.

김광욱金光煜

춘산春山에 눈 녹인 바람 건 듯 불고 간 데 없다.
적은 듯 빌어닥아 머리 위에 불리고자,
귀 밑에 해 묵은 서리를 녹여 볼가 하노라.

우탁禹倬

한 손에 막대 들고 또 한 손에 가시 쥐고,
늙는 길 가시로 막고, 오는 백발白髮 막대로 치렸더니.
백발이 제 먼저 알고, 지름길로 오더라

같은 사람

6. 병창월病窓月

설의식薛義植

병에 붙들려서 사흘 동안이나 자리에 누웠었소. 그러니까, 소중하게 지켜 오던 일터에도 나가지 못할밖에 없었소. 이리 하여, 몸소 누워 보기는 해방 후 삼 년만에 이번이 처음인가 보요.

본디 병체나 다름 없는 약질이 되어서. 이 모 저 모로 늘상 고달픈 신세였소. 그래도, 타고 난 팔자라, 복다기는 세상 물결에 내 홀로 투한偸閑할 수가 없어서, 내리 억지로 버티고 버티었던 것이요. 때도 때, 공교롭게도 한가위 추석날을 누워서 맞았으니, 형체의 괴롬보다도, 형외形外의 쓸쓸이 또한 애상哀傷이 아닐 수 없었소. 가을이요, 또 첫서슬이라. 느껴지는 경물景物이 한 고비 스며 드오.

○

두석 달 장마에 줄곳 씻긴 산소에 성묘도 가리라 아우들, 조카들, 어른, 아이 한 데들 뒤섞여서 어머님 곁에 모이리라, 모여서 떠들고, 떠들어 분주한 것으로 나머지 낙을 삼으시는 어머님께는 이것이 유일한 봉양이다—하고, 서둘렀던 마련도 "와병臥病에 인사절人事絶"로 가슴에만 남았소.

병이란 진실로 좋지 못한 것이요. 낙엽 지는 가을철 병이란 더구나 좋지 못한 것이요, 하물며 명절 때랴? 하물며 늙으신 편모片母가 계신 터랴? 내 차손次孫이 되어서 가볍기도 하려니와, 그래서, 또 무거운 마디마디가 유달리 사무치오 홀로 느끼고, 홀로가 아는 이 심회를 품어 안고, 37도 3, 4분의 경열輕熱에 노곤히 누워 있었소. 안해와 아이들을 큰 댁으로 보내 놓고, 내 홀로 누워서, 병과 더불어 가윗날을 맞는 것이요. 창밖으로 보이는 하늘 가의 점점한 구름장을 세워 보는 것이요.

○

조석생량朝夕生凉으로 깊어가는 가을이라, 해가 지자, 언저리는 한 겹 서늘하였소. 기름기 없는 병든 몸이 되어서, 실제 이상으로 싸늘하였소. 그러기에 몸을 옴추리면 쌀쌀하였소.

고요한 방, 고요한 자리, 고요한 맘, 휑뎅그리 빈 듯한 머리 속에도 아득하게 높푸른 휑뎅그런 하늘과, 그 드높은 하늘 한 복판에 떨어질 듯이 박혀 있는 드밝은 달만이 들어 있소. 삭풍설월朔風雪月도 차고 맑아서 밝았으려니와, 이 가을 이 하늘의 "가윗달"은 맑아서 찬 듯이 더 한 층 밝았소. 전선電線 고장으로 불 없는 밤이라, 더 한 고비 밝았던 것이오.

열 두 자 넓이의 남창南窓에 꽉 들이찬 천심월天心月은 차고 넘치어 방안에 흘렀고. 방 안에 흐르고 남은 빛은 다시금 자리에 깔리고 내 몸을 덮었소. 이리 하여, 내 둘레에는 오직 한 개의 달이 뚜렷하게 있을 뿐이오, 나와 달과의 저 나가 가물가물거리는 계선界線 위에서 나는 그만 나를 잃었소 나 자신을 잃었거니, 병을 어디가 찾을 것이요! 그저 몸과 맘이 아울러 태허太虛로 귀일歸一되니, 무아無我의 경지란 이런 것이던가! 신선神仙이란 이런 것인가!

○

"달아, 달아, 밝은 달아,
이태백李太白이 노던 달아……"

어린 시절에 부르던 노래가 홀떡 생각 났소. 38선 너머 그리운 고향과 한 가지로, 어린 그 때에 부르던 노래가 묵은 기억에 섞이어, 한 마디 두 마디 생각 났소.

"내 마음 베혀 내여 저 달을 맨들과저……"

송강松江, 정공鄭公의 시조도 생각 났소.

"성단효잠잔월백聲斷曉岑殘月白
유혈춘곡낙화홍流血春谷落花紅"

어린 단종端宗의 애끓는 시도 생각 났소

이충무李忠武의 "한산閑山 수루戍樓"의 달도 그리어 보았고, 김삿갓의 "오경五更 등루登樓"의 달도 그리어 보았소. 마음의 실마리는 이렇게 저렇게 가로로 세로 뻗었소. 뻗은 실마리가 다시금 되돌아 가슴에 뭉칠 때, 나는 그만 선경仙境에서 속계俗界로 떨어진 병든 내 몸을 발견하였소.

몸을 뒤치니, 백 리나 걸은 듯이 팔과 다리는 몹시도 뻐근하오. 신음 소리와 함께 퍼지는 입김은 크게 비인 방 안에 무늬를 짓는 듯, 이불 밖은 그렇게도 써늘했던가 보오.

○

달은 여전하게 중천에 솟아서, 팔천八千 세계를 내려다 보오. 빛 다른 팔천 세계를 한결같이 내려다 비치오. 즈믄 가람의 달이 한 빛이라니, 즈믄 뫼뿌리의 달도 한 빛일가? 즈믄 바다의 달도 한 빛일 것인가?

새 장구 소리에 솟는 달과 다듬이 소리에 지는 달이 같을 상 싶지를 않소, 사창紗窓에 비낀 달과 봉문蓬門에 새는 달이 정녕코 같을 상 싶지를 않소. 삼각산三角山 밑으로 흐르는 한강漢江의 달 빛은 과연 어떠한고! 모란봉牧丹峰 기슭으로 내리는 패강浿江의 달 빛은 과연 어드런고! 좀처럼 좀처럼 같을 상 싶지를 않아서 서글프오. 남북으로 동 떨어진 3년 세월에 지치고 지친 생각은 하나의 하늘에 뚜렷한 하나의 달과 더불어 한 빛을 꿈꾸어 더욱 더 고달프오.

산산히 부서지고, 바서지고, 쪼개지고, 갈라진 쪼각달 그림자를 담아 가지고 스르르 눈을 감았소. 한 숨 자고 깨어 보니, 피로에 지친 탓인가?…… 광대뼈 언저리에는 물 흐른 자취가 가느닿게 말라 붙었소. 층층대 아랫 집 닭 장 속에서는 첫새벽 수탉 소리가 조용한 대기大氣를 울리오. 슬프게도 들리고, 즐겁게도 들리오. 차츰 날이 밝는가 보오. 새 날이 밝으려고 먼동이 트이나 보오.

7. 개골산皆骨山의 일배토一杯土

문일평文一平*

금강산에서 마의 태자 능麻衣太子陵을 뵈올 때 나는 한참 동안 회고의 감에 잠겼었다. 한 움큼의 거친 흙 속에 오늘날도, 오히려 그 어른의 피 자취를 찾아 보면 분명히 있으리라.

지금부터 천 여 년 전 일이다. 경주에 서울 둔 신라 조朝가 아주 쇠미하여져 개성에 서울둔 신흥新興한 고려조에 대하여 무조건으로 항복하게 되어, 국가 최후의 운명이 결정될 때 신라의 군신君臣이 모두 푸른 서슬을 저어하여 숨도 크게 쉬지 못하는 판에, 마의 태자 한 분이 홀로 일어나 반대하였으니, 나라를 들어 남에게 가볍게 내 줄 수 없으니, 마땅히 우리는 성을 등지고 한 번 싸워 의義에 죽을 뿐이다. 하고 역설力說하였지만, 그 주장主張이 물거품으로 돌아감을 보게 된 마의 태자는 비분강개悲憤慷慨함을 이기지 못하여, 드디어 개골산皆骨山에 들어가, 마의 초식麻衣草食으로 일생을 마치었다 한다. 이것은 정사正史에 적힌 개의槪意이었다.

그러나, 전설에 나타난 마의 태자는 정사와는 반대로 금강산 중에서 광복 운동을 꾀한 것으로 내외內外금강의 여러 지명에서도 그 편영片影을

---

* 문일평. 작고. 호는 호암湖岩. 역사가 저서 "湖岩全集".

짐작할 것이 얼마든지 있다. 혹은 곡필曲筆로 쓰게 된 관리보다 도리어 요항[19]閭港의 전설이 사실을 전해 주는 예도 없는 것이 아닌즉, 이로 보면 마의 태자는 죽을 때까지 회천回天의 위업을 실현하려고 무척 애를 쓴 것이 아닌가? 어쨌든지 나운羅運이 장종將終할 때 마의 일 인麻衣一人이 눈에 띈다. 기울어지는 큰 집을 나무 하나로 버티기 어렵다 하나, 그만큼 비장한 의거義擧가 마의 태자에 의하여 꾀하게 된 것만은 신라 멸망 시의 일 이채一異彩가 됨을 잃지 않으리라.

금강산에서 고운孤雲과 봉래蓬萊 같은 선인의 수택手澤도 있고, 서산西山과 사명四溟 같은 걸승傑僧의 유적遺蹟도 있고, 또는 율곡栗谷같은 유현儒賢의 유적遊蹟도 있고, 기타 고금 명류古今名流의 자취가 많으나, 마의 태자의 행적行蹟처럼 비통한 것은 없다.

우리는 갈 길이 바빠서 외 금강에서 그의 능묘만 봐옵고 내 금강에서 그의 집터를 가보지 못하였으나, 금강 유행遊行 중에 있어 우리의 마음을 많이 끌고 있는 것은 이 마의 태자이었었다. 나는 말 되지 않는 오언절구五言絶句를 지었으니,

> 나운장종석羅運將終夕 마의유일인麻衣有一人
> 회천수부득回天雖不得 백세견정신百世見精神
> 이것을 도중에서 불러 서로 웃고 말았다.
> 신라의 운수 장차 마치려는 저녁.
> 마의 태자 한 사람이 있었으니,
> 천명天命을 도리키려하다 못했으나,
> 백세에 그의 정신은 나타나 있도다

---

19 '여항'의 오기.

8. 윤봉길 의사尹奉吉 義士

서정주徐廷柱*

먼 이역異域의 하늘 가에 뿌려진 이 피는
인제 파도치 □□다가 되어
우리에게로 돌아왔도다

우리의 영혼을 물들이고,
우리의 키를 넘어서,
출령이며 출렁이며 돌아왔도다.

이 낭랑히도 맑은 조선의 피는
충청 도 두메 산골 우지 가지가 열리는 곳
청청히 엉크러진 머루 다래 넌출 밑에서 비롯한 것이 아니란……

참으로 먼 단군의 옛날로부터
저 김 춘추金春秋와 논개論介 정 몽주鄭夢周들의 가슴 속을 흐르는 이

---

* 서정주. 시인. 시집 "歸蜀道".

혈맥을,

젊은 윤 봉길尹奉吉이 이었을 뿐이로다.

아아, 윤 봉길,

그대 아니었으면 영 끊어져 버렸을지도 모를

이 훈훈한 피의 바다 속에,

우리는 인제 새로 탄생해야 할 내생來生의 아들 딸 들이로다.

9. 노동勞動의 정신

한치진韓稚振*

노동의 정신은 노동의 외적 조건을 고치는 데서 길러질 수도 있지마는 위선 노동은 인생의 임무任務요, 책임責任이라는 각오覺悟 밑에서, 누구든지 제 손과 제 머리로 무엇이든지 하여야 하는 것이다. 이제까지 우리 조선 사람들이 생각하던, 점잖은 체면이니, 무엇이니 하여, 남을 부리기만 하려던 생각은 첫째 제 몸이 쇠약해지고 둘째 의뢰심依賴心을 기르고, 세째 가난하여진다는 것밖에는 아무 것도 될 것은 없으니, 이는 모두 나라를 망치는 근본이 되지 않을 수 없다.

우리 나라의 중류 가정中流家庭만 하더라도, 식모食母가 있고, 침모針母, 유모乳母가 있어서, 주부主婦나 딸들은 일을 하지 않고 사는 것이 귀부인인줄 알며 남자는 육체肉體 노동을 하지 않기 때문에 여자의 손발처럼 부드러워야 신사인 줄을 알았다. 이러한 기생충 생활의 의식意識을 우리는 하루 바삐 청산淸算하여야 한다. 남자는 일터에서 집에 돌아오면, 형편에 따라, 안해가 없으면 밥도 지을 줄 알아야 하고, 장작 패고, 물 길으며, 제 손으로 어지간한 토목 공사는 할 줄 알아야 한다. 이제까지 우리 조선

* 한치진. 哲學博士. 저서 "社會學槪論", "哲學槪論", "民主主義解說".

남자들은, 대개 기술이 없는 직업과 생활을 하여 왔다. 기술 없는 직업자는 장사치요, 협잡하고 비밀거래나 해 먹고 살 수밖에 없다. 기술 없이는 창작이나, 제조 사업을 할 수 없고, 만들 줄 모르는 살림은 남에게 붙어 사는 살림이다. 이 기술 시대에 기술 없는 일을 해서 살아 나가려는 것만도 기적적奇蹟的이다.

가정에서 누가 병이 나도 응급應急 치료법을 모르고, 비가 와서 집이 새거나, 전등이 꺼지거나 해도, 제 손으로 고칠 생각도 못 하고 솥 걸고 구둘장 놓는 것은 물론 모르며, 삽질, 낫질, 톱질조차 할 줄 모르는 조선 남자의 수효가, 그 얼마나 많은 것인지를 알 때에 한심하지 아니 할 수 없다. 나라를 다시 세우려는 오늘날 우리 민족은 먼저 삽질 낫질을 비롯하여, 직업의 독립적 기술자가 되어 나날이 쓰는 물건 하나라도 만들 줄 알아야 할 것이다. 말 많고 뜻과 생각이 일치하지 못하는 큰 원인原因이 일 할 줄 모르는 까닭이요, 일 할 줄 모르는 까닭은 기술이 없는 까닭이다. 그런데 기술技術은 직접直接 일하는 데서 배워진다.

민주 주의 나라 사람은, 스스로 서는 정신이 세므로, 무슨 일을 사양하지 않고, 언제든지 나아가 하기 때문에, 대개 가위질 같은 손 기술 하나라도 다 가지고 있다. 자동차는 운전수에 의하여 타고 다는 것은 찾아 보기 어려운 일이다. 재봉침, 음악, 활자 찍는 일, 음식 만드는 법은 상식으로 대개 다 가지고 있다. 우리가 보는 민주 국가의 백성인 미국 사람들은 비록 규률적 군인 생활을 하고 있는 그들일지라도 아래 위 계급의 차별감이 적은 것을 알 수 있다. 그들은 일하는 것이 근본 목적이요, 누가 어떤 일을 하여야 할가하는 노동의 계급적 차별은 두지 아니 한다. 그들은 직접 제 손으로 무엇이든지 하며 또한 하기를 좋아 한다. 사무실에서는 아무리 높은 지위에 있는 사람이라도, 제가 직접 서류를 가지고, 밑의 사람에게까지 직접 전달하는 것이 일수요, 어디를 가도 자신이 걷든지, 자동차를 운전하는 것이다. 일본인들이 소위 과장급課長級만 되어도 가만히 앉아 도장이나 누르고 아랫 사람만 부리던, 그 얄밉고 못된 버릇을 보고 민주국가 사람들이 직접 제 자신이 일 하는 것과 맞비추어 볼 때 얼마나 큰 차이差異가 있는가, 참으로 놀라지 않을 수 없다. 나는 미국 대통령을 만나 본 일은 없으나, 아마 그도 사무실에 가면 비를 들고 청소할 때가 있을 것이요, 집에 돌아가면 삽 들고 뜰과 동산을 치우고 차리는 일이 종종 있을 것이라고 추직된다. 이만 여명의 학생을 가진 큰 대학의 총장이 집에 와서 노동복을 입고 일하는 것을 보았으니 저들이 얼마나 노동의 정신, 아니 육체적 노동을 즐기는가를 넉넉히 알 수 있다.

미국은 그 영토領土가 크고 지하 자원도 세계에 으뜸되어, 오늘의 미국이 된 것도, 그것이 한 가지 이유이지마는, 미국의 역사를 읽을 때에 잊지 못할 것은 미국 백성들의 노동 정신이다. 미국에는 높은 산 험한 등성이와, 나이아가라와 같은 큰 폭포와 사막沙漠이 많지마는 이것들은 도리어, 문명을 만드는 터전이 되었다. 만약에 능력 없고 또 노동하기를 싫어하는 민족이 아메리카 대륙에 살았다고 하면, 사막이 변하여 낙토樂土로, 아니 세계의 낙원지가 될 수는 없었을 것이요, 높은 산과 험한 등성이가 변하여 나라의 보배가 되지는 못 하였을 것이다. 미국에는 복노 아세아 민족인 홍 인도인紅印度人이 살았고, 멕시코 사람이 미주美洲 서남부西南部에 살고 있었다. 그러나, 그들은 몇 천 년을 살아도 토굴土窟생활을 그대로 하고 있으나, 미국이 나라를 세운 지 불과 일백 칠십년 동안에 현대 세계적 미국을 건설한 것은 미국민의 땀의 결정체라고 하지 아니 할 수 없다. 왜냐 하면 그들처럼 노력한다면, 조선의 금수 강산을 미국의 몇 배 이상으로 극락세계가 되었을 것을 알기 때문이다.

우리도, 참으로 있는 민족이 아니라, 하는 민족이 되어야 하며, 없애고 무너뜨리는 사람이 아니라, 만들고 세우는 사람이 되어야 한다.

10. 공중과 위생

사회는 개인의 집합체集合體다. 귀중한 개인이 서로 의지하여 성립한 것이다. 그러므로 개인은 사회를 위하여, 사회는 개인을 위하여 서로 부액扶腋하여 그 복리를 기도하지 아니하면 아니된다. 그런데, 세상에는 왕왕이 자기의 복리를 꾀함에 자자하여, 조금도 타인의 불행 재해에 빠짐을 고려하지 않는 무리가 적지 않다. 어찌 개탄할 바가 아니랴?

사회 공중의 건강을 보전함을 공중 위생이라 한다. 각인이 공덕을 존중하여 공중에 대한 위생의 법칙을 이행한다면 구태여 법규의 제재력으로써 엄중히 경계할 필요가 없다. 그러나, 위생 사상이 결핍한 자는 자기의 위생도 엄수하지 못 하여, 자칫하면, 절도를 넘고 기욕嗜慾에 좌우되거든, 하물며 공덕심에 비추어 자타의 재해를 물리치려 함에리요? 여기에 있어서 여러 가지 위생에 관한 법령을 발포하여, 오예물의 제각을 비롯하여 음식물의 정선精選 등에 이르도록, 거세巨細의 단속을 엄중히 할 필요가 있다. 이러한 제 법령은 소수자少數者에게는 다소의 번루가 없지 아니하나, 대다수의 이익 안녕을 유지함에는 부득이한 일이다. 그러나, 민중의 자위 관념이 발달하지 못한 이상에는, 허다한 법규가 있다 하더라도, 그 경계의 효력은 극히 박약할 것이다.

전염병은 자위 관념이 부족한 세민細民에게 많다. 또, 세민은, 두려운 줄을 알면서도 자기의 생계에 급급하기 때문에, 방위 수단을 다하기 어려운 바가 있다. 혹은 무지함으로써 황당무계한 망설을 맹신하고, 미신의 결과로 액厄막이 기도를 신뢰하여, 귀중한 생명을 신불神佛의 가호加護에 일임함과 같은 것은 다만 병독의 예방 박멸에 방해가 될 뿐 아니라, 급기야 법령에 위반되어 시정施政의 곤난을 유지하는 일이 있다. 이러한 불학 무식한 세민에게 법령을 이해시키고, 음사淫祠 사교邪敎의 망탄함을 변별시켜, 그 몽매를 계발함은 또한 선각자의 임무의 일단이라 할 것이다.

전염병은 보통 병과 달라서 일시에 유행하고, 일시에 종식하는 것이 많다. 그러므로, 몽매한 인민은 전염병을 신불神佛이 사회에 내린 벌이라고 생각하고, 죄장罪障의 소멸을 기원하면, 그 유행이 차차 쇠퇴하여, 기원의 효능이 병연炳然히 나타나는 줄로 믿는다. 오늘의 학리로 추구하여 보면, 신불에 기원함으로써 전염병의 독력毒力을 물리칠 수 없음은 물론이다. 그러나, 만일 민중의 액병厄病 불제祓除법에 평일의 무절제한 습관을 버리고, 음식을 삼가며 목욕재계하여, 신체를 깨끗이 하며, 제식祭式을 집행하려고 정원 가옥을 청결하게 하는 일이 있다면, 우연히 소독적 청결법에 적합하여, 그 때문에 병세가 돈좌함은 별로 기이한 것도 없다.

전염병의 종류는 매우 많아서, 이제 그 수를 결정하기가 어렵다. 왜 그러냐 하면, 이전에는 비전염성으로 보던 것도 차차 그 성질을 상세히 연구하여 전염병으로 인정하게 되는 것이 많음으로써다. 대한 민국 전염병 예방령에 열거한 것은, 콜레라, 적리赤痢(역리를 포함함), 장티푸스, 파라티푸스, 두창痘瘡, 발진發疹티푸스, 디프테리아, 유행성뇌막염, 페스트 등이다. 이것을 법정 전염병이라 하는데, 의학가의 소위 급성전염병이다. 이 밖에도 유행병과 지방병에 속한 것으로 페디스토마, 마라리아, 십이지장충, 재귀열再歸熱, 나병癩病, 마진痲疹 등이 있다.

학교 전염 예방 규정에는 법정 전염병 외에 백일해, 마진痲疹, 유행성

감기, 유행성 이하선염耳下腺炎, 풍진風疹, 수두水痘, 폐, 후두喉頭 기타 기관의 개방결핵開放結核, 마마, 토라홈, 기타의 전염병 안염眼炎, 개선疥癬과 전염성 피부병 등을 첨가하였다. 그것은 학령 아동에게는 이러한 병이 특히 많고, 한 병아로 말미암아 그 병이 전교에 만연하고, 또 통학 아동은 그 병을 학교에서 가정으로 옮겨, 전염의 매개를 짓는 일이 적지 아니한 까닭이다.

전염병 중에는 국가 생산의 요충에 당하고 있는 노동자 간에 유행하는 것이 많으므로, 일조에 만연 유행함에 비쳐서는 국가의 생산력을 감쇄함이 매우 크다. 그뿐 아니라, 수출품 같은 것도 생산지의 전염병 유행을 이유로 하여 수입을 거절하는 일이 많다. 이와 같이 전염병은 국가 경제상에 미치는 영향이 대단히 큰 것이다.

전염병을 예방하는 방법은 오래 동안의 경험에 의하여 병자를 격리함이 제일임을 알았다. 그리 하여 병자의 신체는 물론이고, 배설물은 모두 병독을 포함한 것이니, 눈으로 볼 수도 없고, 코로 맡을 수도 없는 미소한 오예물이라도, 그것이 부착한 의복 즙기[20] 등에 접촉하면 곧 그 병독에 감염된다. 그러므로, 완전히 격리의 실효를 나타내고자 하면, 환자와 건강자와의 교통을 차단하여야 한다. 이전에는 전염병독의 성질을 알지 못하였기 때문에, 다만 그 존재를 가상하여 환자의 배설물 중에 포함되었다고만 믿었다. 그러나, 오늘에 있어서는 병리학의 진보에 의하여, 병독이 미소한 세균이라는 것을 확실히 앎에 이르렀을 뿐 아니라, 다시 한 걸음 나아가 각 세균의 형상, 강약까지도 상세히 알게 되었으므로, 이전부터 예방의 방법으로 습용하여 오던 격리법 외에 소독법, 면역법 등을

20 '집기'의 오기인 듯.

사용함에 이르렀다.

전염병이 유행할 때에, 대지, 가옥의 청결법에 대하여 해당 이원의 엄독을 받는 것은, 자기의 평소의 태만에 대하여 질책을 받는 것과 다름이 없다, 진실로 공덕심이 있는 이는 평소에 상당한 청결법을 게을리하지 않는다, 그러나, 몽매한 우리는 표면으로는 소제ㅎ니 하고, 오예물을 완전히 제각하지 아니하므로, 그 소재지는 문득 병독의 오염한 바 되어, 차차 주위가 그 재액을 받게 되는 일이 많다. 또 특별히 자기의 섭생에 힘써야 할 시기임에도 불구하고, 병마를 격퇴한다 일컫고 폭음하며, 혹은 함부로 병가를 방문하여 교통차단 명령을 어기며, 혹은 건강 진단을 꺼리며, 혹은 고의로 병자를 숨기며, 혹은 조위弔慰를 한다 하고 상가에서 숙식함과 같은 것은 극히 위험한 일이니, 어찌 삼갈 바가 아니랴.

11. 사모곡思母曲

호ᄆᆡ도 날히언마ᄅᆞᄂᆞᆫ 낟 ᄀᆞ티 들리도 업스니이다.
아바님도 어이어신마ᄅᆞᄂᆞᆫ 위덩더둥셩 어마님 ᄀᆞ티 괴시리 업세라
아소 님하 어마님 ᄀᆞ티 괴시리 업세라.

12. 나의 서제* 생활書齋生活

이숭녕李崇寧

공부工夫하는 이에게는 서재書齋는 한개의 생명生命일 것이다. 여기 서가書架에 쌓인 어마어마한 서적書籍과 청아淸雅한 선비의 끊임 없는 정진精進을 연상聯想하여 볼 것이니 서적書籍과 공부工夫 어느 것 하나 빠져도 아마도 서재書齋라고는 부를 수 없을 것이다.

나도 한 개의 서재書齋를 가지기는 하였다마는, 학생시대學生時代에 싹튼 조그마한 서가書架가 불어 오늘날 다소多少의 장서藏書를 차지하게 되었으며 인왕산仁王山밑 단간방이 이제와서는 몇 배의 넓이를 가지게 되었다. 나에게 이렇다 할 재산財産도 없다마는, 이 작은 서재書齋 하나 만은 유일唯一한 안식처安息處요 작업장作業場인 것이다. 내 책상 맞은편에는 십여 년 래十餘年來 가지고 다니던 청아淸雅한 "간트"의 사불寫佛이 달려 있다. 철학자哲學者 아닌 나로서 그의 오 척 단궁五尺短躬이 나와 비슷함에서가 아니지만 종시일관終始一貫한 연학硏學의 생애生涯를 흔모欣慕하기로이다. 등 뒤에도 남 하는 격식格式을 따라 완당阮堂의 고색 창연古色蒼然한 현판懸板 그 밑의 중국中國 태산泰山에 새긴 육조시대六朝時代의 금강경金剛

* '서재'의 오기.

經의 척본拓本 약간若干의 고기古器들 넉넉지 못한 선비의 서재書齋로 욕망慾望에 한限이 있으랴마는 만족滿足 함직 참아야 될 것인지 서가書架가 부족不足한 탓으로 책상의 전후前後 좌우左右로 쌓아 놓은 상시常時 인용引用하는 책冊들이 하루의 잡무雜務에 시달린 나를 반드시 이끌어 앉히고야 마는 것이다.

남쪽으로 널따란 창窓이 열려 있다. 뜰 안과 판장 밖으로 커다란 밤나무 아까시야 향나무 벗나무들이 우거져, 나무 끝에 뭉실뭉실 창공蒼空을 달리는 구름의 계속繼續도 보인다. 서재書齋의 또한 필요必要한 것은 한적閑寂 이니 부족不足한 나의 서재書齋가 이 같은 환경環境에서 보탬이 될 것인지.

나의 서재 생활書齋生活은 예술가藝術家의 그것과는 다른 것이다. 예술가藝術家에게는 공상空想이 풍족豊足하리라 믿으며, 이 공상空想의 결실結實이 작품作品일지도 모르나, 나에게는 공상空想은 시간時間의 낭비浪費라고 생각하게 되었다. 다채多彩로운 공상空想이 어린이 아니고도 누구나 때로는 가질 것일지 모르나, 나의 요사이 같은 생활生活에서 바랄 수 없는 경지境地일 것이다. 내 나이 이미 불혹不惑의 금을 넘어 장차將次 활동연령活動年齡을 고려[21]할 때 더구나 많은 숙제宿題와 테에마를 눈 앞에 놓고 마음만이라도 무슨 여유餘裕가 있어 공상空想의 세계世界에서 헤엄질 치려하리. 공상空想없는 서재書齋 이것이 우리에게 필요必要한 것이다. 황차況且 비둑판 라디오 같은 것은 대기大忌하는 것 중에 큰 것일 것이다. 나도 본래本來 소설小說 수필隨筆 읽기를 좋아한다마는 나의 전공專攻을 위爲하여는 많은 유혹誘惑을 느끼는만큼 서가書架 틈에 끼인 소설小說 시집詩集

21 원문 문맥상 '고려'가 적당함.

수필집隨筆集 같은 것에 항상恒常 경계警戒하고 있다.

그리고 보니, 나의 생활방식生活方式이 음영陰影 없고 윤택潤澤없는 계산척計算尺 같은 기계機械가 아니냐 하고 비난非難 할지 모른다. 그러나, 전공專攻을 위爲하여 나의 나와 학문學問의 과정過程에서 보아 새로운 상념하想念下에 견진堅陳을 뚫느냐 그렇지 않느냐의 관두關頭에 선 것이라 하겠다. 모든 불필요不必要한 것을 제거除去하고 오로지 한 길을 나아가지 않으면, 재주 없고, 둔한 내가 장래將來에 그리는 "알바이트"는 어려우리라 믿는다. 목적目的을 위하여는 모든 것을 희생犧牲하자.

나의 서재생활書齋生活의 또 하나는 손 없는 서재書齋를 바란다. 분分에 맞지 않는 학교 책임자學校責任者의 일 년一年 반半의 생활生活은 참으로 큰 결손缺損의 생활生活이었다, 그 중中 가장 해害를 입은 것은 내객來客의 고통苦痛이니 학생學生의 호소呼訴, 학부형學父兄의 내방來訪, 거기다 수數많은 회의會議와 외교外交 이로 말미암아 부득이不得已한 시간時間과 체력體力의 낭비浪費야말로 천만금千萬金으로도 바꿀 수 없었을 것이다. 이제 뉘우친들 어찌하리, 가끔 강의講義 끝에 학생學生들에게 "장長이 되려거든 육십六十이 넘어 인생人生의 폐물廢物이 될 때라 생각하라. 정 다산丁茶山의 업적業績은 유배생활流配生活이 길었다는 데 큰 원인原因이 있을 것이다" 라고 실감實感을 여러 번 말하였다.

근자近者 나는 일가친척一家親戚에서도 돌림방이가 된 듯도 하다. 삼 년三年 불조不吊이니, 아! 그것은 나의 허물이다마는—구식도덕舊式道德에 발맞출 시간時間의 여유餘裕가 없음을 이해理解할 이 몇몇일가? 어찌 그리 일가친척一家親戚이 경향京鄕에 많으며 경조慶弔의 도수度數가 또한 그리 잦은지 기억력記憶力 부족不足한 나로서는 욕망慾望을 등에 지고 다니는 셈이고나.

칠월七月이면 학교學校의 책임責任도 벗게 될 것이니, 자유인自由人이 될 듯한 가뿐한 기분氣分이 지금부터 돌기 시작한다. 똑 바른 오직 한길을 서재書齋를 통通하여 걸을 수 있으면 하고 생각한다.

닭이 운다. 몇 홰 울이인지 책상을 정리하고 자리에 들가 한다.

13. 시간時間의 역사歷史 -이건 서양의 것만 말함이다

시간의 역사는 인류의 역사와 같이 오래다. 인류가 생겨서 아직 얼마 되지 않았을 때에 굴 속에 사는 인류의 조상은 낮과 밤이 일정한 시간으로 순환하는 것을 알았다. 그리하여 태양이 움직이면, 물체의 그림자의 길이와 방향들이 변하는 것을 알게 되어, 비로소 시간을 계산하는 묘맥苗脈을 얻었다.

그들은 때대로 다른 부락에 대하여 야간夜間에 적대敵對 행동을 취하지 않을 수 없게 되었다.

그 출발하고 도착하는 시간을 정하기 위하여 그들은 공중을 우럴어 달을 보았다. "달이 어떤 형상으로 되는 날 밤에 어느 곳으로 모이기로 하자." 그들은 이렇게 약속하여 그 목적을 달하였던 것이다. 그들은 휴식할 동안에 보초步哨를 세울 필요를 느꼈다. 그 보초의 교대하는 시간을 정하기 위하여 별을 보았다. 보초를 의미하는 영어 "워취"는 고대古代 앵글로색슨 말로부터 나온 말인데, 본시 "잠을 깨었다."는 의미였다. 거기서 변하여 회중시계를 의미하게 된 것은 재미스러운 일이다.

고대의 칼데아 사람은 천체天體를 바벨궁宮 신으로 숭배하였다. 승려僧侶는 별의 운행을 연구하여 성학星學, 점성술占星術을 세습적世襲的으로 연구하였다. 당시는 아직 망원경이 발명되지 안했으나, 사 시四時를 따라 태양의 위치가 변하는 것을 알고, 또 황도黃道에 맞추어, 십이十二의 수대獸帶까지도 명명命名하였다. 만월滿月로부터 만월까지의 일수日數를 삼십 일로, 주야를 각 십이 시간으로, 각 시를 육십 분으로, 각 분을 육십 초로, 일 년을 십 이 개월, 삼백 육십 오 일로 나눈 것과 칠 일을 일 주週로 한 것도 다 이 시대에 정하였던 것이다. 유대猶大 왕 아합의 유명한 해 시계時計는 서력 기원 전 칠백 년 경에 고안된 것으로, 이것이 기록에 남아 있는 최초의 해 시계다.

고대 바벨로니아 사람과 애급埃及 사람은 이천 칠백 년 전에 물 시계水時計를 사용하였다. 이것은 수조水槽의 밑, 작은 구덩으로 떨어지는 물을 다른 그릇에 받아서, 그 수준水準의 높아 감을 보아 시간을 아는 것이다. 이 물 시계는 해 시계와 함께 그 후 로마에 전하여, 대리석大理石의 원주圓柱와 기념상紀念像이 죽 늘어선 대 로마의 가두街頭에 비치備置 되었었다. 얼 염려가 있는 것이 물 시계의 결점이나 그러나, 십 오 세기 경까지 이타리와 프랑스에서 사용되었다.

기원 전 삼 세기에 알렉산드리아에서 발명된 것으로 모래시계沙時計라는 것이 있었다. 고대 아테네 사람은 이것을 지금 시계와 같이 가지고 다녔다 한다.

구 세기경 영국의 앨프레드 왕이 촉시계燭時計를 만들어서, 하루 동안 여덟 시간은 종교의 의식에, 여덟 시간은 공무에, 남은 여덟 시간은 휴양에 충당하였다는 것은 유명한 사실이다. 촉 시계라는 것은 길이 일 푸르의 경촉經燭 여섯 개를 가지고 개개마다 열 둘로 등분하여, 그 부분마다 흑백을 교호交互로 바른 것인데, 그 세 부분部分이 한 시간에 타게 되었던 것이다.

에스키모 사람은 긴 밤 동안 빛光과 열熱을 취取하기 위하여 촉 시계를 사용하였다. 일본이나 중국에서도 이와 유사類似한 것을 사용한 일이 있다.

회중시계의 시초는 아메리카 발견 직후인데, 서기 일천 오백 년 경이다. 뉴렘베르히 시에 피터르 헨라인이라는 기계공機械工이 있어서 이 사람이 스프링을 사용하여 무겁고 두꺼운 시계를 만들어 보았는데, 그것이 기초가 되어 회중시계가 생겨난 것이다. 일천 오백 칠십 사 년 동東프랑스의 산간山間에서 챨스 쿠신이라는 한 시계 사師가 동東으로 서서瑞西에 가서, 호수湖水의 연안 제네바시에 살았다. 그는 그 곳에서 십 삼 년 간 제재한 후 서서의 시민이 되어서, 시계 제조업 조합을 만들었다. 이것이 서서 시계업의 남상濫觴이다.

그리 하여 알프스의 눈이 희게 비치는 곳 그 곳에 근대 문화의 생명이라 할 만한 신성한 시계업이 일어난 것이다.

14. 홍길동전洪吉童傳에서

길동이 점점 자라 팔셰八歲되ᄆᆡ, 춍명聰明이 과인過人ᄒᆞ여, ᄒᆞᆫ아ᄒᆞᆯ 드르면 ᄇᆡᆨ을 통ᄒᆞ니, 공公이 더우 ᄋᆡ듕愛重ᄒᆞ나, 근본 쳔ᄉᆡᆼ賤生이라, 길동이 ᄆᆡ양 호부呼父 호형呼兄ᄒᆞ면 문득 ᄭᅮ지저 못ᄒᆞ게 ᄒᆞ니, 길동이 십세十歲 넘도록 감히 부형을 부르지 못 ᄒᆞ고, 비복婢僕 등이 쳔ᄃᆡᄒᆞ믈 각골통한刻骨痛恨ᄒᆞ여, 심ᄉᆞ를 졍치 못ᄒᆞ더니, 추구월 망간望間을 당ᄒᆞᄆᆡ 명월은 조요照耀ᄒᆞ고, 쳥풍淸風은 쇼슬蕭瑟ᄒᆞ여, 사ᄅᆞᆷ의 심회를 돕ᄂᆞᆫ지라 길동이 셔당에서 글을 닑다가, 문득 셔안書案을 밀치고, 탄歎왈 ᄃᆡ장뷔 셰상에 나ᄆᆡ, 공맹孔孟을 본밧지 못 ᄒᆞ면, 찰하리 병법兵法을 외와, ᄃᆡ쟝인大將印을 요하腰下의 빗기 ᄎᆞ고 동졍셔벌東征西伐ᄒᆞ여, 국가에 ᄃᆡ공大功을 셰우고, 일홈을 만ᄃᆡ萬代에 빗ᄂᆡ미 쟝부의 쾌ᄉᆡ快事라, 나ᄂᆞᆫ 엇지ᄒᆞ여 일신이 젹막寂寞ᄒᆞ고, 부형이 이시되, 호부호형을 못ᄒᆞ니, 심쟝心腸이 터질지라. 엇지 통한痛恨치 아니리오 ᄒᆞ고, 말을 맛츠며 ᄯᅳᆯ의 나려, 검슐劍術을 공부ᄒᆞ더니, 맛ᄎᆞᆷ 공公이 ᄯᅩ한 월ᄉᆡᆨ을 구경ᄒᆞ다가, 길동이 ᄇᆡ회徘徊ᄒᆞᆷ을 보고, 즉시 불러 문왈問曰, 네 무ᄉᆞᆷ 흥이 이셔 야심夜深토록 잠을 ᄌᆞ지 아니ᄒᆞᄂᆞᆫ다. 길동이 공경ᄃᆡ왈恭敬對曰 쇼인小人이 마ᄎᆞᆷ 월ᄉᆡᆨ을 ᄉᆞ랑ᄒᆞ미여니와, 대개 하ᄂᆞᆯ이 만물을 ᄂᆡ시ᄆᆡ, 오직 사ᄅᆞᆷ이 귀ᄒᆞ오나 쇼인의게 니르러는, 귀ᄒᆞ오미 없ᄉᆞ오니, 엇지 사ᄅᆞᆷ이라 ᄒᆞ오리잇가. 공이 그 말을 짐작ᄒᆞ나 짐즛 ᄎᆡᆨ왈, 네 무ᄉᆞᆷ 말인고 길동이 ᄌᆡ비고왈再拜告曰 쇼인이 평ᄉᆡᆼ 셜운바ᄂᆞᆫ,

대감大監 경긔로, 당당ᄒᆞ온 남ᄌᆡ男子 되어ᄉᆞ오ᄆᆡ, 부ᄉᆞᆼ모육지은父生母育之恩이 깁ᄉᆞᆸ거늘, 그 부친을 부친이라 못ᄒᆞ옵고, 그 형을 형이라 못ᄒᆞ오니, 엇지 사ᄅᆞᆷ이라 ᄒᆞ오리잇가 ᄒᆞ고 눈물을 흘려 단삼單衫을 젹시거늘, 공이 쳥파廳罷에 비록 측은ᄒᆞ나 만일 그뜻을 위로ᄒᆞ면 ᄆᆞ음이 방ᄌᆞᄒᆞᆯ가 져허 크게 ᄭᅮ지져왈, ᄌᆡ상가 쳔비쇼ᄉᆡᆼ賤婢所生이 비단 너ᄲᅮᆫ이 아이여든, 네엇지 방ᄌᆞᄒᆞ미 이갓흐뇨, ᄎᆞ후 다시 이런 말이 이시면 안젼眼前에 용납지 못ᄒᆞ리라ᄒᆞ니 길동이 감이 일언一言을 고告치 못ᄒᆞ고, 다만 복지유체伏地流涕ᄲᅮᆫ이라, 공이 명ᄒᆞ여 물너가라 ᄒᆞ거ᄂᆞᆯ 침쇼寢所로 도라와, 슬허ᄒᆞ믈 마지 아니ᄒᆞ더라, 길동이 본ᄃᆡ ᄌᆡ긔과인才氣過人ᄒᆞ고, 도량度量이 활달豁達ᄒᆞᆫ지라, ᄆᆞ음을 진정치못ᄒᆞ여, 밤이면 잠을 일우지 못하더니, 일일一日은 길동이 어미 침쇼에 가 울며 고왈告曰 길동이 쇼ᄌᆡ小子 모친으로 더브러 젼ᄉᆡᆼ연분이 즁ᄒᆞ여 금세今世에 모ᄌᆡ 되오니, 은혜 망극ᄒᆞ온지라. 그러나 쇼ᄌᆞ의 팔ᄌᆡ八字 긔박奇薄ᄒᆞ여 쳔ᄒᆞᆫ 몸이 되오니, 품은 한恨이 깁ᄉᆞ온지라. 쟝뷔 셰상에 쳐處ᄒᆞ오ᄆᆡ 남의 쳔ᄃᆡ 바드미 불가ᄒᆞ온지라. 쇼ᄌᆡ ᄌᆞ연 긔운을 억제치 못ᄒᆞ여, 모친 슬하ᄅᆞᆯ ᄯᅥ나려 ᄒᆞ오니, 복망伏望 모친은 쇼ᄌᆡ를 념녀치 마르시고 귀쳬를 보즁保重 ᄒᆞ쇼셔. 그 어미 쳥파廳罷의 대경왈大驚曰, ᄌᆡ샹가 쳔ᄉᆡᆼ이 너ᄲᅮᆫ이 아니여든, 엇지 협狹한 ᄆᆞ음을 발發ᄒᆞ여, 어미 간쟝을 살오ᄂᆞ뇨. 길동이 ᄃᆡ왈對曰, 녯날 장츙의 ᄋᆞᄃᆞᆯ 길산은 쳔ᄉᆡᆼ이로 십삼셰에 그 어미를 니별ᄒᆞ고, 운봉산에 드러가 도ᄅᆞᆯ 닷가 아ᄅᆞᆷ다온 일홈을 후셰에 유젼ᄒᆞ여시니, 쇼ᄌᆡ 그를 효측效則ᄒᆞ여 셰샹을 버셔나려 ᄒᆞ오니, 모친은 안심ᄒᆞ샤, 후일後日을 기다리쇼셔. 근간近間 곡산모谷山母의 ᄒᆡᆼ식을 보니, 샹공相公의 ᄎᆞᆼ寵을 닐흘가 ᄒᆞ여 우리 모ᄌᆞ를 원슈ᄀᆞ치 아ᄂᆞᆫ지라. 큰 화를 닙을가 ᄒᆞ옵ᄂᆞ니, 모친은 쇼ᄌᆡ 나가믈 념녀치 마르쇼셔 ᄒᆞ니, 그 어미 ᄯᅩᄒᆞᆫ 슬허ᄒᆞ더라. 길동이 그 원통ᄒᆞᆫ 일을 ᄉᆡᆼ각ᄒᆞᄆᆡ, 시ᄀᆞᆨ時刻을 머무지 못홀 일이로되, 샹공의 엄녕嚴令이 지듕至重ᄒᆞ므로 홀길업시 밤이면 좀을 닐우지 못ᄒᆞ더니, ᄎᆞ야此夜의 쵹燭을 밝히고 주역周易을 좀심潛心ᄒᆞ다가 믄득 드르니, 가마귀 세번 울고가거ᄂᆞᆯ, 길동이 고이히 넉여 혼ᄌᆞ말로 니르되, 이 즘싱은 본ᄃᆡ 밤을 ᄶᅥ리거ᄂᆞᆯ, 이제 울고 가니, 심히 불길ᄒᆞ도다 ᄒᆞ고, 좀간 팔괘八卦를 버려보고, ᄃᆡ경ᄒᆞ여 셔안書案을 물리치고, 둔갑법遁甲法을 힝ᄒᆞ여, 그 동졍을 살피더니 사경四更은 ᄒᆞ여 ᄒᆞᆫ 사람이 비슈匕首를 들고, 완완緩緩히 방 문을 열고 드러오ᄂᆞᆫ지라. 길동이 급히 몸을 감쵸고, 진언眞言을 념念ᄒᆞ니, 홀연 일진음풍一陣陰風이 니러나며, 집은 간ᄃᆡ업고 쳡쳡한 산즁에 풍경風景이 거록ᄒᆞᆫ지라. 특ᄌᆡ 대경ᄒᆞ여 길동의 죠홰造化 신긔ᄒᆞ믈 알고, 비슈를 감초아 피코쟈 ᄒᆞ더니, 믄득 길이 ᄭᅳᆫ쳐지고 층암졀벽이 가리와시니 진퇴유곡進退維谷이라. 사 면으로 방황ᄒᆞ더니, 문득 졋소ᄅᆡ들니거ᄂᆞᆯ, 졍신을 찰혀 살펴보니, 일위쇼동一位小童이 나귀를 ᄐᆞ고 오며, 져笛불기를 긋치고, ᄭᅮ지저왈, 네 무ᄉᆞᆷ일로 나를 죽이려 하ᄂᆞᆫ다. 무죄한 사ᄅᆞᆷ을 히ᄒᆞ면, 엇지 텬앙天殃이 없스리오 ᄒᆞ고, 진언을 념ᄒᆞ더니, 홀연 일진흑운一塵黑雲이 니러나며, 큰 비 붓드시 오고 사셕沙石이 날니거ᄂᆞᆯ 특ᄌᆡ 졍신을 슈습ᄒᆞ여 살펴보니, 길동이라. 비록 그 ᄌᆡ조를 신긔히 넉이나, 엇지 나롤 ᄃᆡ젹ᄒᆞ리오 ᄒᆞ고, 다라들며 대호大號왈, 너ᄂᆞᆫ 죽어도 나롤 원망치 말라. 쵸난이 무녀巫女와 상쟈相者로 ᄒᆞ여곰, 샹공相公과 의논ᄒᆞ고, 너를 죽이려 ᄒᆞ미니, 엇지 나롤 원망ᄒᆞ리오 ᄒᆞ고, 칼을 들고 다라들거ᄂᆞᆯ, 길동이 분긔를 춥지 모ᄒᆞ여, 요슐노 특ᄌᆡ의 칼을 아셔 들고, ᄃᆡ미왈大罵曰, 네 ᄌᆡ물을 탐ᄒᆞ여 사ᄅᆞᆷ 죽이믈 조히 넉이니, 너ᄀᆞᆺ흔 무도ᄒᆞᆫ 놈을 죽여, 후환을 업시 ᄒᆞ리라 ᄒᆞ고, ᄒᆞᆫ번 칼흘 드니, 특ᄌᆡ의 머리 방즁의 나려지ᄂᆞᆫ지라. 길동이 분긔를 이긔지 못ᄒᆞ여, 이밤에 바로 샹녀相女를 잡아, 특ᄌᆡ 죽은 방에 드러치고, ᄭᅮ지져왈, 네 날로 더브러, 무ᄉᆞᆷ 원쉬

잇관ᄂᆡ, 쵸난과 ᄒᆞᆫ가지로 나를 죽이려 ᄒᆞ더냐 ᄒᆞ고, 버히니, 엇지 가련치 아니ᄒᆞ리오. 이ᄯᆡ 길동이 냥인兩人을 죽이고, 건상乾象을 살펴보니, 은하슈ᄂᆞᆫ 셔흐로 기우려 지고 월ᄉᆡᆨ은 희미ᄒᆞ여 슈회愁懷를 듭ᄂᆞᆫ지라 분긔를 ᄎᆞᆷ지 못ᄒᆞ여, ᄯᅩ 쵸난을 죽이고져 ᄒᆞ다가, 샹공이 ᄉᆞ랑ᄒᆞ시믈 ᄭᆡ닷고, 칼을 더지며 망명도ᄉᆡᆼ亡命逃生ᄒᆞ믈 ᄉᆡᆼ각ᄒᆞ고, 바로 샹공침쇼의 나아가, 하직을 고告코져 ᄒᆞ더니, 이 ᄯᆡ 공이 창외窓外에 인적人蹟 이시믈 고이히 녁여, 창을 열고 보니, 이 곳 길동이라. 인견왈引見曰, 밤이 깁헛거ᄂᆞᆯ, 네 엇지 ᄌᆞ지 아니ᄒᆞ고, 이리 방황ᄒᆞᄂᆞᆫ다. 길동이 복지ᄃᆡ왈伏地對曰, 쇼인이 일즉 부ᄉᆡᆼ모휵지은을 만분지일이나 갑흘가 ᄒᆞ엿ᄉᆞᆸ더니, 가ᄂᆡ家內에 불의지인不義之人이 잇ᄉᆞ와, 샹공긔 ᄎᆞᆷ소ᄒᆞ고, 쇼인을 죽이려 ᄒᆞ오ᄆᆡ, 계오 목숨은 보젼ᄒᆞ여ᄉᆞ오나, 샹공을 모실 길 업ᄉᆞᆸ기로 금일 샹공긔 하직을 고ᄒᆞᄂᆞ이다 ᄒᆞ거ᄂᆞᆯ, 공이 ᄃᆡ경왈, 네 무ᄉᆞᆷ 변괴 잇관ᄃᆡ, 어린ᄋᆞ히 집을 ᄇᆞ리고, 어ᄃᆡ로 가려 ᄒᆞᄂᆞᆫ다. 길동이 ᄃᆞ왈, 날이 ᄇᆞᆰ으면, ᄌᆞ연 아르시련이와, 쇼인의 신세ᄂᆞᆫ 부운浮雲과 ᄀᆞᆺᄉᆞ오니 샹공의 ᄇᆞ린 ᄌᆞ식이 엇지 방소方所를 두리잇고ᄒᆞ며, 쌍뉘죵횡雙淚縱橫ᄒᆞ여 말을 일우지 못ᄒᆞ거ᄂᆞᆯ, 공이 그 형상을 보고 측은이 녁여, ᄀᆡ유開諭왈, ᄂᆡ 너의 품은 한恨을 짐작ᄒᆞᄂᆞ니, 금일今日노 붓허 호부호형ᄒᆞ믈 허許ᄒᆞ노라. 길동이 ᄌᆡ비왈, 쇼ᄌᆞ의 일편지한一片至恨을 아바님이 푸러주옵시니, 죽어도 한이 업도소이다. 바라옵건ᄃᆡ 아바님은 만슈무강萬壽無疆ᄒᆞ옵쇼서 ᄒᆞ고, ᄌᆡ비하직ᄒᆞ니, 공이 붓드지 못ᄒᆞ고, 다만 무ᄉᆞᄒᆞ믈 당부ᄒᆞ더라. 길동이 ᄯᅩ 어미 침쇼에 가 니별을 고ᄒᆞ여왈, 쇼ᄌᆡ 슬ᄒᆞᄅᆞᆯ 써나오ᄆᆡ, 다시 뫼실 날이 잇ᄉᆞ오리니, 모친은 그ᄉᆞ이 귀체를 보듕ᄒᆞ쇼셔 츈셤이 이 말을 듯고, 무ᄉᆞᆷ 변괴 이시믈 짐작ᄒᆞ나. ᄋᆞᄌᆞ兒子의 하직ᄒᆞ믈 보고 집슈통곡執手痛哭왈, 네 어ᄃᆡ로 향向코쟈 ᄒᆞᄂᆞᆫ다, ᄒᆞᆫ 집에 이셔도 쳐쇠處所 쵸간超間ᄒᆞ여, ᄆᆡ양 연연戀戀ᄒᆞ더니, 이

제 너를 졍쳐定處업시 보ᄂᆡ고, 엇지 이즈리오. 너ᄂᆞᆫ 슈이 도라와 모ᄌᆡ母子 상봉相逢ᄒᆞ믈 바라노라. 길동이 ᄌᆡ비하직ᄒᆞ고, 문을나ᄆᆡ 운산雲山이 쳡쳡ᄒᆞ여, 지향指向업시 힝ᄒᆞ니, 엇지 가련치 아니리오.

15. 심청전沈清傳에서

심 청이 초마를 거더 쥐고, 눈물을 씨스면서, 얼풋 밥을 지어, 부친 압헤 상을 노코, “아바지 진지잡수시오”. 심 봉ᄉᆞ 엇진 곡졀인지, “나 밥 아니 먹을난다” “어듸 압하 그리시오, 소녀가 더듸 오니, 쾌심하여 그리시오”. “안일다”. “무ᄉᆞᆫ 근심게시닛가” “네 알일 아니다”. “아바지 그 무ᄉᆞᆫ 말솜이오, 쇼녀ᄂᆞᆫ 아바지만 바라고 사옵고, 아바지 ᄭᅴ셔ᄂᆞᆫ 쇼녀를 미더, ᄃᆡ쇼ᄉᆞ을 의논터니, 오날날에, 무ᄉᆞᆫ 일로 너 알 일이 아니라니, 쇼녀 비록 불효인들 말솜을 속이시니, ᄆᆞ음에 설ᄉᆞ이다” ᄒᆞ고, 심 청이 훌적훌적 우니, 심 봉ᄉᆞ가 깜작놀나, “아가아가 우지 마라. 너 속일 니 업지마ᄂᆞᆫ, 네가 만일 알고 보면, 지극한 네효셩에, 걱정이 되깃기로, 진즉 말을 못ᄒᆞ엿다, 앗가 ᄂᆡ가 너 오ᄂᆞᆫ가 문밧긔 나가다가, ᄀᆡ쳔 물에 ᄲᅡ져셔 겨의 죽게 되엿더니 몽운 ᄉᆞ 화듀승夢雲寺化主僧이 나를 건져 살녀 노코, ᄂᆡᄉᆞ졍 무러 보기에 ᄂᆡ신세 ᄉᆡᆼ각ᄒᆞ고, 젼후말을 다힛더니, 그즁 듯고 말을 ᄒᆞ되, 몽운ᄉᆞ 부텨 님이 령험ᄒᆞ기 ᄯᅩ 업스니, 공양미供養米 삼백석을 불전시주佛前施主ᄒᆞ면, ᄉᆡᆼ젼에 눈 ᄯᅥ셔 완인이 된다기로, 형세ᄂᆞᆫ ᄉᆡᆼ각지 안코 화ᄭᅵᆷ에 적엇더니 도로혀 후회로다”. 심쳥이 그 말 듯고 반겨웃고, ᄃᆡ답ᄒᆞ되 “후회를 ᄒᆞ옵시면, 정셩이 못 되오니 아바지 어두신 눈 정녕 밝아 보이량이면, 삼백셕을 아모조록 마련ᄒᆞ여 보리이다”. “네 아모리 ᄒᆞ쟈 ᄒᆞᆫ들, 안빈락도安貧樂道 우리 형세, 단 백 셕은 ᄒᆞᆯ 수 잇나”. “아바지 그 말 마오,

녯일을 싱각ᄒᆞ니, 왕샹王祥은 고빙扣氷ᄒᆞ여얼음굼게 링어 엇고 맹종孟宗은 읍죽泣竹ᄒᆞ여, 눈가온ᄃᆡ 듁순나니, 그런 일을 싱각ᄒᆞ면, 출텬ᄃᆡ효出天大孝 ᄉᆞ친지졀事親之節 녯 사ᄅᆞᆷ만못ᄒᆞ여도, 지셩이면 감텬이라, 아모걱정 마옵소셔 심쳥의 부친의 말을 듯고, 그날부터 후원을 경히ᄒᆞ고, 황토로 단을 모아 두고, 좌우에 금줄 ᄆᆡ고, 졍화슈 ᄒᆞᆫ 동이를 쇼반우헤 바쳐노코, 북두칠셩ᄭᅴ 분향ᄌᆡ비ᄒᆞᆫ 연후에, 두 무릅 공순히 꿀고, 두 손 합장 비ᄂᆞᆫ 말이, "샹쳔일월셩신上天日月星辰이며 하디후토셩황ᄉᆞ방지신下地后土城隍四方之神 제쳔제불諸天諸佛 셕가여릐釋迦如來 팔금강보살八金剛菩薩 소소응감昭昭應感 ᄒᆞ옵소셔, 하ᄂᆞ님이 일월 두기 사ᄅᆞᆷ의 안목眼目이라, 일월이 업ᄉᆞ오면, 무슨 분별ᄒᆞ오릿가, 쇼녀 아비 무ᄌᆞᄉᆡᆼ戊子生 이십 후 안ᄆᆡᆼᄒᆞ야, 시물視物을 못ᄒᆞ오니, 쇼녀 아비 허물을랑 이 몸으로 ᄃᆡ신ᄒᆞ고, 아비 눈을 붉게ᄒᆞ여 텬싱연분 ᄶᅡᆨ을 만나, 오복五福을 갓게 주워 슈부다남ᄌᆞ壽富多男子를 점지ᄒᆞ여 주옵소셔" 쥬야로 비럿더니 도화동桃花洞 심쇼져ᄂᆞᆫ 텬신天神이 아ᄂᆞᆫ지라, 흠향歆饗ᄒᆞ읍시고, 압일을인도ᄒᆞ셧더라. 하로ᄂᆞᆫ 유모 귀덕 어디가 오더니, "아가씨 이상ᄒᆞᆫ 일보앗ᄂᆞ니다". "무슨 일이 이상ᄒᆞ오" "엇더ᄒᆞᆫ 사람인지 십 여 명식단니면서, 갑슨 고하간高下間에 십 오 세 처녀를 사겟다고 ᄒᆞ고 단니니, 그런 밋친놈들이 잇소". 심쳥이 속 마ᄋᆞᆷ에 반겨 듯고, "여보 그 말 진졍이오, 정말로 그리 되량이면, 그 단니ᄂᆞᆫ 사람 즁에 로슉老熟 ᄒᆞ고 점잔ᄒᆞᆫ 사ᄅᆞᆷ을 불러오되, 말이 밧귀나지 안케 죵용히 다려오오". 귀덕 어미 ᄃᆡ답ᄒᆞ고 과연 다려왓ᄂᆞᆫ지라. 처음은 유모 식혀, 사ᄅᆞᆷ 사랴ᄂᆞᆫ 릐력을 무른즉, 그 사람 ᄃᆡ답이 "우리ᄂᆞᆫ 본ᄃᆡ 황셩皇城 사ᄅᆞᆷ으로셔 장사 ᄎᆞ로 ᄇᆡ를타고 만리밧긔 단니더니, ᄇᆡ 갈 길에 인당슈印塘水라 ᄒᆞᄂᆞᆫ 물이 잇셔, 변화불측하여, 잣ᄎᆞᆺᄒᆞ면 몰ᄉᆞ沒死를 당ᄒᆞᄂᆞᆫᄃᆡ, 십 오셰 처녀를 졔슈祭需 넛코, 졔ᄉᆞ를 지ᄂᆡ면, 슈로만리水路萬里를 무ᄉᆞ히 왕ᄅᆡᄒᆞ고, 장사도 흥왕ᄒᆞ옵기로 ᄉᆡᆼᄋᆡ가 원슈로 사ᄅᆞᆷ사랴 단니오니, 몸을 팔 쳐녀 잇ᄉᆞ오면 갑슬 관계치 안코 주겟ᄂᆞ니다". 심쳥이 그제야 나셔며, "나ᄂᆞᆫ 본촌本村 사ᄅᆞᆷ으로 우리 부친 안ᄆᆡᆼ眼盲하야, 셰샹을 분별 못ᄒᆞ기로, 평ᄉᆡᆼ에 한恨이 되여, 하ᄂᆞ님젼 츅수ᄒᆞ더니, 몽운ᄉᆞ 화쥬승이 공양미 삼백 석을 불젼에 시쥬ᄒᆞ면, 눈을 ᄯᅥ셔 보리라 ᄒᆞ되, 가셰가 지빈至貧ᄒᆞ여 주션ᄒᆞᆯ 길 업ᄉᆞᆸ기로, ᄂᆡ 몸을 방ᄆᆡᄒᆞ여 발원發源ᄒᆞ기 바라오니, 나를 사미 엇더ᄒᆞ오, ᄂᆡ 나히 십 오 셰라, 그 아니 뎍당ᄒᆞ오." 션인船人이 그 말 듯고, 심소져沈小姐를 보더니, ᄆᆞ음이 억ᄉᆡᆨᄒᆞ야, 다시 볼 정신이 업셔, 고ᄀᆡ를 숙이고, 묵묵히 셧다가, "낭자娘子 말슴 듯ᄌᆞ오니, 거륵ᄒᆞ고 장ᄒᆞᆫ 효셩, 비ᄒᆞᆯᄃᆡ 업ᄉᆞᆸᄂᆡ다." 이럿ᄐᆞ시 치하ᄒᆞᆫ 후ᄋᆡ, 져의 일이 긴ᄒᆞᆫ지라, 그리ᄒᆞ오 허락ᄒᆞ니, "ᄒᆡᆼ션날이 언제닛가". "ᄅᆡ월 십오일 ᄒᆡᆼ션ᄒᆞᄂᆞᆫ 날이오니, 그리 아옵소셔". 피ᄎᆞ에 상약ᄒᆞ고, 그 날에 션인들이 공양미 삼백 셕을 몽운ᄉᆞ에 보ᄂᆡᆺ더라. 심 쇼져는 귀덕 어미를 ᄇᆡᆨ번ᄋᆡ나 단속ᄒᆞ야, 말 못 ᄂᆡ게 ᄒᆞᆫ 연후에, 집으로 드러와, 부친젼에 엿ᄌᆞ오ᄃᆡ "아바지". "웨 그리ᄂᆞ냐". "공양미 삼백 셕을 몽운ᄉᆞ로 올렷ᄂᆞ니다." 심 봉ᄉᆞ ᄶᅡᆷ작 놀나셔 "그게 엇진 말이냐, 삼백셕이 어디 잇셔, 몽운ᄉᆞ로 보냇셔". 심쳥이 이 갓흔 효셩으로, 거즛말을 ᄒᆞ야, 부친을 속일가마는, 사셰 부득이라 잠ᄭᆞᆫ 소겨 엿줍는다. "일젼에 무릉촌武陵村 장승샹ᄃᆡᆨ張丞相宅 부인ᄭᅴ셔, 쇼녀보고 말슴ᄒᆞ기를 슈양ᄯᆞᆯ노릇ᄒᆞ라 ᄒᆞ되, 아바지 계시기로 허락아니ᄒᆞ얏ᄂᆞᆫᄃᆡ, ᄉᆞ셰부득ᄒᆞ야 이 말슴 살왓더니, 부인이 반겨듯고, 쌀 삼 백셕 쥬기로, 몽운ᄉᆞ로 보ᄂᆡ옵고, 슈양ᄯᆞᆯ로 려ᄂᆡ다." 심 봉ᄉᆞ 물색 모르고, ᄃᆡ쇼大笑ᄒᆞ며 즐겨ᄒᆞᆫ다. "어허 그 일 잘 ᄃᆡ엿다, 언제 다려간다드냐". "ᄅᆡ월 십오일날 다려간다 ᄒᆞ옵듸다." "네 게가 살더ᄅᆡ도, 나 살기 관계찬치, 어 참으로 잘되엿다.” 부녀간에 이갓치 문답ᄒᆞ고, 부친 위로ᄒᆞᆫ 후, 심쳥이 그 날부터 션인을 따라 갈 일을 곰곰 ᄉᆡᆼ각ᄒᆞ니, 사ᄅᆞᆷ이 셰상에 ᄉᆡᆼ겨나셔 ᄒᆞᆫᄊᆡ를 못 보고, 이팔 쳥춘에 죽을 일과, 안밍ᄒᆞ신 부친 영결永訣ᄒᆞ고 죽을 일이, 졍신이 아득ᄒᆞ야, 일에도 뜻이 업셔, 식음을 젼폐ᄒᆞ고, 시름업시 지ᄂᆡ다가, 다시 ᄉᆡᆼ각하야보니, 얼크러진 그물이 되고, 쏘아 노흔 살이로다. ᄂᆡ 몸이 죽어노면, 춘하츄동 ᄉᆞ시졀에, 부친 의복 뉘라 다ᄒᆞᆯ가, 아즉 사라 잇슬 ᄊᆡ에, 아바지 ᄉᆞ 철 의복 망종 지어 드리리라 ᄒᆞ고, 츈츄의복과 하동 의복 보에 ᄊᆞ셔 농에 넛코, 갓망건도 ᄉᆡ로 사셔 거러두고, ᄒᆡᆼ션行船날을 기다릴 제, 하로밤이 격ᄒᆞᆫ지라. 밤은 졈졈 상경인ᄃᆡ, 은하슈ᄂᆞᆫ 기우러져 촉불이 희미ᄒᆞᆯ 새, 두 무릅을 ᄶᅩ쿠리고 아모리 ᄉᆡᆼ각ᄒᆞᆫ들 심신을 난정難定이라, 부친의 버슨 보선 볼이나 망종 바트리라, 바ᄂᆞᆯ에 실을 쐬여 숀을 들고, ᄒᆡ염업는 눈물이 간장에셔 소ᄉᆞ올나, 경경연연硬硬咽咽ᄒᆞ야 부친 귀에 들니지 안케 쇽으로 늣겨 울며 부친의 낫에다가 얼골도 가만히 ᄃᆡ여보고, 슈족도 만지면서, 오날밤 뫼시면은 다시ᄂᆞᆫ 못 볼테지, ᄂᆡ가 ᄒᆞᆫ번 죽어지면, 여단슈족如斷手足 우리 부친 누를 믿고 살으실가, ᄋᆞ달도다 우리 부친 ᄂᆡ가 쳘을 안 연후에 밥빌기를 ᄒᆞ엿더니, 이제 ᄂᆡ몸 죽게 되면, 춘하츄동 ᄉᆞ시졀을 동리걸인 되ᄭᅵᆺ구나. 눈총인들 오작하며 괄시인들 오작ᄒᆞᆯ가, 부친 겻ᄒᆡ ᄂᆡ가 뫼셔 ᄇᆡᆨ세ᄭᆞ지 공양타가. 리별을 당ᄒᆞ야도 망극ᄒᆞᆫ 이 셔름 측냥ᄒᆞᆯ 수 업슬터인데, 하믈며 ᄉᆡᆼ니별이 고금텬디간 ᄯᅩ 잇슬가. 우리 부친 곤ᄒᆞᆫ 신셰, 젹슈단신赤手單身 살자 ᄒᆞᆫ들, 조셕공양 뉘라 ᄒᆞ며, 고ᄉᆡᆼᄒᆞ다 죽사오면, ᄯᅩ 어늬 ᄌᆞ식 잇셔, 머리 풀고 ᄋᆡ통ᄒᆞ며, 초죵장래 쇼대긔小大朞며, 년년 오ᄂᆞᆫ 기졔ᄉᆞ忌祭祀에, 밥 ᄒᆞᆫ 그릇 물 ᄒᆞᆫ 그릇 뉘라셔 차려놀가, 몹슬년의 팔ᄌᆞ로다. 칠일 안에 모친 일코, 부친마ᄌᆞ 리별ᄒᆞ니, 이런 일도 ᄯᅩ 잇ᄂᆞᆫ가. 우리 부녀 이 리별은, ᄂᆡ가 영영 죽어가니, 어늬 ᄊᆡ 쇼식 알며,

어늬 날에 만나볼가, 도라가신 우리모친, 황천黃泉으로 들어가고, 나는 인제 죽게 되면, 슈궁으로 갈터이니, 슈궁水宮에 들어가서, 모친 샹봉을 ᄒᆞ자 ᄒᆞᆫ들, 황쳔과 슈궁길이 슈륙水陸이 현슈懸殊ᄒᆞ니, 만나볼 수 젼혀 업ᄂᆡ. 슈궁에서 황쳔 가기 몇 천리나 머다ᄂᆞᆫ지, 황쳔을 뭇고 물어 불원쳔리 차자간들, 모친이 나를 어이 알며, 나ᄂᆞᆫ 모친 어이 알니. 만일 알고 뵈옵난들, 부친쇼식 뭇ᄌᆞ오면, 무슨 말노 ᄃᆡ답ᄒᆞᆯ고. 오날밤 오경시五更時를 함디咸池에 머므르고, ᄅᆡ일 아ᄎᆞᆷ 돗ᄂᆞᆫ ᄒᆡ를 부상扶桑에 ᄆᆡ엿스면, 하ᄂᆞᆯ ᄀᆞᆺ흔 우리부친, 더 ᄒᆞᆫ번 보련마는 밤 가고 ᄒᆡ 돗ᄂᆞᆫ 일, 그 뉘라셔 막을손가. 텬디가 ᄉᆞ졍업셔, 이윽고 닭이 우니, 심쳥이 긔가 막혀, “닭아닭아 우지 마라, 네가 울면 날이 ᄉᆡ고, 날이 ᄉᆡ면 나 죽ᄂᆞᆫ다 나죽기ᄂᆞᆫ 셜지 안으나, 의지업ᄂᆞᆫ 우리 부친, 엇지 잊고 가잔 말가”. 밤ᄉᆡ도록 설이 울고, 동방이 붉아오니, 부친 진지 지으랴고, 문을 열고 나서 보니, 발서 션인들이 시비柴扉밧긔 쥬져쥬져ᄒᆞ며, “오날 ᄒᆡᆼ션날이오니, 슈히 가게 ᄒᆞ옵소셔” 심쳥이가 그 말 듯고, ᄃᆡ번에 두눈에서 눈물이 빙빙 돌아, 목이 메여, 시비밧긔 나아가셔, “여보시오 션인네들, 오날 ᄒᆡᆼ션ᄒᆞᄂᆞᆫ 줄은 ᄂᆡ가 이믜 알거니와, 부친이 모로오니, 잠간 지톄ᄒᆞ옵시면, 불상ᄒᆞ신 우리 부친, 진지나 ᄒᆞ야 상을 올녀, 잡슌 후에 말ᄉᆞᆷ엿주옵고, ᄯᅥ나게 ᄒᆞ오리다” 션인이 가긍ᄒᆞ야 “그리ᄒᆞ오” 허락ᄒᆞ니 심쳥이 드러와서, 눈물셕거 밥을 지어, 부친 압헤 상을 올니고, 아모조록 진지 만히 잡숫도록 ᄒᆞ노라고, 상 머리에 마조 안져, 자반도 ᄯᅳᆨᄯᅳᆨ ᄯᅦ여 수져 우에 올녀 노코, ᄊᆞᆷ도 ᄊᆞ여 입에 너어 “아바지 진지 만히 잡수시오”. “오냐 만히 먹으마. 오날은 별노 반찬이 ᄆᆡ우 조코나. 뉘집 졔ᄉᆞ 지ᄂᆡᆺᄂᆞ냐” 심 쳥이는 긔가 막혀, 속으로만 늣겨 울며, 흘젹흘젹 소리나니 심 봉ᄉᆞ 물식업이 귀 붉은체 말을 ᄒᆞᆫ다. “아가 네 몸 압흐니, 감긔가 드럿나 보구나 오날이 열닷ᄉᆡ지 응”. 부녀 텬륜이 즁ᄒᆞ니 몽조가 엇지 업슬소냐. 심 봉ᄉᆞ가 간 밤 ᄭᅮᆷ이야기를 ᄒᆞ되 "간밤에 ᄭᅮᆷ을 ᄭᅮ니, 네가 큰 수레를 타고, 한업시 가보이니. 수레라 ᄒᆞᄂᆞᆫ 거슨 귀한 사ᄅᆞᆷ 타는 거시라 아마도 오날 무릉촌 승샹ᄃᆡᆨ에서 너를 가마 ᄐᆡ여 가려나보다." 심쳥이 드러보니, 분명이 자긔 죽을 ᄭᅮᆷ이로다. 속으로 슬픈 ᄉᆡᆼ각 가득ᄒᆞ나, 겻트로ᄂᆞᆫ 아못조록, 부친이 안심토록 "그 ᄭᅮᆷ이 장이 좃소이다." ᄃᆡ답 ᄒᆞ고 진지상을 물녀ᄂᆡ고, 담ᄇᆡ 푸여 물린 후에 ᄉᆞ당에 하즉ᄎᆞ로 셰슈를 졍히ᄒᆞ고, 눈물 흔적 업신 후에 졍ᄒᆞᆫ 의복 가라 입고, 후원에 도라가셔, ᄉᆞ당문 가마니 열고 주과를 차려 놋코, 통곡ᄌᆡᄇᆡ 하즉ᄒᆞᆯ 제 "불효녀식 심쳥이ᄂᆞᆫ 부친눈을 씌우랴고 남경장ᄉᆞ 션인들에게, 삼백 셕에 몸이 팔려, 인당슈로 도라가니 쇼녀가 죽드라도, 부친의 눈 씌여 착ᄒᆞᆫ 부인 작ᄇᆡᄒᆞ야, 아ᄃᆞᆯ 낫코 ᄯᆞᆯ을 나하 조샹향화 젼케ᄒᆞ오." 이러케 축원ᄒᆞ고, 문 다치며 우ᄂᆞᆫ 말이 "쇼녀가 죽사오면, 이 문을 뉘가 여다드며, 동지한식冬至寒食 단오추석端午秋夕 ᄉᆞ명절四名節이 온들 쥬과포혜酒果脯醯를 누가 다시 올리오며 분향ᄌᆡᄇᆡ 누가 ᄒᆞᆯ고, 조샹의 복이 업셔 이 지경이 되옵ᄂᆞᆫ지, 불샹샹 우리 부친 무강근지친족無强近之親族ᄒᆞ고, 압 못 보고 형셰 업셔, 머믈 곳이 업시 되니, 엇지 잇고 도라갈가" 우루루 나오더니, ᄌᆞ긔 부친 안진 압헤 섯다. 쳘셕 주져안져 아바지 부르더니, 말못ᄒᆞ고 귀절ᄒᆞᆫ다. 심 봉ᄉᆞ ᄭᅡᆷ작 놀나 "아가 웬일이냐 봉ᄉᆞ의 ᄯᆞᆯ이라고 뉘가 졍가ᄒᆞ드냐. 이거시 회동ᄒᆞ얏고나. 엇젼일이냐. 말좀ᄒᆞ야라". 심쳥이 졍신 차려 "아바지". "오냐". "ᄂᆡ가 불효녀식으로 아바지를 속엿소. 공양미 삼백 셕을 누가 나를 주오릿가. 남경 장ᄉᆞ 션인들ᄭᅴ 삼백 셕에 몸을 팔아, 인당슈 졔슈로 가기로 ᄒᆞ와, 오날 ᄒᆡᆼ션날이오니, 나를 오날 망종보오". 사ᄅᆞᆷ이 슬품이 극진ᄒᆞ면, 도리혀 가슴이 막히ᄂᆞᆫ 법이라, 심 봉ᄉᆞ 하 긔가 막혀 노흐니, 울음도 아니나오고, 실셩을 ᄒᆞᄂᆞᆫᄃᆡ "ᄋᆡ고 이게 웬말이냐, 응 참

말이냐, 롱담이냐. 말ᄀᆞᆺ지 아ㄴ ᄒᆞ다. 나ᄃᆞ려 뭇지도 안코, 네 마음 대로 한단 말가. 네가 살고 ᄂᆡ 눈 쓰면, 그ᄂᆞᆫ 응당 조흐련니와 네가 죽고 ᄂᆡ눈 쓰면, 그게 무슨 말이 되랴. 너의 모친 너를 낫코, 칠일만에 죽은 후에 눈조차 어둔 놈이, 품 안에 너를 안고, 이 집 저 집 단니면서, 동냥졋 엇어먹여, 그만치나 자랏기로 ᄒᆞᆫ 슬흠 이졋더니, 이게 웬말이냐. 눈을 파라 너를 살데, 너를 파라 눈을 산들, 그 눈ᄒᆡ셔 무엇ᄒᆞ랴. 엇던 놈의 팔ᄌᆞ로셔 안ᄒᆡ 죽고. ᄌᆞ식 일코, 사궁지수四窮之首가 되단 말가. 네 이 션인놈들아, 장사도 조커니와, 사ᄅᆞᆷ 사다 졔슈 넌ᄂᆞᆫᄃᆡ, 어ᄃᆡ셔 보앗ᄂᆞ냐. 하ᄂᆞ님의 어지심과, 귀신의 ᄇᆰ은 ᄆᆞᄋᆞᆷ 앙화殃禍가 업슬소냐. 눈먼 놈의 무남독녀 쳘 모르는 어린 거슬, 나 모르게 유인誘引ᄒᆞ여, 사단 말이 웬말이냐. 쌀도 실코 돈도 실코 눈 쓰기 ᄂᆡ다실타. 네 이 독ᄒᆞᆫ 샹놈들아 ᄂᆡ 몸으로 ᄃᆡ신 가면 엇더ᄒᆞ냐. 너의놈들 나 죽여라. 평ᄉᆡᆼ의 밋친 ᄆᆞᄋᆞᆷ 죽기가 원이로다. 나 죽ᄂᆞᆫ다 지금 ᄂᆡ가 죽어노면 네놈들이 무사ᄒᆞᆯ가. 무지ᄒᆞᆫ 강도놈들아 ᄉᆡᆼ사ᄅᆞᆷ 죽이며ᄂᆞᆫ ᄃᆡ젼통편大典通編 률律이니라". 니를 갈며 죽기로 시작ᄒᆞ니, 심 청이 부친을 붓들고, "아바지 이 일이 남의 툿이 아니오니, 그리 마옵소셔" 부녀 서로 붓들고 둥굴며 통곡ᄒᆞ니 도화동 남녀노소 뉘 아니 슬허ᄒᆞ리. 션인들도 모다 운다.

16. 산촌 모경山村暮景

소 타고 돌아오는 목동의 피리 소리가 사양斜陽에 물든 옥수수 밭 너머로 가늘게 들리더니,
그 소리 그치자 해 떨어지고,
산촌에 여름 밤이 물 같이 밀어 온다.

저녁은 마을의 가장 즐거운 때일다.
머슴들은 거적 자리를 끼고 이야기 벗을 찾아
어슬렁어슬렁 동구洞口 밖으로 모이고,
아이들은 여름 저녁의 부드러운 기쁨을 안고
술 취한 곰 새끼 같이 날뛰고 있다.
더위에 눌려 움찍 못 하던 나무잎까지도
지금은 시원한 바람에 우쭐거리도다.

나는 물 오른 풀 잎을 깨물며,
노래하는 아이 떼를 지나,
흙내 나는 농부와 옷깃을 스쳐,
물 긷는 아낙네 두런거리는 우물 가를 지나,
멍든 가슴을 만져 주는 달콤한 저녁을 마시며,

아무 생각 없이 황혼의 길을 거닐고 있다.

차차 이 집 저 집 처마에,
원시적 초롱이 내어 걸린다.
그리고 울도 없는 집 마당에서는
늙은이들이 끝 없는 담소談笑에 즐거워한다.
아아 평화롭다, 오직 태고정太古靜이 흐를 뿐이다.
욕심도 없고, 미움도 없고,
어제도 없고, 내일도 없고,
산촌은 산과 함께 어두움에 잠기려 하도다.

17. 신문新聞의 사명

오늘날 이 세계에서 일간日刊의 신문지를 모조리 없애 버린다면, 갑자기 캄캄한 밤 거리에 등불이 꺼져 버린 것과 흡사한 느낌이 있을 것이다.

무릇 신문은 세상 백반의 사건을 신속하고, 민첩하고, 활발하고 또 상세히 보도하는 것이니 우리는 이에 의하여 시시 각각으로 일어나는 인사 소식과 천연 현상을 알며 또 이로 말미암아서 사업의 경영과 직업의 수행에 덕이 되는 일이 매우 많다. 또 신문지는 인생의 선악과 정사正邪를 직서直書하여 처하 시청視聽에 호소하므로, 이것을 읽는 사람은 항상 스스로 행위를 삼가고 뜻을 닦고 갈 것이며, 또 신문지에 나타나는 성패의 뒷자취를 거울 삼아 스스로 경계하고, 스스로 분발할 것이니, 이러한 일을 잘 생각할 때에 신문의 임무는 참으로 무겁고 크다 할 것이다.

그러므로 신문을 경영하는 사람은, 마땅히 보도의 기민機敏과, 기사의 확실하고 공정公正함을 생명으로 삼아야 한다. 만일 그렇지 아니 하고, 억측臆測을 달아서, 사실의 진상眞相을 그릇 전하거나, 혹은 읽는 사람의 호기심好奇心을 맞아 들이고자, 기사를 날조捏造하여, 터문이 없는 일을 꾸며대어서 남을 모함하거나 하는 것 같은 일이 있으면, 세상의 나아가는 길과, 사람의 마음을 크게 그르치게 하여, 해독害毒을 남기는 일이 막대할 것이다. 하물며, 질투와 미움들의 사사로운 감정으로, 남의 명성과 영예를 상하게 하고자 하여, 그 좋지 못한 점이나 허물을 발가내어, 그것을, 침소봉대針小棒大적으로 적음은, 부도덕의 격심한 자이니, 이러한 무리는 마땅히 끊어 없애고, 그 독수毒手를 뻗을 여지가 없이 급멸하지 않으면 아니 된다.

참으로 신문은 사회의 티 없이 맑은 거울이라고 일컬어야 할 물건이다. 따라서 사회 인심이 고상하고 아름다운 곳에는, 고상하고 아름다운 신문이 발행될 것이며, 사회 인심이 야비하고 열등한 곳에서는 또한 야비하고 열등한 신문이 발행되나니, 신문의 품위品位는 사회 인심의 품위와 서로 맞따르는 것이다. 그러므로 어떠한 나라에 가든지, 가장 많은 독자를 가진 신문를 보면, 그 나라 백성의 품위와 문명 정도를 넉넉히 엿볼 수가 있는 것이다.

신문은 위에 말한 바와 같이, 더 없이 무거운 뜻을 품은 국가 사회의 공기公器인지라, 이를 경영經營하는 사람은, 능히 사회 인심을 이끌어 올리고 가르쳐 깨우침으로, 그 천직天職을 삼을 것이오, 읽는 사람 또한 스스로 그 품위을 고상히 하며, 신문 선택選擇을 엄정히 해서, 써 비열한 기사에 미혹迷惑하지 않도록 각별히 조심하여야 하겠다.

18. 우리나라 공업 건설

안동혁安東赫*

근대국가近代國家의 건설은 공업 생산의 자립自立에 의하여 비로소 완성되는 것이다. 공업 생산이 없이는 아무리 살찌고 넓은 땅을 가졌다 할지라도 그 경제적 발전을 기대期待할 수 없으며, 따라서 좀 더 공업이 발달된 국가에 대한 종속적 지위를 벗어 날 수 없고 침략에 대한 방어력이 극히 제한되어 결국은 경제적 식민지의 운명을 유지하기에도 심히 곤난할 것이다. 특히 대한의 자연적 인문적人文的 환경은 급속한 고도高度의 공업화가 아니면 도저히 경제적 자유를 획득할 수 없고, 만일 경제적 자유를 얻지 못 한다면 정치적 자립은 못될 것이다. 그러므로 악독한 도적의 무리를 쫓아 내고, 자기의 본집을 회복한 우리는 곧 이 자리에서 온 집안 살림을 자기의 책임 밑에서 건설하게 경리하여야 하는 것을 잊어서는 안 된다.

공업 건설에는 여러 가지의 기초적 조건이 필요하다. 원료, 동력, 기술, 노무勞務, 입지立地, 제품製品, 수급需給 등이 보통 중요한 요소로 생각되고 있으나, 그 밖에 밖으로 나타나지 않는 역사적 배경을 가볍게 보아서는

* 안동혁. 공학자.

안 될 것이다. 물론, 종전의 경력은 반드시 새로운 건설에 대하여 이로움이 되는 것이 아니요, 도리어 반대 효과를 나타내는 경우도 있으나, 대체로는 순리順理 확실한 계제階梯로 활용할 수 있는 것이다. 우리는 이에 대한 결함을 분명히 인식하여서, 여러 민주주의 국가의 우의적 원조를 획득하는 동시에, 정밀한 실제적 건설 계획을 수립 진행함으로써 자연적 조절調節 발달을 기하여야 하겠다.

공업 원료는 공기, 자연수自然水, 토양土壤 등, 무진장의 성질인 것도 활용되며, 또는 차츰차츰 이러한 경향이 강화되고 있으나, 아직도 원시原始 산업 생산에 대부분을 기대하고 있다. 곧, 농림農林, 축산, 광산 등의 천연품天然品이 있어야 한다. 물론, 과학 기술 수준이 높아 감과 교통 기관의 발달은 원료의 생산지 가공의 필요성을 점점 덜게 하므로, 우량 된 원료의 생산이 공업 발달의 절대적 이로운 조건이라고 안심함은 매우 어리석은 일이다. 그러나, 우리로서는 우선 나라 안의 원료와 수요需要를 연결하는 가장 쉬운 방법을 채택하여서, 생산력과 가공 기술의 배양을 실시하는 동시에, 현재 가지고 있는 생산력의 특징을 교묘하게 발휘함에 의하여, 외지外地 원료를 가공하여서 대외對外 무역에 참가할 것이다. 그 다음에 특징 있는 공업력을 창건創建 발휘하여서 인류 발전에 공헌함이 있어야 한다.

우리 나라의 원시 생산의 주요한 것은 양곡糧穀, 채소, 과실, 채유採油, 종자種子, 섬유纖維, 작물, 목재, 생약재生藥材, 견사繭絲, 우피, 해조海藻, 어개魚介, 식염食鹽, 무연탄無煙炭, 갈탄褐炭, 흑연黑鉛, 철광鐵鑛, 금광金鑛, 운모雲母, 중석重石, 수연水鉛, 고토광苦土鑛, 석회석石灰石, 점토粘土, 계석硅石, 계사硅砂, 계조토硅藻土, 형석螢石, 희유원소광稀有元素鑛 등을 셀 수 있으나, 특히 분량이 많고, 품질이 우량한 것은 네 다섯 가지밖에는 되지 않는다.

아무리 우리의 생활을 합리화한다 하여도 이 상태로는 나라 안 소비 공업품의 요구하는 정도도 만족시키기 어렵다. 그러므로, 원료 생산면生產面에 있어서도 그 종류와 수량의 증대增大에 전폭적 노력을 요청되는 바이다. 특히 각종 광물, 특수 작물作物, 수산물, 삼림 자원의 발견과 배양에 힘쓸 것을 잊어서는 안 된다. 더욱이 그 동안 무리한 전쟁 산업의 소모는 천연 자원의 상태를 극단으로 피로ㅎ게 하였으므로, 적절한 배양책을 시급히 강구하지 않으면 회복하기 어려운 고갈枯渴을 초래招來 할 위험이 있음을 지적하여 둔다.

동력 문제는 38선이 철폐되어 전력을 완전히 이용한다 하더라도, 앞으로 공업 발전에 따라 동력 보급을 더 강화强化하여야 한다는 점, 역청탄瀝靑炭 산출이 거의 없는 것, 무연탄 활용 방식이 완성되지 못한 것, 천연天然 석유의 생산이 전혀 없는 것, 이러한 점으로 보아 장차 전국적 산업 계획을 수립하자면 지금부터 동력 문제에 대한 기술적 준비를 급속히 하지 않으면 안 된다. 항차, 연료 정세의 현실로 보아, 무연탄 발전發電도 과대한 기대를 가질 수 없을 뿐 아니라, 전력이 연료의 사명을 부담할 비량比量이 점점 더하여 가는 경향이 있음을 볼 때 동력 문제가 극히 우려되는 바이다.

기술면技術面은 일본 사람이 없어짐으로 말미암아, 진공眞空 상태를 발생한 가장 염려되는 부문이다. 대체로 현재 공업의 유지에는 오만 명의 기술자가 필요한데, 우리 기술진은 천 여 명 정도에 지나지 않으니, 전 국민이 이 점에 대하여 매우 걱정함은 당연한 일이라 하겠다. 그러므로, 현재 있는 기술자의 적당한 배치와 외국 기술의 원조를 요구하는 동시에 과학 기술 교육의 획기적 확충과 철저한 직장 교육을 계획 실시함이 절대로 필요하다.

노무勞務에 있어서도 우리는 두 가지로 구별하여 생각할 필요가 있다. 즉 숙련공과 미숙련공을 그 종별에 따라서 될 수 있는 대로 엄밀히 구분하여서 등록할 것이다. 특히 우리의 공업 시설이 불비하고 수준이 얕으므로 외국에 비하여 한 층 더 숙련공에 대한 존경을 할 것이며, 최고도最高度의 숙련공에 대하여는 국가적 명예로운 신분을 부여하여야 한다. 천재적 숙련공이야말로 사실상 유일한 우리 국가 건설자인 까닭이며, 이러한 몇 사람의 공원工員의 노력으로 말미암아, 우리의 공업이 세계 수준에 이를 가능성이 있으므로써이다. 물론 우수한 두뇌적頭腦的 과학 기술자가 존중될 것이지마는, 특히 뛰어난 공원工員에 대한 우리 사회의 인식은 너무도 천박하므로 역설力說하여 둔다.

그 다음은 입지立地 문제다. 이것은 국토 계획과 병행적竝行的으로 추이趨移되는 것으로 여기서 자세히 말할 성질이 아니다. 대체로 부산釜山, 삼천포三千浦, 여수麗水, 목포木浦, 군산群山, 인천仁川 등, 서남西南 항만港灣 지대는 수출을 포함한 경공업, 주主로 생활 필수품 공업 지구地區를 설정할 것이며, 기타 주요 도시 내변內邊에도 그러하다. 서북과 동북 항만 지대에는 중화학重化學 공업을 건설함이 적당하다고 생각한다.

우리의 공업 건설은 대체로 다음의 세 방면으로 계획하고 실행할 것이다. 즉, 당면 대책으로 전 공업 시설의 평화 산업 전환, 기본 공업 건설 계획과 실천, 공업 행정 기구와 경영 기구의 편성 등이다.

전시 공업 시설의 평화 산업 전환은 우리의 공업력의 시금석試金石이 되고 있다. 공업 전환의 출발은 생활 필수품의 자급으로부터 출발하여야 한다. 현재 이 공업 생산 활동은 해방 이전보다도 떨어진 형편에 있다. 나는 현재의 우리 생활을 속담에 일컫는 "낙지가 자기 발을 잘라 먹고 사는 상태"에 비유한다. 이 무서운 현실을 아무도 못 본 체하고, 이론,

관념, 공상, 변설辯舌의 유희 중에서 날을 보냄은 실로 분격을 금ㅎ지 못하는 바이다. 밥을 먹고 내장內臟을 씹어려는 순간이다. 한 사람이면 한 사람부터 가능한 생산 활동에 있는 힘을 집중하기를 요망한다. 이만 정도의 노력도 없이 독립을 얻고 민족 사회를 해방할 수 있다 하면, 실로 20세기의 기적이다. 생산을 들어 높임이 인류 발전의 유일한 철책임은 틀림 없는 진리임에도불고하고 이, 우리만이 헛되히 먹으며 변설을 일삼고 세계 문화에 참가하겠다 함은 실로 어리석은 행동이다.

기본 공업 건설 계획은 냉정한 현실에 입각한 과학적 방법에 의하여 세우고, 우리의 전민족의 힘을 집중하여 강행强行하여야 한다. 조금이라도 낭만적浪漫的, 또는 감흥적 요소를 포함하지 않도록 주의하여야 한다. 공업 행정 기구의 정비, 또는 공업 경영 기구의 편성에 있어서도 그러하다. 그리고, 편협한 예전의 체험을 고집함이 없는 당연하고도 진보적인 노선路線을 나라안 나라밖에 공명한 방식으로 전개하여야 한다.

민족 국가의 최고 발전 계단을 이루는 공업 생산은 아무리 이로운 환경 속에 있을지라도 자연적 방임放任으로는 달성되지 않는다. 견실한 계획과 실천이 조화된 그러한 형태形態가 아니고는 어떠한 의미로서도 근대적 공업이라고 할 수는 없는 것이다. 그러므로 이 방면에 참되고 실제적인 노력을 기울음이 우리 공업 건설의 첫걸음이 되며, 진정한 해방의 시작이라고 믿는 바이다.

19. 새벽

현상윤玄相允*

만뢰萬籟는 자는 듯이 고요하고, 야색夜色은 그지없이 침침한데, 먼 산 가까운 산에 자옥한 안개는 함묵含黙의 미美를 곱게 그려내고, 여기저기 반짝이는 별들은 농회색濃灰色 하늘 빛을 희미하게 수놓은 듯하다.

이 때 나는 어디라 정한 곳 없이 홑옷에 맨발로 한 걸음 두 걸음 집 뒤 언덕 위를 향하고 올라간다.

귀를 기울여 들으려 한들, 어디서 버레 소리 하나 들을소냐? 밤은 각각刻刻이 깊고 어두움은 철성鐵城 같이 둘려 있는데, 앞뒤 마을에 가늘게 일어나는 모닥불 연기는 어제부터 타는 이상한 냄새가 무럭무럭 무거운 공기에 몰려오고, 이따금 이따금 훽훽 불어 오는 서늘한 바람은 약한 몸에 오싹오싹 소름을 돋힐 뿐인데, 언덕 아래 삼길네 집 마구깐으로부터 "응!"하고 갈게 내쉬는 소의 숨 소리에 나는 흠츳 놀래었다. 이렇게 놀랜 몸을 간신히 옮겨 이리 쓸고 저리 더듬어 허방지방 언덕 위에 올라온다.

좁은 가슴을 밀어 오르는 거칠은 숨을 단 한 번에 길게 쉬면서, 눈을 들어 여기저기를 살펴보니 앞이나 뒤나 산이니 물이나 나무가지에나 풀

---

* 玄相允(4232~) 호는 소성小星. 교육가.

잎에나 에워싸 둘린 것은 오직 검은 빛뿐이고녀.

아아, 이 어두움의 기운! 나의 약한 몸을 누르는 듯하다—깊이 깊이 저 검은 구석에 싸여 있는 무엇이라 형용 못 할 온갖 괴물怪物, 온갖 악마惡魔가 무서운 입에 이상한 웃음을 띠우면서 무엇을 기다리고 있는 듯이 보인다. 아니, 금시에 나를 향하여 한 입에 삼키려고 따라오는 듯이 보인다.

이 때라 어찌 숨인들 편하게 쉬어지며 걸음인들 순탄히 옮겨질소냐—손 끝에서 발 끝까지 전하여 가는 것은 오직 떨림뿐이요, 심장의 고동마다 따라 일어나는 것은 무서움뿐이어서, 가지 위에 자고 있는 새나 풀포기 아래 쉬고 있는 버레의 무지無知 무감각無感覺한 것까지 꾸짖고 비웃었다.

위로 쳐다보면 천 근이나 만 근 되는 무서운 무엇이 머리를 내려 누르는 듯하고 아래로 내려다보면 몇 백 길 몇 천 길 되는 험한 낭떠러지가 깍아 지른 듯하다.—어쩔 줄 모르고 미혹迷惑의 와중渦中에 돌 같이 서 있는 나는 약한 소리에 힘을 주어 "살려 주!" 소리를 부르려 할 찰나刹那에 신통도 하다 건너 마을 뉘 집으로부터인지 검은 빛을 쫓는 듯한 닭의 소리 한 마디가 빽빽한 공기에 잦은 파동을 이르키어 산으로 물로 사모치어 헤져 간다.

아아, 이 한 소리! 어떻게 힘 있는 구원의 웨침이뇨? 이제까지 보이던 무서움이 쓸은 듯이 슬어지고 이제까지 무겁던 몸이 금방 날 듯이 납신납신하여 진다.

나는 바로 손에 들었던 수건으로 쥐어 짠 듯이 흐른 식은 땀을 수없이 씻으면서 멈추었던 걸음을 다시 내놓았다. 긴 숨을 연해 쉬면서……

이 집 저 집으로 한 소리 두 소리 울어 내는 닭의 소리는 앞 산 뒷

산에 미미微微한 공명共鳴을 이르키는데, 캄캄히 둘렸던 검은 장막은 한 겹 두 겹 벗어지고 멀리 수평선 위로 한 점 두 점 일어나는 조각구름은 먹붓으로 그은 듯이 새벽 하늘에 새로운 운치韻致를 돋는 듯하다.

휜하게 새어 오는 동방을 바라보면서 나는 언덕을 지나 마을 앞 동막이를 향하고 나아간다.

오직 한 소리—어둠에서 밝음으로 인도하여 준 이 한 소리! 무서움에서 기쁨으로 이끌어 준 이 한 소리! 가장 힘있는 천사天使의 웨침이로구나!

20. 농가월령가農家月令歌 -하절편夏節篇

고상안*高尙顔** 지음

사월四月이라 맹하孟夏되니 입하立夏 소만小滿 절기節氣로다. 비온 끝에 별이 나니 일기日氣도 청화淸和하다. 떡갈잎 퍼질 때에 뻐꾹새 자로 울고 보리 이삭 패어나니 꾀꼬리 소리한다. 농사도 한창이오 잠농蠶農도 방장이라, 남녀노소 골몰하야 집에 있을 틈이 없어 적막한 대사립을 녹음綠陰에 닫았도다. 면화棉花를 많이 가소 방적紡績의 근본이다. 수수 동부 녹두 참깨 부룩을 적게하소. 갈 꺾어 거름할 제 풀 베어 섞어 하소. 무논을 써을리고 이른 모 내여 보세, 농량農糧이 부족不足하니 환자 타 보태리라. 한 잠 자고 이는 누에 하루도 열 두 밥을 밤낮을 쉬지 않고 부지런히 먹이리라. 뽕 따는 아이들아 훗그루 보아 하야 고목은 가지 찍고 햇잎을 젖혀따소. 찔레꽃 만발하니 적은 가물 없을소냐. 이 때를 승시乘時하야나 할 일 생각하소. 도랑쳐 수도水道 내고 우루쳐 개와하여 음우陰雨를 방비防備하면 뒷근심 더으나니. 봄나이 필무명을 이 때에 마전하고, 베

* 고상안. 자는 사물思勿. 호는 태촌泰村. 선조宣祖 때 사람.

** 高尙* → 高尙顔

모시 형세 대로 여름 옷 지어 두소. 벌통에 새끼 나니 새 통에 받으리라. 천만千萬이 일심一心하여 봉왕蜂王을 옹위擁衛하니 꿀 먹기도 하려니와, 군신분의君臣分義 깨닫도다. 파일八日에 현등懸燈함은 산촌山村에 불긴不緊하니 느티떡 콩찌니는 제 때의 별미別味로다, 앞 내에 물이 주니 천렵川獵을 하여 보세 해 길고 잔풍하니 오늘놀이 잘되겠다. 벽계수碧溪水 백사장白沙場을 굽이굽이 찾아 가니 수단화 늦은 꽃은 봄빛이 남았구나. 촉고數罟를 둘러치고 은린옥척銀鱗玉尺 후려내아 반석磐石에 노구 걸고 솟구쳐 끓여 내니 팔진미八珍味 오후청五候鯖을 이 맛과 바꿀소냐.

오월五月이라 중하中夏되니 망종芒種 하지夏至 절기로다. 남풍은 때 맞추어 맥추麥秋를 재촉하니 보리 밭 누른빛이 밤 사이 나겠구나. 문 앞에 터를 닦고 타맥장打麥場 하오리라. 드는 낫 비어닥아 단단히 헤쳐 놓고 도리깨 마주 서서 짓내야 두들기니, 불고쓴듯 하던 집안 졸연히 흥성하다. 담석에 남은 곡식 하마 거의 진盡하리니, 중간에 이 곡식이 신구상계新舊相繼하겠구나. 이 곡식 아니러면 여름 농사 어찌할고. 천심天心을 생각하니 은혜도 망극하다. 목동牧童은 놀지 말고 농우農牛를 보살펴라. 뜨물에 꼴 먹이고 이슬풀 자로 뜯겨 그루 갈이 모 심으기 제힘을 빌리로다. 보릿짚 말리우고 솔가지 많이 쌓아 장마나무 준비하여 임시 걱정 없이하세. 잠농을 마칠 때에 사나이 힘을 빌어 누에 섶도 하려니와 고치나무 장만하소. 고치를 따오리라 청명淸明한 날 가리어서 발우에 엷게 널고 폭양에 말리우니 쌀고치 무리고치 누른고치 흰 고치를 색색이 분별하여 일이분一二分 씨를 두고 그나마 켜오리라 자애를 차려 놓고 왕채에 올려 내니 빙설氷雪 같은 실오리라. 사랑홉다 자애 소리 금슬琴瑟을 고루는 듯, 부녀婦女들 적공 들여 이 재미 보는구나 오월오일五月五日 단오端午날에 물색物色이 생신生新하다. 외밭에 첫물 따니, 이슬에 젖었으며 앵두 익어 붉은빛이 아침볕에 바희로다 목매친 영계軟鷄소리 이김벌로 자로 운다. 향촌鄕村의 아녀兒女들아 추천鞦韆은 말려니와, 청홍상靑紅裳 창포菖蒲비녀 가절佳節을 허송虛送마라. 노는 틈에 하올 일이 약쑥이나 베어 두소. 상천上天이 지인至仁하사 유연油然히 작운作雲하니, 때 마쳐 오는 비를 뉘 능히 막을소냐. 처음에 부슬부슬 먼지를 적신 후에 밤 들어 오는 소리 패연沛然히 드리운다. 관솔불 둘러앉아 내일일 마련 할제 뒷 논은 뉘심으고 앞밭은 뉘가 갈고 도롱이 접사리며 삿갓은 몇 벌인고, 모 찌기는 자네 하소. 논 삼기는 내가 함세, 들깨 모 담배 모는 머슴 아이 맡아 내고 가지 모 고추 모는 아기딸이 하려니와 맨드라미 복숭아는 네 사천 너무 마라. 아기 어멈 방아 찧어 들바라지 점심하소. 보리밥 찬국에 고추장 상치쌈을 식구를 헤아리되 넉넉히 능을 두소 샐때에 문門에 나니 개울에 물넘는다. 메나리 화답和答하니 격양가擊壤歌 아니런가.

유월六月이라 계하季夏되니 소서小暑 대서大暑 절기로다. 대우大雨도 시행時行하고 더위도 극심極甚하다. 초목이 무성하니 파리 모기 모여들고, 평지平地에 물이 괴니 악마구리 소리 난다. 봄보리 밀 귀리를 차례로 베어 내고 늦은 콩 팥 조 기장을 베기 전 대우들여 지력地力을 쉬지 말고 극진히 다스리소. 젊은이 하는 일이 기음매기뿐이로다. 논밭을 갈아들여 삼사차三四次 돌려 맬 제 그 중에 면화 밭은 인공이 더 드나니, 틈틈이 나물밭도 북돋아 매 가꾸소. 집터 울밑 돌아가며 잡풀을 없게 하소. 날 새면 호미 들고 긴긴 해 쉴새없이 땀 흘려 흙이 젖고 숨 막혀 기진할 듯 때마침 점심밥이 반갑고 신기하다. 정자나무 그늘밑에 좌차座次를 정한 후에 점심그릇 열어 놓고 보리 단술 먼저 먹세. 반찬이야 있고없고 주린 창자 메인 후에 청풍에 취포醉飽하니 잠시간 낙이로다. 농부야 근심마라 수고하는 값이 있네. 오조 이삭 청대콩이 어느 사이 익었구나. 일로 보아

짐작하면 양식 걱정 오랠소냐. 해진 후 돌아올 제 노래 끝에 웃음이라. 애애靄靄한 저녁 내는 산촌에 잠겨 있고 월색月色은 몽롱하여 밭길에 비최거다. 늙은이 하는 일도 바히야 없을소냐, 이슬아침 외따기에 뙤약볕에 보리 널기 그늘결에 누역치기 창문 앞에 노꼬기와, 하다가 고달프면 목침베고 허리 쉬움, 북창풍北窓風에 잠을 드니 희황씨羲皇氏적 백성이라, 잠깨어 바라보니 급한 비 지나가고 먼 나무에 쓰르라미 석양夕陽을 재촉한다. 노파老婆의 하는 일은 여러 가지 못 하여도, 묵은 솜 들고 앉아 알뜰히 피워 내니 장마 속에 소일이오 낮잠 자기 잊었도다. 삼복은 속절俗節이오 유두流頭는 가일佳日이라. 원두 밭에 참외 따고 밀 갈아 국수하여 가묘家廟에 천신薦新하고 한때 음식 즐겨 보세 부녀婦女는 헤피 마라 밀기울 한데 모아 누륵을 디디어라. 유두국流頭麴을 혀느니라. 호박 나물 가지 김치 풋고초 양념하고 옥수수 새 맛으로 일 없는 이 먹어보소 장독을 살펴보아 제 맛을 잃지 말고 맑은 장 따로 모아 익는 족족 떠 내어라. 비오면 덮겠은즉 독전을 정히 하소. 남북촌 합력하여 삼구덩이 하여 보세. 삼대를 베여 묶어 익게 쪄 벗기리라. 고운 삼 길삼하고 굵은 삼 바 디리소. 농가의 요긴ㅎ기로 곡식과 같이 치네. 산전메밀 먼저 갈고 포전浦田은 나중 갈소.

21. 부여扶餘를 찾는 길에

이병기李秉岐*

백제百濟 왕릉王陵을 보고 얼마쯤 가면, 신작로가 나선다. 이 신작로는 공주公州서 부여로 오는 길이다. 이 길로 들어 가느라면, 조그마한 산 하나가 가로 놓여 있고, 그 산 밑으로는 초가 혹은 기와집들이 연해 있고, 집과 집 사이나 그 부근에는 나무들이 수두룩히 서 있어, 바야흐로 우거진 녹음이 새롭게도 보인다.

부여에 드는 길로 평제탑平濟塔도 보고, 고적 보존회保存會 진열관도 보고는 부소 산扶蘇山으로 오른다. 부소 산은 멀리서 바라보기엔 조그마한 단조한 산인 듯하더니, 이제 올라와 보니 퍽으나 복작하고 으늑한 산이다. 더구나 소나무와 잡목들이 빽빽하게 서 있어 보면 보일 만한 곳이라도 어디가 어떻게 된지를 사뭇 모르겠다. 멧새들은 예서 제서 운다. 산나물 캐는 아낙네의 소곤거리는 소리도 난다. 나는 이 숲 속으로 어슬렁 어슬렁 걸어 가며, 부소 산의 한적하고 유아幽雅한 맛을 아니 느낄 수 없다.

반월半月 성지城趾를 지나고 보면 길이 두 갈래로 났으니, 하나는 영월

---

* 이병기(4224~) 호는 가람. 시조인. 저서 "嘉藍時調集" 연구논문 평론 등이 있음.

대迎月臺로, 하나는 송월대送月臺로 가는 길이다. 나는 먼저 영월대로 가서, 유인원 비劉仁願碑, 창고倉庫 터를 보고, 다시 오던 길로 도로 들어가 송월대에 이르러 사차 루泗泚樓에 올랐다. 송월대는 부소산의 제일 높은 곳이다. 제일 좋은 전망대다. 이 곳에 서서 사 면의 원근경遠近景을 다 바라볼 수가 있다. 파란 비단 폭을 굽이굽이 펼쳐 두른 듯한 백마강이며, 천 송이 만 송이 꽃밭 속 같은 주위에 있는 여러 산과 산들은 오로지 부소 산 하나를 위하여 생긴 듯하다. 그러나, 경주慶州와 같이 주위에 있는 장산壯山들에게 조금도 위압威壓을 받는 일도 없고, 한양漢陽과 같이 에워 싼 산협도 아니고, 평양平壤과 같이 헤벌어진 데가 없이, 아주 구격이 맞게 되었다. 그리고 구석구석이 묘하게 아름답게스리 되었다.

부여를 찾아 오는 이는 부여의 고적만 보아서는 안 된다. 그저 고적은 그만두고라도 부여의 유다른 천연天然한 승경을 보아야 한다. 산도 좋고. 물도 좋다. 산과 물이 아울러 좋게 된 이 부여야말로 다른 곳에서는 쉽사리 얻어 볼 수 없는 곳이다. 북으로 천정대天政臺, 서으로 대재각大哉閣, 자온대自溫臺, 수북정水北亭, 구룡평九龍坪, 남으로 금성산錦城山, 대왕포大王浦, 동으로 청마산성青馬山城을 바라보며, 훌륭하던 백제의 영화도 저러하거니 하고 한번 웃을 뿐이다.

송월대를 버리고 다시 서으로 이 산 일맥一脈을 타고 내려가다가 보니, 길은 뚝 끊어지고, 수십 길 되는 절벽이 있고, 절벽 밑에는 싯퍼런 강이 흐른다. 이 절벽이 낙화암落花岩이다. 낙화암은 옛날 나당羅唐의 연합군이 백제의 궁성을 함락할 때 비빈妃嬪 궁녀들이 버선발로 뛰어 나와 여기서 몸을 던져 죽었다는 곳이다. 이 바위에 나는 홀로 서 있다. 나는 나의 사랑하는 부여에서도 가장 이 낙화암을 사랑한다. 지금 백마강은 고요히 흐른다. 이따금 고기들 뛰노는 소리만 텀벙텀벙 난다. 한 편 언덕에는 빈 배가 매여 있고, 그 옆에는 한 늙은이가 낚싯대를 들고 앉아 있다. 그리고 두어 척 범선帆船은 느릿느릿 부산浮山 모롱이를 지나간다. 나는 이윽히 서 있다가, 벼랑길로 들어 요리조리 내려가 고란사皐蘭寺를 찾았다. 고란사는 산 한쪽을 일부러 헐어 내고 집을 지어 놓은 것같이 보인다. 뒤에는 절벽, 앞에는 청류다. 수백 년 묵은 담쟁이 넌출은 용틀임을 하여 절벽으로 오르고, 절벽에는 틈틈이 고란이 파랗게 나고, 그 밑에서는 맑은 샘이 흐른다. 나는 이 샘 물이나 마시고, 이 절에 있어 한 여름을 났으면 좋겠다. 좌우 쪽 녹음 속에서 굴러 오는 새 소리, 벌레 소리도 듣고, 앞 강을 스쳐 오는 바람도 맞고, 심심하면 조룡대釣龍臺, 낙화암도 올라 보고, 신 팔경新八景, 구 팔경舊八景도 낱낱이 찾아 보고, 달 밤에는 배를 잡아 타고 백마 강으로 오르락 내리락 하기도 하였으면 좋겠다. 아아, 좋은 곳이다.

22. 시詩

내 고향

김억金億*

내 고향은 곽산郭山의 황포黃浦까외다.
봄노래 실은 배엔 물결이 높고
뒷산이라 접동꽃 따며 놀았소.
그러든걸 지금은 모두 꿈이요.

천릿길도 꿈 속에 사오십 리죠.
오가는길 평양平壤은 들여놀던 곳,
어제밤도 가다가 또 못갔외다.,
야속ㅎ다 헤매는 맘 어이합니까.

* 김억(4229~). 호는 안서岸曙. 시인 저서 "해파리의 노리" "봄의 노래" "금모래" "岸曙詩集".

아즈랑이 봄날을 종달새 울고,
지는 꽃은 오늘도 방향 없는데,
육로 천 리陸路千里 길 멀다 둘 곳 없는 맘
고향 찾아 이 날도 하늘을 도오.

밤호수湖水

모윤숙毛允淑*

호수 밑 그윽한 곳.
품은 꿈 알 길 없고.
그 안에 지나는 세월의 움직임도
내 알 길 없네.
오직 먼 세계에서 떠온 밤별 하나
그 안에 안겨 흔들림 없노니.
바림 지나고 티글 모여도,
호수 속 비밀 모르리.
아무도 못 듣는 그 곳
눈물 개핀 가슴속 같이,
호수는 별 하나 안은 채 침묵하다.

* 모윤숙. 여류시인. 시집 "옥비녀".

장미

모윤숙毛允淑

이 마음 한편
호젓한 그늘에,
장미가 핀다.

밤은 어둡지 않고
별은 멀지 않다.
장미는 밤에도 자지 않는다.

숲 없는 별,
하늘 틔지 않는 길,
바람 오지 않는 동산,
장미는 검은 강 가에 서 있다.

너의 뿌리는 내 생명에 의지하였으며
내 눈 감기기 전 너는 길이 못 가리.

너는 내 안에서만 필 수 있다,
봄 없고, 비 없고, 하늘 없는 곳,
불행한 내 마음에서만 피어 간다.

밤은 어둡지 않고
별끝 멀지 않다.
너는 밤에도 자지 않는다.

23. 새 이념理念의 문화 생활

임병철林炳哲*

우리는 오래 동안 생활의 신념을 잊어버렸고, 문화의 혜택에서 유리琉璃되었다. 그런 까닭에 정치에 있어서, 경제에 있어서, 학문, 예술에 있어서 넓은 의미의 문화 생활에 있어서 굳은 신념, 진실미, 깊음과 신선한 맛을 찾아, 볼 수가 없었다. "뿌리 없는 지식은 속돌 같은 지식이라."고 철인哲人 칸트는 말했거니와, 어떠한 깊은 뿌리가 없는 문화는 속돌과 같은 생활이요, 속돌과 같은 문화라 하지 왔을 수 없다.

뿌리 박힌 문화 생활이란 두 가지로 나누어 생각할 수 있으니, 첫째는 정신적인 뼈를 이루는 정신 문화를 말함이요, 둘째는 우리의 살과 피를 이루는 생활 문화를 말함이다. "책임 있는 국민은 문명한 국민이 아니면 안 된다고 하였다. 과거 수십 년 간 우리의 생활은 종속從屬적이었기 때문에 진정한 책임 있는 생활을 할 수 없었다. 그러나, 이제부터 우리는 참다운 문명한 국민이 되어야 하겠고, 진정한 문화 생활을 하여야 하겠다.

문명한 국민, 문화 생활을 할 수 있는 국민이란 그에 상당한 정치, 경제, 교육 등, 여러 가지 조건이 반드시 요구된다. 예컨대 그 국가를 구성

* 임병철. 이미 작고한 문인.

한 국민 중에 문맹이 얼마인가, 교육의 정도, 사회 전체의 문명 수준은 어떠한가? 교육 기능을 가진 도서, 잡지, 신문, 영화, 연극, 라디오 등의 보급 정도와 과학과 그 기술은 어떠한가 등이 모두 국민 문화 생활에 크나 큰 관계를 가지고 있음은 말할 것도 없다.

완전한 자주 독립의 국가가 되면, 만민이 평등의 권리를 가질 수 있는 민주주의 국가가 이 땅 위에 서서, 다수 인민의 이익을 위주로 하는 경제經濟 기구機構가 수립될 것이요. 교육에 있어서도 의무 교육 제制가 실시될 것이다. 이러한 새 사회 조직이 이 땅 위에 실시되면, 전 민족의 문화 생활 수준도 차츰 높아갈 것이다.

우리의 생활은 옛날부터 가족만을 위주하는 봉건적 생활이다. 그런 까닭에 가족 경제 밖의 사회 경제에 대하여는 어둡다. 그러므로 가장 조직적이요, 진보적인 사회 생활로 끄으러 가야겠다. 과거에 있어서는 가족 중에 한 사람이 성공한 이가 있으면, 그 가족은 대대로 그 유산으로 놀고 먹는 악풍이 내려왔다. 새 시대에는 이러한 생활 체제體制는 없어질 것이다. 모두 꼭 같은 생활 조건 아래에서, 즐겁게 자기의 책임을 다함으로 즐거운 생활을 향락할 수 있고, 문명의 혜택을 받을 수 있는 사회가 건설될 것이다. 이제 새 나라는 적은 사람의 이익을 위하야, 많은 사람이 희생하는 그러한 사회는 누구나 원ㅎ지 않고, 진실로 기쁨으로 노동하고, 직무에 나아갈 수 있는 그런 생활 속에서, 균등한 혜택 속에서 문화 생활을 할 수 있는 사회가 건설된다.

과거의 우리의 생활이 사람의 힘에만 의지하는 근로의 원시原始 생활이었다면, 노동을 위한 노동이었다면, 그 얼마나 괴로운 것이냐? 우리의 과학을 날로 발전시켜, 사람의 힘보다도 기계의 힘을 이용하고, 문화 생활을 위한 노동이라면 얼마나 아름다우랴. 우리의 직장을 미화美化하고,

노동 시설을 문화화文化化하고, 어려운 노동을 문화와 연결시켜, 노동이 취미화 하도록 하고, 시간에 한도를 주어, 그 시간이 지난 뒤에는 여력으로 얼마든지 문화와 오락과 더불어 친할 수 있게 하고, 직장 노동에도 자기의 취미, 기술에 따라, 얼마든지 향상할 수 있는 그러한 발전성을 주고, 거기에 이윤利潤이 어떠한 소수 계급에 돌아가지 않는 제도만이 보장된다면, 그들의 생활은 향상되고, 문화와의 접촉은 날로 가까워질 것이다.

문화라는 것은 생활의 양식樣式이다. 민족 내지 국민이 속한 생활권生活圈에 있어서의 생활의 공동 양식이다.

문화가 표현하는 정신이라든지, 태도라든지, 행동으로 그 문화의 성격이 나타나는 것이다. 대한 문화의 성격도 그것이 어떠한 고상한 정신으로 나아가는가, 어떠한 태도, 어떠한 품 있는 행동으로 나타날 것이냐가 그 성격을 결정한 것이다. 어떠한 종교 철학, 어떠한 예술문화가, 어떠한 생활 신조가 정신으로 행동으로 나타날 것인가, 이것의 성격 여하가 대한의 신과 생활을 좌우할 것이다.

문화의 내용은 이를 요약하면, "보다 더 지식적인 합리合理 생활"을 의미한다고 할 수 있는데, 아무리 정치, 경제, 사회 생활의 균등과 문화의 혜택을 준다 하더라도, 우리 각 개인이 문화 생활에의 심적心的 상태狀態, 내적內的 준비가 없어서는 안 될 것이다.

새로운 제도, 새로운 규칙이 실시된다고 해서, 곧 우리들의 문화 생활이 영위된다고는 할 수 없다. 새로운 것을 맞아 들여 불합리한 것을 고치고, 더 지식적인 생활로 끌어 올려, 새 나라의 신조信條를 우리의 생활에 짜서 넣어야 할 것이다. 그 새로운 신조를 우리 생활에 넣는 데는 우리의 심적 상태를 잘 가꾸어 두어야 하겠다. 그 심적 상태는 종교, 도덕, 교육,

예술, 이러한 풍부한 교양을 필요로 한다. 한 개의 화분을 방 안에, 정원에 심어 둔다 하더라도 거기에 어떠한 미감美感을 느낄 수 없고, 라디오를 듣는다고 해도 저속한 감흥에만 취할 수 있는 심적 준비가 되어 있다면 문화 생활에도 나아갈 수 없다.

그러므로, 장차 올 우리의 문화 생활은 새 나라의 이념을 우리의 생활 속에 넣어서, 그 이념을 실천할 수 있는 생활을 하여야 하겠고, 오늘의 문명보다, 오늘의 지적知的 수준보다 더 높은 문화가 우리 생활 속에 살아 있어야 하겠고, 오늘에 우리가 가지고 있는 신념, 진실미, 깊음, 신선한 것들이 살아서 움직이는 개체個體의 문화 생활이 있어야 하겠다. 문화 주택, 문화재文化財만을 소유한 문화 생활이 진정한 문화 생활과는 동떨어져 있는 까닭이다.

우리는 우리의 마음 속에서, 우리의 노동하는 직장에서, 우리의 실천 생활 속에서, 고도高度의 문화를 발견할 수 있고, 과학화한 예술화한 문화를 발견하여야 하겠다. 이것이 나아가서는 새 나라의 새로운 이념을 실천할 것이며, 새 나라는 그들의 문화 향상을 여러 가지 각도角度로 보호하고 조장하기에 모든 시책施策을 아끼지 않을 것이다. 그리 하여, 이러한 건실한 진실미 있는 문화 생활이 민중의 마음과 생활을 토대로 생장할 것이다. 과거 일제日帝 시대時代의 일부 계급이 향수享受할 수 있었던 병든 문화 향락 생활과는 전연 다른 진정한 문화 생활이 이제부터는 광범한 민중 속에 올 것을 믿는다.

4282年 8월月 5日 發行

중 등 국 어

臨時定價

4권 250圓

板權所有

編　者 李秉岐

發行者 金時必

서울市鐘路2街91

發行所 金龍圖書株式會社

(4280.9.20.No.102)

印刷所 大建印刷所

(1947.9.30.No.21)

중등국어 5

인정종류	중등학교국어과참고용
인정년월일	4282년8월3일
인정유효기간	4283년8월31일
인정관청	문교부

중등국어 5

이병기 편

『중등국어 5』(이병기, 금룡도서, 1949)
표지

금룡 도서 주식 회사 발행

일러두기

1. 원본 자체의 맞춤법 오류 바로 잡아 표기하고, 각주를 붙여 원문의 표기를 기록하였다.
2. 일반 문법적 오류 아닌 작가의 시대적 사회적 관련으로 나타나는 비표준어적 표기는 그대로 인정하고 띄어쓰기도 그대로 하였다.

목차

24. 인생人生

25. 선각자先覺者의 임무任務

26. 해방의 노래－김광섭

27. 새 나라 건설과 교육－오천석

1. 이상理想

대저大抵 우리 사람의 생활은, 이상의 생활이다. 이 이상이 있음으로 인하여 사람이 만물萬物의 영장靈長이 되며, 최귀最貴한 지위地位에서 만물을 통어統御하는 것이다. 그러면 대저 이상이란 무엇인가? 현상現狀보다 우월優越 완전完全한 상태를 미래未來에 상상想像하는 것이니, 이 상상은 아무 이유 없이 무의식적無意識的으로 일어난 것이 아니요, 이유理由를 갖춘 유의식적有意識的 상상이다. 다시 말하면, 사람의 이성理性으로써 상상할 수 있는 완전의 상태며, 최고지완最高至完의 목적이다. 그것은 저절로 유일唯一 무이無二의 절대성을 가진지라, 저절로 통일적統一的 작용作用을 가졌다. 우리 사람의 일상의 모든 유의적 행동과 인격적人格的 활동活動은 모두 반드시 개개個個의 작은 당면의 목적을 가졌나니, 이 개개의 당면當面의 목적을 가진 무수無數의 활동은, 그 인격자의 품은 대이상大理想 아래 통일統一되어서, 비로소 전후가 연락되며 좌우가 상응相應하는 전 인격의 활동을 일우는 것이다. 우리 사람에게는 이 통일적 작용作用의 근거인 이상이 있음으로 하여, 연면連綿한 발달이 있으며, 부단不斷의 향상向上이 있나니, 이 연면한 발달과 부단한 향상이 있는 곳에, 곧 사람의 생활이 있으며, 사람의 가치가 있는 것이다. 요컨대, 인생이란 부단한 전진인데, 이상은 이 부단의 전진을 인도引導하는 성광星光이다. 그러므로 생명의 내적 충동이 왕성旺盛한 곳에는 반드시 이상의 인도하여 가는 등화燈火가

휘황輝煌하고, 이와 반대로 그 생명의 전진적 충동이 위미萎靡한 곳에는 반드시 이상의 인도하여가는 등화가 경멸耿滅함을 볼지니, 이제 얼른 쉽게 노년老年과 소년少年의 경우를 비교하여 보면, 더욱 이상과 인생의 상즉불리相卽不離의 관계를 명찰明察할 수 있을 것이다.

인생의 전장戰場에서 원기를 소진消盡하고 피로를 느끼며, 다만 기식氣息이 엄엄奄奄하여 무사無事 건곤乾坤의 속에서 여생餘生을 보내는 노년인의 생활은 오로지 추억追憶의 생활이요, 회고回顧의 생활임에 반反하여 생활의 의지意志가 강렬하고 생존의 기운이 왕성한 소년의 생활은 항상 이상의 생활이요, 동경憧憬의 생활이다. 노년에게는 전도가 없고, 다만 심구深久한 과거가 있을 뿐이라, 그 현재와 장래는 그에게 하등의 흥미와 환희歡喜를 주지 못함에 비하여, 그 심구深久한 과거의 사사事事 물물物物은 모두 그의 소장小壯 시대時代의 심담心膽과 감관感官을 흥분興奮과 쾌락快樂으로써 자극刺戟 충동衝動하던 기념적 편영片影이다. 따라서 장래는 일고一顧할 가치價値도 없으며, 현재는 다만 고통苦痛과 권태倦怠가 있을 뿐임에 대하여, 과거는 전적全的으로 미화美化 우화優化하여진다. 그리하여 입을 열면, 문득 소시少時의 자랑이요, 손을 치면, 문득 현재의 차탄嗟歎이다. 맨손으로 범 잡던 이야기, 혼자 볏섬 나르던 이야기들은 모두 노인의 추억追憶의 생활生活의 발표다. 그는 서산西山에 뉘엿뉘엿 넘어가는 저녁 해를 바라보고 한숨 쉬며 눈물 흘릴 심경心境을 가졌으며, 동쪽 하늘에 돋아오르는 아침 해를 가지지 못 하였다. 이와 반대로, 소년은 가진 것이 다만 요원遼遠 한 장래將來다. 그 요원한 장래에는 광명과 희망과 힘이 충만하였다. 그는 항상 장래를 계획計劃하며 전도를 경륜經輪한다. 그는 추억적 감상을 모르고, 아는 것은 다만 이상적 열광熱狂이다. 이상은 실로 생기가 활발하고 전도가 망양茫洋한 소년의 생명이다. 희망으로써 그의 용기를 고무鼓舞하며, 광명光明으로써 그의 전진을 유도誘導하는 것은 소년의 이상이다.

이상은 심히 친절하다. 한 단 위에서 나를 부르거늘 내 나아가 접接하려 하매, 문득 또 한 단 위에 있어, 또 나를 유도한다.

누가 가로되 "이상은 명일明日과 같다"고 실로 명언名言이라 하겠다. 우리가 진진進進 무이無已하며 작작불권作作不倦하여, 혹 공전空前의 대업을 일우며, 혹 영겁永劫의 교훈敎訓을 드리움은, 모두 이 친근親近한 듯한, 그러나 고원高遠한 이상의 선물이다. 만일 이상이 없을 것 같으면, 인생을 지도하며 지도하는 것은 곧 본능적 충동衝動뿐일 터이니, 그렇고야 인생이 하등의 의의와 가치로써, 저 금수와 구별되어, 만물의 영장이 됨을 얻으리요? 사람의 써 사람 된 바와, 금수의 써 금수 된 바가, 오로지 이 고귀高貴한 이상이 있고 없음에 말미암는다 하여도 과언過言이 아니다. 동물에게는 목적이라든지 이상이라든지의 유의적 목표目標를 세움이 없고, 다만 본능 충동의 자연적 소여所與에 의하여 동작하며 생활하므로, 그에게는 자연적 진화進化는 있을지언정, 문화文化의 창조성創造性과, 가치의 절대성絶對性이 없다. 우리 사람에게는 이상이 있음으로 하여, 독특獨特한 문화가 창조되며, 문명이 건설되며, 고귀한 생활이 영위營爲되며, 무한無限한 가치가 발휘되는 것이다. 이상은 실로 문화 발전發展의 원동력原動力이며, 인류 향상向上의 나침반羅針盤이다. 아아, 이상의 인생에 대한 의의의 중차대重且大함이여.

2. 베틀 노래

바람은 솔솔 부는 날
　　구름은 둥실 뜨는 날
월궁月宮에 노던 선녀仙女
　　옥황玉皇님께 죄를 짓고
인간人間으로 귀향 와서
　　좌우 산천左右山川 둘러 보니
하실 일이 전혀 없어
　　금사 한 필 짜자 하고
월궁月宮으로 치치달아
　　달 가운데 계수나무
동편東便으로 벋은 가지
　　은銀도끼로 찍어 내어
앞 집이라 김 대목金大木아
　　뒷 집이라 이대목李大木아
이내 집에 돌아와서
　　술도 먹고 밥도 먹고
양철간죽 백통대로
　　담배 한 대 먹은 후에

베틀 한 채 지어 주게
　　먹줄로 탱과내어
잦은 나무 굽다듬고
　　굽은 나무 잦다듬어
금대패로 밀어 내어
　　얼른 뚝닥 지어 내니
베틀은 좋다마는
　　베틀 놀 데 전혀 없네
좌우를 둘러보니
　　옥난간이 비었구나
베틀 놓세 베틀 놓세
　　옥난간에 베틀 놓세
앞 다릴란 도두 놓고
　　뒤 다릴란 낮게 놓고
구름에다 잉어 걸고
　　안개 속에 꾸리 삼아
앉을개어 앉은 선녀仙女
　　양귀비楊貴妃의 넋이로다
아미蛾眉를 숙이시고
　　나삼을 밟아 차고
부테허리 두른 양은
　　만첩 산중萬疊山中 높은 봉蜂에
　허리안개 두는 양이
북이라고 나는 양은

청학青鶴이 알을 품고
백운 간白雲間에 나드는 듯
바디집 치는 양은
아양국 사寺 절 지을 적에
전못 거는 소리로다
눈섭노리 잠긴 양은
강태공姜太公의 낚싯대가
위수강渭水江에 잠겼는 듯
사치미라 걸린 양은
칠월七月이라 칠석七夕 날에
견우 직녀牽牛織女 갈리는 듯
보경이잇대 치치는 양
설은 임을 이별하고
들을 밀어 밀치는 듯
잉앗대는 삼형제三兄弟요.
눌림대는 홀아비라
세모졌다 버기미는
올올이 갈라 놓고
가리새라 저는 양은
청룡青龍 황룡黃龍이 굽니는 듯
용두머리 우는 양은
새벽 서리 찬 바람에
외 기러기 짝을 잃고
벗 부르는 소리로다

도투마리 노는 양은

늙으신네 병일런가 앉았으락 누웠으락

절로 굽은 신나무는

헌 신짝에 목을 매고

댕겼으락 물렸으락

꼬박꼬박 늙어 간다

한 낱 두 낱 뱁댕이는

도수원의 숫가진가

이리도 지고

저리도 지고

궁더러궁 도투마리

정저러꿍 뒤넘어서

장장춘일長長春日 봄 열기에

명주 분주 짜 내어서

은장두 드는 칼로

으르슬큰 끊어 내어

앞내 물에 빨아닥아

뒤내 물에 휑겨닥아

담장울에 널어 바래

옥 같은 풀을 해서

홍두깨에 옷을 입혀

아당타당 두들여서

임의 직령直領 지어 낼 제

금金 가새로 비어 내어

은銀 바늘로 폭을 붙쳐

　　은銀다리미 다려내어

횃대 걸면 먼지 앉고

　　개어 두면 살 잡히고

방바닥에 던져 놓니

　　조그마한 시누이가 들며 나며 다 밟는다

접첨접첨 곱게 개어

　　자개함농 반닫이에

맵시 있게 넣어 놓고

　　대문大門 밖에 내달으며

저기 가는 저 선비 님

　　우리 선비 오시든가

오기야 오데마는

　　칠성판에 누워 오데

웬 말인가 웬 말인가

　　칠성판이 웬 말인가

원수로다 원수로다

　　서울 길이 원수로다

서울 길이 아니더면

　　우리 낭군 살았을 걸

쌍교 독교 어디 두고

　　칠성판이 웬 일인가

님아 님아 서방 님아

　　무슨 일로 죽었는가

배가 고파 죽었거든
　　밥을 보고 일어나오
목이 말라 죽었거든
　　물을 보고 일어나오
임을 그려 죽었거든
　　나를 보고 일어나오
아가 아가 우지 마라
　　너 아버지 죽었단다
수밀누명 유대군의
　　상여소리 웬 말인가
저승 길이 멀다더니
　　죽고나니 저승일세
저승 길이 길 같으면
　　오며 가며 보련마는
저승 문이 문 같으면
　　열고 닫고 보련마는
사장 사장 옥獄 사장아
　　옥문 잠간 따놓아 주오
보고지고 보고지고
　　우리 낭군 보고지고

清州地方

3. 마음의 태양太陽

조지훈趙芝薰*

꽃다이 타 오르는 햇살을 향하여
고요히 돌아가는 해바라기처럼,

높고 아름다운 하늘을 받들어
그 속에 맑은 넋을 살게 하라.

가시밭 길을 넘어 그윽이 웃는 한 송이 꽃은.
눈물의 이슬을 받아 핀다 하노니,

깊고 거룩한 세상을 우럴으기에
삼가 육신肉身의 괴로움도 달게 받으라.

괴로움에 짐짓 웃으량이면
슬픔도 오히려 아름다운 것이……

---

* 조지훈. 시인.

고난苦難을 사랑하는 이게만이
마음 나라의 원광圓光은 떠오르노라.

푸른 하늘로 푸른 하늘로
항시 날아 오르는 노고지리 같이.

맑고 아름다운 하늘을 받들어
그 속에 높은 넋을 살게 하라.

4. 청산별곡青山別曲

살어리 살어리랏다 청산青山에 살어리랏다. 멀위랑 ᄃᆞ래랑 먹고 청산青山에 살어리랏다. 얄리얄리 얄랑셩 얄라리얄라.

우러라 우러라 새여 자고니러 우러라. 새여 널라와 시름한 나도 자고니러 우니로다. 얄리 얄리 얄랑셩 얄라리얄라.

가던 새 가던 새 본다 믈아래 가던 새 본다. 잉무든 장글란 가지고 믈아래 가던 새 본다. 얄리얄리 얄랑셩 얄라리얄라.

이리공 뎌리공ᄒᆞ야 나즈란 디내와숀뎌. 오리도 가리도 업슨 바므란 ᄯᅩ 엇디호리라. 얄리 얄리 얄랑셩 얄라리얄라.

어듸라 더디던돌고 누리라 마치던 돌고. 믜리도 괴리도 업시 마자셔 우니노라. 얄리 얄리 얄랑셩 얄라리얄라.

살어리 살어리랏다 바ᄅᆞ래 살어리랏다. ᄂᆞᄆᆞ자기 구조ᄀᆡ랑 먹고 바ᄅᆞ래 살어리랏다. 얄리 얄리 얄랑셩 얄라리얄라.

가다가 가다가 드로라 에졍지 가다가 드로라 사ᄉᆞ미 짒대예 올아셔 ᄒᆡ금을 혀거를 드로라 얄리 얄리 얄랑셩 얄라리얄라.

가다니 ᄇᆡ브른 도긔 설진강수를 비조라. 조롱곳 누로기 ᄆᆡ와잡 사와니 내 엇디ᄒᆞ리잇고. 얄리 얄리 얄랑셩 얄라리얄라.

5. 사회적社會的 의식意識

우리는 우리의 자손과 함께 동일同一 세포細胞의 분렬分裂로 말미암아 생긴 것이다. 생물은 전종속全種屬을 통하여 동일同一 생물生物로 볼 수가 있다. 생물 학자學者는 오늘날 "생물은 사멸死滅하지 않는다."고 말한다. 의식意識 생활에 대하여 보더라도 역시 그렇다. 인간의 공동 생활生活을 영위營爲하는 곳에는 반드시 각인各人의 의식을 통일統一하는 사회적 의식이 있다.

언어言語, 풍속風俗, 습관習慣, 제도制度, 법률法律, 종교宗教, 문학文學 등은 모두 이 사회적 의식의 현상現象이다. 우리의 개인적 의식은 이 가운데서 발생發生하고, 이 가운데서 양성된 것이니, 이 커다란 의식을 구성構成하는 한 세포에 지나지 않는다. 지식이나, 도덕이나, 취미나, 다 사회적 의의를 가지고 있다. 가장 보편적普遍的인 학문學問까지도 사회적 인습因襲을 벗어나지 못한다. 오늘날 각국에 학풍學風이라는 것이 있는 것은 이 때문이다. 소위 개인의 특성特性은 이 사회적 의식의 기초 위에 나타나오는 다양多樣의 변화에 지나지 않는다. 아무리 출중出衆한 천재天才라도 이 사회적 의식의 범위를 벗어나지 못한다. 도리어 그러한 천재는 사회적 의식의 심대深大한 의의를 발휘한 사람이다. 사회적 의식과 하등의 관계가 없는 것은 광인狂人의 의식 따위에 지나지 않는다.

여상如上의 사실은 누구나 이것을 거부拒否할 수 없겠지마는, 그러면

이 공동적 의식이 개인적個人的 의식과 동일한 의미에 있어 존재하는 것으로서, 이것을 한 개의 인격人格으로 볼 수 있느냐 없느냐 하는 것에 이르러서는 여러 가지 이론異論이 있다. 회푸딩은 통일적 의식의 실재實在를 부정하여 "삼림森林은 나무의 집합이니, 나무를 낱낱이 나누어 놓고는, 삼림이란 것이 없다. 사회도 개인의 집합이니, 개인 이외에 사회라는 독립獨立한 존재는 없다."고 말하였다. 그러나 분석하여 보아서 통일이 실재하지 않으니까. 실재가 없다고는 말할 수 없다. 개인의 의식도 분석해 놓고 보면, 통일적 자기가 따로 있는 것이 아니다. 그러나, 통일 위에 한 특색이 있어서 여러 가지 현상은 이 통일로 말미암아 성립하는 것이라고 인정認定하지 않을 수 없으니까, 한 개의 살아 있는 실재로 보는 것이다.

사회적 의식도 동일한 이유에 의하여, 한 개의 살아 있는 실재로 볼 수 있다. 사회적 의식에도, 개인적 의식과 마찬가지로, 중심도 있고 연락連絡도 있어서, 확실히 한 체계體系가 있다. 다만 개인적 의식에는, 육체라는 한 가지 기초가 있다. 이것은 사회적 의식과 다른 점이기는 하나, 뇌腦도 결코 단순單純한 물체가 아니다. 세포의 집합체니, 사회가 개인이라는 세포로 성립된 것과 다름이 없다.

이 모양으로, 사회적 의식이라는 것이 있어서, 우리의 개인적 의식은 그 일부분이므로, 우리 요구의 대부분은, 모두 사회적이다. 만일 우리의 욕망慾望 가운데서, 그 타애적他愛的 요소를 떼어 낸다면, 거의 아무 것도 있지 않을 것이다. 우리의 생명욕生命慾도 주요主要 원인原因은 타애他愛에 있는 것으로 보더라도, 그것은 분명하다. 우리는 자기의 만족보다는 자기를 사랑하는 사람, 또는 자기가 속한 사회의 만족으로 말미암아, 만족되는 것이다. 원래 우리의 자기의 중심은 개체個體 가운데 국한局限된 것이 아니다. 어머니의 자기는 자녀子女 가운데 있고, 충신忠臣의 자기는 군주君

主 가운데 있다. 인격이 위대偉大하게 될수록, 자기의 요구가 사회적으로 되어 가는 것이다.

조금 더 사회적 의식의 계단階段에 대하여 말하여 보자. 사회적 의식에는, 여러 가지 계단이 있다. 그 중에 가장 작고도 가장 직접적인 것은 가족이다. 가족이란 것은, 우리의 인격이 사회에 발전하는 기초의 계단이라 아니할 수 없다. 남녀가 모여서 일 가족을 형성하는 것은, 다만 자손을 남긴다는 것보다도, 한층 더 심원深遠한 정신적精神的 목적目的을 가지고 있다. 인류人類라는 전형典形으로 본다면, 개인적 남녀男女는 완전한 사람이 못 되고, 남녀를 합하여서만 완전한 일인一人이 된다. 남자의 성격性格이 인류의 완전한 전형이 아닌 것처럼, 자녀의 성격도 완전한 전형이 아닐 것이다. 남녀 양 성兩性이 서로 도와서만, 완전한 인격의 발전이 있는 것이다.

그러나, 우리의 사회적 의식의 발전은, 가족이라는 소단체小團體 가운데 국한된 것이 아니다. 우리의 정신적 및 물질적物質的 생활은, 모두 사회적 단결團結에 있어서 발달할 수가 있는 것이다. 가족에 버금하여 우리의 의식 활동의 전체를 통일하여, 한 인격의 발현發現으로 볼 수 있는 것은 국가國家다. 국가의 목적에 대하여는 제설諸說이 분운紛紜하다. 어떤 사람은 국가의 본체本體를 주권主權의 위력威力에 두고, 그 목적은 다만 밖으로는 적敵을 방어防禦하고, 안으로는 국민國民 상호간相互間의 생명, 재산을 보호함에 있다고 생각한다. 또 어떤 사람은 국가의 본체를 개인 위에 두고, 그 목적은 다만 개인의 인격 발전의 조화調和에 있다고 생각한다. 그러나 국가의 진정眞正한 목적은 제일 논자第一論者의 말과 같이 물질적 및, 소극적消極的인 것이 아니요, 또 제이 논자의 말과 같이 개인의 인격이 국가의 기초가 아니다. 우리들 개인은, 한 사회의 세포로서 발달하여 온 것이다. 국가의 본체는, 우리의 정신의 근저根柢인 공동적 의식의 발현이다. 우리는 국가에서 인격의 커다란 발전을 이룰 수 있는 것이다. 국가는 통일된 한 개의 인격이니, 국가의 제도 법률은, 이와 같은 공동적 의식의 의지意志의 발현이다. 우리가 국가를 위하여 진력하는 것은, 위대한 인격의 발전發展 완성完成을 위하여서이다. 또 국가가 개인을 처벌處罰하는 것은, 복수復讎하기 위한 것도 아니고, 또 사회의 안녕만을 위한 것도 아니고, 인격에 침범侵犯할 수 없는 위엄威嚴이 있기 때문이다.

국가는 오늘날로 보면 통일된 공동적 의식의 가장 위대한 발현이지마는 우리의 인격적人格的 발현은 여기에 그칠 수가 없고, 한층 더 큰 것을 요구한다. 그것은 즉 인류를 일단一團으로 한 인류적 사회의 단결이다. 이와 같은 이상理想은 파울의 기독교에 있어서, 또는 스토아 학파學派에 있어서, 이미 나타나 있다. 다만 이 이상은 용이하게 실현 할 수가 없다. 오늘날은 아직 무장적武裝的 평화平和 시대時代다. 구원久遠한 역사의 단초端初로부터 인류 발달의 자취를 더듬어 보건대, 국가는 인류 최종의 목적이 아니고 인류의 발달에 일관一貫한 의미, 목적이 있어서 국가는 제 각기 그 일부분의 사명을 다하기 위하여, 흥망興亡 성쇠盛衰를 거듭하는 듯하다. 그러나, 진정眞正한 의미의 세계世界 주의主義라는 것은 각 국가가 없어진다는 의미가 아니라, 각 국가가 더욱더욱 강국이 되어, 각자의 특징을 발휘發揮하여 세계의 역사歷史에 공헌貢獻하는 의미다.

6. 풍파에 놀란 사공

설의식薛義植

○

풍파에 놀란 사공
　　배 팔아 말을 사니
구절九折 양장羊腸이
　　물도곤 어려왜라
이 후後란 배도 말도 말고
　　밭갈이나 하리라

-가곡원류歌曲源流에서-

○

사공이 풍파를 만났고. 만경창파萬頃蒼波에 일엽주一葉舟라면 흥취興趣파두波頭에 넘칠 것이오마는, 심심소일消日의 청유淸遊가 아니라, 생도生途를 바다에 구하는 필사의 노력이니, 여간한 일이 아닐 것이요. 회오리바람에 성낸 물결이 하늘에 부서지면, 흥취는 고사하고 혼인들 남아 있겠소? 그래서 배를 팔아 말을 샀던 것이요. 물결 없는 땅 위에서 생업生業을 말 등과 말 다리에 부쳤소.

○

고요한 새벽 길에 뚜걱떼걱하는 말굽 소리, 촉촉한 이슬 아침에 이라 찍찍! 저라 찍찍! 제 멋에 기꺼운 때도 많았을 것이요. 경쾌한 마상 벌이도 노고勞苦를 잊기에 시취詩趣의 도움도 있었을 것이요. 초생달 저물 녘에 덜렁달랑 말 방울 소리 생각만 하여도 귓청이 서늘함 직하지 않소?

그러나, 유월 염천炎天에 감돌아 언덕 고개를 허덕이는 신세, 오동지五冬至 설한풍雪寒風에 고부랑 비탈길을 종종거리는 신세, 땀이 마르고 진이 빠지리니 이 일인들 어디 쉬운가? 쉽지 않으니 또 말을 팔아야 하겠소. 배도 어렵고 말도 어려우니 이 일을 어찌 할가요?

이 시조의 작자는 '밭 갈이를' 택擇했소. 배도 말도 말고 호미를 들고 땅을 파라고 하였소. 경전이식耕田而食, 쉬운 낙樂을 흙 속에서 구하라고 하였소.

그러나, 이것도 옛날 말이지 금세今世에야 어디 쉬운가? '임자'라고 갈라 가고 '구실' 이라고 덜어 가니 춘하추 세 철에 애쓴 보람이 풍지 떠는 바람이구료. 잠 못 드는 한숨에 부딪치는 눈보라뿐이구료. 밭갈이도 나름이지 쉬운 듯 어려운 것이 이 고장 밭갈이구료.

○

풍파에 놀란 사공
　　배 팔아 말을 사니,
말인들 쉬울 건가,
　　아니런들 또 쉬우리.
제 구실 제 몫이라니,
　　생긴 대로 하리라.

7. 고시조

설악산雪岳山 가는 길에, 개골산皆骨山 중을 만나,
중다려 묻는 말이, 풍악楓岳이 어떻더니,
이사이 연하여 서리치니, 때 맞은가 하노라

조명리趙明履-영조英祖 때 사람

말이 놀라거날 혁 잡고 굽어보니,
금수청산錦繡青山이 물 속에 잠겼세라.
저 말아, 놀라지 마라, 그를 보러 왔노라.

십 년을 경영하야 초당草堂한 간 지어 내니.
반 간은 청풍清風이요, 반 간은 명월明月이라,
청산青山은 들일 대 없으니, 둘러두고 보리라.

오려 고개 숙고, 열무우 살졌난대,
낙시에 고기 물고, 게는 좇아 내리놓다.
아마도 농가 흥미는 이뿐인가 하노라.

산은 옛 산이로되, 물은 옛 물 아니로다.

주야晝夜에 흘러 가니, 옛 물이 잇실소냐.
인걸人傑도 물과 같아여, 가고 아니 오더라.

황진이黃眞伊 중종中宗 때 명기名技

금풍金風이 부는 밤에 나무 잎 다 지것다.
한천寒天 명월야明月夜에 기러기 울어 옐제,
천 리에 집 떠난 객이야 잠 못 이뤄 하노라.

송종원宋宗元

백설白雪이 잦아진 골에 구름이 머흐레라.
반가운 매화난 어늬 곳에 픠였난고.
석양에 홀노 셔 있어, 갈 곳 몰라 하노라.

이색李穡-고려高麗 공민왕恭愍王 때 사람

8. 정읍사井邑詞

ᄃᆞᆯ하 노피곰 도ᄃᆞ샤.
어긔야 머리곰 비취오시라.
어긔야 어강됴리.
아으 다롱디리.

져재 녀러신고요.
어긔야 즌ᄃᆡᄅᆞᆯ 드ᄃᆡ욜셰라.
어긔야 어강됴리.

어느이다 노코시라.
어긔야 내 가논ᄃᆡ 졈그ᄅᆞᆯ셰라.
어긔야 어강됴리.
아으 다롱디리.

백제 가요百濟歌謠

9. 시詩와 발표發表

정지용鄭芝溶*

꾀꼬리 종달새는 노상 우는 것이 아니고, 우는 나달보다 울지 않는 달 수가 더 길다.

봄 여름 한 철을 울고 내쳐 휴식休息하는 이 교앙驕昻한 명금鳴禽들의 동민冬眠도 아닌 계절季節의 함묵緘默에 견디는 표정表情이 어떠한가 보고 싶기도 하다.

사철 짖어귀는 까마귀 참새를 위하여 분연憤然히 펜을 드는 장쾌壯快한 대중시인大衆詩人이 나서고 보면, 성각聲覺의 선민選民들은 꾀꼬리 종달새 편이 아니 될 수 없으니 호사豪奢스런 귀를 타고난 것도 무슨 잘못이나 아닐가 모르겠다.

시詩를 위한 휴양休養이 도리어 시작詩作보다도 귀하기까지 한 것이니, 휴양休養이 정체停滯와 다른 까닭에서 그러하다.

중첩重疊한 산악山岳을 대對한 듯한 침묵중沈黙中에서 이루어지는 계획計劃이 대개 무섭기까지 하다.

시詩의 저축貯蓄 혹은 예비豫備 혹은 명일明日의 약진躍進을 기期하는 전

* 정지용(1903~). 시인. 저서 "鄭芝溶詩集", "白鹿潭", "지용詩選".

야前夜의 숙수熟睡 휴식休息도 도리어 생명生命의 암묵리暗默裏의 영위營爲로 들릴 수 밖에 없다.

설령 역작力作이라도 다작多作일 필요必要가 없으니, 시인詩人이 무슨 까닭으로 마소의 과로過勞와 토끼의 다산多産을 본 받을 것이냐.

감정感情의 낭비浪費는 청춘병靑春病의 한 가지로서 다정多情과 다작多作을 성적동기性的動機에서 동근이지同根異枝로 봄 직도 하다.

번번이 걸작傑作은 고사姑捨하고 단 한번이라도 걸작傑作이란 예산豫算으로 되는 것이 아니요, 시작詩作 이후以後에 의외意外의 소득所得인 것뿐이다.

하물며 발표욕發表慾에 급급汲汲하여 범용凡庸한 다작多作이 무슨 보람을 세울 것인가.

오다가다 걸릴가 하는 걸작傑作을 위하여 무수無數한 다작多作이 필요必要하다는 것일가.

나릇에 터가 잡히도록 계속繼續하는 작문作文의 습관習慣이 반드시 시詩를 낳는다고 할 수 없으니, 다작多作과 남작濫作의 거리距離가 얼마나 먼 것일가.

혹은 말하기를 기악器樂에 있어서 부단不斷한 연습練習이 필요必要함과 같이, 시詩의 연습練習으로서 다작多作이 필요必要하다고.

기악가器樂家의 권면勸勉과 시인詩人의 정진精進이 반드시 동일同一한 코오스를 밟아서 될 것이 아니겠으나, 시詩를 정성精誠껏 연습練習한다는 것을 구태여 책責할 수도 없다.

범용凡庸의 완명頑冥한 마력馬力도 그도 또한 놀라울 노릇이 아닐 수도 없는 까닭이다.

그러나, 연습練習과 발표發表를 혼동混同함에 있어서는 지저분하고 꾀죄죄한 허영虛榮을 활자화活字化한 것밖게 무엇을 얻어 볼 것이랴.

시詩는 숫자數字의 정확성正確性 이상以上에 다시 엄격嚴格한 미덕美德의 충일充溢함이다.

완성完成 조화調和 극치極致의 발화發花 이하以下에서 저회低廻하는 詩는 달이 차도록 근신勤愼하라.

첫째 범용凡庸한 시문류詩文類는 앉을 자리를 가릴 줄을 모른다.

유화油畵 한 폭을 거는 화인畵人은 위치位置와 창명窓明과 배포背布까지도 세심細心 용의用意하거늘, 소위所謂 시인詩人은 무슨 지면地面에든지 앉기가 급하게 주저 앉는다.

성적性的 기사記事나 매약광고賣藥廣告와도 흔연欣然히 이웃하는 것은 발표욕發表慾도 이에 이르러서는 시詩에 초속성超俗性을 논의論議하기가 도리어 부끄러운 일이니, 원래 자신自信이 없는 다작多作이고 보니, 자존自尊이 있을 이 없다.

시詩가 명금鳴禽이 아니라, 한 철이 따로 있는 것이 아니겠으나, 될 때 되는 것이요. 아니 될 때는 좀처럼 아니 되는 것을 시인詩人의 무능無能으로 돌릴 것이 아니니, 신문소설新聞小說 집필자執筆者로서 이러한 무능無能을 배울 수는 없는 일이다.

시詩가 시詩로서 온전히 제 자리가 돌아빠지는 것은 차라리 꽃이 봉오리를 머금 듯 꾀꼬리 목청이 제 철에 트이 듯, 아기가 열 달을 차서 태반胎盤을 돌아 탄생誕生하듯하는 것이니, 시詩를 또 한 가지 다른 자연현상自然現象으로 돌리는 것은 시인詩人의 회피廻避도 아니요, 무책임無責任한 죄罪로 다스릴 법法도 없다.

무엇보다도 이러한 시적詩的 기밀機密에 참가參加하여 그 당오堂奧에 들어서기 전에 무용無用한 다작多作이란 도로徒勞에 그칠뿐이요, 문장文章 탁마琢磨에도 유리有利할 것이 없으니, 단편적斷片的 영탄조詠嘆調의 어구語句 나열羅列에 습관習慣이 붙은 이는 산문散文에 옮기어서도 지저분한 버릇을 고치지 못하고 만다.

산문散文은 의무義務로 쓸 수 있다.

편집자編輯者의 제제提題를 즉시卽時 수응酬應하는 현대現代 신문잡지문학新聞雜誌文學의 청부업적請負業的 문자기능文字技能이 시작詩作에 부여賦與되지 못한 것이 한사恨事도 아니려니와 시詩가 의무義務로 이행履行될 수 없는 점에서 저날리슴과 질로 보조步調가 어그러지고 마는 것도 자연自然한 일이다.

시詩가 충동衝動과 희열喜悅과 능동能動과 영감靈感을 기다려서 겨우 심혈心血과 혼백魂魄의 결정結晶을 얻게 되는 것이므로, 현대現代 저날리슴의 기대期待를 시詩에 두었다가는 초속도超速度 윤전기輪轉機가 한산閑散한 세월歲月을 보낼 수 밖에 없다.

저날리슴이 자연自然 분분紛紛한 일상성적日常性的 산문散文, 잡필雜筆, 보도報道, 기사記事, 선전宣傳 등等에 급급汲汲하게 된다.

이른바 산문시대散文時代라는 것이니, 산문시대散文時代에서 시詩의 자세姿勢는 더욱 초연超然히 발화發花할 뿐이다.

저날리슴의 동작動作이 빈번頻繁할 대로 하라.

맥진驀進에 다시 치구馳驅하라.

오직 예술문화藝術文化의 순수純粹와 영구永久를 조준照準하기 위하여 시詩는 절로 한 층 고고孤高한 자리를 잡지 않을 수 없는 필요성必要性에 집착執着할 뿐이다.

이리 하여 시인詩人이 절로 다작多作과 발표發表에 과욕寡慾하게 되므로 시詩에 정진精進하되 수험공부受驗工夫하듯이 초조焦燥하다든지 절제節制

없는 감상感傷으로 인因하여 혹은 독서讀書중에 경첩輕捷한 모방벽模倣癖으로 인因하여 즉시卽時 시작詩作에 착수着手하는 것을 삼가게 되는 것이요, 서서徐徐히 정열情熱과 영향影響과 진정眞情과 요설饒設[22]을 정리整理함에서 시詩를 조산早産하는 것이다.

가장 타당妥當한 시작詩作이란 구족具足된 조건條件 혹은 난숙爛熟한 상태常態에서 불가피不可避의 시적회임詩的懷妊 내지乃至 출산出産인 것이니, 시작詩作이 완료完了한 후後에 다시 시詩를 위한 휴양기休養期가 길어도 좋다.

고인古人의 서書를 심독心讀할 수 있음과 새로운 지식智識에 접촉接觸할 수 있음과 모어母語와 외어공부外語工夫에 중학생中學生처럼 굴종屈從할 수 있는 시간時間을 이 시적詩的 휴양기休養期에서 얻을 수 있습니다.

그보다도 더 좋은 것을 얻을 수 있는 것은 바다와 구름의 동태動態를 살핀다든지, 절정絶頂에 올라 고산식물高山植物이 어떠한 몸짓과 호흡呼吸을 가지는 것을 본다든지, 들에 나가 일초一草 일엽一葉이 벌레 울음과 물소리가 진실眞實히도 시적詩的 운률韻律에서 떠는 것을 나도 따라 같이 떨 수 있는 시간時間을 가질 수 있습니다.

시인詩人이 더욱이 이 기간期間에서 인간人間에 집착執着하지 않을 수 없다.

사람이 어떻게 괴롭게 삶을 보며 무엇을 위하여 살며 어떻게 살 것이란 것에 주력主力하며 신神과 인간人間과 영혼靈魂과 신앙信仰과 애愛에 대對한 항시恒時 투철透徹하고 열렬熱烈한 정신情神과 심리心理를 고수固守한다.

22 '饒舌'의 오기.

이리하여 생生과 사死에 대對하여 점점漸漸 단段이 승진昇進되는 일개一個 표일飄逸한 생명生命의 검사劍士로서 영원永遠에 서게 된다.

10. 독락당獨樂堂

자옥산紫玉山 명승지에 독락당獨樂堂이 맑고 깨끗함을, 들은 지 오래로대, 이 몸이 무부武夫로서 여가 없이 분주하다가 마음 속에 우럴어 그리워함이 백발白髮 되자 더욱 깊어, 짚신 신고 대지팡이 짚고 오늘에사 찾아오니, 뫼뿌리는 아름답게 빼어나고, 흐르는 물은 이리 저리 구불러졌다. 이러한 좋은 곳에 임자 어이 없었던고. 일천 년 신라와 오백 재 고려에 현인賢人 군자君子들이 많이도 지났건만, 하늘이 덮고 땅이 감추어서 우리 선생께 끼치도다. 만물이 각각 임자가 있거든, 다툴 이 있을소냐. 푸른 담장이를 헤어 들어 독락당을 열어 내니, 그윽히 잠겼던 경치는, 겨눌데 노여 없다. 크고도 빽빽한 대밭은 시냇물조차 덮어 있고, 만권 서책은 네 벽에 쌓였으니, 현인이 왼편에 있고, 군자가 오른편에 앉았는 듯, 천고千古를 벗을 삼아 한가롭고 고요한 속에 잠겨, 스스로 얻는 바 있음을 혼자 즐겨하시었다.

독락, 이 이름 심정心情을 일컬은 것인 줄 그 뉘가 아리. 사마온공司馬溫公 독락원이 아무리 좋다 한들, 그 한적하고, 참으로 즐거움이야, 이 독락에 비길 손가. 옛 생각 못내하여, 양진암養眞庵에 돌아들어 나부끼는 바람결에 가만히 바라보니, 그 뜻이 더욱 맑다. 관어대觀魚臺 내려오니 깔아놓은 듯한 반석에 선생이 남기신 발자국, 지팡이 자리가 보이는 듯, 손수 심으신 낙락장송은, 옛 빛을 띄었으니, 의연한 그 빛이 기 더욱 반가울사,

정신이 맑고 기상이 상쾌하여 지란실芝蘭室에 든 듯하다. 고적을 살피다가, 문득 깨달으니 층층한 절벽은 운모병雲母屛이 절로 되어 양지良志의 묘한 손재주로 그린 듯이 벌려 있고, 백 길 푸른 못에 하늘 빛과 구름 그림자가 잠기어 어렸으니, 빛나는 바람과 개인 달빛이 부는 듯 비치는 듯. 선생은 이 곳에서 나는 솔개와 뛰노는 고기를 말 없은 벗을 삼아, 성현의 사업을 이루었었다. 시냇물을 비껴 건너, 고기 낚던 바위도 완연할사, 묻노라 백구들아 옛 일을 아나느냐. 이끼 끼인 바위 위에 저녁 안개만 잠겼어라. 봄옷을 새로 입고 영귀대詠歸台에 올라오니 아름다운 경치는 다시 없이 좋고 좋아 청흥淸興이

절로 하니 풍채도 늠름할사, 오늘 다시 본 듯하다. 대 아래 연못에, 가는 비 잠간 지나가니, 벽옥같은 넓은 잎에, 흩나니 명주明珠로다. 이러한 좋은 경을 보암직도 하다마는, 선생인 가신 뒤에 몇몇 해를 지난 게오. 의구한 맑은 향기 다만 혼자 남았고야. 연보래 빛 안개가 비낀 아래, 폭포를 멀리 보니, 뫼뿌리 높은 끝에 긴 냇물이 거꾸로 걸렸는 듯. 증심대澄心台 굽어 보니 비좁던 가슴 속이 새로운 듯하다마는, 적적한 높은 대에 외로히 앉았으니, 바람 맑은 거울 속에 산 그림자만 잠겨 있고 우거진 숲풀 속에 온갖 새 우짖는다 이리 저리 헤매면서 진적眞跡을 다 찾으니, 탁영 대濯纓台 괴인 물은 고금 없이 맑다마는 끝 길에 흩어진 세상 사람마다 다투거든, 이렇게도 좋은 못에 갓끈을 씻는 사람, 찾아 보기 어려워라.

사자암獅子庵 높이 올라 도덕 산道德山을 바라보니, 학문과 도덕이 넘쳐 흘러, 절로 문채 놓던 것은 어제론 듯하다마는, 봉황새 날아가고, 온 산이 비었으니, 다만 뻐꾸기만 석양에 운다. 도화동桃花洞 나린 물이 밤 낮을 쉬지 않고, 꽃잎조차 흘러 오니, 이 땅이 어디맨고. 어진 이도 아닌 몸이 무슨 도리 알리마는, 산살이 내 좋아서 돌아갈 줄 잊었도다. 기암奇巖을

다시 비겨, 원근遠近에, 경치를 살펴 보니, 만자 천홍은 비단 빛이 되어 있고, 꽃 향기 무럭무럭 골짝 바람에 날려 오고, 절간 종소리는 구름 밖에 들리나다. 이러한 절승絶勝이야 붓과 글이 당할손가. 눈에 가득 드는 풍경이 길손의 흥을 도웁는 듯. 마음껏 거닐다가 짐짓 돌아오니, 서산에 이미 석양이 거의로다. 독락당 고쳐 올라 좌우를 살펴 보니, 선생 풍채를 친히 만나 뵈옵는 듯. 우러러 탄식하며, 당시 하시던 일 다시금 생각하니 우리 동방 예의국에 참으로 군자의 길 즐긴 이는, 다만 인가 여기노라. 하물며 때의 운이 불행하여 충현忠賢을 멀리 물리쳤으니, 듣느니 보느니, 깊은 산 그윽한 골짜긴들, 뉘 아니 슬프게 느끼랴, 칠 년 강계江界에 해빛을 보지 않고, 문 닫고 깊이 반성하여, 도덕만 닦으시니, 사악邪惡은 정의를 이기지 못하는지라, 공론公論이 절로 일어 도덕 숭상을 사람마다 할 줄 아니, 강계는 적소謫所로대, 남겨 준 교화를 못내 잊어, 외딴 두메에 사우祠宇조차 세웠더라. 방방 곡곡에서 선비들이 모여든 것이야 일러 무엇하리.

붉은 옥돌 반석 위에 서원書院을 지어 두고, 빼어난 재주들이 구름같이 모여 들어 우렁찬 글소리에 세월은 흘렀도다. 구인당求仁堂돌아 올라, 체인묘體仁廟도 엄숙할사. 천추에 끊지 않는 혈식血食은 우연 아닌 일이로세. 세심 대洗心台 내린 물에, 덕택이 이어 흘러, 용추 검은 곳에 용조차 잠겼으니, 하늘의 교묘한 조화, 기 더욱 기이ㅎ고야, 가없은 좋은 경을, 다 찾기 어려울새, 제를 잊고 돌아갈 줄 모르는 사이에, 열흘이나 묵으면서, 고루固陋한 이 몸에 정성과 공경을 넓혀서 선생 문집文集을 자세히 살피니, 천언 만어가 모두 성현의 말씀이라. 도덕에 이르는 맥脈과 도리를 뚫는 공정工程이 해와 달처럼 밝았으니, 어두운 밤길에 촉燭 잡고 옌 듯하다. 참으로 이 남기신 가르침을 마음 속에 가득 담아, 성의誠意 정심正心

하여 지성을 넓게 하면, 말이 충의롭고, 행실이 두터워서 사람마다 어질로라. 선생의 남기신 덕화가 지극함이 어떠하뇨. 아아 뒤의 사람들아 우러러 좇는 마음 더욱 높여 천 년 만 년 오래도록 태산 북두 같이 바라서라.

하늘이 높고, 땅이 두꺼워도 다할 때 있으려니와, 독락당 맑은 바람은 가 없을가 하노라.

11. 동식물動植物의 배합配合美

자연계에 서식棲息하는 동물과 식물 사이에 필연 혹은 우연의 원인으로 말미암아, 서로 떠나지 못할 관계가 있는 듯이 보이는 것이 적지 않다. 이것을 연구하는 것은 박물학 상 가장 흥미 있는 일일 뿐만 아니라, 문학, 미술상으로도 또한 유익한 일이다.

곤충은 꽃에서 꿀을 먹고, 꽃은 또 곤충의 매개로 화분의 전달을 받아서 결실하는 것이 많으니, 양자 간의 관계가 지극히 밀접한 것은 말할 것도 없다.

곤충 이외의 동물과 식물과의 관계는 그처럼 밀접하지 아니하나, 여러 가지 원인으로 미묘한 배합미를 나타내는 것이 적지 않다. 누렇게 익은 벼 이삭에 참새 떼가 모여 드는 것이며, 과실이 빨갛게 달린 가지에 가마귀가 앉아서 쪼아 먹는 것과 다람쥐 같은 것이 나무 열매와 풀 열매를 따 먹는 것은 누구나 다 아는 바다. 이러한 동물과 과실과는 또한 일종의 관계가 있어, 동물에게 과실의 감미甘美를 주고, 그 씨를 여기저기 분포시키는 것이므로, 그 관계는 꽃과 곤충과의 관계와 다른 것이 없다.

이와 같은 필수必須의 관계는 아니라 할지라도, 백로白鷺가 버드나무 그늘에서 쉬고 개똥벌레가 부평浮萍에 머무르고, 개구리와 달팽이가 수변水邊 식물의 잎과 줄기에 매달리고, 못 가운데 나는 부들과 왕골에 고추잠자리가 날아드는 것은, 물이나 습기를 즐기는 동물이 수변 식물을 이용하는 것이요, 기러기와 오리가 노주蘆洲에 내리고, 잉어와 금붕어가 금어조金魚藻, 흑조黑藻의 사이에서 헤엄치는 것은, 다 수중 또는 수변의 식물과 스스로 배합되는 것임을 알 수 있으며, 다시마 자라난 물결 사이로 물고기와 새우가, 왕래하는 것도 또한 일 종의 기관奇觀이라 할 수 있다.

조류鳥類가 여러 가지 식물에 집을 짓는 것이 보통이나, 혹은 특수한 수목만을 가려서 집을 짓는 것도 있다. 또 어느 수목에는 어느 새가 자주 찾아 옴을 목격하고, 어느 새가 오는 절후와, 어느 식물의 꽃이나 열매가 있는 절후가 서로 일치一致하기 때문에, 우연히 그 새와 그 식물을 한꺼번에 보는 기회가 많고, 따라서 그 사이에 한 연상聯想을 이르키는 일이 적지 않다. 청송靑松에 백학白鶴, 녹류錄柳에 황앵黃鶯과 같은 대對는 이러한 동식물의 성질 형태가 스스로 서로 적합한 바가 있는 까닭일 것이다. 그러나, 또한 앞에 말한 바와 같은 원인에 기본되는 것임은 의심할 여지가 없다.

그 밖에도, 관목灌木 떨기에 깃들이고, 화원花園 사이로 완보緩步하는 꿩, 황야의 여우, 심림深林의 곰과 이리, 열대 지방의 야자椰子 나무 우거진 냇가에 졸고 있는 악어鰐魚, 인도印度 산야의 수풀 속에 몸을 감추고 있는 범, 사하라 사막 중의 소관목小灌木 아래에 쭈그리고 있는 사자, 어느 것이나 다 양계兩界의 자연한 배합이니, 양자가 서로 얻어서 비로소 그 천연의 물성物性을 발휘하는 것이라 할 것이다. 그러므로 화가, 문학가로서 자연계의 미를 표현表現하고자 하는 이는 모름지기 이러한 관계를 이해하지 않으면 아니 된다.

12. 사미인곡초思美人曲抄

정철鄭澈*

이 몸 삼기실 제, 님을 조차 삼기시니, ᄒᆞᆫᄉᆡᆼ 연분이며, 하ᄂᆞᆯ 모ᄅᆞᆯ 일이런가. 나 ᄒᆞ나 졈어 잇고, 님 ᄒᆞ나 날 괴시니, 이 ᄆᆞ음, 이 ᄉᆞ랑, 견ᄌᆞᆯ ᄃᆡ, 노여 업다. 평생에 원ᄒᆞ요ᄃᆡ, ᄒᆞᆫᄃᆡ 녜쟈 ᄒᆞ얏더니, 늘기야 므ᄉᆞ 일로, 외오 두고, 그리ᄂᆞᆫ고.

☆

인ᄉᆡᆼ은 유한有限ᄒᆞᆫᄡᆡ 사ᄅᆞᆷ도 그지 업다. 무심ᄒᆞᆫ 세월은, 믈 흐르ᄃᆞᆺ 하ᄂᆞᆫ고야. 염량炎凉이 ᄡᆡ를 아라, 가ᄂᆞᆫᄃᆞᆺ 고텨 오니, 듯거니 보거니 늣길 일도 하도 할샤. 동풍이 건듯 부러, 적설을 헤텨 내니, 창 밧긔 심근 매화, 두 세 가지 픠여세라. ᄀᆞᆺ득 냉담ᄒᆞᆫᄃᆡ, 암향은 므ᄉᆞ 일고, 황혼의 ᄃᆞᆯ이 조차 벼마ᄐᆡ 빗최니 늑ᄂᆞᆫ ᄃᆞᆺ, 반기ᄂᆞᆫ 듯, 님이신가 아니신가. 뎌 매화 것거내여, 님 겨신 ᄃᆡ 보내오져. 님이 너ᄅᆞᆯ 보고, 엇더타 너기실고

님 겨신 ᄃᆡ ᄇᆞ라보니, 산인가, 구름인가, 머흐도 머흘시고, 천 리, 만 리 길흘, 뉘라서 ᄎᆞ자 갈고. 니거든 여러두고 날인가 반기실가 ᄒᆞᄅᆞ 밤서리김의, 기러기 울어 녤제, 위루危樓에 혼자 올나, 수정렴水晶簾 거든 말이,

* 정철. 자는 계함季涵. 호는 송강松江. 선조宣祖 때 문학대가. 저서 "松江歌辭".

동산의 ᄃᆞᆯ이 나고, 북극에 별이 뵈니, 님이신가 반기니, 눈물이 절로 난다. 청광淸光을 쥐여 내여, 봉황루鳳凰樓의 붓티고져. 누 우ᄒᆡ 거러 두고, 팔황八荒의 다 비최여, 심산 궁곡 졈낫ᄀᆞ티 ᄆᆡᆼ그쇼셔. 건곤이 폐색ᄒᆞ야, ᄇᆡᆨ셜이 ᄒᆞᆫ 빗친 제, 사ᄅᆞᆷ은ᄏᆞ니와, ᄂᆞᆯ새도 그쳐 잇다.

☆

ᄒᆞᄅᆞ도 열 두 ᄣᅵ, ᄒᆞᆫ ᄃᆞᆯ도 셜흔 날, 저근덧 ᄉᆡᆼ각마라. 이 시름 닛쟈 ᄒᆞ니, ᄆᆞᄋᆞᆷ의 ᄆᆡ쳐 이셔, 골수의 ᄢᅦ치시니, 편작이 열히 오나, 이 병을 엇디 하리. 어와 내 병이야, 이 님의 탓이로다. ᄎᆞᆯ하리 ᄉᆡ여디여, 범나ᄇᆡ 되오리라 곳나모 가지마다 간 ᄃᆡ 죡죡 안니다가 향 므든 ᄂᆞᆯ애로 님의 옷ᄉᆡ 올므리라. 님이야 날인 줄 몰ᄅᆞ셔도 내 님 조ᄎᆞ려 하노라.

13. 국어國語의 어감語感

이희승李熙昇*

어감語感이란 언어言語의 생활감生活感 다시 말하면 언어言語의 생명력生命力입니다.

어감語感 없이는 모든 말이 개념적槪念的으로 취급取扱되어 버립니다.

즉卽 어감語感 없는 말은 언어言語의 시체屍體거나 그렇지 않으면 정신精神 상실자喪失者입니다.

이와 같이 어감語感은 언어言語 활동活動에 있어서 생동生動하는 힘을 가지고 있습니다.

그리하여 사상思想을 전달傳達하는 언어言語 활동活動은 감정感情을 이입移入함으로써 표출자表出者의 표현表現 효과效果를 훨씬 증대增大시킬 수 있읍니다.

그러면 어감語感의 정체正體는 무엇인가

그것을 다시 한번 생각하여 보려 합니다.

대개 언어言語에는 의미意味 즉卽 뜻과 음성音聲 즉卽 소리 두 방면方面이 있읍니다.

---

* 이희승(4230~). 호는 일석一石. 조선어학자. 저서 "朝鮮文學研究抄", "朝鮮語學論攷".

「사람」이란 말은 「사」란 발음發音과 「람」이란 발음發音이 합合하여 성립成立되어 가지고 「人」 「사람」이란 개념概念 즉卽 의미意味를 나타내게 됩니다.

그러므로 발음發音은 말의 형식形式이요 의미意味는 말의 내용內容입니다.

그리하여 어감語感이란 것이 이 형식形式과 내용內容에 다 관계關係를 가지고 있읍니다.

(1) 형식形式 즉卽 발음發音이 어감語感을 규정規定하는 데는 다음과 같은 조건條件이 있읍니다.

(가) 발음發音의 강약强弱입니다.

"바람" "구름" "달" "꽃" 등과 같은 명사名詞라든지 "얼른" "천천히"와 같은 부사副詞라든지, "아름답다" "탐스럽다" 등等의 형용사形容詞와 같은 동일同一한 어휘語彙라도 그 발음發音의 강약强弱은 무수無數히 변화變化시킬 수 있읍니다. 그 강약强弱이 이와 같이 변화變化됨을 따라, 그 말에 따르는 어감語感도 실實로 무수無數히 다를 수 있읍니다.

그리하여 그 발음發音을 조절調節함으로써 그 말의 표현효과表現効果를 크게도 할 수 있고 작게도 할 수 있읍니다.

(나) 발음發音의 지속持續 즉卽 장단長短입니다.

발음發音의 장단長短은 명사名詞의 어감語感에도 크게 관계關係가 있겠지마는 형용사形容詞 부사副詞 감탄사感歎詞같은 것에 더욱 효과적效果的이리라 생각합니다.

"바람이 솔솔 분다"는 말과 "바람이 소-ㄹ 소-ㄹ 분다"는 말이라든지, "걸음을 느릿느릿 걷는다"는 말과 "걸음을 느리-ㅅ 느리-ㅅ 걷는다"는 말의 어감의 차는 지금 저의 발음을 들으시는 여러분이 용이容易 히 판단

判斷하실 줄 압니다.

(다) 발음發音의 고저高低입니다.

이 발음發音의 고저高低는 발음發音의 강약强弱과는 다른 것입니다.

발음發音의 강약强弱은 음파音波의 진폭振幅의 대소大小에 달렸읍니다마는, 그 고저高低는 음파音波의 진동振動 수數에 달렸읍니다.

그리고 강음强音과 저음低音은 항상恒常 일치一致되는 것은 아닙니다.

남성男性은 저음低音인 동시同時에 강음强音이요 모기소리蚊聲는 약弱하면서도 높은 소리입니다.

그리하여 이 고저高低가 또한 어감語感을 크게 좌우左右합니다.

(라) 발음發音 속에 섞인 모음母音의 명암明暗입니다.

명랑明朗한 모음母音이 포함包含되고 음암陰暗한 모음母音이 포함包含됨을 따라 그 말의 어감語感은 엄청나게 달라집니다.

그리하여 그 의미意味까지 달라지다 싶이합니다.

조선 말에는 이와 같은 예例가 많습니다.

명사名詞로도 「가짓말」과 거짓말 이라든지, 「모가지」와 「며가지」, 「뱅충이」와 「빙충이」 등等의 「가」 「모」 「뱅」이란 발음은 매우 어둡고 무거운 소립니다.

그러나, 형용사形容詞나 부사副詞에 이런 예例가 가장 많습니다.

동사動詞……빌어먹다-배라먹다. 잘린다-졸린다.

형용사形容詞……보얗다-부옇다. 까맣다-꺼멓다. 하얗다-허옇다, 까칠하다-꺼칠하다. 복실복실하다-복술복술하다.

배뚜름하다-비뚜름하다. 쌀쌀하다-쓸쓸하다. 짭짤하다-찝찔하다.

부사副詞……팔랑팔랑-펄렁펄렁. 달랑달랑-덜렁덜렁. 모락모락-무럭

무럭. 바실바실-부실부실. 발긋발긋-불긋불긋. 복작복작-북적북적.

등等 이루 셀 수 없을만큼 많습니다. 그 어감語感의 차差가 어찌나 심甚한지, 명랑明朗한 모음母音을 포함包含한 말들은 얕잡아 하는 말이라고 하기까지에 이르렀읍니다.

(마) 발음 속에 섞인 자음子音의 예둔銳鈍입니다. 그 자음子音의 날카롭고 둔한데 따라 역시亦是 어감은 큰 차이差異가 생깁니다.

몇 개個의 예例를 들면

명사名詞……주구렁이-쭈구렁이. 족집게-쪽집게. 고치-꼬치

동사動詞……떨다-털다. 방다-빻다

형용사形容詞……검다-껌다. 발갛다-빨갛다. 든든하다-튼튼하다-뜬뜬하다. 감감하다-깜깜하다-캄캄하다.

부사副詞……반작반작-빤짝빤짝. 기웃기웃-끼웃끼웃. 곰실곰실-꼼실꼼실. 부스스- 뿌시시-푸시시. 덜렁덜렁-떨렁떨렁-털렁털렁. 번번히-뻔뻔히-펀펀히. 바싹-바짝. 재깔재깔-재잘재잘.

이상以上은 그 말 속에 포함包含된 자음子音의 날카롭고 둔鈍함으로 인因하여 어감語感이 사뭇 다른 것들입니다.

(바) 접미음接尾音 혹或은 접두음接頭音을 가진 말

접미음接尾音을 가진 말……뺨-뺨따귀, 코-코빼기, 눈-눈깔, 배-배때기, 등-등살미, 팔-팔때기.

접두음接頭音을 가진 말……밟는다-짓밟는다. 주므른다-짓주므른다. 자빠진다-나자빠진다. 추긴다-부추긴다. 질기다-검질기다.

이상以上에 든 여섯 가지 조건條件은 주主로 그 말의 "액센트"와 리듬 즉卽 운률韻律을 규정規定하여 가지고 각각各各 그 말의 독특獨特한 청각적

聽覺的 성질性質을 띠고 있어서, 여러 가지 상태狀態를 표현表現합니다.

그리하여 시각視覺이나 촉각觸覺이나 취각嗅覺이나, 미각味覺 등等 다른 감각感覺과도 서로 통通하는 성질性質을 가지고 작용作用한다고 볼 수 있읍니다.

이 음성音聲이 가지고 있는 성격性格이 각종各種의 감각感覺을 통通하여 결국結局 그 말의 의미意味에까지 영향影響을 주어서 변동變動이 생기게 됩니다.

이런 종류種類의 문제問題는 여러 가지로 실험적實驗的 연구硏究가 행行하여지고 있읍니다. 호른뽀스테르(Hornboster)씨氏의 연구硏究 발표發表한 것이 있읍니다.

(2) 그리고 내용內容, 즉卽 의미意味가 어감을 규정規定하는 조건條件은 다음과 같으리라 생각합니다.

(가) 계급성階級性, 말의 계급성階級性이란 것은 그 말이 경어敬語인가 비어卑語인가 보통普通 평등平等되는 사람 사이에 쓰이는 말인가를 가리키는 것입니다.

이를테면,

잡숫는다-자신다-먹는다-처먹는다-처든지른다.

주무신다-잔다. 계시다-있다. 도라가셨다-죽었다-거꾸러졌다. 시장하다-배고프다.

편ㅎ치 않으시다-앓는다.

수라-메-진지-밥. 간자-수깔.

갱-국. 치아齒牙-이-이빨.

이점-이질 등等

이 위에 예例로 든 말들은 그 의미意味는 똑같으면서도 상대자相對者에 주는 인상印象은 다 다릅니다. 그리하여 상대자相對者에 따라서 다 달리 써야 합니다.

(나) 친밀성親密性, 말의 친밀성親密性이란 것은 상대자相對者의 계급階級에는 아무 관계關係가 없고 다만 친애親愛 정도程度를 나타낼 뿐입니다.

즉卽

아버지-아빠. 어머니-엄마.

오라버니-오빠. 형님-언니.

이 말들은 아이들이 많이 사용使用하는 말인데, 아이들이 쓰는만큼 그 말들은 들어서 말할 수 없이 친애미親愛味를 느끼게 됩니다.

이상以上은 결국結局 언어言語의 품위品位를 결정決定하는 것이 됩니다.

말의 품위品位와 리듬이 잘 조화調和 일치一致될 때에 그 말은 한 개個의 단어單語로서 생동生動 발랄潑剌한 힘을 가지고 나타나게 됩니다.

이 위에서 말씀한 것은 개개個個의 단어單語에 대對 문제問題입니다마는 어구語句라든지 문장文章 전체全體로서는 어떠하냐 하면 여러 개個의 단어單語가 종합綜合될 때에 또한 그 각개단어各個單語의 발음發音이나 의미意味가 잘 조화調和되도록 전체全體로서의 억양抑揚 (인토네숀)과 완급緩急이 이루어져야 할 것입니다. 그리하여 의미意味와 음향音響의 훌륭한 선률旋律 (멜로디)과 률동律動이 창조創造될 것입니다. 언어言語가 이와 같이 표현表現될 때에 그것은 듣는이에게 호감好感을 줄 뿐 아니라 사상思想을 가장 완전完全히 전달傳達할 수 있으며, 언어言語 그것만으로도 훌륭한 예술藝術이 될 것입니다.

그리고 어감語感에 또 한가지 중요重要한 관계關係를 가진 것은 몸짓이니 즉卽 손짓 안면顔面 표정表情 등等입니다.

이것은 서로 마주 대對하여 말하는 회화會話 이외以外에는 직접直接 보고 느끼고 할 수 없으나, 그러나, 우리에게는 생활生活의 체험體驗에 의依하여 얻은 발성운동發聲運動에 따르는 몸짓의 기억記憶이 의식意識의 한 귀퉁이에 숨어 있다가, 다시 듣는 말의 음향音響이나 의미意味의 자극刺戟으로 인因하여 그 몸짓의 형태形態를 훌륭하게 지각知覺하고 감득感得할 수 있읍니다.

그러므로, 문자文字로 나타나는 문학文學 작품作品이나 라디오 방송放送에 있어서, 어감語感을 전달傳達하지 못할 염려念慮는 조금도 없읍니다.

우리는 언어言語의 세련洗練을 위爲하여서나, 새 문학文學의 수립樹立을 위爲하여서나, 어감에 큰 주의注意를 더하여 표현表現을 가장 곡진曲盡하게 할 필요必要를 절실切實히 느낍니다.

14. 뿌리 깊은 나무

용비어천가龍飛御天歌에서

불휘 기픈 남ᄀᆞᆫ ᄇᆞᄅᆞ매 아니 뮐씨
곶 됴코 여름 하ᄂᆞ니
ᄉᆡ미 기픈 므른 ᄀᆞᄆᆞ래 아니 그츨ᄉᆡ
내히 이러 바ᄅᆞ래 가ᄂᆞ니 (둘째 장)

사해ᄅᆞᆯ 년글 주리여, ᄀᆞᄅᆞ매 ᄇᆡ 업거늘
얼우시고, 또 노기시니
삼한三韓ᄋᆞᆯ ᄂᆞᄆᆞᆯ 주리여, ᄇᆞᄅᆞ매 ᄇᆡ 업거늘
녀토시고, ᄯᅩ 기피시니. (수무째 장)

뒤헤는 모딘 도ᄌᆞᆨ, 알ᄑᆡᄂᆞᆫ 어드븐 길헤
업던 번게를, ᄒᆞᄂᆞᆯ히 ᄇᆞᆯ기시니
뒤헤는 모딘 즁ᄉᆡᆼ, 알ᄑᆡ는 기픈 모새
열븐 어르믈, 하ᄂᆞᆯ히 구티시니. (설흔째 장)

아바님 이받ᄌᆞ ᄫᆞᇙ 제, 어마님 그리신 눈므를
좌우-하ᄉᆞㅏ, 아바님 노怒하시니
아바님 뵈ᄉᆞᄫᆞᇙ 제, 어마님 여희신 누ᇈ므를
좌우—슬ᄊᆞ바, 아바님 일ᄏᆞᄅᆞ시니. (아흔 한 째 장)

내 가리이다 말이나, 종묘宗廟 위ᄒᆞ야 가시니
소흥지紹興之 명命을 금인金人이 모ᄅᆞ니.
내 가ᅀᅡ ᄒᆞ리라 커시ᄂᆞᆯ, 사직 위ᄒᆞ야 가시니.
충국지忠國之 정情을 천자- 아ᄅᆞ시니. (아흔 네째 장)

백성이 하ᄂᆞᆯ히어늘, 시정時政이 불휼不恤ᄒᆞᆯ ᄊᆡ
역배力排 군의群議ᄒᆞ샤, 사전私田을 고티시니,
정렴征斂이 무예武藝ᄒᆞ면, 방본邦本이 곧 여리ᄂᆞ니
이 ᄠᅳ들 닞디 마ᄅᆞ쇼셔. (일백 수무째 장)

정인지鄭麟趾 들

15. 소설의 첫 걸음

서울에도 이러한 광경이 없지 않을 것이다. 시골에 가면 저녁 먹고 난 한가한 틈틈에 할머니와 손자가 아주 의좋게 마주 앉아 무슨 이야기를 정답게 주고 받고 있는 장면이 많다. 할머니가 옛 이야기를 하고, 손자가 재미나게 듣고 있는 것이다. 할머니는 어떻게 해서라도 재미나는 이야기를 손자에게 들려 주려고 애쓰고, 손자는 재미나는 이야기를 한 마디도 빼 놓지 않고 들으려고 애를 쓴다.

이러한 때, 할머니의 이야기를 퍽 재미나게 그 손자가 들었다면, 할머니는 훌륭한 소설가이며, 손자는 충분한 소설 독자이다. 지식 많은 사람들이 뭐라고 어려운 문자를 써 가며 아무리 어렵게 해석을 해도, 문학이라는 것은 이러한 할머니와 손자를 떠나서는 없는 것이다. 재미나는 이야기를 하는 할머니와, 재미나는 이야기를 듣는 손자를 연락하고 있는 것은 분명히 문학이다. 우리가 "문학이란 어떤 것이냐?" 하는, 문학의 가장 순수한, 그리고, 가장 본질적本質的인 개념을 찾으려면, 그러한 할머니와 손자에게서 찾아 보는 것이 제일 정당한 일일 것이다. 이것은 할머니가 손자에게 들려 주는 이야기가 문학의 원시적原始的인 형태形態이기 때문이다.

이야기를 들려 준 할머니는 때로는 노래도 배워 주었을 것이요, 이야기도 아닌 잡담도 해 주었을 것이다. 또 어떤 때는 여러 가지 이야기 중에, 이러한 사람은 이렇게 훌륭하고, 이러한 사람은 이렇게 나쁜 사람이라는 판단도 해 주었을 것이다. 할머니의 이야기는 이를테면, "소설"이요, 노래는 "시"요, 잡담은 "수필"이요, 판단은 "평론"이라고 할 수 있지 않을가?

위에 말한 할머니와 손자에게서처럼 소설은 이야기이다. 나이가 어렸던 손자는 장성하여, 할머니의 모든 이야기가 거짓말이라는 것을 알 것이다. 소설이란 할머니의 옛 이야기처럼 거짓말이다. 그러나, 허무 맹랑한 거짓말이 아니라, 있음 직하게 꾸며 낸 거짓말이다. 있음 직하다는 것은, 우리 인간으로서 가능한 세계라는 것이다. 아리스토텔레스라는 철학자가 "역사는 사실의 기록이요, 문학은 가능한 세계의 기록이다."고, 말한 것이 그것이다. 그러므로, 참말 이상으로 참말처럼 꾸며 낸 거짓말이 소설이란 것이다. 그러나, 그것이 있음 직한 거짓말이기 때문에 소설을 "가공架空의 진실眞實"이라고도 한다.

그러나, 장성한 손자가 할머니의 모든 옛 이야기가 거짓말인 것을 알아도, 손자가 할머니의 옛 이야기를 부정하지 못하는 것처럼, 우리들은 소설이 한 줄거리의 꾸며 낸 거짓말인 줄 알면서도 역시 소설을 부정하지 못한다. 그것은 손자가 할머니의 옛 이야기가 얼마나 자기에게 필요했던가를 아는 것처럼, 우리들은 거짓말인 소설이 우리에게 얼마나 필요한가를 알기 때문이다.

우리는 거짓말인 소설을 거짓말인 줄 알면서도 무엇 때문에 그것을 요구하는가? 우리는 무엇 때문에 귀중한 금전과 시간을 소비하여 그것을 읽으려 하는가? 어떤 분은 교훈을 배우기 위해서라고 대답할 것이며, 어떤 분은 인생을 알기 위해서라고 할 것이며, 또 어떤 분은 뭐라고 그럴 듯한 변명을 할 것이다. 그러나, 교훈은 소설에서보다도, 국민학교나 중학교 공민 교과서를 사 보는 것이 더 빠를 것이며, 인생을 알려면은 소설보다도 피눈물 나는 고생스러운 직접 생활하는 아래웃집에서 더 많이 알 수 있을 것이다.

소설을 좋아하는 많은 사람들 중에도, 더욱이 지식인들은 결코 재미나는 것을 읽기 위해서 소설을 사 왔다고는 고백하지 않을만치 요새 사람들은 우습게도 고급해 버렸다. 그러나, 그렇게 숨길 것은 없다. 재미나는 것을 읽기 위해서 소설을 사게 되는 것이다. 교훈도 배우고, 인생을 공부한다는 훌륭한 목적이 없는 것은 아니다, 그러한 것은 모두 그 다음의 부수입이고, 재미나는 것을 읽기 위해서라는 것이 소설에의 우리들의 최초의 요구이다. 그리고, 이것은 조금도 부끄러울 것이 아닌 우리들의 건전한 요구의 하나이다.

그러면, 재미나는 것을 요구하는 우리들의 재미라는 것이 무엇인가를 한 번 생각해 보자. 재미란 사람 따라 제 각기 다르겠지만, 어떤 사람은 비극 속에서, 어떤 사람은 행복 속에서, 어떤 사람은 절망 속에서, 여러 가지로 재미를 찾을 것이다. 우리가 소설에서 찾는 재미는 동무들과 모여 재미나게 노는 그러한 재미와는 좀 다른 것 같다. 그러면 무슨 재미일가? 나는 우리들이 소설에서 찾는 재미를 "감동"이라고 부르고 싶다. 재미를 찾아서 소설을 읽는 우리는 분명히 무엇에고 감동하기 위하여 소설을 읽는 것이다. 감동하기 위해서는 행복은 물론, 비극과 절망까지도 사랑하는 것이다. "심 청沈淸전"을 읽고, 심 청의 기구한 운명에 같이 눈물을 흘리는 촌새아씨나, 꾀테의 "젊은 벨텔의 슬픔"을 읽고 주인공에게 무한한 동정을 보내는 사춘기思春期의 청년 남녀나, 모두 그렇게 같이 울어 주고, 동정해 주고, 하는 것이, 실상은 모두 '감동'에 있었던 것이다. 이와 같이 재미나는 것을 읽기 위한 것, 곧 감동하기 위한 것이 소설에의 최초의 우리들의 요구이다. 그러므로, 재미없는 소설. 아무런 감동도 가져다 주지 못하는 소설, 그러한 소설은 이러한 우리들의 최초의 요구를 만족시키지 못하는 낙제된 소설이다. 아무리 위대한 교훈이 있어도, 위대한 인생관이 있어도, 우리의 감동을 통해서, 그것을 우리에게 전달해 주지 못하는 그러한 위대한 교훈과 인생관은 소설과는 아무런 관계가 없는 것이다.

여기에서 문학이 얼마나 순수한 자극제刺戟劑인가를 알 것이다. 그것은 소설에서 느낀 우리의 감동이 결단코 어떤 공리적인 타산에서나 도덕적인 판단 아래 나온 것이 아니라, 슬픈 것을 슬프게 그 대로 느낄 수 있고, 아름다운 것을 아름답게 바라볼 수 있는 우리의 순수한 능력에서 나왔다는 것이다. 카츄샤를 버린 네프류돕을 우리들은 용감히 비난하면서, 그의 최후의 고민을 충분히 이해하는 것이며, "인형人形의 집"을 떠나는 노라의 가정에 대한 냉정한 심정을 무정하게 생각하면서도, 그의 사상을 우리는 전면으로 긍정할 수 있는 것이다. 그것은 아름다운 꽃을 바라보고, "아아 참 아름답다." 하는 우리의 솔직한 감동이다. 아름다운 꽃을 바라보고 아름답다고 느끼는 여기에 무슨 도덕적 판단과 공리적功利的 타산이 허용되겠는가. 소설을 읽는 우리의 최초의 능력은 소설가가 보여 주는 아름다운 것을 아름답게 느낄 수 있고, 슬픈 것을 슬프게 느낄 수만 있으면, 우리는 소설 독자의 최초의 자격을 획득한 사람이다. 이것은 문학이 무엇보다도 먼저 우리들의 무의식無意識을 자극시키는 예술의 한 영역領域인 때문이다.

소설가가 우리의 감동을 획득하기 위하여, 소설을 꾸미는 구성構成, 묘사描寫, 표현表現 등의 여러 가지 문제는 소설가의 기술에 속하는 문제이므로 약하겠다. 더구나, 소설에 대한 많은 지식은 우리의 소박하고, 건전한 머리를 도리어 비평가나 평론가의 두뇌처럼 괴상하고 난해難解한 것으로 인도하는 위험성까지 있다. 우리는 소설을 평한(악평이든, 호평이든) 평론에 너무 많은 기대를 갖지 않아도 좋다. 어려운 문제와 그럴 듯한 논리로써 제법 뭐라 해도 소설을 바라보는데 그처럼 많은 지식을 필요하지 않는다. 우리가 바라본 그 이상의 소설을 바라보는 눈을 평론가가 가지고 있다는 것을 나는 믿지 않는다. 수백 년을 이어 애독되어 온 세계의 명작名作들이 그러한 명작에 대한 평론과는 아무런 관계도 없이 읽혀 왔다는 것을 우리는 믿어도 좋다. 소설을 바라보는 눈은 소설을 요구하는 마음으로써 충분하다.

다만, 한 편의 소설이 무엇을 어떻게 해결지었느냐? 다시 말하면, 한 소설 속의 인물이 어떠한 환경 속에서, 어떠한 사건을 통하여, 어떻게 생활했느냐 하는 소설의 결말이, 소설이 제시提示하는 궁극의 문제요, 그것이 곧 그 대로 그 소설가의 사상의 문제요, 인생관과 세계의 문제에 속한다는 것을 잊어서는 안될 것이다.

여기에서 첨으로 한갓 재미나는 것을, 감동하기 위한 것을 유일의 최초의 목적으로 소설을 읽게 된 우리는 그 마지막에 와서, 소설가의 사상이나, 인생관이나, 세계관과 충돌하고 만다는 것이다. 지금까지 감동해 온 소설 속에서 떠나, 역시 소설 밖에 서 있는 소설가와 정면에서 마주 서게 되는 것이다. 지금껏 감동해 온 소설 속에서 소설은 온 데 간 데 없고, 소설이 있던 자리에 엄연히 자리잡고 있는 소설가의 얼굴을 찾을 수 있다면 우리는 소설 독자로서 최후의 자격까지도 갖춘 것이다. 대부분의 소설 독자는 여기 와서 소설의 감동을 그 대로 가질 줄을 알아도 소설가의 얼굴을 찾지 못하고마는 것이다. 이러한 이는 또한 끝까지 감동은 시켜 놓고 자기의 얼굴을 마지막에 내 놓을 줄 모르는 소설가와 함께, 문학의 일류一流의 독자도 아니요, 위대한 소설가도 아니다.

어쨌든 마지막에 남은 것은 소설가의 사상이요, 인생관이다. 카츄샤를 버리고, 최후로 고민하는 네프류돕을 충분히 동정하면서도, 그러한 소설가의 인도人道 주의主義를 비난하는 독자가 있을는지도 모른다. 인형의 집을 떠나는 노라에게 박수 공명共鳴하면서도, 작자의 지나친 자아自我 중심에 반대하는 독자도 있을는지 모른다. 이것은 소설의 세계가 끝끝내 독자의 세계, 곧 주관主觀의 세계가 아닌 객관客觀의 세계이기 때문이다.

여기에서 있음 직하게 꾸며 낸 한 권의 거짓말 이야기 책인 소설은 첨으로 인생에서 무슨 의의를 찾는 인생 문제의 독본으로서 제시提示되고, 소설을 만든(창작한) 소설가는 인생문제를 탐구하는 문학자로서 나타나는 것이다. 도덕적 판단과 공리적功利的 문제와 아무런 관계가 없이 순순히 감동되었던 소설이 우리의 생활과 마찬가지로 복잡한 문제를 강요하는 것이다. 여기까지 오면 우리는 이미 단순히 감동하는 예술의 감상자가 아니라, 갈 길을 찾는 인생의 탐구자이다. 우리들을 끌고 온 소설가와 소설에게 끌려 온 우리가 동등한 위치에서 대진하는 것이다. 소설의 영향도 여기에서 문제된다.

16. 문화文化의 위력威力

구주歐洲의 근자近者의 경향傾向은 자아自我의 의식意識이 강렬强烈하게 된 일이다. 이 자아는 그 본령本領을 발휘發揮하고자 하여 일체一切로부터 해방된 자유를 요구한다. 여기에 있어서 현실감現實感이 왕성하게 되어 현대인은 가장 강렬하게 현실 생활에 집착執着함에 이르렀다. 이 강렬한 현실감은 현실적 직접直接적인 경험에 의하지 않고는 만족되지 않는 것이다. 그 현실 경험이 무엇인가를 해석解釋 설명說明하는 것은 이미 경험적인 과학科學이다.

과학, 특히 자연과학自然科學은 자유 정신의 소산所産이니, 자연과 인간을 갈라 가지고 단순히 당면當面의 사실로 보아 이것을 솔직하게, 공평하게, 착실하게, 명백하게 관찰하고 연구하려고 하는 것이다. 이 자연 과학의 연구는 자꾸 주공奏功하여 천지天地간의 무엇이거나, 이 과학의 위력威力에는 대항對抗할 수 없게 되어, 드디어 과학 만능萬能의 세상이 되어 버렸다. 여기에 있어서 일체의 자연 현상은 물론이고, 인사人事 백반百般의 사상事象도 모두 과학적으로 고찰考察하고, 설명하지 아니하면 아니 되게 되어, 과학적이 아닌 것은 모조리 공상空想 혹은 미망迷妄이라 하여 배척排斥하게 되었다. 이것이 자연주의自然主義가 횡행橫行함에 이른 까닭이다.

자연 과학의 방법方法과 성과成果로부터 인간을 볼 때는 인간은 단순한 자연물이요, 기계機械적인 필연必然의 법칙에 지배되어, 문득 멸망하여 갈 운명運命을 가진 것이라고 보지 않을 수 없는 것이다. 이래서는 인격人格의 가치價値나 자유自由는 인정認定되지 않고 현대적 의식의 통절히 요구하는 것과 모순矛盾되어, 여기에 애타는 비애悲哀를 느끼지 않을 수 없다. 그런데, 이 궁경窮境을 벗어나기 위하여, 자유의 요구는 일전一轉하여, 힘의 숭배崇拜로 변하였다. 이미 인간은 다른 자연물과 같이, 기계적 인과因果 법칙法則에 지배되는 것이라 하면, 분량分量적으로 강력强力을 많이 발휘해야 할 것이다. 인간의 가치는 다만 능률能率 여하如何에 의하여 결정決定되게 되었다. 근자近者에 능률 또는 성공이 편중偏重된 것은 이러한 자연주의로부터 필연必然한 귀결歸結이었다.

힘을 숭배하고 능률을 존중하는 점으로 보아서, 가장 효력效力이 있다고 생각된 것은 자연과학의 응용應用에서 산출産出되는 제반諸般의 기공技工이었다. 과학의 진보는 곧 응용을 발견하고 자연력을 응용하여 공예工藝, 산업産業, 의술醫術, 병기兵器 등의 방면에 있어서 실로 위대한 업적業績을 들어 내어, 인목人目을 경악驚愕하게 함에 이르렀다. 세상에는 이것을 문명이라 일컬어, 문명의 진보는 인간 생활을 풍부豊富하게 하고, 능률을 높이고, 따라서, 복리福利를 증진增進하는 것이라고 생각하여, 세상은 온통 과학 문명의 공덕을 구가謳歌하여 말지 않게 되었다. 그리 하여 문명이 진보함에 따라, 인간은 더욱더욱 그 힘을 발휘하여, 더욱더욱 많은 행복을 얻어, 현대 의식의 요구하는 바는 모조리 충족充足되고, 오히려 남음이 있을 것인 듯이 생각되었다. 그런데, 사실은 이와 반대로 문명의 진보를 구가하는 동안에 현대인은 더욱더욱 모순에 시달려, 번민煩悶, 오뇌懊惱의 상태狀態를 면할 수 없게 되었다. 이것은 과연 무엇 때문일가?

여기에 있어서 소위 문명과 문화의 구별을 명확하게 할 필요가 있다. 자연 과학의 응용에서 나오는 소위 문명은 기공 그것이니, 참된 문화라고 일컬을 것이 아니다. 아무리 전등을 밝히고, 자동차를 달리고, 비행기를 날리더라도 다만 그것뿐으로는 참된 문화라고 이를 수 없다. 소위 문명 즉 기공은 어떠한 처소處所에든지 이식移植할 수가 있다. 그러나, 문화는 결코 그렇게는 못 된다. 자연에 대하여 말할 때는 기공이나 문화나 한결같이 어느 가치價値 목적에 의하여 인도되는 인간의 활동에서 나온 것이기는 하나, 기공은 어느 목적을 위하여 만든 개인의 제작製作이요, 문화는 이러한 제작의 단순한 나렬羅列이 아니라, 그 사이에 통일統一이 없으면 아니될 그러한 것이다. 문화적 산물產物은 그 생활生活 영역領域으로부터 떠나지 않고, 생활 그것에 항상恒常 색채色彩를 주는 것이다. 만일 이 문화 통일이 없을 때는, 개개의 산물과 개개의 사람사람은 서로 분리分離되어, 인격人格적이요, 또 동시同時에 실질實質적인 전체全體적 가치는 없게 되는 것이다. 기공의 자랑하는 바는 자연을 복종시켜 이것을 결합結合하고, 지배하여, 어느 목적을 위하여 움직이게 함에 있다. 즉 자연을 정복하는 힘을 의미하는 것이다. 그러므로, 인간과는 서로 적대敵對하는 듯이 보이지만, 문화는 인격적 통일이므로, 이것을 적대시키지 않고, 인간을 끌어 올려 세계 전체와 일치시킨다. 따라서 인간은 벌써 자연의 일부분으로 느끼지 않게 된다. 여기에 이르면 인간은 물론 기공의 산물을 소유所有하기는 하지만, 결코 그 때문에 사로잡히지는 않는다. 인간은 기계적인 외면外面적 지배에 의하여, 세계와 결합하는 것이 아니라, 가장 친밀하게 또 깊게 내면적內面的으로 세계와 일치一致 융합融合하도록 된다. 기공의 세계를 혼돈渾沌이라 하면, 문화의 세계는 코스모스다. 또 기공의 세계를 힘이라 하면 문화의 세계는 가치다. 이렇게 보면, 자연 과학의 응용에서 나오는 기공적 문명은 문화 통일 가운데 섭취攝取되어, 비로소 가치를 얻는 것이니, 단순한 기공만으로는 문화를 진보시키는 것이 못된다. 또 문화적 통일이 있어야 비로소 기공적 문명은 성립할 수 있는 것이다.

그런데, 세상에는 건뜻하면 기공적 문명을 곧 문화로 보려는 사람이 있다. 진실로 천박한 피상皮相적 견해見解라 할 것이다. 저 자연주의의 처지處地는 피상皮相적인 외면관外面觀에 그치는 것이니, 이것에 의하여 깊이 문화의 진의眞意를 살필 수는 없다. 따라서 단순히 자연주의에 그칠 때는 지리멸렬支離滅裂한 특수特殊 상태狀態만을 보고, 내면적 통일統一을 잃은 까닭에, 그것이 사람으로 하여금 모순과 혼란混亂과 의혹疑惑에 빠지게 하는 것은 여러 말하지 않아도 명백하다. 이것을 구체화具體化함에는 문화의 진의를 밝혀 문화의 위력에 의하여, 자연주의를 극복克服함을 요하는 것이다. 문화를 향상시키고, 문화의 위력을 왕성旺盛ㅎ게 하는 것은, 문화를 심화深化함으로 말미암아 되는 것이다. 그리하여 문화를 심화하는 것은, 통일적인 문화 의식을 깊게 함으로 말미암아 되는 것이다, 문화 의식이 깊게 되고, 밝혀 져야, 비로소 과학이나, 예술이나, 도덕이나, 종교나, 정치나, 경제나 다 그 진의와 가치를 발휘하게 되는 것이다.

17. 고시조

이시렴 부듸 갈따 아니 가든 못 ᄒᆞᆯ소냐.
무단히 네 슬트냐 ᄂᆞᆷ의 권을 드렀ᄂᆞ냐.
그려도 하 애ᄃᆞᆲ고나 가는 뜻을 일러라.

성종 대왕

한산 섬 ᄃᆞᆯ 붉은 밤에 슈루에 혼자 안자
큰 칼 녑희 ᄎᆞ고 깁흔 시름 ᄒᆞᄂᆞᆫ ᄎᆞ에
어디셔 일셩호가는 남의 애를 긋ᄂᆞ니.

이순신

벽상壁上의 칼이 울고, 흉듕胸中에 피가 뛴다.
ᄉᆞᆯ 오른 두 ᄑᆞᆯ둑이 밤나직 들먹인다.
시졀아, 너 돌아오거든 왓소 말을 ᄒᆞ여라

지은이 모름

십 년 가온 칼이 갑리匣裡에 우노매라,
관산關山을 바라보며 ᄊᆡᄊᆡ로 만져 보니,

장부의 위국공훈爲國功勳을 어느 ᄯᅵ에 드리올고

지은이 모름

삭풍朔風은 나모 긋희 불고 명월明月은 눈 속에 춘ᄃᆡ,
만 리萬里 변성邊城에 일장검一長劍 짚고 셔셔,
긴 ᄑᆞ람 큰 ᄒᆞᆫ 소ᄅᆡ에 거칠 것이 업셰라,

김종서金宗瑞-태종太宗 때 사람

태산泰山에 올라 안자, 대해大海를 굽어보니,
천지天地 사방이 훤츨도 한져이고,
장부의 호연지기浩然之氣를 오ᄂᆞᆯ이사 알괘라

김유기金裕器-숙종肅宗 때 사람

장짓치 다 지게야 ᄂᆞᆯ개를 고쳐 들어,
청천 구름 속에 솟아 떠 오른 말이,
시원ᄒᆞ고 훤츨ᄒᆞᆫ 세계를 다시 보고 말왜라

정철鄭澈

이 몸이 주거 가셔 무엇이 될고 ᄒᆞ니,
봉ᄅᆡ산蓬萊山 제일봉第一峰에 락락장숑落落長松 되엇 다가,
ᄇᆡᆨ셜白雪이 만건곤滿乾坤ᄒᆞᆯ 제 독야청청獨也青青ᄒᆞ리라

성삼문成三問-단종端宗 때 사람

18. 별주부전

용왕이 자라의 글을 바다 보고, 희ᄉᆡᆨ이 만면ᄒᆞ여, 크게 칭찬ᄒᆞ여 가로ᄃᆡ, "경의 불근 츙셩이 시즁詩中에 나타나 이시니, 요마ᄒᆞᆫ 토끼를 어더 도라오믈, 어이 근심ᄒᆞ리오" ᄒᆞ고, 자라의 글을 신하의게 주어 보라ᄒᆞ니, 모든 신해 보고, 칙칙칭찬嘖嘖稱讚ᄒᆞ더라, 자래 왕긔 하직ᄒᆞ고, 토끼화샹을 이리 졉쳠 저리 졉쳠ᄒᆞ여, 등에다 지자ᄒᆞ니, 슈침水沈ᄒᆞ기쳡경이라. 이윽히 ᄉᆡᆼ각다가 오므럿든 목을 길게 느려, 한편에 졉어 너코, 도로 옴추리니, 아모 념녀업ᄂᆞᆫ지라. 집으로 도라와 쳐ᄌᆞ를 리별ᄒᆞᆯᄉᆡ, 그 안해 눈물 짓고, 당부ᄒᆞᄂᆞᆫ 말이 "인간은 위ᄐᆡᄒᆞᆫ 싸히라, 부ᄃᆡ 죠심ᄒᆞ여 큰 공을 세워가지고, 무ᄉᆞ히 도라와 깃거히 샹면ᄒᆞ기를 쳔만 축수ᄒᆞᄂᆞ이다." 자래 ᄃᆡ답ᄒᆞ되 "슈요壽夭 장단長短과 화복길흉禍福吉凶이 하ᄂᆞᆯ에 달려시니, 임의로 못ᄒᆞᆯ배라. 다녀올 동안에 늘그신 부모와 어린 ᄌᆞ식들을 잘 보호ᄒᆞ여 안심ᄒᆞ라" 당부ᄒᆞ고 ᄒᆡᆼ장을 슈습ᄒᆞ여 만경창파 깁은 물예, 허위둥실 써올라서, ᄇᆞᄅᆞᆷ 부ᄂᆞᆫ 대로 물결 치ᄂᆞᆫ 대로 지향 업시 흐르다가, 긔엄긔엄 긔어올나, 벽계산간碧溪山間 드러가니, 이 ᄊᆡᄂᆞᆫ 츈삼월 호시절이라. 쵸목군ᄉᆡᆼ草木群生들이 저마다 즐기ᄂᆞᆫᄃᆡ, 작작灼灼ᄒᆞᆫ 두견화ᄂᆞᆫ 향긔를 씌여 잇고, 쌍쌍ᄒᆞᆫ 범나뷔ᄂᆞᆫ 츈흥을 못 이긔여 이리저리 ᄂᆞᆯ아들고, 하늘하늘ᄒᆞᆫ 버들가지ᄂᆞᆫ 시ᄂᆡ가에 휘느러지고, 황금ᄀᆞᆺᄒᆞᆫ ᄭᅬᄭᅩ리ᄂᆞᆫ 고흔소ᄅᆡ 벗을 불러 구십츈광을 희롱ᄒᆞ고, ᄭᅩᆺ사이 잠든 학은 자최 소ᄅᆡ에 자로 ᄂᆞᆯ고, 가지

우에 두견ᄉᆡᄂᆞᆫ 불여귀不如歸를 화답ᄒᆞ니, 별유쳔디 비인간이라, 쇼샹강瀟湘江 기러기ᄂᆞᆫ 가노라 하직ᄒᆞ고, 강남셔 나온 제비ᄂᆞᆫ 왓노라 현신現身ᄒᆞ고, 조팝남긔 피죽ᄉᆡ 울고, 백합ᄭᅩᆺ의 뒤웅벌이오, 방울ᄉᆡ 떨렁 물레ᄉᆡ 씨쩍, 졉동ᄉᆡ 졉동, 쌕국ᄉᆡ 쌕국, 가마귀 ᄭᅩᆯ각, 비둘기 ᄭᅮᆨᄭᅮᆨ 슬피 우니, 근들 아니 경일쇼냐. 쳔산만학千山萬壑의 홍장紅粧이 찬란ᄒᆞ고, 압시ᄂᆡ 뒷 ᄀᆡ울에 흰 깁을 펼쳣ᄂᆞᆫ듯, 푸른 대 푸른 솔은 쳔고千古의 절ᄀᆡ節槪이오, 복숑아ᄭᅩᆺ, 살고ᄭᅩᆺ은 슌식간의 봄이로다. 긔이ᄒᆞᆫ 바희들은 좌우에 층층ᄒᆞᆫᄃᆡ, 절벽 사이 폭포슈ᄂᆞᆫ 이골믈 저골믈 합슈ᄒᆞ여, 와당탕 퉁탕 흘러가니, 경개무진 조흘시고, 자래 산쳔의 무한경無限景을 사랑ᄒᆞ고, 벽계碧溪를 ᄯᆞ라 올라가며, 토ᄭᅵ 자최를 살피더니, ᄒᆞᆫ 곳을 바라보니 온갖 즘ᄉᆡᆼ 나려온다. 발발써ᄂᆞᆫ 다람쥐며, 노루, 사슴, 일희, 승냥, 곰, 도야지, 너구릐, 고순도치, 범, 주지, 원숭이, 코ᄭᅵ리, 여호, 담뷔 좌우로 오ᄂᆞᆫ 즁에 토ᄭᅵ 자최 업셔, 옴친 목을 길게 느려, 이리저리 살피더니, 후면으로 ᄒᆞᆫ 즘ᄉᆡᆼ이 나려 오ᄂᆞᆫᄃᆡ 화본과 방불ᄒᆞᆫ지라. 즘ᄉᆡᆼ보고 그림 보니, 영락업ᄂᆞᆫ 네로구나. 자래 혼자 ᄆᆞ음에 깃브믈 못 이긔여, 그 진가眞假를 알려ᄒᆞᆯ제, 저 즘ᄉᆡᆼ 거동 보소. 흑 풀닙도 뒤저기며 싸리 슌도 쓰더 보고, 층암절벽 사이에 이리저리 ᄯᅱ며, 빙빙돌며, 할금할금 강동강동 ᄯᅱ놀거ᄂᆞᆯ, 자래 음셩을 가다드머, 졈잔히 불러 가로되 "고봉쥰령高峰峻嶺의 신수도 조타, 져 친구. 그ᄃᆡ가 토션ᄉᆡᆼ兎先生이 아니신가. 나ᄂᆞᆫ 본시 슈즁 호걸이라, 양계陽界의 죠흔 벗을 엇고져 광구廣求터니, 오ᄂᆞᆯ에야 산즁호걸 만낫도다. 깃븐 ᄆᆞ음 그리업셔 쳥ᄒᆞ노니 션ᄉᆡᆼ은 아모커나 허락ᄒᆞ믈 앗기지 마르쇼셔" ᄒᆞ니, 토ᄭᅵ 저를 ᄃᆡ졉ᄒᆞ여 쳥홈을 듯고, 가장 졈잔흔 체ᄒᆞ며, ᄃᆡ답ᄒᆞ되 "그 뉘라셔 날 찻ᄂᆞᆫ고, 산이 놉고 골이 깁허 경ᄀᆡ조흔 이 강산에, 날 찻ᄂᆞᆫ 이 그 뉘신고 슈양산首陽山 ᄇᆡᆨ이 슉제伯夷叔齊 고사리 ᄏᆡ쟈 날 찻ᄂᆞᆫ가. 소부허유巢父許

由ㅣ 영천수穎川水에 귀 씻쟈고 날 찻ᄂᆞᆫ가. 부춘산富春山 엄ᄌᆞ릉嚴子陵이 밧갈쟈고 날 찻ᄂᆞᆫ가. 먼 산의 불탄 잔듸 ᄀᆡᄌᆞ츄介子推가 날 찻ᄂᆞᆫ가. 한텬ᄌᆞ漢天子의 스승 장ᄌᆞ방張子房이 퉁쇼 불쟈 날 찻ᄂᆞᆫ가. 샹산ᄉᆞ호商山四皓 벗님네가 바독 두쟈 날 찻ᄂᆞᆫ가. 굴원屈原이 물에 빠져 건져 달라 날 찻ᄂᆞᆫ가. 시즁텬ᄌᆞ詩中天子 리ᄐᆡᄇᆡᆨ李太白이 글 짓쟈고 날 찻ᄂᆞᆫ가. 쥬덕숑酒德頌 류령劉伶이 슐먹쟈고 날 찻ᄂᆞᆫ가. 렴락관민濂洛關閩 현인들이 풍월ᄒᆞ쟈 날 찻ᄂᆞᆫ가. 셔가여ᄅᆡ 아미타불 셜법ᄒᆞ쟈 날찻ᄂᆞᆫ가. 안기ᄉᆡᆼ安基生 적숑자赤松子가 약ᄏᆡ쟈고 날 찻ᄂᆞᆫ가. 한죵실漢宗室 류황슉劉皇叔이 모ᄉᆞ謀士 업서 날 찻ᄂᆞᆫ가. 적벽강赤壁江 소동파蘇東坡가 션유ᄒᆞ쟈 날찻ᄂᆞᆫ가. 취옹정醉翁亭 구양슈歐陽修가 잔ᄎᆡᄒᆞ쟈 날 찻ᄂᆞᆫ가. 그 뉘시오. 두 귀를 쭝구리고 ᄉᆞ족을 자죠 놀려, 가만히 와셔보니 둥굴넙젹 거뭇편편ᄒᆞ거ᄂᆞᆯ, 고이히 녁여 주져ᄒᆞᆯ 즈음에, 자래 연ᄒᆞ여 갓가히 오라 부르거ᄂᆞᆯ, 아모커나 그리ᄒᆞ라 ᄃᆡ답ᄒᆞ고, 겻헤 가셔 서로 절ᄒᆞ고, 좌졍 후에 ᄃᆡ직ᄒᆞᆫ 쵸인ᄉᆞ로 당슈복唐壽福 ᄇᆡᆨ통ᄃᆡ와, 양쵸일쵸兩草一草 금강쵸金剛草와, 금ᄑᆡ밀화錦貝蜜花 옥물부리ᄂᆞᆫ 다 던져두고, 도토리 틀 싸리 슌이 제격이라. 자래 몬져 말을 내되, "토공의 셩화ᄂᆞᆫ 드른지 오랜지라, 평ᄉᆡᆼ에 ᄒᆞᆫ번 보기를 원ᄒᆞ엿더니, 오ᄂᆞᆯ이야 호걸을 샹봉ᄒᆞ니, 어찌 서로 보미 이다지 느즈뇨" ᄒᆞᆫᄃᆡ 토끼 ᄃᆡ답ᄒᆞ되 "내 셰상에 나셔, ᄉᆞᄒᆡᄅᆞᆯ 편답ᄒᆞ며 인물 구경도 만히 ᄒᆞ여시되, 그ᄃᆡ ᄀᆞᆺ흔 박ᄉᆡᆨ은 보든 바 처음이로다. 담 구멍을 뚤타가, 학치빼가 빠졋는지, 발은 어이 몽뚝ᄒᆞ며, 양반 보고 욕ᄒᆞ다가, 상토ᄅᆞᆯ 잡혓든지, 목은어이 기다라며, 기ᄉᆡᆼ방에 단니다가, 한량ᄑᆡ의 밟혓든가, 등이 어이 넙적ᄒᆞᆫ가. ᄉᆞ면으로 도라보니 나모졉시 모양이라. 그러나 셩함은 뉘ᄃᆡᆨ이라 ᄒᆞ시오. 앗가 ᄒᆞᆫ 말은 농담이니 노여 듯지 마르시오." 자래 그 말을 듯고, 불쾌ᄒᆞ기 그지업스나, ᄆᆞᄋᆞᆷ을 눙쳐 참고, ᄃᆡ답ᄒᆞ여 가로되 "내 셩은 별鱉이오 호號

ᄂᆞᆫ 주부主簿로다. 등이 넓기ᄂᆞᆫ 물에 ᄯᅧ 단녀도, 가라안지 아니미오, 발이 짜른거슨 륙지에 거러도, 너머지지 아니미오, 목이 긴거슨 먼ᄃᆡᄅᆞᆯ 살펴 보미오, 모미 둥근거슨 힝셰를 둥글게 ᄒᆞ미라. 그러ᄒᆞ므로 슈즁水中의 영웅英雄이오, 슈족水族의 어룬이라. 세상의 문무겸젼은 아마도 나ᄲᅮᆫ인가 ᄒᆞ노라." 토ᄭᅵ 가로되 "내 셰상에 나셔, 만고풍샹을 다 겻거시되, 그ᄃᆡ ᄀᆞᆺ흔 호걸은 이제 처음 보는도다." 자래 가로되 "그ᄃᆡ 년셰가 얼마나 되관ᄃᆡ, 그ᄃᆡ지 경력이 만타 ᄒᆞᄂᆞ뇨." 토ᄭᅵ ᄃᆞ답ᄒᆞ되, "내 년긔를 알량이면 륙갑六甲이 몃번이 지낫ᄂᆞᆫ지 모를터이오, 소년시절에 월궁月宮에 가, 계수桂樹나모 밋헤셔 약방아 씻타가, 유궁후예有窮後羿의 부인이 불로쵸ᄅᆞᆯ 엇으러 왓기로, 내 엇어주어시니 일로보면 삼천갑자三千甲子 동방삭東方朔이 나의게 시싱이오, 핑조彭祖의 만흔 나히 나의게 대면 구상유취口尙乳臭라. 이리ᄒᆞᆫ즉 내 그ᄃᆡ의 대면, 진실로 부집존장父執尊丈이 아니신가."

19. 산 정기*

이효석李孝石**

여름내 가으내 끄스른 얼굴이 좀체 수월하게 벗어지지 않는다. 아마도 해를 지나야 멀숙한 제 살을 보게 될 것 같다. 바다 바람에 밀지지 않게 산 기운도 어지간히는 독한 모양이다.

"호연지기가 지나친 모양이지."

동무들은 만나면 칭찬보다도 조롱인 듯, 피부의 빛갈을 걱정한다, 나는 그것을 굳이 조롱으로는 듣지 않으며, 유쾌한 칭찬의 소리로 들으려고 한다.

"두구 보게, 역발산 기개세 안 하리."

큰 소리로 피부의 덕인 듯, 나는 거른 얼굴을 자랑스럽게 쳐들어 보이군 한다.

학교에 등산 클럽이 생기면서부터 신 교수, 박 교수와 세 사람이 하는 수 없이 단짝이 되어 버렸다. 학생들을 인솔할 때 외에도, 대개는 세 사람이 주동이 되어서, 등산을 계획하고, 실행하고 차례차례로 산을 정복해

* 원제목은 '산정山精'.

** 이효석(4240~4275). 소설가. 저서 '해바라기'

왔다. 학교와 가정과 거리와 그 밖에는 생각지도 못하던 세상-산을 새로 발견한 셈이었다. 한두번 오르는 동안에, 산의 매력이 전신에 맺혀 오면서 산의 맛을 더욱 터득하게 되었다. 동룡굴을 뚫고, 묘향 산을 답파한 데서부터 시작되어서, 여름부터 가을 동안 차례로 장수산을 정복하고, 대성산을 밟고, 가까운 곳으로는 사동까지 나가고 주암산을 돌기는 예사로 되었다. 일요일만 돌아오면, 으레이 걸방들을 짊어지고 나서게 되었다. 거리에 나가, 별 일 없이 하루를 허비하거나, 집에서 책자를 들척거리는 것보다도, 한결 그 편이 더 뜻 있음을 알게 된 것이다. 하룻길을 탈 없이 다녀만 오면, 가슴 속이 맑아지고, 몸이 뿌듯이 차져서 눈에 보이지 않는 힘이 그 어느 구석에 포개져 가는 것 같다. 사람의 일생은 물론 노동의 일생이어야 되나, 산에 오름은 결코 소비적인 행락이 아니오, 반대로 참으로 생산적임을 알게 되었다. 기쁨과 함께 오는 등산의 공을 몸과 혼을 가지고 느끼게 되었다. 동무가 말하는 호연지기가 끄스른 피부 그 어느 구석에 간직해 있다면, 산의 덕이 이에 더 큼이 있으랴.

스타킹 위로 벌거숭이 무릎을 통채로 들어 내 놓고, 등산모를 쓰고, 륙색을 메고, 픽켈을 짚고, 나선 모양은 완전히 세 사람의 야인野人이다. 선생이니, 선비니, 하는 귀찮은 직책과 윤리를 떠나서 평범한 백성으로 변한다. 그 자유로운 모양으로 거리를 지나고, 벌판을 걸을 때, 벌써 신 교수가 아니고 신 서방이며, 박 서방, 이 서방인 것이다. 하기는 이 범용한 지아비 될량으로 거추장스런 옷 벗어 버리고 등산복으로 갈아 입은 셈이다.

그 범속한 차림으로 거리에 나서 륙색 속을 더 충실히 채워 가지고는 목적지로 향하는 것이다. 목적지는 처음부터 결정된 때도 있고, 차리고 나선 후에 작정되는 때도 있었다. 그 날 같은 날은 나선 후에 작정된 것이었다. 백화점에서 머뭇거리면서 어디로 갈가를 망서리던 끝에 작정된 것이 성장 대 방면의 코오스였다. 성장대로 나가, 야산들을 정복하고, 남포가도로 나서서 돌아오자는 것이었다, 그날의 세 사람의 룩색 속을, 벼란간 큰 길 위에서 수색을 당했다면 요절할 광경을 이루었을는 지도 모른다. 김말이 점심밥과 과실이 든 것은 별반 신기한 것이 못 되나, 항아리속에 양념해 넣은 소고기와 석쇠와 숯이 그 속에 있을 줄야 누구나 쉽게 상상하지 못할 법하다. 산허리에 숯불을 피우고, 석쇠를 걸고, 맑은 공기 속에서, 고기를 구워 먹자는 생각이었다. 별 것 아니라, 고기집 협착한 방 안의 살림살이를 하늘 아래 넓은 자리 위로 그 대로 이동시키자는 것이었다. 워낙, 고기를 즐기는 박 서방의 제안이었으나, 그 기발한 생각은 즉석에서 두 사람의 찬동을 얻어, 그 날의 명물 진안이 된 것이었다.

따끈 쬐지도 않고, 흐리지도 않은 알맞은 가을 날씨었다. 나무잎이 혹은 물들고, 혹은 떨어지기 시작하고, 과실점 앞에는 햇 과실이 산덤이 같이 쌓이기 시작하는 시절이었다. 보통문을 지나, 벌판에 나섰을 때, 세 사람은 소고기 항아리와 석쇠와 숯과 밥을 짊어지고, 다리가 가벼운 듯했다. 시들은 잡초가 발 아래 부드럽고, 익은 곡식 냄새가 먼 데서 흘러온다. 알지 못할 새빨간 나무 열매가 군데군데에서 눈에 띄이는 것도 마음을 아해 같이 즐겁게 한다.

밭 둑을 지나, 산기슭에 이를 때까지도 신 서방의 이야기는 진하는 법이 없다. 거리에 있을 때에는 엄두도 안 내던 이야기가 일단 길을 떠나게 되면, 세 사람 사이에 꽃피기 시작하는 것이었으나, 총중에서도 신 서방의 오산 있었을 때의 가지가지의 쾌걸담은 늘 나의 귀를 끈다. 짧은 경력에도 불구하고, 그는 거기서 많은 인생의 폭을 살아 온 듯, 뒤를 잇는 이야기가 차례차례로 그림 같이 내 눈 속에 새겨 진다. 동료와 낚시질을 떠났다가, 비를 만나, 주막에 들어 놀던 이야기 직원 가운데에 사냥 잘하는 포수가 있어, 서해 바다로 나가, 물오리 사냥을 하던 이야기 비등한 이야기에는 한이 없는 것이었다. 그 날은 오산을 떠나던 때의 이야기었다. 구수한 말소리가 말할 수 없이 진귀한 것으로 내 귀에는 한 마디 한 마디 들려 온다.

"……명색은 나를 보내는 송별연이지만, 나두 내 몫을 내서, 세 사람의 톡톡 터니까, 합계 륙십 원이라. 시간이 파하자, 읍내로 나가서, 제일 가는 청운루를 찾아, 륙십 원을 통채로 주고, 이 몫의 치만 먹여 달라고, 도급을 맡기지 않았겠나……"

데설데설 웃으며, 땀을 씻느라고 모자를 벗었을 때, 신 서방의 머리카락은 바람에 우수수 흩어져서, 벗어진 이마에 제법 훌륭한 풍채를 띄인다. 벌써 반백이 되어 버린 희끔한 머리오리에 풍상 많은 과학자의 반생이 적혀있는 듯, 인상 깊은 그의 자태와 그 날의 이야기가 알 수 없는 조화를 띄우고, 나의 마음 속에 새겨 진다.

"……벌써 날이 훤하게 밝은 새벽, 세 사람은 하는 수 없이 나귀를 세 내어 한 사람이 한 필씩 타고는 집으로 향할 때, 어스러지는 달은 서천에 걸리구, 찬 바람이 솔솔 불어 와 가슴 속에 숨어 들구, 그렇게 통쾌한 날두 드물었어……"

아직 청운의 뜻을 반도 이루지 못한 소장 과학자의 유쾌한 웃음 소리가 산허리를 굴러 나려, 벌판 건너편으로 사라진다. 나무 가지, 풀잎도 마음 있는 듯 나부끼는 양이 흡사 그 웃음 소리에 뜻을 맞추려는 것인 듯도 하다. 확실히 그 웃음 소리로 해서, 우리들의 마음도 한결 가벼웠다.

산을 넘고 골짜기 지나고, 또 산을 넘었을 때, 몸도 허출해 지고, 시계도 벌써 낮을 가리킨다. 과수원 옆 평퍼줌한 산허리에 자리를 잡고, 짐들을 내린다. 풀밭에 서서, 아래를 굽어볼 때, 골짜기에는 인가가 드뭇하고, 먼 벌판에는 철로가 뻗쳤고, 산을 넘은 맞은편 하늘 아래에는 등지고 온 도회가 짐작된다.

목청을 놓아 노래를 부르면서 돌을 모아서는 화덕을 만든다. 검불을 긁어서 불을 피우고, 숯을 얹으니, 산비탈에 때 아닌 아지랑이가 아롱아롱 피어 오른다. 이윽고 고기 굽는 연기가 피어 오르고, 양념 냄새가 사방에 흩어지면서 조그만 살림살이가 벌어지고, 사람의 경영이 흙과 초목 사이에 젖어 든다. 금목수화토 오행이 모두 결국 사람의 경영을 도와줄 뿐이요, 광막한 누리 속에 그득히 차 있는 그 무엇 하나 사람의 그 경영을 반대하고 멸시하는 것은 없다.

별로 신기할 것도 없고 평범한 행사요, 하루연만, 그것이 항간이 아니고 산인 까닭에, 순간 순간이 기쁨에 차진 것이요, 감격에 넘치는 것이었다. 짧은 하루가 오랜 하루 같고, 인생의 중요한 고패를 넘는 하루 같다. 몇 시간 동안의 살림의 자취를 그 이름 모를 산비탈에 남긴 후, 불을 끄고, 뒷수습을 하고, 산을 내려와, 다시 벌판에 나섰을 때, 세상이 눈앞에 탄탄대로 같이 열리면서 그런 유쾌할 데는 없다. 전신에 꽉 배인 산의 정기를 느끼며, 훤히 트인 남포 가도를 걸으면 걸음 걸음에 산 냄새가 떠돈다.

저녁 때는 되어서, 거리에 다다를 때, 세 사람의 자태는 거리에서는 완전히 타방의 나그내다. 이미 속세쯤을 백안시하고, 흘겨볼 만한 용기를 얻은 세 사람은 그 무엇 하나 탄할 것도 부끄러워할 것도 없이 찻집에 들어가, 한잔 차에 목을 추기고는, 그 길로 목욕탕으로 향해 더운 목욕물 속에 하루의 피로를 깊숙이 잠근다.

목욕물은 피곤을 풀어 주고, 산 때를 씻어 주면서도 몸 속에 배고 밴

산 정기만은 도리어 북돋아 주고, 간직해 주는 듯, 목욕을 마치고, 나오면, 전신이 뿌듯하고, 기운이 넘친다. 저울에 오르면, 확실히 근수도는 듯, 흔들리는 바늘이 키로를 가리키면서 언제까지든지 출렁출렁 춤을 춘다. 카메라 속에 남은 필림에다 그 벌거숭이의 몸들을 각각 찍어 수습하고 나면, 그 하루 동안에 그 무슨 위대한 역사의 한 장이나 창조를 하고 난 듯한 쾌감快感과 자랑이 유연히 솟는다. 거리에 나섰을 때, 참으로 세상은 내 것인 듯, 세 사람은 각각 가슴을 내밀고 심호흡을 거듭한다.

20. 백제百濟의 가요歌謠

문일평文一平*

낙화암落花岩에 봄이 들면 붉은 꽃이 연지를 찍고 영월 대迎月台에 밤이 오면 가늘은 달이 눈섭을 그리며, 연하고도 부드러운 산수山水의 곡선미曲線美와 서로 어울리어 이 염려艶麗한 꽃과 달은 오늘날도 오히려 남국가인南國佳人의 따스한 정취情趣를 자아내고 있지마는 성왕 이래聖王以來 예술藝術의 나라 빛난 수도首都로 이름 높던 백제百濟 서울의 번영繁榮은 맑은 꿈 자취로 사라지고 말았다.

왕흥 사王興寺 임류 각臨流閣 같은 황금벽옥黃金碧玉의 장식이 으리으리한 사원寺院과 이궁離宮이 있어서, 이른바 장려壯麗한 중에도 묘취妙趣를 띠우고 고아高雅한 속에도 유운幽韻을 붙이어 백제百濟 사람의 건축상建築上 신기神技를 기껏 들어내었으되, 그만 사자왕성泚王城이 적適에게 무너질 때 모진 불꽃으로 말미암아 재가 되어 버린 것은 천추千秋의 유한遺恨이다.

아비지阿非知가 지었다는 황룡 사黃龍寺 구층탑九層塔까지 없어진 오늘날에 와서 백제百濟 사람의 건축상建築上 솜씨를 엿봄에는 비록 내 해는

* 문일평. 작고한 역사가. 호는 호암湖巖. 저서 "湖巖全集".

아니지마는 저 일본日本의 법륭 사法隆寺와 그리고 부끄러운 표징標徵이지마는 오직 평제탑平濟塔이 있을 뿐인즉, 백제百濟의 예술藝術이 건축상建築上으로 보아 이미 거의 전멸全滅에 돌아간 것은 사실事實이다.

그러나, 어이 홀로 건축建築에 한限해서만 그러하랴 음악音樂과 시가詩歌에 있어서도 또한 그러하다. 고 려사高麗史 속악지俗樂誌에 백제百濟의 악가樂歌라고 몇 장의 곡조曲調 이름만이 적혀 있고 정작 알맹이인 가요歌謠 그것은 비속卑俗하다하여 뽑아 버렸음은 우리 손으로 우리 예술藝術을 무찌른 일례一例이다.

만일 삼국유사三國遺事가 서동요薯童謠 한 수를 전傳하지 아니하고 악학궤범樂學軌範이 정읍사井邑詞 한 수를 남겨 놓지 아니하였더면, 오늘날 백제百濟의 가요歌謠란 것이 씨도 없어지고 말 번하였다.

이 한두 수 노래가 어찌다가 남아 있음은 참으로 천행天幸이라 할 것이며, 더구나 그것이 모두다 남녀男女 사이에 관關한 것이니만치 상하上下 양층兩層을 대표代表한 곳에 많은 흥미興味를 자아내는 바 있다.

서동요薯童謠는 일생一生을 풍류風流에 싸여 지내던 백제百濟 무왕武王이 진평 왕眞平王의 셋째 따님 선화 공주善花公主의 절세미희絶世美姬임을 듣고 그를 연모戀慕하여 스스로 매장수로 변장變裝하고 신라新羅 서울에 들어가 아이들에게 매를 나누어 주며 이 노래를 부르게 하니

선화공주님은 남몰래 얼러 두고
善花公主主隱 他密只嫁良置古
서동방을 밤에 몰래 안고 가다
薯童房乙 夜矣卯乙抱遺去如

이 가요歌謠가 얼마 아니하여 온 서울에 널리 펴져 궁중宮中에까지 들리매 공주公主는 필경 쫓겨 나게 되었다. 서동薯童은 이 틈을 타서 약빠르게 근시近侍의 한 사람이 되어 공주公主와 서로 사랑하게 되어 마침내 봄바람의 나비 모양으로 짝을 지어 백제본국百濟本國으로 달아 돌아와 서동薯童은 백제왕百濟王이 되고 선화는 왕비王妃가 되었다 한다.

정읍사井邑詞는 작자作者의 이름은 알 수 없으되 남편을 멀리 보내고 오래 동안 고규孤閨 지키는 어떤 상인商人의 안해가 그리운 회포를 펼 길이 없어 산에 올라 안타까이 그 남편 있는 곳을 바라보며 달빛을 빌어 맺히고 맺인 사랑을 그려낼새 저자에 다니시다가 행여나 즌대를 드대실가 애처하는 노래 마디에 이르러는 누구나 그 알뜰하고 간절한 정조情調에 심금心琴을 울리지 않을 수 없다.

> 돌하 노피곰 도ᄃᆞ샤. 어긔야 머리곰 비취오시라.
> 　어긔야 어강됴리. 아으다롱디리.
> 져재 녀러신고요. 어긔야 즌ᄃᆡ를 드ᄃᆡ욜셰라.
> 　어긔야 어강됴리.
> 어느이다 노코시라. 어긔야 내 가는ᄃᆡ 졈그롤셰라
> 　어긔야 어강됴리. 아으다롱디리.

이 정읍사井邑詞는 외형外形으로나 내용內容으로나 서동요薯童謠에 견준다면 훨씬 예술적藝術的 가치價値를 가진 것이며, 서동요薯童謠와 같이 이두吏讀로 적히지 아니하고 한글로 적힌 것이 다르다. 둘 다 고어형古語形이므로 현어형現語形과는 그 대로 맞추기 어렵다.

온갖 것이 파멸破滅된 백제百濟의 옛터에 오직 사랑의 불꽃에 타는 이 한두 수 가요歌謠가 남아 있음은 마치 거칠은 예술藝術의 덤불 위에 그윽한 향기香氣를 뿜고 있는 한 두 포기 백합화白合花 셈이다.

사람에게 있어 정서생활情緖生活의 결정結晶이라 할 만한 노래, 그것이 비록 분량分量으로는 아주 보잘것이 없으나, 품질品質로는 마치 일과一顆의 명주明珠처럼 꺼지지 않는 빛을 번쩍이고 있음을 보겠다.

21. 가시리

가시리 가시리잇고
나ᄂᆞᆫ ᄇᆞ리고 가시리잇고
나ᄂᆞᆫ, 위 증즐가 대평성대大平聖代.

날러는 엇디 살라 하고
ᄇᆞ리고 가시리잇고
나ᄂᆞᆫ, 위 증즐가 대평성대.

잡ᄉᆞ와 두어리 마ᄂᆞᄂᆞᆫ
선ᄒᆞ면 아니 올세라
나ᄂᆞᆫ, 위 증즐가 대평성대.

셜온 님 보내ᄋᆞᆸ노니
나ᄂᆞᆫ 가시난 ᄃᆞᆺ 도셔오쇼셔
나ᄂᆞᆫ, 위 증즐가 대평성대.

-고려 가사-

22. 목련화

안재홍安在鴻*

목련화는 남국의 식물이라 북국에서 이를 보기 어렵다. 연화蓮花는 꽃의 군자인 자어니와 그보다도 불교의 상징화象徵花로 유명하게 되었다. 심산深山 고대高臺에서 워낙 연화를 볼 수 없거니와, 성개盛開하는 목련을 보는 데에 자못 황홀한 정감情感을 돋우는 바 있다. 목련이 남국의 식물이어니와, 연화는 연꽃은 워낙 남국의 식물이다. 북국의 지당池塘에서 오히려 향기가 십 리에 들리는 연꽃은 볼 수 있지마는, 남국의 연꽃이 가장 풍토에 걸맞는 자이다. 채련採蓮하는 오희吳姬·월녀越女를 인증引證으로 할 것까지 없이 연꽃은 난국暖國의 소산이다. 연에 가장 흔한 자가 홍련이오, 백련이 적어 진귀珍貴한 자이지마는, 청련靑蓮에 이르러서는 연 중에 가장 일품逸品인 자로서 범인의 얻어 볼 수 없는 바이다. 인도의 항하恒河 유역에 있고, 애급의 나일 하 상류에서 볼 수 있다 하니, 그도 또한 흔하지 않은 자이다. 옛날 이 태백이 청련거사淸漣居士라고 자칭하니 그 범품凡品에 초탈超脫함을 자부함이다.

연이 남국의 소산인 고로 인도에는 연이 많다. 석가 여래 연으로서

* 안재홍(4224~). 호는 민세民世. 저서 "白頭山登陟記", "新民族主義와 新民主主義"

고해苦海에 점염點染되지 않는 인생을 비유譬喩하니, 연이 불교를 상징하는 꽃이 된 이유이다. 불교에서 연을 존중하는 것과 같이 기독교에서는 백합을 진귀하다 한다. 들에 핀 백합꽃이 솔로몬의 영화보다도 더욱 미美의 생명을 자랑한다는 것은 기독의 산상수훈山上垂訓에서 예증例證한 바이다. 팔레스타인의 홀홀한 평야, 허다한 백합을 산하여 그의 순백純白한 색태色態에 방렬芳烈한 향취 저절로 사람의 정결을 끄는 바 있으니, 이 땅으로부터 일어나 인생 지상至上한 가치를 설說하던 정렬적인 기독이 예로 써 백합을 들은 것은 당연한 일이다. 만일 인도에 백합이 많았고 팔레스타인에 연을 산하였더라면, 양 씨의 예증은 전연 바뀌었을 것이다.

목련을 보아 연을 연상하고, 연을 설하여 백합까지 말하는 것은 너무 한인閑人한필閑筆의 혐嫌이 있으니 이를 그만 둔다.

만호동면 웅대몽
萬戶同眠 雄大夢

이냐고 읊조린 자 있다. 만호중생萬戶衆生 모두 꿈 속에 잠겼을 제, 칩연兀然히 홀로 깨어 월성月星이 낭약朗躍하는 고요한 밤에 끌릴 때에는 스스로 초연超然한 감개感慨가 있고, 또 고독의 비애도 이르키게 된다. 거세擧世가 다 흐린데 내 홀로 깨끗하고, 중인이 다 취했는데 홀로 깨었다고, 굴원屈原이 어부사漁父辭를 빌어서 스스로 그 고분孤憤한 심사를 부쳤으니, 그가 필경 어복에 장사하고 만 것은 오로지 이 까닭이다. 고산高山의 영봉靈峰 중란衆巒의 위에 솟아 올라, 만상萬象을 눈 아래로 굽어봄이 스스로 장엄숭고莊嚴崧高한 의취意趣가 있겠지만, 초연超然히 독존獨存한 것에는 스스로 또 무한 적막한 비애가 있는 것이다. 석가·기독의 의씨자議氏者가 모두 인생의 최고봉에 입각하여 구부리어 인생을 도제度濟하고자 일생을 노력하니 그들에게는 대오철저大悟徹底한 곳에도 오히려 이 비애가 있었던 것이다. 다만 석釋씨의 유현심수幽玄深邃한 철리哲理가 족히 색상色相의 세계를 초월하여 태연히 상주불멸常住不滅하는 진리의 세계에 안주安住하니, 그의 교敎가 능히 천하의 안정安定을 구하는 번뇌煩惱한 중생들의 귀의처歸依處를 짓던 것도 또 당연한 일일 것이다. 그러나, 인생의 고처로부터 구부리어 중생을 구하고자 하는 곳에 현대적의 민중과는 갈등葛藤되기 쉬운 병폐病弊가 생기는 것이다.

직지인심直指人心, 견성성불見性成佛의 일구一句가 혜능대사慧能大師로 하여금 돈오頓悟의 기機를 짓게 하였고 본래 무일물本來無一物, 하처야진애何處惹塵埃의 구는 또 그의 성도成道의 요제要諦를 지었다고 하거니와, 육조예상탑六祖預上塔의 배후背後에는 이 절絶의 주련柱聯이 걸려서 월하月下에 오히려 번듯이 보인다. 명경明鏡도 대臺 아니요, 보리菩堤도 또한 수樹 없어서 허허공공虛虛空空하게 오직 적멸寂滅의 세계로만 향하는 것이 그 우주 및 인생의 운명이냐? 시드는 꽃, 지는 달, 흐르는 물, 살아지는 이슬은 모두 무상無常과 환상幻想의 표상表象인 자이냐? 고요한 밤 깊은 산에 밝은 달 고운 꽃이 서로 비쳐 광염光艶을 돋우는 곳에 황홀한 정감情感과 청고淸高한 의상意想은 내 오히려 일률무한一律無限한 생명의 감격이 없을 수 없다.

인생은 짧되 예술은 길다. 짧은 인생으로 오히려 만세에 썩지 않는 존귀한 가치를 남기려고 하는 곳에 인생의 고통도 있고, 또 응성궂은 생명의 감격도 있는 것이다. 일체一切가 변환되는 무상한 비애의 가운데에서 오히려 항구恒久하게 뻗히어 변함이 없는데 우주의 생명을 예찬하면서 영원한 정도征途에 나아가 인생 행로行路를 개척하고자 하는 곳에 현대

청년의 바꿀 수 없는 강고强固한 결심이 있는 것이다. 꽃이 피어 꽃이 지고, 달이 떠서 달이 지며, 물이 가매 개울이 길고, 구름이 헤어져서 산곡山谷이 또 들어나니, 굴중왕래屈仲往來 은현기몰隱現起沒은 반드시 조화의 묘리妙理를 추궁함을 요하랴? 먹고 마시고 자고 일하는 가운데에 세정世情의 추이推移는 어찌 또 나의 전자專恣할 바이랴? 두어라, 궁통영욕窮通榮辱은 인세人世의 상태常態요 희로형락喜怒亨樂은 심해心海의 포말泡沫이다. 승당僧堂에 그늘들었으니 잠이나 잘가?

23. 격양가擊壤歌

사해창생四海蒼生 농부들아
　일생 신고辛苦 원망 마라.
사농공상士農工商 생긴 후에
　귀중할 손 농사로다.
만민지행색萬民之行色이요,
　천하지대본天下之大本이라.
교민화식教民火食하온 후에,
　농사밖에 또 있는가?
신농神農씨의 갈은 밭에,
　후직后稷의 뿌린 종자.
역산歷山에 갈던 밭은,
　순 임금의 유풍이오.
교민 팔조八條 펴칠 적에,
　정전지법井田之法 지었도다.
계련전파繼聯傳播 수 천년에,
　임림 총총林林葱葱 백성들아,
작야에 불던 바람,
　척설尺雪이 다 녹았다.

우리 농부 재내어라,
　춘분 시절 이 때로다.
뒷 동산에 살구꽃은,
　가지가지 봄빛이요,
앞 못에 창포 잎온,
　층층이 엄 돋았다.
장장하일長長夏日 긴긴 날에,
　해는 어이 쉬이 가노,
앞 남산에 비져온다,
　누역 삿갓 갖추어라.
밤이 오면 잠간 쉬고,
　잠을 깨면 일이로다.
녹양 방초 저문 날에,
　석양풍이 건듯 부니,
호미 메고 입장고에,
　달을 띠고 걷는 걸음.

24. 인생人生

인생人生 칠십七十이 고래희古來稀라는 말도 있거니와, 인생은 과연 짧은 것이다. 짧은 데다가 언제 죽을는지도 모르는 불가사의의 인생이다. 짧은 이 인생을 어찌하면 좀 더 의의意義있고 가치있게 살다가 죽을 수 있을가?

"별 수 있나, 되는 대로 살다. 죽지"하는 것이 일종의 농담으로 되는 것은 용혹무괴容或無怪나, 진정한 뜻으로 사용되어서는 안 될 줄 안다. 취생몽사醉生夢死의 생활, 이보다 더 공허하고 적막하고 한되는 생활이 어디 있으랴?

☆ ☆

금수의 생활은 먹고 마시고 생식生殖하는 것 이외에 다른 것이 없을 것이다. 그러나, 사람의 생활은 먹고 마시고 생식하는 것 이외에 진眞을 찾고 선善을 찾고 미美를 찾게 되는 것이 금수와 다른 점이요, 이것이 사람의 사람다운 점이라 할 것이다. 다시 말하면 금수는 본능적으로 충동적으로 행동하고 현재 만족에 여념이 없지마는, 사람은 과거와 현재와 미래의 모든 경험을 아울러 생각하여, 보다 낫고 보다 좋은 생활을 영위하려고 애쓰는 것이 다르다는 것이다.

☆ ☆

시간적으로 보아서나, 공간적으로 보아서 사람은 지극히 미약하고 보잘 것 없는 물건이다. 그러나, 사람은 위대한 영능靈能이 있어서, 고결한 이상을 동경憧憬하고 원대한 목적을 향하여 애쓰고 나아가는 절대무한絶對無限의 생명인 것이다.

☆ ☆

사람은 언제 죽을는지 모른다. 내일이나 모래 죽을 것 같이 준비하지 않으면 안 될 것이요, 앙천부지仰天俯地하여 부끄러울 것이 없는 바른 생활을 하도록, 늘 경계하고 지나지 않으면 안 될 것이다. 이러한 긴장미가 있는 생활이야말로 진실한 생활이라 할 것이다.

☆ ☆

사람은 대자연에 대하여 너무 주문이 많고 자만自慢이 많은 것 같다. 자기 때문에만 세상이 생기고, 자기 때문에만 삼라만상森羅萬象이 갖추어 있는 줄 아는 이가 많다. 조금만 자기 마음에 맞지 않고 마음 대로 되지 아니하면, 불평을 말하고 실망하고 비관을 하고 염세厭世를 하여 자살하는 데까지 이르게 된다. 이 얼마나 욕심 많은 자기 중심의 사상인가? 마치 항행하는 자가 풍우와 파랑 없이 대해를 건느고자 하는 바와 같은 것이다. 고어古語에도 "자기를 아는 자는 사람을 원망하지 않고, 운명을 아는 자는 하늘을 원망하지 않는다." 하였으니, 한 번 더 자신을 반성해 볼 필요가 없을가?

☆ ☆

간난艱難과 역경은 언제나 있는 것이다. 간난과 역경은 사람의 수양에 따라 능히 경감輕減되는 수도 있고, 또 이것이 인연으로 좋은 결과를 맺게 할 수도 있는 것이니, 간난과 역경은 인생의 시금석試金石인 동시에 폭풍우暴風雨 후에 청천晴天이 있는 바와 같이 순경과 호운이 전개될 것이다. 인생의 찬연한 순경과 호운이 전개될 것이다. 인생의 찬연한 페지는 한

번도 실패 없이 위험 없이 운 좋게 지났다는 것보다도, 백 번 쓰러지되 굽히지 않고 일어서는 곳에 있을 것이다.

25. 선각자先覺者의 임무任務

나라와 민족의 성해지고 쇠해짐을 좌우左右하는, 무겁고 큰 힘은, 그 나라 백성과 그 민족의 성격과 포부가 어떠냐 하는 것에 달렸으니, 역사에 나타난 바, 이제와 예와 동쪽과 서쪽의 흥망의 뒷자취를, 잘 살펴 궁리하여 보면, 그 원인이, 여러 가지이며, 또 그 상태도 가지각색이나, 필경은 그 민족의 특별한 성질과 포부에 돌려지고 만다.

한 개인의 값은, 많은 방면으로 논평하여 정할 수 있어서, 혹은 학술로, 혹은 예술로, 혹은 정치가로, 혹은 기술로, 혹은 산업 경제들로 각 방면에 활동하여, 그 몸을 세우고, 그 이름을 높이며, 사회에 덕이 되게 하는 데에 있으며, 민족의 발전도 그 내용과 맛이 여러 방면에 뻗어 있으므로, 한 가지만으로는 실현이 되지 않는 법이다. 혹은 문예·학술·기술을 전해 뿌림으로써 천직을 삼으며, 혹은 지하 자원을 개발하고, 수력전기를 일으킴으로써 임무를 삼고, 또는 외국 무역에 종사하여 나라의 산물을 빛내며, 바다의 이권利權을 잡음으로써, 남아의 할 바라고 하며, 혹은 과학과 정치에 이받이함으로 혹은 국토를 녹화하는 사업을 통하여, 혹은 대의大義 명분名分으로 세계의 사악한 도탄을 설파說破 토벌討伐하고 천지의 대도大道를 받들어 행하여 같이 살고 같이 행복을 누리는 길을 사해四海에 펼침으로써, 그 포부를 삼나니, 개인의 값과 그 성패成敗의 운명이, 각 개인의 수양한 바 품성 여하에 따라 결정되는 것과 같이, 민족의 값과 그 성쇠의 운명도, 그 민족이 닦고 간 성격 여하에 따라서 정해지는 것이다. 개인의 성공에는, 반드시 그 성공의 이유가 있음과 같이, 민족의 융성隆盛에도 반드시, 융성하게 될 만한 이유가 있는 법이다.

성격이라 함은, 개인의 타고난 천성을 근본 삼아, 도덕적 수련을 쌓은 바 성과成果를 말하는 것이니, 본성은 모든 사람이 똑 같다고는 하나, 품질은 제 각기 다르므로, 그 닦고 갈아진 성격도 사람마다 다 다른 것이다. 그러기 때문에, 민족 성격에 대한 이상은 똑 같다 할지라도, 개인의 성격을 획일劃一하게 하려 함은, 도저히 될 수 없는 일이다. 그러므로 요지음 교육계에도 특히 이 점에 조심하여, 개성 존중의 소리가 높아짐은 이러한 원리를 깨닫게 된 까닭이다.

개성을 받들고 소중히 하는 정신을 크게 벌리고 넓히면, 곧 민족성의 존중이 되나니, 인류 일반의 이상을 실현하려면, 그 민족의 특성을 존중히 하여, 크게 그 잘난 점을 떨치게 하는 것이 필요한 것이다. 나라와 민족의 구별을 떠나서, 오직 하나의 이상으로 지향하려 하는 종교가, 윤리가, 철학가들의 주창主唱하는 원리는 비록 다 같다 하지마는, 우리들의 품질稟質이 각각 다른 이상에는, 민족의 특색을 돌아보지 아니 하고, 획일劃一의 방침으로 똑 같은 결과에 다다르게 하려고 애쓰고 마음 조리는 것은, 실지에 우원迂遠하다 할 것이다. 이것과 반대로 민족성의 좋은 점과 좋지 못한 점을 자세히 살펴, 그 좋은 점을 떨쳐서 이상을 실현하게 하고, 원리를 뚫어나게 함이, 가장 이치에 맞고 또 효과 있는 방법이다.

개성과 민족성은, 모두 고정한 것이 아니라, 수양·훈련 여하에 따라 소장消長하는 것이니, 이 소장은 곧 개인의 성패와 민족의 성쇠를 좌우하는 것이다. 우리가 우리의 좋은 곳을 스스로 깨달으면, 이것을 몸소 소중히 하고, 몸소 믿어서 잘 이것을 떨쳐 빛나게 할 것이오, 만약 나쁜 곳이 있을 때는, 낙담하지 말고, 스스로 나아가서 이것을 바로잡지 않으면 아니 된다.

우리 민족이 지난 적에 이미 불교·유교의 영향에 따라서 사상이 변화되던 것과 같이, 현대에는 다시 서래西來 사상에 의하여 큰 감화를 받는 터이나, 그네들에게도 좋은 것과 나쁜 것이 있는지라, 그들의 좋은 점으로써 우리의 모자라는 점을 기우면, 우리는 위로 올라 가고, 앞으로 나아가려니와, 만약 그의 좋지 못한 것을 그 대로 본떠 배워서, 우리가 지닌 바 착하고 좋은 것까지 깨뜨리면, 우리는 차차로 타락하고 퇴보될 뿐이니, 어찌 한심하지 아니 하리오. 우리는 우리의 여러 가지 결점을 아는 바이라, 이 뒤로 많은 수련修練과 곤난을 겪지 않으면 아니 될 줄로 알지마는, 한갓 외래外來 사상에 휩쓸리어서, 민족이 지녀 나온 특성과, 금수강산의 본령本領인 전래傳來의 아름다운 덕의까지 떨어뜨리고, 나중엔 그 자취조차 찾아볼 수 없게 잃어 버리게 하는 경향이 보이기 시작하는 것은 통절히 가슴 답답한 일이다.

그러므로 우리는 어떠한 각오와 포부를, 세계 대세에 순응해야 할가. 이것이 오늘날의 큰 문제이며, 동시에 우리가 깊이 생각하고, 익히 살필 과제이다. 대세大勢는 소리 없고 빛갈도 없는 것이니, 대세의 말하려 하는 바를, 꼴이 있고 소리 있는 것으로 변하여, 널리 선전하며, 잘 이끌어 나아감은, 먼저 깨달은 사람의 임무이다. 잘 대세에 순응하여, 폐습弊習을 혁신하는 동시에, 예로부터 훈화薰化되어 온 바 아름다운 덕의는, 어디까지든지 발휘하여, 세계의 썩음을 씻어 없애며, 천하의 연약하고 외로운 벗을 떠받아 도웁고 인도하여 줄 각오와 포부를 가져야 할 것이다.

26. 해방의 노래

김광섭金珖燮*

압박과 유린과 희생에 묻힌 36년,
피를 흘리며, 신음하며,
자유를 찾으며, 해방을 원하여,
우리들은 얼마나
움직이는 세기의 파동에
뛰어들려 하였던가?

어디로 가나 나라 없는 사람,
어디로 가나 이름 없는 사람,
알지 못할 무서운 죄와 벌,
피와 땀에 추근히 젖어서,
대지는 빛을 잃고,
우리들은 폐허에 누운
헐벗은 손님에 지나지 못하였다.

* 김광섭(4239~). 시인. 저서 "憧憬". 평론, 수필 등이 있음.

아아, 한 많고
원 많은 곳에서 살지던
일본 제국 주의,
한 민족을 잡아서 피를 짜며,
잔인한 영혼을 불러 무장하고,
세계의 관冠을 얻으려던
일본 제국 주의.

오늘 우리들은 그대의 머리 위에,
황혼의 만가輓歌를 보내나니,
잘 가거라 일본아,
고달픈 옷자락에 눈물을 씻으며,
물러가 흉몽凶夢을 안고,
심연深淵에 누우라.

이제,
오래 고민하던 시대는 가고,
정렬에 넘치는 새로운 시대가
열렬한 입술을 열고,
부르짖으며 행동하나니.

아아, 하늘아,
더 높고, 더 크고, 더 프르르라.
우리들은 모두 다 영광에 취하여,

일하고, 배우고, 건설하려느니,
영광스러운 헌신獻身,
하늘을 받들고 우리들은,
자랑스럽게 우뚝 지상地上에 섰다.

이 해방된 감격,
이 공통된 정렬이
오늘 자유의 기원紀元이 되어,
조국을 향하여 바치는
한 덩어리 열이 되고, 힘이 된다면,
누가 우리의 길을 막으랴.

아아, 조선의 의지와 지혜와 생명,
영원ㅎ도록 생동生動하라, 조약躁躍하라. 비상飛翔하라.
대우주大宇宙의 창조의 깊은 뿌리를 두고,
지고至高한 가슴 속에 정렬을 가다듬어,
무한한 미래에 계속된
이십 세기의 파동 많은 산맥,
높은 봉우리 위에
영원한 자유와 독립의 탑을 세우라.

27. 새 나라 건설과 교육

오천석吳天錫*

제이 차 세계 대전은, 연합국의 승리로 끝을 맺었다. 그러나, 이 승리는 결코 힘의 승리가 아니다. 열등한 무력에 의한 우월한 무력의 승리가 아니다. 이것은 사람의 값을 무시하는 전제주의에 대한, 사람의 값을 가장 으뜸으로 하는 민주주의의 개선凱旋인 것이다.

이러한 민주주의의 승리에 의하여 해방된 우리 나라는, 필연적으로 민주주의에 터전을 잡은 나라로서 세워져야 할 것은 물론이지마는, 그러나, 바르고 참된 민주주의 나라는 법령으로써 세워지는 것이 아니요, 민주주의적 형식을 갖춘 정부를 만듬으로써 이루어지는 것도 아니다. 다만, 그 나라를 구성構成하는 백성 전체가 온갖 정치적, 경제적, 사회적, 문화적 활동에 자유로 관여關與할 수 있는 사회가 나타날 때에 비로소 이루어지는 것이다. 그러므로 그 나라의 가장 미약하고 비천한 자리에 있는, 한 시민市民의 연약한 소리까지도 들을 수 있고, 또한 들을 값이 있는 사회가, 곧 민주주의의 나라인 것이다. 따라서 거기에는 옳음과 긇음을 가릴 만한 날카로운 비판적 이지理智가 있어야 하며, 밖에서 오는 권위權威와

* 오천석. 哲學博士. 교육가. 저서 "民主主義教育建設"

타률적他律的 세력을 굳게 물리치고, 자률적으로 제 뜻과 생각을 결정하고, 실행에 옮길 만한 창조력이 있어야 하고, 사회의 권리를 제 복리福利와 같이 아껴 지키고 소중히 받들며, 단체적 생활에 적극적 협동을 아끼지 않는 사회 사람스러운, 큰 사람다운 성격이 없어서는 아니 된다.

그러면, 이제 민주주의적 나라를 세우려는 마당에 있어, 우리에게 주어진 인적人的 요소는 어떠한 것인가? 첫째로, 우리에게는 국민의 80퍼어센트가 넘는 문맹文盲이 있다. 이 문맹도 그 표준을 서양 여러 나라처럼, 신문을 읽고 그 뜻을 안다는 데에 둔다면, 90퍼어센트를 훨씬 뛰어넘을 것이다. 구미歐美 여러 나라의 문맹률이 이삼 퍼어센트에 지나지 않는 데에 겨누어, 이 얼마나 두려운 차이差異인가. 이와 같은 인적 자원을 가지고, 우리는 단호 이 땅에다 민주 국가를 세우지 않을 수 없는 운명運命에 있다. 이러한 나라에, 참된 민주주의가 뿌리를 박을 수 있고, 목숨을 이어 나아갈 수 있을가? 이러한 국민이 과연 밖으로부터의 아무런 절제節制도 받지 않고 자유로운 이성을 가지고 나라 살림 살이에 관여關與하고 또 이받이할 수 있을가가 문제이다.

둘째로, 우리 나라 사람은 역사적인 원인으로 말미암아, 민주주의 나라 속에서, 온전히 그 값을 떨치고 살아 나갈 준비를 갖지 못했다는 것이다. 우리는 사천 여 년 동안의 조선적 전제專制주의 밑에서 굴종屈從의 생生을 살고, 설흔 여섯 해 동안의 일본적 전체全體주의 밑에서 종의 존재存在를 이어 나오다가, 갑자기 민주 나라의 시민市民이 되어야 하게 된 것이다. 오직 복종이 지상至上 미덕美德으로 찬양하여지던 사회에서 자라난 우리는, 이제 벼란간 비판적批判的 이성理性을 가지고 복잡 다단한 정치적, 사회적 문제를 스스로 해결해야 할 처지에 서게 된 것이다. 민주도道에 의하여 살아 본 사회적 경험이 없고, 민주주의에 대한 준비를 가지지 못한 국민으로써 조직된 이 사회에, 과연 참된 민주 나라가 성립될 수 있을는지…….

세째로 우리 민족의 도의심道義心에 대한 준비를 살펴 보기로 하자. 옛날의 전제정체政體에 있어서는 임금의 권위權威가 한 나라를 통제統制하였고, 현대의 전체주의적 정체에 있어서는 무력武力의 위협이 나라를 지배하여 갔거니와, 민주 나라에 있어서는, 사회적 도의심의 힘이 한 나라의 백성을 뭉치고 이끌어 가는 원동력이 되는 법이다. 이번 대전에서 이것이 똑똑히 거죽에 나타났다.

참으로 자유롭고 자률적인 개인들이, 자기들의 생활을 지키려는 사회의 요청에 눈깨어. 사납게 일어나는 도의심을 중심으로 뭉치는 단결은, 마치 양羊 떼와 같이, 주인의 채찍의 무서움에 이끌리어서 합쳐지는 집단에 견주어, 지극히 굳세고 무서운 것이다.

그럼에도 불구하고, 해방 뒤 우리 사회는 어떠하여 왔는가? 한 때의 혼란을 이용하여, 사태처럼 쏟아진 범죄는, 무엇으로 설명하면 좋으며, 또 왜적의 압박 밑에 고생한 우리 동포 끼리가, 지난 날을 잊은 듯이 빚어내는 알륵軋轢과 살생殺生, 그리고, 떳떳한 길을 벗어난 정쟁政爭은 어떻게 해석을 내리워야 속이 시원할지, 다만 암담한 느낌을 받을 뿐이다.

이렇게도 파산破産 당한 사회 도의 속에서 살고 있는 인적 자원을 가지고, 민주 나라를 세워야 하니, 그 길은 멀고 멀다.

참으로 민주주의 나라는, 위에서 누누히 말한 바와 같이, 한 조각의 법령으로, 하루 아침 하루 저녁에 만들 수 있는 것이 아니며, 또, 흙덩이와 돌멩이처럼, 이 곳에서 저 곳으로 옮겨지는 것도 아니며, 혹은 한 개의 선물과 같이, 이 사람에게서 저 사람에게로 주어지는 성질의 것도 아니다. 이는 오직 인류가, 이를 위하여, 꾸준히 싸와 얻은 전리품戰利品인 것이다. 그리하여, 그것은 마치도, 원정園丁이 심은 나무가 그의 노력에 의하여, 조금씩 조금씩 자라 듯, 사람의 끊임 없는 노고勞苦에 의하여만 성장하는 것이다.

여기에 있어서, 위는 교육의 위대한 사명과 역량力量에 생각이 닿지 않을 수 없게 된다. 민주주의의 형체는 하루 아침의 법령으로써 세워질 수 있을지 모르거니와, 그를 담은 삶은, 오직 교육의 힘을 빌지 않으면 피어날 도리가 없는 것이다. 그러므로, 민주주의 나라를 세우는 절대적 기본 요소要素는 교육이다. 교육으로써 그 터전을 닦지 않은 민주 나라는, 모래 위에 세운 집과 같아서, 한번 비바람이 치면 무너지는 것이다.

교육의 길은 먼 길이요 돌아가는 듯한 길이다. 그러나 이것이 곧 가장 짧은 길이요, 곧은 길이다. 이 길이 멀다 하여, 밟지 않는 어리석음을 가져서는 안된다. 그러기에, 우리는 교육을 중요시하는 것이요, 그 임무가 한 없이 큰 것인 줄을 절실히 느끼는 바이다. 그야 물론, 나라를 다시 세우는 마당에 있어 우리에게 주어진 과업課業은 많고, 태산과 같은 역사役事는 어느 것 하나 우리를 부르지 않는 것이 없으며, 어느 것 하나 우리의 최선의 노력을 조전挑戰하지 아니 하는 것이 있으리오마는, 우리가 당면한 이 많은 문제들을, 가장 원만히 해결하는 방도를, 두고두고 곰곰히 생각할수록, 믿어지는 결론은, 이 모든 문제의 밑바닥에 깔려 있는 근본 문제를 해결하지 않고는 어찌할 도리가 없다는 것이다. 이 근본 문제는 무엇인가? 그것은 곧 교육 문제이다.

뗀마아크의 국운이 쇠하여, 그 목숨이 바람결에 놓인 호롱불과 같은 위치에 처하여 있을 때에, 고요히 고등 국민 학교를 열어, 농촌 자제의 교육을 통하여서, 그 나라를 건지려한 끄룬트비히, 일본 명치 유신維新의 혁명의 불이 아직도 높아, 나라 운명의 장래를 점치기 어려운 난세亂世에 있어, 이것을 못본 듯이 안연晏然히 청년 자제를 모아 놓고 그의 갈 길을 말한 복택유길福澤諭吉과 같은 선각자先覺者의 심경을, 우리는 오늘날 보는 듯하다.

4282年 8月5日 發行

중등국어

臨時定價

5권 270圓

板權所有

編　者 李秉岐

發行者 金時必

서울市鐘路2街91

發行所 金龍圖書株式會社

(4280.9.20.No.102)

印刷所 大建印刷所

(1947.9.30.No.21)

중등국어 6

인정종류	중등학교국어과참고용
인정년월일	4282년8월3일
인정유효기간	4283년8월31일
인정관청	문교부

중등국어 6

이병기 편

『중등국어 6』(이병기, 금룡도서, 1949)
표지

금룡 도서 주식 회사 발행

일러두기

1. 원본 자체의 맞춤법 오류 바로 잡아 표기하고, 각주를 붙여 원문의 표기를 기록하였다.
2. 일반 문법적 오류 아닌 작가의 시대적 사회적 관련으로 나타나는 비표준어적 표기는 그대로 인정하고 띄어쓰기도 그대로 하였다.

목차

1. 녹이상제

녹이상제綠駬霜蹄 살지게 먹여 시냇물에 씻겨 타고
용천설악龍泉雪鍔을 들게 갈아 둘러메고,
장부의 위국 충절을 세워 볼가 하노라

— 최영崔瑩-고려 공양 왕恭讓王 때 사람

활 지어 팔에 걸고 칼 갈아 옆에 차고,
철옹성변鐵瓮城邊에 통개 베고 잠을 드니,
보완다 보왜랏 소리에 가슴 끔찍하여라.

— 임진林晋

장검을 빼어들고 백두산에 올라 보니,
일엽제잠이 호월에 잠겨세라.
언제나 남북 풍진을 헤쳐볼고 하노라.

남이

구레 벗은 천리마千里馬를 뉘라서 잡아 닥아,
조 죽粥 삶은 콩을 살찌게 먹게 둔들,

본성本性이 오왕誤枉하거니 있을 줄이 있으랴.

— 김성기金聲器-영조英祖 때 사람

녹초綠草 청강상淸江上에 구레 벗은 말이 되어,
때때로 머리 들어 북향北向하여 우는 뜻은
석양夕陽이 재 넘어가니 임자 그려 우노라.

서익徐益

벽상壁上에 걸린 칼이 보미가 나단 말가?
공 없이 늙어 가니 속절 없이 만지노라.
어즈버 병자丙子 국치國恥를 씻어 볼가 하노라.

— 김진래金振來-숙종肅宗 때 사람

울며 잡은 소매 떨치고 가지 마소.
초원草原 장제長堤에 해 다 저물었네.
객창에 잔등 돋우고 새와 보면 하리라.

— 이명한李明漢-인조仁祖 때 사람

초암이 적요한데 벗 없이 혼자 앉아,
평조 한 잎에 백운이 절로 존다.
어느 뉘 이 좋은 뜻을 알리 있다 하리오.

— 김수장金壽長

어리고 성긴 가지 너를 믿지 아녔더니
눈 기약 능히 지켜 두세송이 푸엿구나.
촉 잡고 가까이 사랑할 제 암향조차 부동하더라

— 안민영安玟英

2. 독서개진론讀書開進論

안재홍安在鴻*

황국黃菊 단풍丹楓이 어느덧 무르녹아 달 밝고 서리 찬 밤 울어 예는 기러기도 오늘 내일에 볼 것이다. 독서하기 좋은 계절이다. 하늘 높고 바람 급急할 적에 호마胡馬가 길이 소리쳐 장부丈夫의 팔이 부르르 떨리면서, 넌지시 만리萬里의 뜻을 품은 것은 가을의 정감情感이다. 그러하매 옛 사람이 가을 밤 벽상壁上에 장검長劍을 걸고 홀로 병서兵書를 읽었다고 하니, 가을의 숙살肅殺한 기운이 무한無限 정진征進의 의도意圖를 충동일 제 그 기機와 경境이 알맞게 의도를 펼 수 없는 것이 인세人世의 상사常事이므로, 걸린 장검에서 그 의도가 식지 않고 읽어 가는 병서에서는 더욱 천하의 뜻이 굼닐어 나아가는 것이니, 독서의 의의意義와 영감靈感이 여기 있는 것이다. 그러나, 반드시 가을이 아니니, 언제나 독서는 자아自我인 인생을 객관客觀의 경境에서 새로 발견하는 것이요, 고인古人의 자취에서 졸고 있던, 정돈停頓되었던 위대한 나를 고쳐 인식認識하는 것이며, 하필 남자男子만의 일이 아니니, 남성男性이건 여성女性이건 누구나 독서에서 새로운 지견智見과 생신生新한 천지天地를 개척開拓하여 가는 것이다. 병서만 오로지 독서자의 경륜經綸에 투합

* 안재홍(4224~) 호는 민세民世. 저서 "白頭山登陟記", "新民族主義와 新民主主義"

投合할 바 아니니, 무릇 사회社會 백가百家의 서書와 과학科學 제문諸門의 술術을 각각 그 취미와 공용功用에 따라 자재自在하게 선택할 것이다.

고인古人들은 흔히 맹목盲目으로 추종推從하고 직역直譯으로 항참降參하는 자 많더니, 금인今人들은 혹 해외海外의 좌익左翼이란 선구자先驅者의 언론言論에 맹목으로 추종하는 자 많아, 그 경우境遇와 역사歷史와 현실現實의 정세情勢가 서로 같고도, 다른 진경眞境 비의秘義를 미처 모르는 자 적지 않은 터이다. 고인의 그러함이 반드시 정주程朱의 죄罪 아님과 마찬가지어서, 금인의 그러함도 역시 해외의 좌익 선구자의 허물이 아닐 것이다. 무릇 비판적批判的이 아닌 곳에 정주가 조선을 그 사상적思想的 식민지植民地로 잡아, 일세一世의 유관儒冠한 자로 전역全域을 들어 숭외崇外의 제물祭物로 내주려고 하였으니, 그 환患의 막심莫甚한 자이었었다. 비판적이 아닌 곳에 현대現代의 독서 사색思索하는 자로, 의외意外의 과오過誤를 지도자指導者로서 범犯할 수 있는 것이니, 독서와 그에서 나오는 실천實踐이 워낙 쉬운 바 아니다. 나의 처지處地를 밝게 알고, 거기서 남의 지난 자취를 찾을 때에 비로소 남이 갖지 못하는 진정한 진로進路가 터지는 것이다. 내 일찍 지리산智異山의 풍운風雲 속에 길을 잃어 밀림密林을 헤치고, 계곡谿谷을 더위잡아 길 없는 길을 더듬어 내려올 때, 황량荒凉한 고목古木 속에서 초부樵夫에게 찍힌 도끼 자국을 보고 눈에 번쩍 띄어, 먼저 다녀간 그 임의 자취를 기껍노라 공경恭敬하였었다. 사람은 자기의 힘차는 노력을 끊임 없는 값으로 치르면서, 그리고 앞서 지나간 선구자의 끼친 터를 찾을 때에만 바야흐로 참으로 비상非常 존귀尊貴한 인세人世의 교훈과 가치를 얻는 것이다. 독서의 비결秘訣이 그 여기에 있을 것이다. 그러나 무릇 독서는 그 때와 사람이 따로 있지 않으니, 현대인은 모두 일생을 일하고 독서함을 요한다.

3. 고려의 도자陶磁 공예工藝

불상을 조각하는 기술이, 신라의 미술 문화를 똑바로 상징하고 있는 것과 같이, 고려 문화를 똑바로 들어내고 있는 것은, 도자 공예이다. 다른 나라 사람은 "코리아" 라고 하면, 마치 도자의 딴 이름처럼 알고 있었다. 일본 같은 데에서도, 흰 사기그릇을 "시라고마"白高麗라고 하고, 그림 그린 사기그릇을 "에고마"繪高麗, 푸른 사기그릇을 "아오고마"靑高麗라고 한다. 이처럼 고려와 사기그릇과는 떼어낼 수 없는 하나의 개념이다.

항용 고려 도자라 하면, 누구나 푸른 사기그릇을 연상하지마는, 결코 푸른 사기그릇에만 한정限定한 것이 아니었다. 흰 사기그릇도, 잡색 그릇도 많았던 것이다. 그뿐 아니라 흰 사기그릇에도, 온아한 아황백자牙黃白磁, 맑게 개인 옥청玉靑백자가 있었고, 그림 사기는, 안쪽에 그림이 있는 것들, 잡색 사기에도 황록색黃綠色인 것, 초록빛, 쪽빛, 감빛, 노랑이, 쇠빛, 검은빛들, 참으로 가짓수도 많고, 모양도 많고, 문채도 많았었다.

그러나, 일반이 상식으로 잘 알고 있는 바와 같이, 고려 도자의 특색은, 오로지 푸른 사기그릇에 있다. 그 일어난 근원에 대하여는, 아무러한 남겨둔 글이 없어 알기 어려우나, 고려 인종 조에 우리 나라에 온 송 나라의 사신 서 긍徐兢이 지은 "고려 도경"圖經에, "사기그릇 중에 푸른 것을 고려 사람들은 비색翡色이라고 하는데, 근년에 와서는 그 만들어 내는 품이 더욱 더 교묘하며, 빛도 더 한층 아름답다." 라고 하였고, 어떤 일본인

학자는, 이 앞 뒤를 상고하여, 고려 현종 때부터 문종 때까지의 한 아흔 해 동안에 생겼다고 하였다. 어쨌든, 인종 첫머리쯤에는 이미 이러한 사기그릇이 극도로 발달을 이루고 있었음으로 보아서 푸른 사기그릇의 시작은, 인종 때보다 오십 년, 내지 백 년은 앞섰었으리라. 이리하여 중국 사람들로 하여금, 낙양洛陽의 꽃 건주建州의 차茶, 고려의 비색翡色은, 이야말로 천하天下 일품逸品이라고 하게까지 이르렀다.

인종조仁宗朝 앞 뒤에는 그릇의 꾸밈으로서는, 음각陰刻, 양각陽刻, 상형象形들의 수법手法에 그쳤지만 그 가운데도 상형의 수법은 매우 발달한 것으로, 인도 계통의 정병류, 중국 계통의 구리 병류들, 모양의 기이奇異한 것밖에, 조통박, 외, 국화꽃, 연꽃, 연밥, 죽순들의 모양과, 앵무새, 원앙새, 올빼미, 기러기, 봉황새, 토끼, 사자, 거북, 용, 범, 불범, 개, 원숭이, 고기, 새우, 두꺼비 들의 모양을 상형한 것이 많다. 고려도경에 "주전자의 모양은 오이와 같은데, 꼭대기에 작은 뚜껑이 있고, 그 뚜껑은 연꽃을 엎어 놓은 것 같다" 라 하고, "산예狻猊와 출향出香도 또한 비색翡色"이라. "위에는 짐승이 쭈구리고 앉았고, 밑에는 연꽃이 피어서 이것을 받치고 있다." 라고 한 것은, 모두 인종조에 있어서, 이미 물건의 모양을 상형한 그것이 많이 쓰이었음을 밝히는 것이다.

그러나, 고려의 푸른 사기그릇으로서의 특색은, 세루 상감 법細鏤象嵌法에 있으니, 이것이야말로 고려 독창獨創의 수법이요, 세계 도자 공예에 그 버금을 허락하지 않는 것으로, 고려 푸른 사기그릇이 고려 푸른 사기그릇으로서의 참 목숨을 잡은 것이다. 그 수법은, 그릇 거죽에 무늬를 음각陰刻하고, 그 오목한 곳에 검은흙, 흰흙, 주사朱砂를 채워 넣은 뒤에, 윤기 내는 약을 발라서 구워 낸 특이한 것이다. 이 수법이 생긴 것은 신라 도자의 꽃 무늬를 각인刻印으로서 나타내는 수법과, 금그릇이나 구리그릇 거죽에 가느른 선을 박아서 무늬를 내는 기술에서 온 것으로 짐작이 된다.

그러나, 그 생긴 연대에 대하여서는 이 또한, 들어난 글이 없어 알기 어려우나, 인종仁宗 첫 머리의 기록인 고려 도경에도, 푸른 사기그릇을 상세히 적었음에도 불구하고, 고려만이 특별히 가진 상감 수법에 말을 미치지 않은 점들로 보아 그 시대에는 아직 발명되지 않았던 것 같기도 하지마는, 그러나, 단정은 할 수 없다. 고려 명종지明宗智 임금의 능에서 섬세한 상감 사기가 발견된데서, 인종에서 명종에 이르는 사이, 곧 의종毅宗연대에 생긴 것이 아닐가 한다. 고려 의종의 호사와 화려는 역사 위에 유명한 것으로서, 그 영향으로 가는 곳마다, 큰 토목 역사를 일으키고, 노는 동산을 경영하고, 그릇을 꾸몄다. 고려의 이름 높은 청개와도, 이 때에 생긴 것으로서, 고려사史에도 의종 세가世家 열 한 조에 푸른 개와의 사실이 처음으로 보인다.

그러면, 어찌하여 상감술이 이 때에 생겨났을까? 이 규보李奎報 시詩에, “사기그릇을 구을 때, 푸른 사기는 열 날 속에 하나밖에 나오지 않다.” 라고 한 말귀가 있다. 이렇듯 푸른 사기답게 훌륭한 것은 구어 내기가 힘들었던 것이다. 그럼에도 불구하고, 관가나 양반들이 권력으로 거두어 감이 심하여, 그에 응하지 아니 하면, 목숨과 재산까지도 보장保障할 수 없을 지경이라. 이제까지의 섬세치밀纖細緻密한 수법手法으로 꾸며서는 도저히 수응酬應할 수 없었다. 그리하여 윤기 내는 약이 조금 어둡고 흐리더라도, 상감을 이용하면, 구어 내는 방법이 매우 편하게 될 뿐만 아니라, 겉 모양도 이제까지의 것에 겨누어 조금도 손색이 없으며, 오히려, 무늬의 회화繪畫적 가치를 떨침으로 말미암아, 그릇 거죽 모양이 찬란스럽게 되므로, 도공陶工에게는 이에 더한 편법便法이 없는지라, 마침내 이 수법이 한 때를 풍미風靡하게 된 것이다. 이리하여 이 편법은 다시 편리하게 되어, 차차 기계적 인화수법人化手法이 가미되고, 마침내 순 인화법만이 남게 되어, 고려 말기에는, 푸른 약의 투명함이 사라지고, 퇴락적인 흐린 푸름에까지 이르게 되었다.

위에 말한 바와 같이, 상감 수법은, 한 가지의 편화 수법이었으나, 고려 청자는 오히려 이로 말미암아, 회화적 값이 떨어졌고, 또 이로 말미암아서 없어졌다. 말하자면 윤기 내는 약에 대한 소홀이 상감 수법의 일어난 원인이 되었고, 동시에 그 멸망의 먼 원인도 된 것이다.

그러면 사기그릇의 회화적 값이라는 것은 무엇이냐 하면, 그것은 그릇 거죽에 꾸며진 도안圖案과 무늬를 말하는 것이다. 이 도안 무늬를 구별하여, 첫째, 식물에서 재료를 얻을 것으로는, 복숭아와 오얏, 촉규蜀葵, 매화와 국화, 연꽃과 모란, 포도, 원추리, 소나무와 대나무, 석류, 갈꽃, 포류蒲柳들을 들겠고, 둘째, 자연에서 재료를 얻은 것으로는 물결, 비와 눈, 구름과 안개, 기이한 바위, 괴상한 돌들이 있고, 세째, 동물에서 재료를 딴 것으로는, 고기와 새우, 물새, 거북과 용, 사자, 기러기와 오리, 봉황새와 학, 원앙새와 해오라기, 거위, 공작, 나비, 토끼, 소와 말, 개와 원숭이들을 들겠고, 네째의 잡종 취제取題로는 영락瓔珞, 칠보, 아자亞字, 시문, 그 밖에 기하학적幾何學的 도형을 들겠고, 사람으로서, 어린아이와 선인들도, 많이 쓰였다. 이 가운데 고려 무늬의 특색을 이룬 것은, 국화와 수양버들과 물새와 구름과 학이다. 지금도 우리 나라의 산과 들에는, 산수화와 한가로운 학이 특이한 시의 맛을 자아내고 있거니와, 그 때의 사회에서는, 이것이 더욱이 사랑 받은 시의 제목이요, 그림의 재료였을 것이다. 이것들은, 나전螺鈿 칠기漆器와 쇠그릇, 놋그릇에까지 많이 씌였던 것으로, 고려 사람들의 마음에 특별한 예술 의욕意慾을 자아낸 듯하여, 역사 책과 그 밖의 책에 많이 문례文例가 있다.

끝으로, 고려 푸른 사기그릇 속에 사치스럽고 고운 작품으로, 금화金畫자기磁器라는 것이 있음을 소개하여 두려 한다. 이것은 이미 이루어진 상감 청자의 윤기 약 윗거죽에 다시 금물로써 그린 것이니, 현재에는 그 유례가 매우 적으나 충렬왕 때쯤부터 한 때의 유행을 보인 특수한 푸른 사기그릇이다.

이리하여 고려의 사기그릇은 한갓 골동적 노리개감이 아니고, 국제적 외교단상外交壇上에까지 오르게 된 것이었으나, 고려의 멸망과 함께, 명나라 첫머리부터 싹트기 시작한 청화자青畫磁 등속에게, 그 운명을 마치고 말았다.

4. 새 타령

새가 새가 날아든다. 온갖 새가 날아 든다. 온갖 새가 날아 들어. 남풍조차 떨처나니, 구만 장천에 대붕새. 문왕이 나계시니, 기산조양에 봉황새. 무한기우 깊은 회포, 울고 남은 공작새. 소상 적벽 칠월야에, 알현장명 백확이, 글자를 뉘전하리 가인 상사 기러기. 생증장액수고란, 어여뿔사 채란새. 약수 삼천리 먼먼길, 서왕모의 청조새. 유복귀인 서기산에, 소식 전ㅎ던 앵무새. 성성제혈염화지, 귀촉도 불여귀. 요소몽을 놀라 깨니, 막교지상 꾀꼬리. 만경창파 녹수상에, 원불상리 원앙새. 주란동정 돌아들어, 관명우지 황새. 비입심상 백성가, 왕사당전 저 제비. 양류지상 담담풍에, 둥둥 뜨는 진경이. 낙하는 여고목제비하고, 추수공장 따오기. 팔월변풍 높이 떠, 백리 추호 보라매. 금차하민수감모, 연비여천 소리개. 쌍비총구안에, 쌍거쌍래 비둘기. 춘산무반독상구, 벌목정정 때저구리. 어사부중 밤이 들어, 울고 가는 가마귀, 정위 문전에 깃들였다. 작지강강까치 만천소우몽강남은 한가하다 해워리. 우후청강 맑은 흥, 묻노라 갈매기, 추래견월 다귀사하니, 열고 놓으니 두루미. 산림비조 뭇새들은 농춘화답 짝을 지어, 쌍거쌍래 날아든다. 공기적동 공기뚜루룩, 수꽁 소뗭, 가가갑술이 날아 든다. 야월공산 깊은 밤에, 두견새는 슬피 운다. 오색채의를 떨쳐 입고, 아홉 아들 열 두 딸을, 좌우로 거느리고, 상평전 하평전으로, 아조 펄펄 날아 든다. 장끼 까토리가 울음 운다. 꺽꺽꾸루룩 울음 운다. 저 무슨 새가 울음 우는고, 저 뻐꾹새가 울음 운다. 꽃 피어서 만발하고, 잎 피어서 우거진데, 청계변으로 날아 든다. 이 산으로 가도 법국, 저 산으로 가도 법국, 법법국 법국, 좌우로 날아 울음 운다. 저 무슨 새가 우는고, 야월공산 저문 날에, 저 두견이 울음 운다. 이 산으로 오며 귀축도, 저 산으로 가며 귀축도, 짝을 지어서 울음 운다. 저 꾀꼬리 울음 운다. 황금갑옷 떨쳐 입고, 양류청청 버드나무 제 이름을 제가 불러, 이리로 가며 꾀꼬리루, 저리로 가며 꾀꼬리루, 머리 고이 빗고, 시집 가고 지고, 게알 가가감실 날아 든다. 저 할미새 울음 운다. 무곡통 한 섬에 칠푼 오리 하여도, 오리가 없어 못 팔아 먹는, 저 방정맞은 할미새, 경술년 대풍 시절에, 쌀을 양에 열 두 말씩 해도, 굶어 죽게 생긴 저 할미새, 이리로 가며 팽당그르르, 저리로 가며 팽당그르르, 가가감실 날아든다. 저 머슴새 날아든다. 초경 이경 삼사오경, 사람의 간장 녹이려고, 이리로 가며 붓붓, 저리로 가며 붓붓, 이리 한참 날아든다. 저 비둘기 울음 운다. 나의 춘흥 못 이기어, 수피둘기 낢에 앉고, 암피둘기 땅에 앉아, 콩 한 줌을 흩어 주니, 수놈은 물어 암놈 주고, 암놈은 물어 수놈 주며, 주홍 같은 입을 대고, 궁글궁글 울음 운다. 저 무슨 새가 우는고, 오색단청 때저구리, 연년 묵은 고목나무 버레 하나 얻으려고, 오르며 딱따그르 내리며 딱따그르, 이리 한참 울음 울고. 저 가마귀 울음 운다. 아랫녘 갈가마귀, 웃녘의 떼가마귀, 거지중천 높이 떠서, 까옥까옥 울음 운다. 소상강 떼기러기, 장성 갈재 넘으려고, 백운을 무릅쓰고, 뚜루룩 너울 너울 춤을 춘다. 져 종달새 울음 운다. 춘삼월 호 시절, 한 길을 오르며 종지리, 두 길을 오르며 종지리, 아조 펄펄 노니는구나.

5. 조침문弔針文

유維 세차歲次 모년某年 모월某月 모일某日에, 미망인未亡人 모씨某氏난 두어 자 글로써, 침자針子에게 고하노니, 인간 부녀의 손 가운데, 종요로운 것이 바늘이로대, 세상 사람이 귀히 아니 녀기난 것은, 도처에 흔한 바이로다. 이 바날은 한 작은 물건이나, 이렇다시 슬퍼함은, 나의 정회가 남과 다름이라. 오호嗚呼 통재痛哉라 아깝고 불쌍하다. 너를 얻어 손 가온데 지닌지, 우금于今 이십 칠 년이라. 어이 인정이 그렇지 아니하리요. 슬프다. 눈물을 잠간 거두고, 정신을 겨우 진정하여, 너의 행장과 나의 회포를, 총총히 적어 영결하노라. 연전에 우리 시삼촌께압서, 동지상사冬至上使 낙점落點을 무르와, 북경北京을 다녀 오신 후에, 바늘 여러 쌈을 주시거날, 친정과 원근遠近 일가에게도 보내고, 비복婢僕들도 쌈쌈이 낱낱이 주고, 그 중에 너를 택하야, 손에 익히고 익히여, 지금까지 해포되었더니, 슬프다, 연분이 비상하야, 너희를 무수히 잃고 부러뜨렸으되, 오직 너 하나를 연구히 보전하니, 비록 무심한 물건이나, 어찌 사랑스럽고 미혹지 아니하리오. 아깝고 불상하며, 또한 쓸쓸하도다.

나의 신세 박명하여, 슬하에 한 자녀 없고, 인명人命이 무서워서 일직이 죽지 못하고, 가산家産이 빈궁하여, 침선針線에 마음을 붙쳐, 널로 하여 시름을 잊고, 생애를 도움이 적지 아니하더니, 오늘날 너를 영결하니, 오호 통재라, 귀신이 시기하고, 하늘이 미워하심이로다. 아깝다, 바늘이여,

어여쁘다, 바늘이여, 너는 미묘한 품질과 특이한 재치才致를 가졌으니, 물중物中의 명물이요, 철중鐵中의 쟁쟁錚錚이라. 민첩하고 날래기는 백대의 협객이요, 굳세고 곧기난 만고의 충렬이라. 추호 같은 부리는 말하는 듯하고, 두렷한 귀는 소리를 듣는 듯한지라. 능라와 비단에 난봉鸞鳳과 공작을 수놓을 때, 그 민첩하고 신기함은 귀신이 돕난 듯하니, 어찌 인력의 미칠 바리요.

오호 통재라. 자식이 귀하나, 손에 놓일 때도 있고, 비복이 순하나, 명을 거스릴 때 있나니, 너의 미묘한 재질이 나의 전후前後에 수응함은, 생각하면, 자식에게 지나고, 비복에게 지나난지라. 천은天銀으로 집을 하고, 오색으로 파란을 놓아, 곁고름에 채였으니, 부녀의 노리개라. 밥 먹을 적 만져 보고, 잠 잘 적 만져 보아, 너로 더불어 벗이 되어, 여름 낮에 주렴이며, 겨울 밤에 등잔을 상대하야, 누비며, 호며, 감치며, 박으며, 공그릴 때에, 겹실을 꾀었으니, 봉미鳳尾를 두르난 듯, 땀땀이 대여 갈 적에, 수미首尾가 상응하고, 솔솔이 붙쳐 내매, 조화가 무궁하다. 이 생에 백 년 동거하잤더니, 오호 애재라, 바늘이여.

금년 시월 초십일 술시戌時에, 희미한 등잔 아래서, 관대 깃을 달다가, 무심 중간에 자끈동 부러지니, 깜작 놀라왜라, 아야 아야 바늘이여, 두 동강이 나았고나. 정신이 아득하고, 혼백이 산란하여, 마음을 빼아내난 듯, 두골頭骨을 깨쳐 내난 듯, 이윽도록 기색혼절氣塞昏絶하였다가, 겨우 정신을 차려, 만져 보고 이어 본들, 속절 없고 할 일 없다. 편작扁鵲의 신술神術로도, 장생불사 못하였네. 동내 장인匠人에게 때이련들, 어찌 능히 때일손가. 한 팔을 떼여 낸 듯, 한 다리를 베여 낸듯, 아깝다, 바늘이여, 옷섭을 만져 보니, 꽂쳤던 자리가 없네.

오호 통재라. 내 삼가지 못한 탓이로다. 무죄한 너를 마치니, 백인伯仁

이 유아이사由我而死라, 누를 한하며, 누를 원하리오. 능란한 성품과 공교한 재질을, 나의 힘으로 어찌 다시 바라리오. 절묘한 의형儀型은 눈 속에 삼삼하고, 특별한 품재는 심회가 막막하다. 네 비록 물건이나, 무심ㅎ지 아니하면, 후세에 다시 만나 평생 동고지정同苦之情을 다시 이어, 백년고락과 일시생사一時生死를 한가지로 하기를 바라노라. 오호 애재라.

6. 수필의 심경과 형식

김광섭金珖燮

수필이란 글자 그대로 붓 가는 대로 써지는 글일 것이다. 그러므로, 다른 문학보다 더 개성적이며 심경적心境的이며 경험經驗적이다. 우리는 오늘까지의 위대한 수필문학이 그 어느 것이나 비록 객관적 사실을 취급할 것이라 하더라도 심경에 부딪치지 않은 것을 보지 못했다. 강렬强烈하게 짜내는 심경이라기보다 자연히 유로流露되는 심경적인 점에 그 특징이 있다. 이점에서 수필은 시에 가깝다. 그러나 시 그 것은 아니다.

우리는 시를 쓰려 한다. 소설을 지어 보려 한다. 혹은 희곡을 만들어 보고자 한다. 그러나, 우리는 그 때 그 어느 것에나 함부로 달려들려는 무뢰한은 아니다. 동일한 작자이면서도 그 태도가 서로 다르다. 시는 심령心靈이나 감각의 전률戰慄된 상태에서, 희곡과 소설은 재료의 정돈과 구성에 있어서 과학에 가까우리만큼 엄밀한 준비에서 시작되는 것이라고 생각하고 보면, 수필은 달관達觀과 통찰洞察과 깊은 이해가 인격화된 평정平靜한 심경이 무심히 생활 주위의 대상對象에 혹은 회고懷古와 추억에 부딪쳐 스스로 붓을 잡음에서 제작된 형식이다. 창작이라고 하나, 수필에 있어서는 의식적 동기動機에서가 아니요, 효과적 현상現象에서이다.

다시 말하면, 수필은 논리적 의도에서 제작된 일은 없다. 수필은 써 보려는 데서 시작되어 써진 것이다. 어느 작가가 소설이나 희곡이나 시를 써 보려는 한가로운 마음에서 쓸 것인가? 그것들은 작가에게서 의식적으로 제작되었다. 진실로 제작되었다. 그러나, 수필은 한가로운 심경에서의 시필試筆쯤에 그치는 본성本性을 가지고 있다. 정확하게 말하자면, 수필은 수필되었다고 하고 싶다. 그러므로 희곡이 조직적 활동적이요, 시가 운률적韻律的 정서적情緖的이라면, 수필은 진실한 태도에서 인생을 관조觀照하는 격이라고 비유할 수 있을 것이다. 이렇게 걷잡을 수 없으면서, 그래도 어딘가 한 줄기의 맥이 있다. 그것이 위대한 정도에 따라서 더욱 그렇다. 우리는 사람의 기분이란 어딘가 무책임하게 기복起伏하는 듯함을 느끼면서 그 이면에 인격이라는 그림자가 숨어 있음을 본다. 한 개의 영혼 위에 얼마나 많은 기분이 노는가? 이 기분을 무시하며 버리면, 수필은 또한 같은 운명에서 무시될 것이다. 그러나, 현명한 사람은 기분이 배면背面에 있는 영혼의 존재를 망각하지 않는다. 사람은 모두 다 좋은 기분에서 살 필요를 느낀다. 또한 살고자 희망도 한다. 그것은 영혼의 환경인 까닭이다. 이와 같이 수필에는 기분 가운데서 고백되고, 어두움 속에서 흐르는 광선 같은 맥이 있다. 여기에 소설이나 희곡 같이 짜이지 못 하면서도 빛나는 경지가 있는 것이다.

문학의 형식에서 보면, 수필에는 소설이나 시나 희곡에서 보는 바와 같은 어떤 완성된 "포옴"이 없다. 단편소설을 제작하려면 우리는 적어도 에드가·알란·포오나 안톤·체홉이나 혹은 모오팟상에게서 잠시라도 사숙私淑하여야 하겠고, 시나 희곡을 지으려면 꾀에테나 사옹沙翁이나 혹은 입센 등에게서 그 완성된 "포옴"을 비록 모델로 삼지 않는다 할지라도, 한번 살펴 볼 아량쯤은 있어야 하겠지마는, 수필에 있어서는 그 형식을 구하거나, 참고하려고 반드시 찰스·램이나 해즐리트를 찾을 필요성까지는 없을 것 같다. 가장 아름다운 수필을 찾아 우리의 문학적 항심恒心을 만족시키며 영양榮養시키려는 점은, 찬성하여 마지 안할 바이나, 그 형식의 섭취攝取에 구속될 바는 없을 것이다. 오직 우리는 사로잡히지 않은 평정平靜한 마음에서 마치 먼 곳 그리운 동무에게 심정을 말하려는 듯한 그러한 한가로운 듯한 붓을 움직여서 무의식한 가운데서의 단성丹誠을 한 편의 문장을 써 내면 그것이 수필이 될 것이다. 잘 되었으면 훌륭한 창작으로의 문학에까지, 못되면 잡문雜文에까지, 상하의 단계가 지어질 것이니, 그것은 문학으로의 소설, 시가 있음에 비하여, 흔히 문학 아닌 소설이 있고 시가 있음에 마찬가지다.

그러므로, 형식으로의 희곡 수필문학은 무형식이 그 형식적 특징이다. 이것은 수필의 운명이요, 또한 성격이다.

7. 창窓

김진섭金晋燮*

창을 해방解放의 길에 있어서 잠시 생각하여 본다. 이것은 즉 내 생활의 권태倦怠에 못 이겨, 창 옆에 기운 없이 몸을 기대었을 때, 한 갈래 두 갈래 내 머리로부터 흐르려던 사상思想의 가난한 묶음이다.

철학자哲學者 게오르크 짐멜은 일개個 꽃병의 손잡이로부터 놀랄만큼 매력魅力 있는 하나의 세계관世界觀을 도출導出하였다. 이것은 적어도 하나의 유명한 사실事實임을 잃지 않는다. 이 예例에 따라 나는 여기 한 개의 창을 관찰觀察 대상對象으로 삼으려 한다. 그러나, 이것이 과연 하나의 버젓한 세계관이 될지, 또는 하나의 명색名色 "수포철학水泡哲學"에 귀歸하고 말지는 보증保證의 한限이 아니다. 그 어떠한 것에 이 "창측窓側의 사상思想"이 속屬하게 되든, 물론勿論 이것은 그 나쁘지 않은 기도企圖에도 불구하고 아직은 오히려 하나의 미숙未熟한 소묘素描에 그칠 따름이다.

창은 우리에게 광명을 가져 오는 자이다. 창이란 흔히 우리의 태양太陽임을 의미意味한다. 사람은 눈이 그 창이고, 집은 그 창이 눈이다. 오직 사람과 가옥家屋에 멈출 뿐이랴, 자세히 점검點檢하면, 모든 물체物體는 그

---

* 김진섭(4233~) 호는 聽川. 독일문학가 수필집 "人生의 讀書"

어떠한 것으로 의하여서든지, 반드시 그 통로通路를 가지고 있음은 두말할 것도 없다. 우리는 그 사람의 눈에 매력을 느낌과 같이, 집집의 창과 창에 한 없는 고혹蠱惑을 느낀다. 우리를 이와 같이 견인牽引하여 놓으려 하지 않는 창측窓側에 우리가 앉아 한가閒暇히 보는 것은, 그러므로 하나의 헛된 연극演劇에 비교比較될 성질의 것은 아니다. 우리가 여기서 볼 수 있는 것은 너무나 많은 것 ― 즉 그것은 자연과 인생의 무진장無盡藏한 풍일豊溢이다. 혹은 경우에 의하여서는 세계 자체自體일 수도 있는 것 같다. 창 밑에 창이 있을 뿐 아니라, 창옆에 창이 있고, 창위에 또 창은 있어 ― 눈은 눈을 통하여, 창은 창에 의하여, 이제 온 세상이 하나의 완전한 투명체透明體임을 볼 때가 일찌기 제군諸君에게는 없었던가?

우리는 언제든지 되도록이면 창 옆에 머물러 있으려 한다. 사람의 보려 하는 욕망慾望은 너무나 크다. 이리 하여 사람으로부터 보려 하는 욕망을 거절하는 것 같이 큰 형벌刑罰은 없다. 그러므로, 그를 통하여 세태世態를 엿볼 수 있는 유일唯一한 기회機會를 주는 창을 사람으로부터 빼앗는 감옥은 참으로 잘도 토구討究된 결과로서의 암흑暗黑한 건물建物이라 할 수 있다.

그러나, 우리는 우리가 창을 통하여 보려는 것이 과연 무엇일가를 알지 못한다. 그럼에도 불구하고 우리는 그것을 보기를 무서워하면서까지 그것을 보려는 호기심好奇心에 드디어 복종服從하고야 만다. 그러므로, 우리는 창을 한없이 그리워하면서도 동시에 이 창에 나타날 터인 것에 대한 가벼운 공포恐怖를 갖는 것이다. 문은 어떠한 악마惡魔를 우리에게 소개紹介할지 사실 알 수 없는 까닭이다.

나라와 나라 사이에, 고을과 고을 사이에 도로道路 산천을 뚫고, 우리와 우리에 속한 것을 운반하기 위하여 주야晝夜로 달음질치는 기차汽車, 혹은 알기도 하고 혹은 모르기도 한 번화한 거리와 거리에 질구疾驅하는 전차電車, 자동차自動車 그것은 단지 목적지目的地에 감으로서만 의미가 있는 것일가?

아니다, 적어도 나에겐 그것이 이 세계의 생활에 직접으로 통하고 있는 하나의 변화무쌍變化無雙한 창으로서, 더욱 의미가 있는 듯 싶다. 그러므로, 우리는 항상 기차를 탈 때면, 조망眺望이 좋은 창을 선택하려는 것이다. 그러함으로 말미암아 우리는 흔히 하나의 풍토학風土學, 하나의 사회학社會學에 참여參與하는 기회를 잃지는 않으려는 것이다. 여행자旅行者가 잘 이용하는 유람자동차遊覽自動車타는 것이 요새는 서울의 거리에도 서서徐徐히 조종操縱 되고 있는 것을 나는 가끔 길 위에서 보지만, 그것을 볼 때, 나는 이것이 흥미에 찬 외래자外來者의 큰 눈동자로서 밖에는 느끼어지지 않는다. 모르는 땅의 교통交通과 풍속風俗이 이러한 달아나는 차창車窓에 의하여 얻을 수 없다면, 여행자의 극명克明한 노력은 지둔遲鈍한 다리와 발에 언제까지든지 지불支佛되어야 할 것이다.

여기 가령 비행기飛行機가 떴다 하자. 여기 가령 어디서 불이 났다 하자. 그러면, 그 때에 우리는 가장 가까운 창에 부산하게 몰린다. 그 때 우리가 신사紳士 체면體面에 서로 머리를 부딪침이 좀 창피하다 하더라도 관계할 바이랴? 밀고 헤쳐서까지 우리는 조망이 편한 창측의 관찰자가 되려 하는 것이다. 점잔스럽게 창과는 먼 곳에 앉아, 세간世間의 구구한 동태動態에 무관심無關心을 표방標榜하고 있는 인사가 결코 없지 않으나, 알고 보면, 그 인들 별 수가 없는 것이다. 비행기의 프로페라에 그의 조화調和는 완전히 파괴破壞되어 있는 것이다.

우리로 하여금 항상 창측의 좌석座席에 있게 하는 감정感情을, 사람은 하나의 헛된 호기심이라고 단정하여 버릴지도 모른다. 그러나, 사람의 보려 하는 참을 수 없는 충동衝動은, 이를 헛된 호기심으로서 지적하기에는 너무도 심각深刻한 것 같다. 참으로 사람이란 자기 혼자만으로는 도저히 살 수가 없는 것이고, 그보다는 다른 사람의 생활을 봄으로 의하여, 오직 살 수가 있는 엄숙嚴肅한 사실에, 우리가 한 번 상도想到하여 보면, 얼마나 많이 이 창측의 좌석이 이 위급危急한 욕망에 영양榮養을 제공提供하고 있는가를 용이容易하게 알 수가 있다. 이리하여, 우리가 가령 달아나는 전차에 몸을 싣는다는 것은, 우리가 어떠한 목적지目的地를 지향志向하고 잇는 구실口實 밑에, 달아나는 가로街路에 있어 구제救濟하기 어려운 이 욕망慾望의 충족充足을 꾀함을 의미하는 것이다. 많은 사람, 사람의 무리, 은성殷盛한 상점의 쇼윈도 — 우리가 흔히 거리의 동화童話에 가슴의 환영幻影을 여러 가지로 추리推理하는 기회를 여기서 가짐이 무엇이 나쁘랴? 도시都市의 가로街路는 그만큼 충분 풍부豐富하다. 달아나는 창은 무엇보다도 그것을 또 잘 보여 준다.

8. 조선 문학과 조선 말

최현배崔鉉培

문학은 반드시 두 가지의 요소要素를 가지고 있나니, 하나는 내용으로의 사상 감정이요, 또 하나는 외형外形으로의 언어 문자이다. 물론, 어떠한 사상 감정이 언어 문자로 표현되기만 하면, 다 진정한 문학이 되는 것은 아니겠지마는, 진정한 문학이 이 두 가지의 요소를 요하는 것만은 틀림이 없는 일이다.

세계에 문학의 종별이 많다. 그 생성生成의 지역을 따라서 볼진대, 영국 문학, 독일 문학, 노서아 문학, 불란서 문학등 여러 가지가 있어, 각각 그 특색을 가지고 있다. 이제 조선 문학이란 것이 다른 국민 문학과 독립적 존재를 가진 이상에는, 그에 독특한 특질이 있어야 할 것이다. 그 특질을 논함은 이 글월의 본지本旨가 아닌즉, 자세히 들어갈 필요가 없거니와, 여기에서 다만 말하여 두어야 할 것은, 조선 문학의 내용인 사상 감정은 조선 민족의 사상 감정이라야 할 것이요, 조선 문학의 외형인 언어 문자는 조선의 언어 문자라야 할 것이다 하는 말이다.

오늘의 세계는 교통기관의 발달로 말미암아, 각 국민간에는 공통하는 생활 문제와 그에 따른 사상 감정이 있다. 그러나, 그 중에서도 항상 각각 특수한 사정이 있으며, 따라 특수한 사상 감정이 있는 것이다. 그러므로, 조선 문학은 그 내용에 있어서 세계 각 국민 문학과 공통되는 점이 있겠지마는, 그 중에서도 조선 문학 독특의 무엇이 있을 것이다. 더구나, 민족적 대난기大難期에 처한 이 때에 있어서, 우리에게 있어야 할 문학은 진실로 이 특수한 사정에서 울어나며, 특수한 운명과 싸워 낼 것이라야 한다. 오늘의 조선 사람이 요구하는 문학은 조선 사람의 충심의 요구에 응하여 조선 사람의 심중에 신新 생명과 신 강흥을 환발할 내용을 가진 문학이라야 한다. 물론, 이 점에 대하여서는 여러 가지로 논란할 수가 있겠지마는, 적어도 나는 이와 같이 믿는 것이다. 조선 문학의 특질의 내용적 방면에 관하여는 이만큼만 약언約言하여 두고, 다음에 나의 주제인 조선 문학의 외형적外形的 특색에 대하여 말하고자 한다.

원래, 문학적 요구要求는 생명의 요구라, 오늘의 조선 사람이 요구하는 이른 조선 문학은 조선 사람의 생명의 요구와 부합符合하여야 할 것이다 —아니, 부합하여야 한다 하기보다, 차라리 생명의 요구 그것을 절실히 표현하여야 한다 할 것이다. 그러려면, 진정한 조선의 마음으로써 그 내용을 삼아야 할 것은 말할 것도 없이 명백한 일이어니와, 그와 동시에 이 조선의 마음을 담기에 적절한 형식形式을 갖후어야 할 것이다. 그러한 형식은 어떠한 것인고? 그는 곧 조선 말을 적은 조선 글이라 할 것이다.

조선 문학은 조선 말로써 들어나야 하며, 조선 글로써 적히어야 한다. 이런 말은 너무 평범하여 평범한 소리를 의미 있게 보며, 의미 있게 말하고자 하는 바이다.

빛난 아침해와 맑은 하늘 빛과 갈아드는 사시四時 가경佳景 속에서 살아 온 우리 조선겨레에게 문학의 씨가 배태胚胎되기 시작한 지는 퍽 오래 전일 것이다 전설과 같이 단군 시절에 이미 문자가 있었다 하면, 그 때부터 조선 문학은 탄생되었을 것이 사실일 것이다. 그러나, 이런 것은 다 확실ㅎ지 못한 것이니까 그만두고, 현재에서 확실히 그 유물遺物에 접接할 수 있는 조선 문학의 첫 걸음은 삼국 시절이라 할 수밖에 없다. 그러나, 조선 문학은 그 탄생할 제부터 풍성풍성한 복을 타고 나지 못하였다. 그는 곧 자기 발달에 이利로운 자국 문자 위에서 나지 못 하고, 불행히 남의 나라의 문자를 빌어서 발아發芽하였다. 그리 하여, 이두문吏讀文인 신라 향가鄕歌는 어느 정도까지 발달하였음은 진성왕眞聖王때에 향가집鄕歌集 삼대목三代目이 칙선勅選까지 된 것으로 넉넉히 추측할 수가 있다. 그렇지마는 이두문이란 워낙 불비하여서 우리말의 복잡한 소리를 도저히 자유로 표현할 수 없으며, 또 이두문에 정통하려면, 먼저 한문 그 자체부터를 정통하여야 하는 때문에, 일반의 문학적 표현이 저절로 한문을 빌게 된 것은 자연의 세라 할 것이다.

조선 말은 가지가지의 소리를 갖후어서 그 말함의 가락이 참으로 유창하고 아름다운 말이다. 이 아름다운 말이 훌륭한 조선 문학의 표현 기관으로 그 완미한 사명을 다하지 못함은 오로지 그에 맞은 글자가 없기 때문이었다. 그 불편이 쌓인지 천 여 년에 이조 제사 세 세종 대왕 성대聖代에 훈민정음이 생겨나니, 이 글이야말로 정말 우리 조선 문학의 완전선미完全善美한 표현 기관이었다. 세종 대왕께서는 이 글자가 이 백성의 문화 생활에 이기利器 될 사명을 완전히 다하게 하기 위하여, 여러 방면으로 한글 운동 곧 훈민정음의 정련精鍊관 그 보급에 힘쓰셨는데, 그 중에 하나는 여기에 말하고자 하는 문학 방면으로의 한글 운동이었다. 첫째, 이태조와 그 조종祖宗의 성덕聖德을 칭송稱頌하는 용비어천가龍飛御天歌를 한글로서 지으사, 이 글에 한문에 지지 않는 권위權威를 부여賦與하는 동시에, 다른 한 편에서는 유불儒佛의 서적書籍을 한글로 번역하게 하였나니,

세종 대왕의 성의聖意는 진실로 주도周到하였다 할 것이다. 그러나, 세종급 세조 양 조의 조선 문학의 재흥再興 노력은 드디어 후세의 성공을 보지 못하게 되었나니, 이는 일반 지식계급의 사람들이 여지없이 중국 문자와 중국 문학의 정신적 노예가 되어서, 자국의 글자를 숭상하며, 자국의 문학을 수립할 만한 독창력獨創力과 기백氣魄이 없었기 때문이니, 어찌 통탄痛嘆하지 아니할 바이랴? 훈민정음 세계에서도 첫째 갈 만한 완전한 문자가 우리의 위대한 선인의 손으로 말미암아 나온지가 오백 년 동안에 이제껏 조선 문학의 전적典籍으로 자랑할 만한 저술著述이 생겨난 것이 없고, 있다 해야 다만 당 송唐宋의 찌끼를 핥고 만 몇몇의 한시문가漢詩文家가 있을 뿐이 아닌가. 슬프다, 이것이 어찌 정신적 수치가 아니랴?

시대는 바뀌었다. 우리 한글 위에 절대의 압박을 더하던 한문의 세력은 쇠퇴하였다. 그러나, 이것만으로써는 우리 조선 문학의 장래는 용이히 낙관함을 허락하지 아니한다. 저 수십 년 동안의 한글의 강적인 한문의 세력을 물리친 것이 순연한 조선 문학의 내부적 발전의 결과가 아니요, 다만 세계의 모든 세력이 외부적으로 침입한 결과에 지나지 아니한다. 그러므로, 한문 하나는 물러갔지마는, 그 대신에 여러 세력이 팔방에서 나타나서, 또한 우리의 조선 문학의 발전을 막으려하니, 그 형세가 결코 옛날의 한문의 그것에 지지 아니한다.

오늘날 우리 조선에서 문학에 뜻하는 사람으로서 누구 없이 다 새로운 외력外力의 포로捕虜가 되지 아니한 이가 없다. 심지어 문장자, 문장가로 자처하는 사람들까지도 다 완전한 문학적 자각이 충분하지 못한 듯하다. 그리하며, 그네들은 영어의 어떤 낱말의 "스펠" 하나만 잘못 써도 그것을 큰 수치로 알면서, 제집 언어의 기법記法에 관하여는 조금도 그 옳고 그름을 분간하려는 생각이 없이, 항상 자기의 쓰는 것이 곧 법이 되며 표준이 되는 줄로 망상하여, 그 자신의 적는 법이 어제와 오늘이 다르며 아까와 이제가 다르며, 전행前行과 차행行次이 서로 같지 아니하여, 일편一篇 내지乃至 일면一面의 글월 속에도 앞뒤가 서로 틀리는 것이 가히 셀 수 없을 만큼 많아도 조금도 그 것이 참으로 부끄러움이 되는 줄로 생각하지 아니하니, 이 어찌 본말도착本末倒錯의 심한 게 아니라 할 수 있으랴? 아니다, 그래도 이만만하고 말 것 같으면 괜찮겠지마는, 그네들은 조선 글월 가운데에 신기한 한문 문자나 기타 외국말을 쓰므로써 도리어 자기의 박학博學의 자랑을 삼는 형편이니, 이것은 자기를 경멸輕蔑하고 남을 존숭하는 노예성의 문학상 발로라 아니할 수 있으랴? 더구나 오늘날 각 신문 지상에는 일이 없는 되잖은 번역飜譯이 짬 없이 튀어나와서, 순당順當한 조선말 발달의 보조步調를 요란하게 할 뿐 아니라, 도리어 고유한 우리 말까지도 우스운 기형적畸形的 새 외래어外來語에게 압도되고마는 기괴한 참경을 이루고 있다.

9. 오륜행실 초五倫行實 抄

도미ᄂᆞᆫ ᄇᆡᆨ졔나라 사ᄅᆞᆷ이니, 안ᄒᆡ 얼골이 아ᄅᆞᆷ답고, 졀힝이 잇더니, ᄇᆡᆨ졔왕이 듯고, 도미ᄃᆞ려 닐러 ᄀᆞᆯ오ᄃᆡ, 부인이 비록 뎡졀이 이시나, 그윽ᄒᆞ고 사ᄅᆞᆷ 업ᄂᆞᆫ 곳에서 됴혼 말로 다래면 ᄆᆞᄋᆞᆷ을 동티 아니 ᄒᆞ리 업ᄂᆞ니라. 도미 ᄀᆞᆯ오ᄃᆡ, 신의 쳐 ᄀᆞᄐᆞ니ᄂᆞᆫ, 비록 죽어도 변티 아니ᄒᆞ리이다. 왕이 시험 ᄒᆞ고져 ᄒᆞ여, 도미ᄅᆞᆯ 머므러 두고, ᄒᆞᆫ 신하로 ᄒᆞ여곰 왕의 오ᄉᆞᆯ닙히고, 왕의 ᄆᆞᆯ을 ᄐᆞ고, 밤에 그 집에가, 도미의 쳐ᄃᆞ려 닐오ᄃᆡ, 내 네 고으믈 듯고, 도미로 더브러 쟝긔 두어 나기ᄒᆞ여, 너ᄅᆞᆯ 어더시니, ᄂᆡ일 너ᄅᆞᆯ 드려 궁인을 삼으리라 ᄒᆞ고, 드ᄃᆡ여 겁박ᄒᆞ려ᄒᆞ니, 쳐 ᄀᆞᆯ오ᄃᆡ, 왕은 망녕된 말ᄉᆞᆷ이 업ᄂᆞ니 내 엇디 슌종ᄒᆞ디 아니리오, 청컨대 왕은 몬져 방에 드르쇼셔, 내 오ᄉᆞᆯ ᄀᆞ라 닙고 오리이다 ᄒᆞ고, 밧그로 나가 죵 ᄒᆞ나흘 ᄭᆞ며 드려 보내니, 왕이 후에 속은줄 알고, 노하여 도미의 죄ᄅᆞᆯ 얽어 두 눈을 빼히고, ᄇᆡ에 시러 물에 띄이고, 그 처ᄅᆞᆯ 잡아다가, 겁박ᄒᆞ려 ᄒᆞ니, 체 ᄀᆞᆯ오ᄃᆡ, 이제ᄂᆞᆫ 지아비ᄅᆞᆯ 일허시니, 능히 홀로 잇디 못 홀디라. ᄒᆞ믈며 왕을 뫼시믈 엇디 거ᄉᆞ리리오. 오ᄂᆞᆯ은 연괴 이시니, 다ᄅᆞᆫ 날을 기ᄃᆞ리쇼셔. 왕이 믿고 허락ᄒᆞ거ᄂᆞᆯ, ᄀᆞ만이 도망ᄒᆞ여, 믈ᄀᆞ에 가, 능히 건너디 못ᄒᆞ니, 하ᄂᆞᆯ은 브ᄅᆞ며 통곡ᄒᆞ더니, 홀연이 외로온 ᄇᆡ 믈결을 ᄯᆞᆯ와 니ᄅᆞ거ᄂᆞᆯ, 그 ᄇᆡᄅᆞᆯ ᄐᆞ고, 쳔셩도泉城島라 ᄒᆞᄂᆞᆫ 셤에 다ᄃᆞ라, 지아비ᄅᆞᆯ 만나니, 죽디 아니ᄒᆞᆫ디라. 풀불휘ᄅᆞᆯ ᄏᆡ여 먹다가 ᄒᆞᆫ가지로 고구려 나라ᄒᆡ 드러가 죵신ᄒᆞ니라.

10. 낙민루

함흥 만세 교와 낙민 뤼 유명하다 하디니, 긔튝년 팔월 념 사일 낙을 떠나, 구월 초이일 함흥을 오니, 만세 교는 댱마의 문허디고 낙민 루는 서흐로 성 밧긴듸, 누하문 전형은 서울 흥인 모양을 의디하야시되, 등골고 적이, 계유 독교가 간신이 드러가더라.

그 문을 인하여 성 밧으로 빼그어 누를 지엇는듸, 두 층으로 대를 무으고 아오라이 싸올려, 그 우희 누를 지어시니, 단청과 난간이 다 퇴락하야시되, 경치는 정쇄하야 누 우희 올라 서편을 보니, 성천 강이 크기 한강만하고 몰결이 심히 맑고 됴촐한듸, 새로 지은 만세 교 물밧으로 놉희 대여 자히나 소소 노혀시니, 거동이 무디게 휘온 듯하고, 기릐는 니르기를 이 편으로서 저편가지 가기가 오리라 하되 그럴 니는 업서 삼사리는 족하여 뵈더라.

강가의 버들이 차례로 만히 서고, 녀염이 즐비하여 별결이 듯하야시니, 몃 가구 모를러라. 누상 마루청 널을 밀고 보니, 그 아래 아득한듸 사닥다리를 노코, 저리 나가는 문이 바히 적으되, 침침하야 자시 못 보다. 밧그로셔 아득히 우러러보면, 높은 누를 두 층으로 두어 뎡자를 지어시니, 마치 그림 속 절 지은 것 같더라.

븍산루

븍산 루는 구쳔 각이란 듸 가면 예사 퇴락한 누히라. 그 마루의 가서, 마루 굼글 보니, 사닥다리를 노하시니, 다리로 게를 나려가니, 성을 짝읜 모양으로 갈나, 구쳔 각과 븍 루의 브쳐, 길게 싸 븍산 루의 가는 길흘 삼고, 빠혀 누를 지어시니, 븍산 루를 바라보고 가기 눅십 여 보는 하더라.

븍산 루 문이 역시 낙민 루 문 같으되, 마이 더 크더라. 반공의 솟은 듯하고, 구름 속의 비최는 듯 하더라. 성둘기를 구쳔 각으로브터 빼그어 누를 지으시니, 의사가 공교하더라.

그 문 속으로 들어가니, 훠훠한 굴 속 같은 집인듸, 사닥다리를 노하시니, 다리 우흐로 올나가니, 광한뎐 같은 큰 마루라 구 간 대청이 활낭하고, 단청분벽이 황홀한듸, 압흐로 내미러 보니, 안계 훤츨하여 탄탄한 벌이니, 먼니 바라보이는듸 치마하는 터히기 기생들을 시긴다 하되 머러 못 시기다.

동남편을 보니, 무덤이 누누하여 별버 듯하야시니, 감창하야 눈물이 나 금억디 못하리러라. 서편으로 보니, 낙민 루 앞 성쳔 강 몰줄기 게가지 창일하고, 만세 교 비슥이 뵈는 것이 더옥 신긔하야 황홀이 그림 속 갈더라.

풍류를 일시의 주하니, 대모관 풍류라. 소래 길고 화하야 가히 드럼즉하더라. 모든 기생을 쌍지어, 대무하야 종일 놀고, 날이 어두오니, 도라올 새, 풍류를 교전의 길게 잡히고, 청사초롱 수십 쌍을 고히 닙은 기생이 쌍쌍이 들고, 서시며, 홰블을 관하인이 수업시 들고 나니, 가마 속 밝기 낮 같으니, 밧겻 광경이 호말을 헬디라. 붉은 사희 프른 사흘 니어 초롱을 하야시니, 그림재 어룽디니, 그런 장광이 없더라. 군문 대장이 비록 야행의 사초롱을 현들 엇디 이대도록 장하리요? 군악은 귀를 이아이고, 초롱 빛은 됴요하니, 마암의 규듕 쇼녀자믈 아조 니치고, 허리의 다섯 인이 달리고, 몸이 문무를 겸전한 장상으로 훈업이 고대하야, 어듸 군공을 일우고, 승전곡을 주하며 태평궁궐을 향하는 듯, 좌우 화광과 군악이 내 호긔를 돕는 듯, 몸이 눅마거듕의 안자 대로의 달리는 듯, 용약환희하야 오다가, 관문의 니르러, 아내 마루 아래 가마를 노코, 장한 초롱이 군성이 양긔를 마자 떠러딘 듯, 업스니, 심신이 황홀하여 몸이 절로 대청의 올라, 머리를 만져 보니, 구룸머리 꿔온 것이 고아잇고, 허리를 만디니, 치마를 둘러시니, 황연이 이 몸이 녀자믈 깨다라, 방듕의 드러오니, 침선방적하던 것이 좌우의 노혀시니, 박댱하야 웃다.

븍 뤼 블붓고 다시 지으니, 더옥 굉걸하고 단쳥이 새롭더라.

무검루

쵀 순상 제공이 서문 루를 새로 지어, 호왈 무검 루라 하고, 경티와 누각이 긔하다 하니, 한 번 오르고져 하되, 녀엄총듕이라 하기 못 갓더니, 신묘년 십월 망일의 월색이 여추하고, 상뢰 긔강하야 목엽이 진탈하니, 경티 쇼쇄하고 풍경이 가려하니 월색을 타 누의 오르고져 원님긔 쳥하니, 허락하시거늘, 독교를 타고 오르니, 누각이 표묘하야 하늘가의 빗긴 듯하고, 팔작이 표연하야 가히 보암즉하 월색의 보니, 희미한 누각이 반공의 솟은 듯, 더옥 긔이하더라.

누듕의 드러가니, 눅 간은 되고, 새로 단쳥을 하야시니, 모모 구석구석이 초롱대를 세우고 쌍쌍이 초를 혀시니, 화강이 조요하야 낮 같으니, 눈을 드러 살피매, 단청을 새로 하야시니, 채색 비단을 기동과 반자를 짠 듯 하더라.

서편 창호를 여니, 누하의 저자 버리던 집이 서울 의예 지믈가가 같고, 곳곳이 가가집이 겨러 잇는듸, 시뎡들의 소래 고요하고, 모든 집을 칠칠이 겨러 가며 지어시니, 놉흔 누상의서 즐비한 녀염을 보니 천호만가를 손으로 헬 듯하더라.

성루를 구븨도라보니, 밀밀제제하기 경듕낙성으로 다름이 업더라. 이런 웅장하고 거룩하기 경성 남문 루라도 이에 더하디 아니할디라.

심신이 용약하야 음식을 만히 하여다가 기생들을 슬컷 먹이고 즐기더니, 듕군이 장한 이 월색을 띄여 대완을 타고 누하문을 나가는듸, 풍뉴를 치고 만세 교로 나가니, 훤화가같이 또한 신긔롭더라. 시뎡이 서로 손을 니어 잡담하여 무리지어 단니니, 서울 같아여, 무뢰배의 기생의 집으로 단니며 호강을 하는 듯 십으더라.

이 날 밤이 다하도록 놀고 오다.

-의유당 일기에서-

II. 예술의 감상

목숨에 보편성普遍性이 있는 한에는, 넓은 뜻의 목숨 그것이, 바로 읽는 이와 짓는이 사이에, 공통 공감共感성을 구성構成할 수 있다는 것은 말할 것도 없다. 이를테면, 목숨의 가장 나타난 특징의 하나인 율동律動 같은 것은, 어떠한 경우에든지, 반드시 한 사람으로부터 다른 사람에게 전달되는 성질을 가졌다. 한편에서 피아노를 치면, 귀머거리가 아닌 이상, 듣는 편에서도 그 소리를 듣고, 저도 모르는 사이에 장단을 친다. 설사 그것을 몸짓에 나타내지 않는다 하더라도, 마음 속으로 뛴다. 곧 피아노의 건반鍵盤을 치는 소리는, 듣는 사람의 목숨의 중심을 움직여, 거기에 새로운 진동振動을 일으키는 자극적刺戟的 암시성暗示性을 가진 까닭이다. 목숨 그것의 공명共鳴이요, 공감共感이다. 이와 같이 하여 읽는 사람과 지은이와의 심경心境이 아주 하나가 된 곳에, 목숨의 공명 공감이 있다. 그리하여 거기에 예술의 감상이 성립된다. 그러므로 읽는 사람, 보는 사람, 듣는 사람이 지은이에서 받는 것은, 과학자科學者나 역사가歷史家, 철학자哲學者들의 논설論說과 달라서, 지식을 얻는 것이 아니다. 작품에 나타난 일의 자극력刺戟力에 의하여, 제 생활 내용을 발견하는 것이다.

예술 감상의 법열경法悅境은, 이 저를 발견한 기쁨밖의 아무 것도 아니다. 상징象徵이라는 자극 암시성의 매개물媒介物을 빌어서, 지은이가 나타내고자 한 제 속 생활을, 읽는 사람은 또 제 가슴 속에서도, 그것과 공명하는 것을 찾아낸 기쁨이다. 조름에 시달릴 때, 제 손으로 제 무릎을 꼬집어 보고서, 제가 살아 있다는 것을 느끼는 것처럼, 사람은 문예 작품을 대하면 제가 살아 있는 것을 느끼는 것이다. 제 넋의 모양을, 시인이나 예술가가 걸어 놓은, 밝은 거울 속에서 발견하는 것이다. 이 거울이 있으므로 해서, 사람은 제 생활 내용을 똑 바로 볼 수가 있는 것이다. 그와 함께, 또한 제 생활 내용을 깊게 하고, 크게 하고, 넉넉하게 하는 가장 좋은 기회를 얻는 것이다.

묘사描寫된 사상事象은, 상징에 지나지 못한다. 꿈의 외형에 지나지 못한다. 이 상징의 자극이 있음으로 말미암아, 비로서 읽는 사람과 지은이와의 무의식 심리의 내용, 곧 꿈의 잠재潛在 내용이 공명하고 공감한다. 거기에 문예 작품에서 배어 나오고, 솟아 나오는 실감미實感味가 있는 것이다. 꿈의 잠재潛在 내용, 그것이 곧 인생의 고민苦悶이요, 세계의 고민이다.

그러므로 문예 작품이 이받이하는 것은, 지식이 아니라, 불러 이르키는 작용이다. 읽는 사람을 자극하여, 제 체험의 내용을 스스로 불러 이르키는 그것이다. 읽는 사람이 이 자극을 받아서, 스스로 타오르는 것은, 곧 또한 한 가지의 창작 밖에 아무 것도 아니다. 지은이가 제 목숨을, 상징에 의하여 나타내었다 하면, 이 상징을 통하여, 읽는 사람도 역시 제 가슴 속에 창작을 하고 있는 것이다. 짓는이 편이 산출産出적 창작을 한다 한면, 읽는 사람은 이것을 받아들여서, 스스로 또한 공명적 창작을 하는 것이다. 이 두겹의 창작이 있어야, 비로소 문예의 감상이 성립되는 것이다.

그러므로, 억압抑壓을 떠난 절대 자유의 창조 생활을 누릴 수 있는 것은, 작가作家뿐이 아니다. 사람으로서 살고 있는 다른 몇 천만, 몇 억만의 보통 사람도, 역시 작품의 감상에 의하여, 지은이와 똑 같은 창조 생활의 경지에 완전히 들어갈 수 있는 것이다. 이 점으로 말하면, 지은이와 읽는 사람과의 다름은, 스스로 이것을 상징화하여 나타냄과, 그렇지 아니 함과의 다름에 지나지 못한다. 바꾸어 말하면, 문예가는 나타냄에 의하여 창작하고, 읽는 사람은 불러이르킴에 의하여 창작한다. 읽는 사람이 큰 시편詩篇, 큰 희곡을 감상할 때의 심정은, 다른 사람이 춤추는 것을 보며, 노래 부르는 것을 들을 때에, 제 자신은 춤추지 않고, 노래 부르지 않아도, 마음 속으로 춤도 추고, 노래도 부르는 것과 똑 같다. 그 때에 그것은, 벌써 다른 사람의 춤과 노래가 아니라, 제 자신의 춤과 노래인 것이다. 시가를 감상할 때에는 제 자신도 벌써 시인이요, 가인이다. 지은 사람과 똑 같은 창조 창작의 생활을 이루어, 억눌리는 작용에서 벗어난 꿈과 환각幻覺의 경지에 끌려 들어간 셈이다. 끌어들일 만한 암시 작용을 한것이, 곧 상징이다.

이 모양으로, 감상도 역시 한가지의 창작인 바에는, 거기에 개성 작용이 밑뿌리가 되어 있는 것은 말할 것도 없다. 곧 같은 작품에서 받는 감명과 인상도, 한 사람 한 사람에 의하여 다를 것이다.

바꾸어 말하면, 한 개의 상징을 통하여, 거기서 받아들이는 사상, 감정, 기분들은, 감상하는 사람 자신의 개성과 체험과 생활 내용에 의하여, 사람사람 사이에 다름이 없을 수 없다. 비평批評을 한 가지의 창작이라고 하고, 창조적 해석이라고 보는 인상 비평은, 곧 이 견지見地에 선 것이다. 일찌기 이 점에 대하여, 불란서에서 뿌류누튼엘의, 객관客觀 비평 설說과, 아나틀 푸란스의 인상 비평설과의 사이에 일어난 유명한 논쟁은, 근대 예술 비평 사상史上에 일신시기一新時期를 그은 것이었다. 뿌루누튼엘은, 본대 테이누, 싼트 뿌우부와 같이 과학적 비평의 견지에 서서, 전통傳統

주의의 사상을 가진 사람인만큼, 비평의 표준을 객관적 법칙에 두고, 털끝만치도 개성의 존엄尊嚴을 인정하지 않았다. 이와 반대로, 아나톨·푸란스는, 루메에틀 혹은 우오터어·페이터어들과 함께, 비평이란 것은 작품을 통하여 저를 보는 것이라고 설파說破하여, 비평가의 주관적인 인상에 치중置重하였다. 어디까지든지 감상하는 사람의 개성과 창조성을 인정하였다. 루메에틀에 이르러서는, 다시 극단으로 비평의 객관적 표준을 배척하고, 감상하는 사람의 주관에만 치중하여 자아自我를 비평의 근저根柢라 하였다.

페이터어도 역시 그의 논설집論說集 문예 부흥文藝復興 머리 말에, 비평은 작품에서 받는 인상의 해부解剖라고 말하였다. 뿌류누튼엘 일파의 객관 비평설은 벌써 과학 만능 사상 시대의 유물로서 낡아 버렸다.

무엇에나 개성과 창조성이 중시되는 오늘날의 사상 경향으로 본다면, 적어도 문예 감상 위에 있어서, 우리는 푸란스·루메에틀들의 주관설에 일치하지 아니할 수 없다. 와일드가 "가장 최고의 비평은, 창작보다도 훨씬 더 창작적이다." 라고, 말한 뜻도, 여기에 있다고 생각한다.

요컨데, 작자가 그려 낸 일은 상징이므로 해서, 그것에서 받는 감명에 의하여, 읽는 사람은 제 내적內的 생명에 불을 켜고 스스로 타오르는 것이다. 바꾸어 말하면, 제 체험 내용을 그것에 의하여 발견하여, 창작가와 똑 같은 심경에 들어갈 수 있는 것이다.

그 체험의 내용을 이루고 있는 것은, 짓는 사람의 경우와 마찬가지로, 인간고人間苦요 사회고가 아닐 수 없다. 이 고민苦悶, 이 심적心的 상해傷害가, 감상하는 사람의 무의식 심리 속에도, 역시 가라앉은 찌끼로서 숨어 있으므로, 완전한 감상, 곧 생명의 공명 공감이, 거기에 성립되는 것이다.

12. 신라新羅의 금철 공예金鐵工藝

신라는 천 년의 고국古國이요, 더욱이 삼국을 통일한 국가였던만큼 남달리 풍부한 유물遺物과 문헌文獻을 남기고 미술 공예도 조선 미술사상美術史上에 황금 시대를 이룬만큼 우수優秀한 작품이 적지 않으나, 그 전반全般을 이 곳에 총괄總括할 수 없은즉 그 중에 가장 대표적 부문部門의 작품으로 금관金冠, 금대金帶, 금동리金銅履, 금이환金耳環, 등 타국에서 보기 드문 진품珍品과 조선 종鐘이라는 특수한 형식을 낸 동종銅鐘의 일부一部를 들어 볼가 한다. 원래元來 신라는 진한辰韓 때부터도 금철金鐵 공예工藝가 남달리 발전하였으니, 후한서後漢書에 "국출철國出鐵 예 왜 마한濊 倭 馬韓 병종시지竝從市之"라 특서特書한 것은 다른 곳에 없는 특색特色이어니와, 일본서기日本書紀에 "서방유국금은위본西方有國金銀爲本 목지염요目之炎耀 종종진보種種珍寶 다재기국多在其國"이라 한 것은 신라를 금은국金銀國으로써 일컬은 예例다. 광고曠古의 금석金石 병용기倂用期의 유물이라는 금철 공예도 거개擧皆 신라의 고지古地인, 경상慶尙 지방地方에서 많이 출토出土됨으로 보아, 일찍부터 금철 공예가 발달發達하였음을 알겠거니와, 더욱이 근자近者에 해외海外에까지 신라의 미술이 훤양喧揚되는 것은 많은 고분古墳에서 발굴發掘되는 신라의 금철 공예로 말미암아서다. 그 종류에는 금관金冠, 금대金帶, 금동리金銅履, 금패金佩, 이환耳環, 완천腕釧, 지환指環, 패검佩

劍, 마구馬具, 안교鞍橋, 초두鐎斗, 조두刁斗, 완합腕盒, 호준壺尊, 기타其他, 잡다雜多한 것이 있으나, 우리에게 가장 흥미를 이르키는 것은 관이다. 경주의 금관총金冠塚, 서봉총瑞鳳塚, 양산梁山의 부부총夫婦塚, 기타其他, 다수多數한 고분에서 출토된 금관金冠 형식形式은 대개大槪 외관外冠 내관內冠의 이부二部로 구분區分되었나니, 외관은 "써클렛"이라는 순금純金 테두리위에 오 개五個의 입량立梁이 배치配置되었다. 전면前面의 삼 량三梁은 중첩重疊한 출자형出字形을 일우었고, 좌우 이 량左右二梁은 식물植物의 엽서葉序와 같이 호생互生 법칙法則에 의하여 있다. 내관은 고구려高句麗 고분古墳 벽화壁畵에서 볼 수 있는 변관弁冠 종류種類로서 양 귀에 장대長大한 우익羽翼이 뻗어 있다. 이만한 기구機構를 전부全部 순금제純金製 금판金版으로 만들었는데, 금관에는 점선點線으로 윤곽輪廓을, 그리고, 변관弁冠에는 어린문魚鱗紋을 쳐 내고, 우익에는 보상화寶相花 문紋을 투조透彫하고, 그 위에 순금제純金製 심엽형心葉形 소금패小金佩와 온윤溫潤한 색택色澤의 구옥勾玉을 전면全面에 꿔 달고. 다시 이 금패와 옥으로 관영冠纓을 만들었다. 서봉총瑞鳳塚의 금관 같은 것은 외관에 특히 봉황을 오려 새긴 금패가 부가附加되어 있는 데서 더욱 유명하다. 이러한 금관 형식은 동방東方 제국諸國에 유행流行한 디아딤이라는 관모冠帽 형식形式과, 서구西歐 제국諸國에서 유행한 코로나라는 관모 형식과의 합작合作 형식形式으로, 불교佛教 문화文化의 동점東漸으로 말미암아, 동서東西 양양兩洋의 예술 형식이 융합融合된 것이니, 현재現在 이 형식의 완전完全한 유태遺態는 오직 신라의 이 유물에서 증득證得할 수 있는 데서, 예술 가치價值 이외에 문화文化 가치價值까지도 가지고 있는 보물寶物이라 한다. 이 금관과 동시同時에 유물로 가장 재미있는 것은 요대腰帶 장식裝飾이다. 이것도 금관과 같이 황금제黃金製, 은제銀製, 동제銅製, 등 각종各種이 있고, 그 형식도 다소多少의 상위相違가 있으나, 대개는 과대銙帶와 패식佩飾의 이부로써 형성되었다. 과銙 판은 인동초忍冬草 무늬를 투조透彫한 사각형四角形 금판金版과 심엽형 금판의 이 부로 되어, 전자前者는 과신銙身을 이루고, 후자後者는 현수상懸垂狀을 일우어, 과신銙身이 서로 연결連結되어, 과대를 형성하였다. 천자天子의 과대의 전과수鐫銙數는 수 대隋代에는 구 환九環이었고 당대唐代에는 십 삼 환十三環이었으나, 신라의 현유물現遺物에는 사십 환四十環이 있는 것이 있고, 삼국유사三國遺事에는 진평왕眞平王의 과대는 전과鐫銙 육십 이六十二라 하였으니, 중국中國의 과대보다 더 번화繁華스로운 조형造形이었음을 알겠다. 과대에 달려 있는 현수懸垂 패식佩飾에도 금관총金冠塚의 유물 같은 것은 십 칠 연連의 패식이 달려 있는데 한 대漢代 이배형耳杯形 금판金版이 연주連珠되어, 끝에는 투조透彫 규옥형圭玉形 패물佩物, 어형魚形 패물, 행엽형杏葉形 패물佩物, 광형筐形 패물佩物, 인롱형印籠形 패물佩物, 가자형茄子形 패물佩物, 구옥句玉, 유리구琉璃球 기타其他 잡다雜多한 형식形式의 패물佩物이 달려 있어, 그 찬란燦爛하고 번욕繁縟한 수식修飾은 동서東西 고분古墳 발견의 요대腰帶 중 가장 미려美麗한 유물遺物이라 한다.

다음에 재미 있는 조형造形으로 금동제金銅製의 신이 있다. 금관총金冠塚에서 발굴發掘된 것에는 매화형梅花形 금판을 금동리金銅履에 무수無數히 단 것과, 금동판 이면履面에 ㅗㅜ 무늬를 투조한 것이 있고, 기타 고분에서 발견된 이면履面에도 소동판小銅板을 영락瓔珞 같이 매어 단 것이 많으나, 그 중에 걸작傑作으로 볼 것은 식리총飾履塚에서 발견發見된 것이니, 이중二重의 승주형繩珠形 무늬로 윤곽輪廓과 귀갑문龜甲紋을 내고, 윤곽에는 불상배광佛像背光에서 흔히 보는 수염문水炎紋을 양주陽鑄하였으며, 귀갑란龜甲欄에는 서수瑞獸 상금祥禽을 만루滿鏤하고 간간이 팔판연화문八瓣蓮花紋을 안배按排하였다. 의식용儀式用 식리飾履 이지마는 타방他邦에서 볼 수 없는 진기珍奇한 작품作品이다.

이 밖에도 신라의 금철 공예로서 유명한 것에 이환耳環이 있으니, 이 이환耳環에는 “필리그러나” 라고 하는 금루金鏤 수법手法이 성용盛用되어 특수特殊한 취태趣態를 낸 데서 유명하다. 이 수법手法의 기원起源은 바다의 자개 형태에서 연유緣由한 것이라고 전하나, 알 수 없는 일이고, 오천 년 전五千年前 애급埃及의 유물遺物에서도 발견發見되었다고 하는만큼, 일찌기 성용된 금공金工 수법手法이니, 낙랑樂浪의 황금대교黃金帶絞가 북 조선北朝鮮의 대표적代表的 유례類例이었으나, 남 조선南朝鮮의 신라新羅 고분古墳에서 진귀珍貴한 작품이 다수多數 발견發見된 것은 또한 신라의 자랑이라 아니할 수 없다. 그 중에도 경주慶州 보문리普門里 고분古墳에서 발견된 순금純金 이환耳環은 굵은 금환金環에 순금純金 미립微粒으로 귀갑형과 삼판화三瓣化무늬를 만루滿鏤하였으며, 세환細環이 달리고 다시 행엽형杏葉形 영락瓔珞이 상하층上下層으로 줄줄이 달려 있어, 번욕繁縟한 수법手法과 찬란燦爛한 세태는 세계世界 이환중耳環中 최고最高의 최미最美의 작품이라 한다.

이와 같이 신라의 금철 공예는 순금純金 작품作品이 극히 발달發達하였으나, 그 공예적 수법手法은 대개大概 절금截金 공예로서 평판平板한 가구성架構性이 승勝하였으며, 통일기統一期로부터는 다시 입체적立體的 조각彫刻 수법手法이 성용되어, 그 유물遺物은 비록 산일散逸되어 많지 못 하나, 약간若干의 경광經筐 사리합舍利盒과 장식裝飾 금구金具가 유존遺存하여, 통일 이후의 금공金工 수법手法의 일모一貌를 자랑하고 있다.

끝으로 신라의 금동 공예의 특수한 작품으로, 우리는 신라의 종을 자랑한다. 지금 가장 고고高古한 유물로 상원사上院寺 종이 있고, 가장 우수優秀한 작품으로 봉덕 사奉德寺 종이 있음은 누구나 아는 바다. 그 특색을 들자면 중국종中國鐘의 용뉴龍鈕가 조선 종朝鮮鐘에서는 다시 용甬이 부가附加되어 있음이 제일第一 특색特色이요, 중국 종의 유구乳區가 종체鐘體의 반 이상半以上을 점占하고 있으나, 조선 종의 유구는 종체 전장全長의 사분일四分一밖에 안 되며, 중국 종에서는 다수한 종횡선縱橫線이 종체를 구분區分하고 있으나, 조선 종은 이것을 모두 없애고, 유려流麗한 보상화문寶相花紋을 양주陽鑄한 횡대橫帶로 종상鐘上과 종구鐘口, 연변緣邊과 유구乳區, 연변緣邊에만 돌리고, 종체에 주악천부奏樂天部를 쌍쌍雙雙이 양주하고 보상화당좌寶相花撞座를 양면兩面에 안배按排하여, 청아淸雅한 중에 화려한 취태趣態를 내고 있다. 더욱이 종의 형태가 중국 종과 같이 위력적威力的 창세脹勢를 보이지 않고, 일본의 종과 같이 기하학적幾何學的 형태를 가지지 않고, 단아端雅하고 온엄溫嚴한 기품이 있음은, 세계 어느 종을 가져 오더라도, 이와 자웅을 겨루지 못할 것이다. 중국의 문물을 한결같이 모방模倣만 하려던 과거의 선진先進들도, 오직 예술심藝術心만은 남의 것과 바꾸지 못하였다. 이것이 예술藝術의 존귀한 점이다. 그러고 그것을 단적으로 증명證明하는 것이 곧 이 조선 종이다. 그 중에도 대표적代表的 작품作品인 봉덕사 종에 원공신체圓空神體라는 명문銘文의 일구一句가 있으니, 이는 곧 이는 물物이 아니고, 신적존재神的存在의 숭고崇高함을 표현表現한 금언金言이라 하겠다.

13. 부모은중경父母恩重經 초抄

부톄 아란ᄃᆞ려 니ᄅᆞ샤ᄃᆡ, 사ᄅᆞ미 비록 인류에 이시나, ᄆᆞᄉᆞᄆᆞᆫ 어리니라. 부모의 큰 은더글 사랑티 아니여, 공경홀 ᄆᆞᄉᆞ몰 아니며, 은올 ᄇᆞ리며, 더글 더디고, 불효ᄒᆞᄂᆞ니라.

이미 ᄌᆞ식 ᄇᆡ여 열ᄃᆞᆯ ᄉᆞ이에, 안ᄌᆞ나 니나 편티 아이여, 므거운 것 멘ᄃᆞᆺ ᄒᆞ며, 머근 거시 ᄂᆞ리디 아니여, 병ᄒᆞᆫ 사람 ᄀᆞᄐᆞ니, ᄃᆞ리 차 나홀제, 슈괴 그지 업고, 됴ᄒᆞ며 구조미 잠ᄭᆞᆫ ᄉᆞ이예 인ᄂᆞ니, 양돋 다힌ᄃᆞᆺᄒᆞ야, 피 흘러 ᄯᅡ히 펴디니, 수괴 이러ᄒᆞ니라. 푸머셔 기롤제, ᄀᆞᆺᄇᆞ몰 탄티 아니며, 더위를 ᄎᆞᄆᆞ며, 치위롤 ᄎᆞᆷ고, 슈고뢰여도 슬흐여 아니ᄒᆞᄂᆞ니라. 삼년 ᄉᆞ이예 어믜 힌피 먹고, ᄌᆞ라나거든, 녜도 ᄀᆞᄅᆞ치며, 혼인ᄒᆞ며, 글ᄀᆞᄅᆞ치며, 여러가짓 일 ᄀᆞ초와, 신고호ᄃᆡ ᄂᆞ죵의 은올 니ᄅᆞ디 아니ᄒᆞᄂᆞ니라. ᄌᆞ시기 병ᄒᆞ면, 부뫼 병이 나ᄂᆞ니, 그병이 됴게ᅀᅵ, 부모도 편ᄒᆞᄂᆞ니라. 이러ᄐᆞ시 쳐 일 사ᄅᆞᆷ 되와댜 원ᄒᆞᄂᆞ니라.

ᄌᆞ라나면 도ᄅᆞ혀 불효ᄒᆞᄂᆞ니, 여루ᄂᆡ 마롤 거스러 ᄃᆡ답ᄒᆞ며 족장도 소겨 업시위 너기며, 동ᄉᆡᆼ도 티며 구짓고, 어버시도 슈욕ᄒᆞ야, 녜되 업스니, 스승의 법을 좃디 아니 ᄒᆞ놋다. 부모의 교령도 의죵티 아니며, 형뎨의 말도 서ᄅᆞ 거스리고, 나드리홀제 어룬ᄃᆞ려 니ᄅᆞ디 아니코, 말ᄉᆞᆷ과 ᄒᆡᆼ시

리 서재여, 제 ᄯᅳᆺᄃᆡ로 ᄒᆞᄂᆞ니, 부뫼 ᄀᆞᄅᆞ치고, 어룬이 뒤덥거든, 졈졈 ᄌᆞ라면, 거스려 화동티 아니여, 도ᄅᆞ혀 셩석 내ᄂᆞ니라. 친ᄒᆞᆫ 버드란 ᄇᆞ리고, 모딘 사ᄅᆞᄆᆞᆯ 조차, 습셩이 ᄃᆞ외여, 모딘 계교ᄒᆞᄂᆞ니라. ᄂᆞ미 달애여든, 타향의 나가, 부모도 ᄇᆞ리며, 집도 여희오, 여러ᄒᆡ 디나면, 겨집ᄒᆞ야 오래 드러오디 아니ᄒᆞᄂᆞ니라.

ᄯᅩ 타향의 가셔 조심티 몯ᄒᆞ야, ᄂᆞᄆᆞ 쐬예 감겨, 그ᄅᆞ ᄃᆞ니다가, 죄 니버 옥긔 가티거나, 병ᄒᆞ며 주려도, 간슈ᄒᆞ리 업스면, ᄂᆞ미 쳔히 너겨, 거리예 더디ᄂᆞ니 인ᄒᆞ야 주거도 구의ᄒᆞ리 업서, 오장이 서거, 별 뙤며 ᄇᆞ름 불여, 힌 ᄢᅨ 타향의 가ᄇᆞ려시면, 아ᄋᆞᆷ과 ᄒᆞᆫᄃᆡ 노로미 어긔여 디고, 부모의 ᄆᆞᅀᆞ문 영영 ᄉᆞ렴ᄒᆞ야, 혹 우다가 눈멀며, 혹셜워 샹심병이 되며, 혹 주거 녕호니 되여도, 닛디 아니ᄒᆞᄂᆞ니라.

ᄯᅩ 효도란 아니코, 다ᄅᆞᆫ 사오나온 이ᄅᆞᆯ 조ᄎᆞ며, 쇽졀업슨 이ᄅᆞᆯ ᄇᆡ화, 싸홈ᄒᆞ며 도ᄌᆞᆨᄒᆞ다가, ᄆᆞ술ᄒᆡ 죄 니브며, 왼일 지어동ᄉᆡᆼ도 더러이며 부모도 샹심케 하ᄂᆞ니라. 새배 나가 나죄 드러와, 부모의 치우며 더운줄도 모ᄅᆞ며, ᄒᆞᆫᄃᆡ 뫼셔시미 영영 어긔ᄂᆞ니, 부뫼 나히 드러, 양저 사오나이 되면, ᄂᆞᆷ뵈디 붓그려 구짓고 소기ᄂᆞ니라.

또 홀아비나 홀어미나, 혼자 뷘 지븨 잇거든, 손 ᄀᆞ티 너겨, 다ᄅᆞᆫ 지븨 가 살며, 자리의 듣글도 쓰디 아니며, 안부도 묻지 아니며, ᄇᆡ 골코 목ᄆᆞᆯ라도 모ᄅᆞ고, 나지나 바미나 ᄌᆞ탄ᄒᆞᄂᆞ니, 머글것 빠다가 어버시 머기ᄆᆞᆯ 붓그레 너기니, ᄂᆞᄆᆞᆫ 슈샹히 너겨 웃ᄂᆞ니라. 쳐ᄌᆞ식 머기믄 더럽고 ᄀᆞᆺ바도, 붓그려 아니ᄒᆞᄂᆞ니라, 겨지븨 말란 아모일도 의죵ᄒᆞ고, 어루ᄂᆡ 꾸지럼믄 젼혀 저티 아니ᄒᆞᄂᆞ니라.

뎨저 다 부텨의 니ᄅᆞ시ᄂᆞᆫ 부모 은ᄋᆞᆯ 듣고, 업더디여 제 모ᄆᆞᆯ 터니, 털 구무마다 피 흐르고, 긔졀하여, 이슥게ᅀᅡ ᄭᆡ여 닐ᄋᆞᄃᆡ 셜운댜, 우리ᄂᆞᆫ 이제 죄인이로소이다. 이저ᄂᆡ 아디 몯ᄒᆞ야, 바ᄆᆡ 노ᄂᆞᆫᄃᆞᆺ ᄒᆞ더니, 이제ᅀᅡ 아ᅀᆞ오니, 가ᄉᆞ미 바ᄉᆞ디ᄂᆞᆫᄃᆞᆺ ᄒᆞ여이다. 셰존하 엇데하여ᅀᅡ 부모의 은ᄋᆞᆯ 갑소오리잇고.

14. 순국 선렬 추념문殉國先烈追念文

정인보鄭寅普*

우리 국조國祖 형극荊棘을 개제開除하시고 정교政敎를 베푸신 뒤로 면연綿延함이 거의 오천년五千年에 미치는 그 동안 흥폐興廢의 고故가 어찌 한두 번이리오마는, 실상은 한 족류族類로서의 대승代承이오 혹或 외구外寇의 침탈侵奪함이 있었다 할지라도, 그 지역地域이 일구一區에 그쳐 항해고윤恒解占胤의 내려오는 통서統緖는 언제나 엄연儼然하였었나니, 무려 몸소 당한 바 변난變難이야말로 사상史上에서 보지 못 하던 초유初有의 참慘이라.

광무光武 을사乙巳로 비롯하야 정미丁未를 지나 융희隆熙 경술庚戌에 와서 드디어 언어言語 끊이니, 그 참慘됨은 오히려 둘째라, 기치奇耻와 대욕大辱이 이에 극極함을 무엇으로 견준다 하리오.

이러한 가운데 일도一道 찬란燦爛한 국광國光을 이르켜 이 민중民衆으로 하여금 치욕恥辱의 일日에 긍부矜負와 비참悲慘의 기期에 분발奮發을 끊임없이 가지게 함이 과연果然 누구의 주심이뇨. 우리는 이에서 을사乙巳 이후以後 순국殉國하신 선렬先烈 제위諸位를 오매간寤寐間 잊지 못 하나이다.

* 정인보[4226-] 호는 爲堂. 한문자. 저서 "朝鮮의 얼", "朝鮮文學源流"

그 동안 일구日寇 차토此土에서 육양陸梁함이 오래라, 감監이라 독督이라 하야 패퇴敗退하던 날까지 강산江山 민인民人을 피彼는 피彼의 점제하占制下에 두었던 듯이 알았을 줄 아나, 우리 선렬先烈의 피로써 적敵과 싸와온 거룩한 진세陣勢 사십 일 년四十一年의 일월日月을 관철貫徹하여, 몸은 쓰러져도 혼魂은 나라를 놓지 않고 숨은 끊어져도 뜻은 겨레와 억매이어, 그 장壯하고 매움을 말할진대, 어느 분의 최후最後 복천읍卜天泣 지애地哀할 거적巨迹이 아니시리오. 인刃에 절絶하였거나 약藥에 운殞하였거나 다 같은 국가독립國家獨立의 발발勃勃한 상주撑柱요,[23] 척수隻手의 거擧이나 일려一旅의 전戰이나 모두가 광복달성光復達成의 열렬熱烈한 매진邁進이요, 역중域中에서 기구崎嶇하다가 맹지猛志를 노옥牢獄에 묻였거나 해외海外에 표전漂轉하면서 고심苦心을 노봉虜鋒에 끝마치었거나 다 항적필사抗敵必死의 강과剛果한 결정決定이니, 개인個人과 단체團體 자살自殺과 피해被害가 불일不一한대로 내어뿜는 민족적망릉民族的芒稜은 일직이 간헐間歇됨을 보지 못한즉, 이 "피"가 마르지 아니하매, 적敵과 싸움이 쉬인 적 없고 이 싸움이 쉬이지 아니하매, 차토此土 마침내 적敵의 전거全據로 돌아갔다 이르지 못할 것이라.

그러므로, 우리 과거過去 사십 일 년四十一年을 통틀어 일구日寇의 역役이라 할지언정, 하루라도 피彼의 시대時代라 일컬을 수 없음은, 오직 순국선렬殉國先烈들의 끼치신 피 향내가 항상恒常 이 곳의 주기注氣되어 온 연고緣故니, 이 여러 분 선렬先烈이 아니련들, 우리가 무엇으로써 원구상圓球上에 서리오.

삼천 리三千里 토양土壤 알알 그대로가 이 여러 분 열혈熱血의 응체凝體

23 '탱주撑柱'의 오기인 듯.

임은 생각하매, 구한舊恨 신감新感이 가슴에 막혀 어찌할 줄을 모르겠나이다.

교구狡寇 대로전승對露戰勝의 여위餘威를 가지고 오조五條의 협약脅約을 떠돌던 것이 어젠 듯 하오이다.

국보國步는 기울고 대세大勢는 가 앞길의 암흑暗黑이 그 즈음을 알 수 없는 그 때, 저 주권周勸 뉴유紐由의 구원久遠한 정기正氣 몇몇 분의 선혈鮮血로 좇아 다시 솟아나 안으로 폐부肺腑의 중망重望과 원로元老와 수의고고守義枯槁하던 구신舊臣과 격앙激昂한 위사衛士와 강개慷慨한 미관微官과 임하유문林下儒門의 기덕耆德들의 순렬殉烈이 서로 있었고, 밖으로 주답사신駐劄使臣의 사절死節이 국문國聞을 용동聳動하였으며, 각 지방各地方으로 의기義旗 곳곳에 날려, 나혁裹革의 시尸와 냉산冷山의 혼魂과 피집불굴被執不屈의 장사將士 다 적담敵膽을 서늘ㅎ게 하였으며, 해아海牙의 의성義聲이 내외內外를 흔들매 및어 국민國民마다 공혈腔血이 끓는 중 양위讓位의 핍逼을 뒤이어 군대軍隊의 해산解散을 보게 되던 날, 굉렬轟烈한 대장隊長의 자포自砲가 조국광복祖國光復의 활훈活訓이 되매, 죽어도 겨누라는 명명明命이 되어 마침내 시가 일전市街一戰의 혈성血腥이 영구永久한 민지民志의 보람으로 빛나매, 무릇 군장軍裝을 신상身上에 걸으니 거의 의려義旅로서 결합結合되지 아니함이 없고, 학사學士 명관名官이 함께 기고旗鼓를 잡아 비록 형세形勢 단약單弱하나마, 자못 운흥雲興함을 보았나니, 이에 창槍이 부러질수록 의義 더욱이 굳고 몸이 적敵에게 잡힐수록 정신情神은 갑절이나 활발活潑하였거니, 옥중獄中에 황야荒野에 어느 뉘 어귀찬 전망戰亡이 아니오리까.

난적亂賊을 치려다 오중誤中하여 의구義軀만이 상喪함을 애닯아함도 그 어름이어니와 하루빈哈爾濱에서 구적仇敵의 원악元惡을 사살射殺하던 장거

壯擧는 지금껏 남은 늠연凜然이 있나이다. 국변당시國變當時 조야朝野를 통通하야 열절烈節이 계기繼起한지라, 수토守土의 장리長吏를 비롯하야 구원丘園에서 간정艱貞을 지키던 이, 국교國敎로 민지民志를 뭉치려던 이, 석학碩學 문호文豪 고사高士 단인端人 기근畿近으론 산반散班 중경重卿에 미처 선후先後하야 구명軀命을 버리여 사적死敵의 열烈을 밝히셨나이다.

을사 년乙巳年부터 경술庚戌에 및어 국보國步 이미 기우는 것을, 대세大勢 이미 가는 것을, 저러렇 듯 죽음으로 부뜨시려 하였으나, 기우는 것은 기울고 가는 것은 가 최후最後에 이르게 된 일면一面 부뜨신 그 힘은 그 속에서 점점漸漸 강고强固하여 한번 상란喪亂의 최후最後를 넘자 하경下傾하던 파도波濤를 휘어돌어 다시 흉용洶湧하기 시작하매, 광복光復의 일로一路 바로 전민중全民衆의 분추奔趨하는 바 되었나이다.

이에 앞서부터 만주滿洲 남화南華 원遠으로 미美 근近으로 로露에, 지사志士의 종적蹤跡이 분포分布하더니, 다시 그 규모規模를 굉활宏闊히 하매 혹 단결團結하여 군려軍旅를 배진倍振하고 혹 규합糾合하여 당륜黨倫를 증장增張하고 혹 단신單身으로 고행孤行하여 좌원左援 우응右應하는 그 행사行事 또한 백난百難을 충모衝冒한 바라. 내외호류內外互流하는 기다幾多의 열혈熱血 속에 전 민중全民衆의 지의志意 불타 듯이 뜨거워 가다가, 기미 삼월己未三月에 와서 총일總一의 표로表露가 독립만세獨立萬歲로 터지자, 여기서들 대한민국大韓民國을 내세고 임시정부臨時政府를 만들어 오늘에 이름이 하나로부터 만억萬億에 이르기 다 선렬先烈의 물려 주신 바임은 천추하千秋下에도 오히려 유메濡袂의 누淚를 자아낼 줄 아나이다.

기미 이후己未以後는 우리의 운동運動이 가장 강强하여지니만큼, 만세萬歲 소리에 응집應集하던 그 때부터 농촌農村 시장市場 교회敎會 부인婦人

노년老年을 나눌 것 없이 앞에서 넘어진 채 뒤에서 밀고 나와 혈풍혈우血風血雨가 전토全土를 휩쓸었으니, 고선민古先民 임전무퇴臨戰無退의 계誡 이에 재흥再興함을 이를지라. 피 헛되이 쌓이지 않고 하늘이 민충民衷을 돌아보아 금일 광복今日光復의 서색曙色을 국토國土에서 맞이하게 되었나이다.

언제나 순렬殉烈의 선민先民은 유국有國의 정간楨幹이시라. 그 가운데도 우리의 과거過去를 생각하건대, 선렬先烈은 곧 국명國命이시니, 왕왕往往히 일인一人의 "피"로 인因하여 민족民族의 조소照蘇함을 보게 됨이 어찌 도언徒言이리까. 저 강호江戶 추거推擧의 계속적장도繼續的壯圖, 고국故國의 사람 있음을 나타냄도 그러니와, 왕자往者 상해上海의 난亂에 왜구倭寇의 방자方滋하는 공세攻勢, 우방友邦으로 하여금 지한至恨을 머금게 하던 때, 우리 의사義士의 일발一發이 군추群酋를 전섬殄殲하여 거국擧國의 원사援師보다 오히려 지남이 있어 우리 독립獨立의 대계大計, 격랑激浪같이 노사怒瀉함을 얻게 되었나이다.

예로부터 지사志士는 일사一死를 가볍게 여기나니, 굳하여 생生을 사捨하고 의義를 취取하신 데 향向하여 비애悲哀의 세정細情을 부치고자 아니하여, 더욱이 모다 광복光復의 원공元功이신 바에 무슨 유한遺恨이 있으리까마는, 같은 선렬先烈이시면서도 현저顯著하여 천양天壤에 혁혁赫赫하기도 하고 혹或 인멸湮滅하여 명자名字조차 물을 길이 없기도 하니, 전前을 행幸이라 하면 후後 어찌 불행不幸이 아니리까.

하물며 무인궁도無人窮途에서 고훼枯卉 위에 촉루髑髏를 그리어 귀화鬼火 반드기고 조작鳥鵲이 난비亂飛할 뿐으로 생전生前은 차치且置하고 사후死後까지 소조蕭條한 이가 많음을 어찌하리요.

설사設使 이렇게까지는 아니할지라도 군행려진軍行旅進하다가 함몰咸沒

한 이들은 누구며, 유칩력구幽縶歷久하다가 수사瘦死한 이들은 누구요.

다수多數로 인因하여 특저特著가 없는 거기에, 일성日星과 병수並垂할 열적烈蹟이 많으시려니, 서자逝者 아무리 호연浩然ㅎ다 한들, 살아 있는 우리야 어찌 돌아보아 슬프지 아니하리요.

다시 생각하면, 순국선렬殉國先烈은 순국殉國으로 일체一體시니 명자名字를 가르쳐 인아人我를 나누려함은 오히려 사견私見인 양하여 자위自慰ㅎ고자 하나 또 설어하는 바 있으니, 을사 이후乙巳以後 선렬先烈의 보고자 하심이 광복光復이라, 해외海外에서 간고艱苦에 제대提携하던 이 가운데, 또 이미 선렬先烈을 따라 가신 이 많거늘, 이 날을 어찌 우리만이 보며, 더욱이 만드시던 이는 멀리 아득하고 그 적跡을 습襲한 우리 이 서광曙光을 바라니, 이 느낌을 또 어이히리오.

우리 선렬先烈께 바칠 향향響香이 광복의 완성完成 즉卽 독립獨立의 성공成功에 고공告功에 있을 뿐이어늘, 이제 여기까지 달撻함에는 아직 거리距離 없지 아니 할새, 영전靈前에 향向하는 육니忸怩 자못 무거우나, 몇 십년전十年前 암흑暗黑뿐이요 누망縷望이 없던 그 때도 선렬先烈은 꺾기지 아니하셨으니, 우리 이제 수성垂成의 업業에 헌신獻身함을 맹세盟誓할 것은 물논勿論이요 시時 금석今昔이 있다 할지라도 민시民是는 선렬先烈의 유서遺緖로부터 내려와 의연依然할 바니 우선 현하現下를 들어 선렬先烈께 고告하며 여러분 재천在天하신 영영英靈은 우리를 위爲하여 경경耿耿하실지니, 그 백절불굴百折不屈하신 의기義氣, 지순지결至純至潔하신 고조高燥, 민아무간民我無間하신 성심誠心, 웅탁맹특雄卓猛特하신 용개勇槪를 전국민全國民으로 하여금 효칙效則하게 하사, 이로써 태운泰運을 맞이하여, 우으로 국조홍익國祖弘益의 성모聖模를 중신重新하게 하시며, 아래로 삼천만三千萬의 기원祈願을 맞추어 이루게 하소서.

불살러 날았던들 임의 안을 가실 건가,
못 감은 눈이 남아 오늘 우리 보시려니,
구름이 북北에서 오니 새로 느껴 합내다.

부제溥齋 이상설 선생李相卨先生

글월은 몇째랐다. 속 공부로 절개 높아
게오서 이제러면 온 의지意志가 되올 것을,
우음띤 임의 신색이 눈물 될 줄 알리오.

백암白岩 박은식 선생朴殷植先生

박히고 박힌 서름 금강석金剛石도 뚫을렸다.
황포강黃浦江 여윈적이 어제런대 삼십 삼 년三十三年,
넋 응당 오셨으렀만 바라 아득하고녀.

예관睨觀 신규식 선생申圭植先生

풍상風霜을 맛이라고 날 모르고 이땅 이네
설멍킨 학鶴이러니, 성이 나면 범이러니,
이 소식消息 님 못 드리고 어이 살가 합내다.

백은白隱 유진태 선생兪鎭泰先生

뺄망정 일을 하자, 유언遺言 아직 새로워라,
온 몸이 정성精誠되어 머리 센 줄 모르서를,
심으고 꽃 못 보시니, 아니 울고 어이리.

남강南崗 이승훈 선생李昇薰先生

풍란화風蘭花 매운 향香내 당신에야 견줄손가,
이 날에 임 계시면 별도 아니 더 빛날가,
불토佛土가 이외外 없으니 혼魂아 돌아오소서.

한용운 대사韓龍雲 大師

15. 동명 일기

행혀 일출을 못볼가 노심초사하야 새도록 자디 못하고 갓금 영재를 불러 사공다려 무르라하니 내일은 일출을 쾌히 보시리라 하다하되 마음의 밋브디 아니하야 초조하더니 먼듸 닭이 울며 년하야 자초니 기생과 비복을 혼동하하여 어서 니러나라 하니 밧긔 급댱이와 관텽감관이 다 아직 너모 일즉하니 못떠나시리라 한다하되 고디 아니듯고 발발이 재촉하야 떡국을 쑤어시되 아니먹고 밧비 귀경대에 오르니 달빗이 사면의 됴요하니 바다히 어제밤도곤 희기 더하고 광풍이 대작하야 사람의 뼈를 사뭇고 믈결티는 소래 산악이 움즉이며 별빛이 말곳말곳하야 동편의 차례로 이셔 새기는 머럿고 자는 아해를 급히 깨와 왓기 치워 날티며 기생과 비복이 다 니를 두다려 떠니 사군이 소래하여 혼동 왈 상업시 일즉이와 아해와 실내 다 큰병이 나게 하였다하고 소래하여 걱정하니 내 마음이 불안하야 한소래를 못하고 감이 치워하는 눈픠를 못하고 죽은드시 안자시되 날이 샐 가망이 업스니 년하여 영재를 블러 동이 트느냐 무르니 아직 멀기로 년하야 대답하고 믈티는 소래텬디 딘동하야 한풍 끼티기 더옥 심하고 좌우 시인이 고개를 기우려 입을 가슴의 박고 치워하더니 마이 이윽한 후 동편의 성쉬 드믈며 월색이 차차 여러디며 홍색이 분명하니 소래하야 싀원하믈 브르고 가마밧긔 나서니 좌우 비복과 기생들이 옹위하야 보기를 조이더니 이윽고 날이 밝으며 불근 긔운이 동편 길게 벗텨시니 진홍대단 여러필을 믈우희 펼틴듯 만경창파 일시의 븕어 하늘의 자옥하고 노하는 물결소패 더욱 장하며 홍전 같은 물빛이 황홀하야 수색이 됴요하니 참아 금즉하더라.

븕은 빛이 더옥 븕으니 마조 선 사람의 낯과 옷이 다 븕으니 마조 선 사람의 낯과 옷이 다 븕더라 믈이 구븨뎌 치치니 밤의 믈티는 구븨는 옥같이 희더니 즉금 믈구븨는 븕기 홍옥같아야 하늘의 다하시니 장관을 니를 것이 업더라.

븕은 긔운이 폐뎌 하늘과 믈이 다 됴요하듸 해 아니나니 기생들이 손을 두다려 소래하야 애다라 갈오대 이제는 해 다 도다 뎌 속의 드러시니 뎌 븕은 긔운이 다 프르러 구룸이 되리라 혼공하니 낙막하여 그저 도라가려 하니 사군과 숙시셔 그러티아냐 이제 보리라 하시되 이랑이 차섬이 냉소하야 이르되 소인등이 이번분이냐 자로 보아사오니 엇디 모로리잇가 마누하님 큰 병환 나실거시니 어서 가압사이다 하거늘 가마 속의 드러안즈니 봉의어미 악써 갈오대 하인들이 다 하되 이제 해 니라라 하는듸 엇디 가시리오 기생아해들은 철모로고 즈레 이렁 구는다 이랑이 박댱왈 그것들은 바히 모로고 한 말이니 고디듯디 말라 하거늘 도라 사공다려 무르라 하니 사공셔 오늘 일츌이 유명하리란다 하거늘 내 도로 나서니 차섬이 보배는 내 가마의 드는상 보고 몬저 가고 계집종 세히 몬저 갓더라

홍색이 거록하야 븕은 긔운이 하늘을 뛰노더니 이랑이 소래를 놉히하야 나를 불러 저긔 믈밑츨 보라 웨거늘 급히 눈을 드러 보니 믈밑 홍운을 헤앗고 큰 실오리 같은 줄이 븕기 더욱 긔이하며 긔운이 진홍같은것이 차차 나 손바닥너븨 같은것이 그믐밤의 보는 숫블빛 갈더라 차차 나오더니 그 우흐로 젹은 회호리밤 같은 것이 븕기 호박구슬 같고 맑고 통낭하

기는 호박도곤 더 곱더라.

그 븕은 우흐로 훌훌 움즉여 도는듸 처엄 낫던 븕은 기운이 백지 반장 너븨만치 반드시 비최며 밤 갓던 기운이 해되야 차차 커가며 큰쟁반만하여 븕웃븕웃 번듯번듯 뛰놀며 적색이 왼바다희 끼치며 몬저 븕은 기운이 차차 가새며 해 흔들며 뛰놀기 더옥 자로 하며 항 같고 독 같은것이 좌우로 뛰놀며 황홀이 번득여 냥목이 어즐하며 븕은 기운이 명낭하야 첫 홍색을 헤앗고 텬듕의 쟁반 같은 것이 수레박회 같아야 믈속으로셔 치미러 밧치드시 올라 븥으며 항독같은 기운이 스러디고 처엄 븕어 겉층 빗최던 것은 모혀 소혀텨로 드리워 믈속의 풍덩 빠디는듯 십으더라 일색이 됴요하며 믈결의 븕은 기운이 차차 가새며 일광이 청낭하니 만고 텬하의 그런 장관은 대두할듸 업슬듯 하더라.

짐작의 처엄 백지 반댱만티 븕은 기운은 그속의서 해 장찻 나려하고 우리여 그리 븕고 그 회호리밤 같은것은 진짓 일색을 빠혀내니 우리온 기운이 차차 가새며 독 같고 항같은것은 일색이 모디리 고은고로 보는 사람의 안력이 황홀하야 도모디 헷기운인듯 십은디라.

차섬이 보배 내 교듕의 드니 몬저 가는듯 십으더니 도로 왓던양하야 묘시 보시믈 하례 하고 이랑이 손을 두다려 보시도다하여 즐겨하더라.

장관을 쯘더이 하고 오려할새 촌녀들이 작별운집하여 와서보며 손을 비븨여 므엇 달라 하니 돈냥인다 주어 난화먹으라 하다.

햐처로 도라오니 쯘덥기 듕보를 어든듯 하더라.

(의유당 일기에서)

16. 춘향젼 초春香傳 抄

판ᄉᆞ를 보낸 후에, 쳔사만억千思萬億 헤아려 보며, 오경이 지나도록 잠 못드러 안졌더니, 이ᄊᆡ 어ᄉᆞᄂᆞᆫ 춘향모와 슈작ᄒᆞ며, 향단이 초롱 들녀 압세우고, 옥즁으로 차져올ᄉᆡ, 춘향어미 옥문에 와, “춘향아 춘향아 자ᄂᆞ냐 쌔엿ᄂᆞ냐”.

뎌 춘향의 거동 보소, 혼혼침침 안졌더니, 부르ᄂᆞᆫ 소리 듯고 이러 나오다가, 형쟝 마진 졍강이를 문턱에 부듸지고, ᄋᆡ고 소리를 ᄒᆞ면, 어머니 놀나겟다, 목안소리 겨우 ᄒᆞ며 ᄋᆡ고오오 진졍ᄒᆞ야 겨우나와

“ᄋᆡ고 어머니 이 아닌밤즁에, 주무시지 아니ᄒᆞ고, 웨 왓소. 밤이나 제발 평안이 쉬오. 무어시나 잡수왓소. 밤낫 뎌리 ᄋᆡ쓰다가 어머니마져 병이 나면, 날 구ᄒᆞ리 뉘가 있소. 이믜 보러와 계시니, ᄂᆡ 속것을 가져다가, 압내 물에 솰솰 ᄲᅡ라 양디바른ᄃᆡ 너러 주오. 차마 가려워 못살겟네.”

춘향어미 ᄃᆡ답ᄒᆞᄃᆡ

“ᄂᆡ 아모리 자려ᄒᆞᆫ들, 네 ᄉᆡᆼ각 곳 왈악 나면, 누엇다가도 벌떡 이러나 눈이, 반반ᄒᆞ고 졍신이 산란ᄒᆞ야, 담ᄇᆡ대나 물고 안져 왼갓 ᄉᆡᆼ각ᄒᆞ면셔, 썰고 쏘 담아, 쉬나니 한숨이오 지나니 눈물이라. 혀바닥이 터지ᄂᆞᆫ듯 왼몸에 진쌈이오, 눈에 불이 나게 되면, 너를 보라 오ᄂᆞᆫ구나. 옛다 이 미음이나 좀 마셔라.”

춘향이 바다 마시다가, 한 먹음에 구역나서, 왈악 도로 토ᄒᆞ면서

"ᄋᆡ고 실소."

츈향어미 쇼졉시小楪匙에, 암치 기름발나 구워 보푸르고, 한편에 약포육 구워 보푸르고, 한편에 가조긔 쓰더노흔것,

"옛다 씹어 물만 닙가심ᄒᆞ고, 비아타라."

"아모겻도 나ᄂᆞᆫ 실소."

"그러면, 흰쥭이나 쑤어쥬랴."

"ᄋᆡ고 아닛고와 나ᄂᆞᆫ 실소."

"그러면, 쥭원미粥元糜나 쑤어쥬라."

"ᄋᆡ고 구역나 나ᄂᆞᆫ 실소."

"그러면 무슨 의이나 쑤어주랴."

"ᄋᆡ고 ᄉᆡᆼ목올나 나ᄂᆞᆫ 실소."

"그러면, 무어슬 먹고 십으냐."

"아모겻도 나ᄂᆞᆫ 실소. 그만ᄒᆞ고 도라가오."

츈향어미 츈향의 손목 드립써 잡고, 대셩통곡 ᄒᆞᄂᆞᆫ 말이

"이를 엇지 ᄒᆞ자ᄂᆞ니 아장我葬을 여장汝葬ᄒᆞᆯ제, 여장汝葬을 아장我葬ᄒᆞ게되니, 아장我葬을 슈장誰葬고, ᄋᆡ고ᄋᆡ고 설음이야, 여곡汝哭을 아곡我哭ᄒᆞ니, 아곡我哭을 슈곡誰哭고."

모녜 서로 우름울며

"뒤에 누구 섯소."

"재넘어 리풍헌李風憲이 자리갑 바드러 왓단다."

"그러면, 어서 드리지오. 이밤에 웨 여긔ᄭᅡ지 뫼시고 왓소. 날 보고 가시랴오. 리풍헌 이리 오오. 그사이 평안ᄒᆞ시오. 안악 문안도 안녕ᄒᆞ옵시오. 대ᄉᆞ로이 밤즁에 보라 와 계시니 감격ᄒᆞ오."

츈향어미 ᄒᆞᄂᆞᆫ 말이

"ᄌᆞ세이 보아라. 이 년석 꼴된 거슬 쌘쌘의 아들놈, 너를 보라 차져 왓단다."

츈향이 울면서 ᄒᆞᄂᆞᆫ 말이

"거뉘라셔 날 차질리, 날 차질이 업건마는, 날 차질이 뉘잇스리."

츈향어미 ᄒᆞᄂᆞᆫ 말이

"네 셔방 리도령이 너를 보려 왔단다. 밤낫 바라고 밋더니, 잘되엿다 네 셔방 조흠도 조타."

츈향이 이 말 듯고, 옴죽 놀나, 블 빗최여 멀리보니, 팔도八道에 비比치 못ᄒᆞᆯ 샹샹 걸인 뎡녕ᄒᆞ다.

"어머니 망녕이오, 눈이 어두워도 마련이 업소, 만져본들 모른단 말이요."

"날더러 눈이 어둡다 나무라거니와, 밝은 네눈에 ᄌᆞ셰히 보아라. 리가 놈이 아니오 엇던 역적의 아들놈인가 보아라."

어ᄉᆡ 나와

"등들소 제 얼골이나 보고 가세."

옥문 틈으로 드려다 보니, 화용월태花容月態 완연宛然이 변ᄒᆞ야, ᄲᅧ만 남고, 란초기질蘭草氣質이 거의 진盡케 되엿구나.

"어ᄃᆡ 보자. 뎌 형샹 웬 일이냐, 빅옥ᄀᆞᆺ흔, 고운 양자樣子, 촉루髑髏 ᄀᆞᆺ치 되엿스며, 션녀ᄀᆞᆺ흔 네 모양이, 산 귀신이 되엿구나. 록의홍샹綠衣紅裳 ᄒᆞ든 몸에, 몽당치마 웬일이며, 비단당혜 신든 발에 헌집신이 웬일인고. 반가운중 셜겁도다. 나도 가운이 불힝ᄒᆞ여 과거도 못보고, 가산이 탕진ᄒᆞ여, 구년걸식累年乞食 ᄒᆞ노라니, 진시 한번도 못 와 보고, 풍년든 ᄃᆡ만 찻노라니, 이곳을 지나다가, 공교히 네 편지도 보고, 또 네 소문도 드르매, 날로ᄒᆞ여 뎌러틋 고싱ᄒᆞᆫ다 ᄒᆞ니, 너를 볼낫치 업건마는, 녯 졍리를 싱각

ᄒᆞ고, 보라오기ᄂᆞᆫ 온 모양이다마는, 반가온 즁 무안도 ᄒᆞ고 아니 보니만 못ᄒᆞ다. ᄂᆡ 모양이 이리 될제 너 차질 겨를이 잇겟ᄂᆞ냐. 금년今年으로 일을 진ᄃᆡ, 우도右道가 시졀이 방불ᄒᆞ매, 동량에 골몰ᄒᆞ야, 진작 오지 못ᄒᆞ엿다. 우리둘이 당초언약이 아모리 즁ᄒᆞ여도 도금到今ᄒᆞ야 홀일 업다. ᄂᆡ 쏠을 본들 모르랴. 나를 바라고 엇지ᄒᆞ리."

츈향이 이 말 듯고, 다시 보니 영낙이 업고나. 말소ᄅᆡ와 ᄒᆞᄂᆞᆫ 거동 미망랑군未忘郎君이 분명ᄒᆞ다. 상시常時냐 쑴이로다. 만일 쑴 곳 아니면, 이 몸이 죽엇도다. 죽은 혼일망정 님을 보니, 반갑도다. 삼혼칠ᄇᆡᆨ三魂七魄 ᄂᆞᆯ아나니, 목이 매쳐 우ᄂᆞᆫ 말이

"이거시 웬 일이오, 하ᄂᆞᆯ로셔 ᄯᅥ러진가. ᄯᅡ흐로서 소삿ᄂᆞᆫ가. 바람 결에 불려 왓나. ᄯᅦ 구름에 사혀 왓나. 무릉도원武陵桃源 범나뷘가. 오류문전五柳門前 쐬고린가. 환ᄒᆡ풍파宦海風波에 벼ᄉᆞᆯ하야 못 오든가. 산이어든 도라오고, 물이거든 건너 오지, 엇지 그리 알드리도 못 오든가. 일락장사추ᄉᆡᆨ원日落長沙秋色遠에 날이 저므러 못 오든가 촉도지난蜀道之難이 난어샹쳥텬難於上青天ᄒᆞ니 길이 험ᄒᆞ여 못 오든가. 환슈북ᄒᆡ還愁北海 안셔지鴈書遲ᄒᆞ니 쇼식 몰나 나 죽겟네. 오초건곤일야부吳楚乾坤日夜浮에 물이 널너 못오든가. 단원장취불원셩但願長醉不願醒에 술취ᄒᆞ여 못 오든가. 호구불난금금박狐裘不煖錦衾薄에 날이 치워셔 그ᄃᆡ지 못 오든가. 회두일쇼ᄇᆡᆨ미ᄉᆡᆼ回頭一笑百媚生에 사랑앗겨 못 오든가. 이 몸이 죽은 후애 후ᄉᆡᆼ後生ᄒᆞ여 보랴더니, 금일 샹봉 황홀ᄒᆞ다. 칠년대한 단비 오고 구년지슈 ᄒᆡ듯ᄂᆞᆫ가. 그랴 그 사이 일안一安ᄒᆞ시고, 원로ᄒᆡᆼ역遠路行役에 발병이나 아니 나셨소. 상뎐벽ᄒᆡ슈유기桑田碧海須臾改라 ᄒᆞᆫ들 엇지 뎌리 변ᄒᆞ엿소. 무졍도 하고, 야쇽도 ᄒᆞ오. 엇지 참아 그리ᄒᆞ오. 귀쳔궁달貴賤窮達이 수레박휘니, 혈마 엇지 ᄒᆞ리잇가. 엇더ᄒᆞ던지 날붓혀 살녀ᄂᆡ오. 말ᄒᆞ옵시다 항쇄족쇄項鎖足鎖를 벗

겨 주오. 거름이나 시원히 거러보세. 옥문 밧게만 ᄂᆡ여 주오. 셰샹구경 다시ᄒᆞ세. 반갑고도 깃브기ᄂᆞᆫ 셔방님을 보니 만사무심, 즉금 스러져도 ᄒᆞᆫ이 업소. 진졍으로 셔방님 밋기를 텰옹셩鐵甕城으로 밋엇더니, 이제ᄂᆞᆫ 셜치雪恥는 못ᄒᆞ게 되엿소마는, 뎌 모양으로 단니면 남의 쳔ᄃᆡ賤待 고샤ᄒᆞ고, 긔한飢寒을 엇지ᄒᆞ오릿가."

"이ᄋᆡ 글낭은 념려말라. 참외가게에 안졋스면, 벗겨버린 새풀, ᄇᆡ부르게 먹ᄂᆞ니라."

"뎌 갓이 허술하오."

"어 이거시나마 ᄂᆡ거시랴. ᄆᆡᆼ숑이바람으로 다니다가, 임실任實읍ᄂᆡ 오려논에 막대메여 세웟거늘, 압뒤 사람 업슬 적에, 얼는 벗겨 쓰고나와, 불이나케 길을 도라 나셔, 사람만흔ᄃᆡ 가기실터라. 임자알가 보아."

춘향이 모母를 불러

"여보 어머니, 뎌 셔방님이 류리걸식 ᄒᆞᆯ지라도, 관망의복冠網衣服 션명ᄒᆞ면, 남이 쳔ᄃᆡ 아니ᄒᆞ고, 졍ᄒᆞᆫ 음식을 먹이겟소그려. 셔방님이 날 다려 갈ᄶᆡ에 쓰려하고, 장만ᄒᆞ엿든 패물佩物 의복衣服, 모다 ᄂᆡ여다가, 반갑세라도 탕탕 파라, 셔방님 갓망근 도포 중치막 긴옷 속옷 속속드리 작만ᄒᆞ되 다듬이를 곱게ᄒᆞ고, 수품手品을 곱게 지어다가, 셔방님을 닙혀주오. 셔방님 보션본은 ᄂᆡ실첩 속에 드럿스니 몽고蒙古삼승 안팟보션, 발에 맛게 고이 지어, 셔방님을 신게ᄒᆞ고, 졉션일병摺扇一柄 빈혀궤에 드럿ᄂᆞᆫᄃᆡ 하편에는 은은하목전황려隱隱夏木囀黃鸝 한쌍 그리고, 한편에ᄂᆞᆫ 막막슈변비ᄇᆡᆨ로漠漠水邊飛白鷺 한쌍 그렷스니 날 본ᄃᆞ시 쥐게 드리고, 밀화동곳 ᄃᆡ도장도玳瑁裝刀 물형物形조코 톡 터진 것 사고, 당혜唐鞋를 조촐ᄒᆞ게 평양平壤본으로 속히속히 마춰다가, 셔방님을 신게ᄒᆞ고, 셔방님을 모셔다가 조셕공궤를 ᄒᆞ여주오. 진지를 지어도 축축이 짓고, 등골을 사다가 탕湯을

ᄒᆞ고, 노코 염통산적 양복기에, 졔육초도 ᄒᆞ여노코, 맛잇ᄂᆞᆫ 암치를 참기름 발나 구워서 보푸르고 한엽헤 약포육藥脯肉 노코, 그 엽헤 어란魚卵을 좀 버혀노코, 편포片脯나 좀 오려노코 육肉소 너흔 쟝김치醬沉菜를 부ᄃᆡ 담아 노흔 후에 평ᄉᆡᆼ에 질기시ᄂᆞᆫ 약쥬ᄂᆞᆫ 반쥬겸ᄒᆞ야 부ᄃᆡ부ᄃᆡ 엿지말고 만히 드리오. 진지 막 잡숫거든 젼에 날처로 담ᄇᆡ를 붓쳐드리고, 담ᄇᆡ를 막 썰거든, 차관에 ᄉᆡᆼ강좀 졈혀너코, 황다黃茶좀 집어너코, 귤병橘餠좀 써혀너허 ᄆᆡ음달콤 향긔롭게, 빗츨 맛치 곱게 다려다가 드려주오. 나 자든 방 셔르져 노코, 셔방님을 편히 뫼셔, 문방사우文房四友 셔ᄎᆡᆨ도화書冊圖畵 글공부를 식여주오. 여보 어머니 ᄂᆡ말ᄃᆡ로 부ᄃᆡᄒᆞ오."

춘향어미 이말 듯고 독을 ᄂᆡ여 ᄒᆞᄂᆞᆫ 말이

"나ᄂᆞᆫ 밤낫으로 녜 수즁만 들것마는, 전혀 말션물쁜이지 모쥬한잔 사먹으라고 돈 한푼을 주ᄂᆞᆫ 일이 이ᄯᆡᄭᆞ지 업더구 나마는, 이 원슈의 놈은 보듯마듯 옷 파러라, 노리ᄀᆡ 파러라 호사식여라, 잘먹여라, 잘재여라, 엇지ᄒᆞᆫ 곡절인지 ᄌᆞ세히 아자. ᄂᆡ 마음으로 ᄒᆞᆯ양이면, 단단ᄒᆞᆫ 참나무놩치로, 동혀ᄆᆡ고 쥬리를 한참 틀면, 가ᄉᆞᆷ이 시원ᄒᆞᆯ듯ᄒᆞ다."

춘향이 울며 ᄒᆞᄂᆞᆫ 말이

"ᄋᆡ고 이것이 무ᄉᆞᆷ 말ᄉᆞᆷ이오. 셔방님이 ᄎᆡᆨ방에 계실적에, 엇더ᄒᆞ게 지ᄂᆡ엿소. 어머니 ᄆᆞᄋᆞᆷ 뎌러ᄒᆞ면, ᄂᆡ몸한아 스러져서, 찰하리 불효는 될지언졍, ᄆᆞᄋᆞᆷ을 고치지 못ᄒᆞ겟소."

춘향어미 이말 듯고 ᄒᆞᄂᆞᆫ 말이

"속 업ᄂᆞᆫ 말 듯기 실타. 나 ᄒᆞ는 말이 졍말이랴, 닌들 분수업스랴. 요망ᄒᆞᆫ 말 다시마라. 너 ᄒᆞ란ᄃᆡ로 다ᄒᆞ면, 고만이지."

"어머니 그리ᄒᆞ면, 나ᄂᆞᆫ 아주 ᄆᆞ올노코, ᄆᆡ음 잘 먹지. 여보 셔방님 ᄂᆡ말 듯소. ᄅᆡ일이 본관本官 ᄉᆡᆼ일잔ᄎᆡ니 취醉ᄒᆞᆫ 후에 쥬망酒妄나면, 응당 나를 잡아올려, 지만遲晩ᄒᆞ라 칠거시니, 오ᄂᆞᆯ을낭 집에 가셔, 나자든 방 소쇄ᄒᆞ고, 나 ᄶᅡ든 요를 펴고, 나 덥든 니불을 덥고, 나 베든 벼개 베고 평안이 쉬시고, 일을랑 일즉이 나와, 날 치랴고 올닐 적에, 칼머리나 드러 주소.”

어ᄉᆡ 이른 말이

“이ᄂᆞᆫ 과연 즁난重難ᄒᆞ다. ᄂᆡ가 아모리 죽게 된들, 칼머리를 엇지 들며, 본관이 만일 날을 알면, 필연 슈욕羞辱ᄒᆞᆯ 거시니, 근들 엇지 아니 위틔ᄒᆞ랴. 그ᄶᅵ를 보고 ᄒᆞᆯ말이다.”

17. 국문학國文學의 고전古典 (1)

조윤제趙潤濟

고전古典이란 덴 여러 가지 의미意味가 있를 것이나, 국문학의 고전이라면, 곧 조선 옛날의 문학서를 말하는 것이 되겠고, 또 이것은 저절로 옛날 조선 문학의 작품作品이라는 의미에 해석解釋될 것이나, 고전적인 국문학의 작품은 대체로 어떠한가, 이하以下 이것을 시가詩歌 문학과 소설小說 문학 부문部門에 대하여, 간단히 요점要點만을 들어 말하여 보겠다.

첫째, 시가詩歌로부터 말해 보면. 시가는 그 발생發生이 어느 문학보다도 일찍 있었고. 또 아득한 옛날이었었다. 따라서 이 방면의 고전에 대하여는, 우리는 많은 기대期待를 할 수 있었지마는, 실제에 있었서는 그것을 기록할 기술記述문화가 훨씬 후세後世에 와서 발달하였기 때문에 그 동안의 것은 벌써 많이 잊어 왔었고, 또 기술 문화를 이용하여, 어떠한 기회에 기록된 것이라든지, 혹은 순수純粹한 시가詩歌 편록編錄 사업事業이 기도企圖 되어서, 훌륭한 시가집集이 편성編成되었던 것도, 그 기록과 그 시가집이 민멸泯滅됨에 따라, 그 작품은 저절로 산일되고 말아서, 오늘날 유전遺傳하는 것이라고 했자, 삼국유사三國遺事에 십 사 수首, 균여전均如傳에 십일 수, 도합都合 이십 오 수밖에 되지 못하는데, 이것이 소위所謂 향가鄕歌

라고 하는 조선 최고最古의 시가 작품이다. 이 밖에 악학궤범樂學軌範에 백제百濟의 시가라고 하여 전하는 정읍사井邑詞 일 수一首를 넣는다 하더라도, 삼국 시대三國時代의 작품으로는 근근僅僅 이십 륙 수를 더 넘지 못한다.

그리고, 고려 시대時代에 들어오면 그래도 좀 많이 남을 듯도 한데, 역亦 마찬가지로서 악학궤범에 정과정곡鄭瓜亭曲, 동동動動, 처용가處容歌의 삼 수首와 악장가사樂章歌詞에 쌍화점雙花店, 서경별곡西京別曲, 청산별곡靑山別曲, 만전춘滿殿春, 정석가鄭石歌, 이상곡履霜曲, 사모곡思母曲, 가시리, 한림별곡翰林別曲의 구 수首와 근재집謹齋集이 관동별곡關東別曲, 죽계별곡竹溪別曲의 이 수首, 도합 십 사 수首 외外에 시조時調 약간若干 수首가 있을 뿐이다. 그러다가, 이조李朝에 들어와서는, 그래도 근세近世고, 또 자유로 시가를 표기表記할 수 있는 국문國文이 있었기 때문에, 비교적比較的 많이 그 작품을 오늘에 남길 수 있었다. 우선 이 들 작품을 집성集成한 가집歌集으로부터 말하면, 먼저도 인용引用하였던 편자編者 미상未詳의 악장가사라는 책이 편찬編纂되어, 전기前記 고려의 시가 이외에도 감군은感君恩, 상대별곡霜臺別曲, 유림가儒林歌, 오륜가五倫歌, 연형제곡宴兄弟曲, 화산별곡華山別曲, 신도가新都歌, 어부가漁夫歌 등의 고古작품을 습록拾錄하여 오늘에 전하였으며, 또 영조조英祖朝 이후에는 단가短歌, 시조時調의 찬집撰集이 성행盛行하여, 청구영언靑丘永言, 해동가요海東歌謠, 동가선東歌選, 객악客樂, 고금가곡古今歌曲, 가곡원류歌曲源流, 남훈태평가南薰太平歌, 여창가요록女唱歌謠錄, 좌해악부左海樂府 등이 편찬되어서 대부분大部分의 시조가 습록拾錄 유전遺傳하여 있다. 또 이런 시가집본詩歌集本 이외에도, 송강가사松江歌辭나 도산십이곡陶山十二曲과 같이 단행본單行本의 형식形式으로 개인個人의 작품이 공간公刊되어 전하는 것도 있고, 혹은 고산유고孤山遺稿, 노계집蘆溪集, 사촌집沙村集, 농암속집農岩續集, 선원속고仙源續稿, 송암집松岩集, 칠실유고漆室遺稿, 불우헌집不憂軒集, 자암집自庵集, 침굉유고枕肱遺稿와 같은 문집 등에 각기各其 작품이 수록收錄되어 전하는 것도 있다, 또 이 밖에 무릉아고武陵雅稿라든지, 보권문普勸文이라든지, 팔양경八陽經과 같은 책에도 습록된 것이 있고, 혹은 한양가漢陽歌, 일본장유가日本壯遊歌, 관동장유가關東壯遊歌, 동가집록東歌輯錄, 백가사白歌詞, 과일회록課日誨錄, 백석만성가白石謾成歌, 연행가燕行歌, 안둔은가安遁隱歌, 오륜향사五倫享詞 등의 가책歌冊이 있을 뿐 아니라, 가사류歌詞類가 되면 별로 성책成冊됨도 없이 한 수 한 수씩 항간巷間에 굴러 다니는 것이 가可히 부지기수不知其數라 할만큼 많이 있다. 또 근년近年에 이용기씨李用基氏가 순서順序도 없이 되는 대로 주워 모아 편록編錄한 악부며, 요사이 활자본活字本으로 유행流行하는 유행 잡가책雜歌冊 같은 책에서도, 우리들의 고전은 얼마든지 있어서, 이조의 시가 작품은 급작히 그 수를 헤아릴 수 없을만큼, 많이 여기저기에 산재散在하여 있는데, 현재 내가 아는 범위 내範圍內에서 가사詞歌만도 삼백 수십 종류種類를 들 수 있다.

다음, 소설 문학의 고전은, 소설 그 자체自體가 발달이 훨씬 후대後代이었기 때문에, 상고上古나 중고中古 시대에 있어서는, 사실상事實上으로 있을 수가 없었다. 그러나, 후세의 소설 기원起源이라고, 생각되는 신화神話, 전설傳說, 설화說話 등은 어느 나라, 어느 민족을 물론하고, 으레로 그 나라 그 민족의 특유한 것이 있는 것이니까, 고대의 조선에 있어서도 다소多少는 불문不問하고 있었으리라 상상想像이 되지마는, 후세에 유교儒敎에서 기록 문화를 장악掌握한 관계상關係上, 그런 것은 황당한 것이라는 이유로 여지 없이 버림받고, 또 고문헌古文獻은 거의 다 없어지고 말아서 그것마저 오늘에 전하는 것이 그리 많지 못하다. 다만 삼국유사三國遺事 일서一書가 비록 후세의 책이지마는 다행히 불가佛家의 손에 된 연고로 얼마큼 고 신화古神話, 진실과 설화를 유전遺傳하였는데, 여기에 일일이 그 종목種目은 들 수 없지마는 단군檀君 신화神話 전설傳說로부터 제국건국諸國建國 신화神話 전설傳說이며, 기타其他 항간巷間 전설 설화, 불교 전설 설화 등을 만재滿載하여, 우리의 고대 신화, 전설, 설화의 고전으로는 무비無比의 가치價値를 가지고 있다. 그리고는 이 밖에 고대의 것으로 별로 들 만한 것이 없고, 간혹間或 삼국사기三國史記, 파한집破閑集, 보한집補閑集 등 서書에서 약간 산재하여 있음을 볼 뿐이더니, 이조에 들어와서 설화문학은 어떤 다른 의미에서 다시 발달하여, 용재총화慵齋叢話, 용천담적기龍泉談寂記 동의 야사류野史類에 상당相當히 많이 그 작품이 산재하여 있을 뿐 아니라, 어우야담於于野談, 청구靑丘야담, 계서溪西야담, 동국패사東國稗史 등 소위 패관稗官 문학이라고 할 야담 서류도 있다. 그리고 소설은 물론 이조에 들어와서 발달한 것이겠지마는, 가장 오랜 초기적初期的 작품으로 김시습金時習의 금오신화金鰲新話가 있고, 기타는 대부분 작가도 모르고, 따라 저작著作 연대年代도 미상未詳하나, 소위 고대 소설이라 하여, 오늘에 유전한 것이 이백 수 십 종본種本이 있다. 이것들은 대개 사본寫本으로 전하였고, 개중個中 약간본이 판본版本으로 전하는데, 이것도 오늘에 상세한 것은 알 수 없지마는, 남아 전하는 책으로 보면, 대략大略 경판京版과 완판完版의 두 종류가 있는 듯하다. 지금 그 종본을 들어보면, 경판본에는 곽분양전郭汾陽傳, 구운몽九雲夢, 김령전金鈴傳, 금개전金介傳, 남정팔난기南征八難記, 당태종전唐太宗傳, 이해룡전李海龍傳, 임장군전林將軍傳, 백학선전白鶴扇傳, 삼설기三說記, 쌍주기연雙珠奇緣, 소대성전蘇大成傳, 숙영낭자전淑英娘子傳, 숙향전淑香傳, 심청전沈淸傳, 양풍운전楊風雲傳, 양풍전楊豊傳,

월왕전越王傳, 양산백전梁山伯傳, 옥주호연, 장자방張子房, 장한절효기張韓節孝記, 장화홍련전薔花紅蓮傳, 제마무전諸馬武傳, 전운치전田雲致傳, 적성의전狄成義傳, 조웅전趙雄傳, 지한전芝漢傳, 춘향전春香傳, 홍길동전洪吉童傳, 지운전芝雲傳, 홍부전興夫傳, 임진록壬辰錄, 삼국지三國志, 등이 있고, 완판본完版本에는 춘향전春香傳, 소춘향전, 삼국지, 언삼국지, 장풍운전張風雲傳, 적성의전, 심청전, 소대성전蘇大成傳, 이대봉전李大鳳傳, 유충렬전劉忠烈傳, 조웅전, 지한전, 화용도華容道 등이 있다.

그리고, 또 고대 소설의 고전은 근대 활판술의 발달에 따라, 전일前日의 판본版 本 혹은 사본寫本으로부터 농촌 수용需用에 의하여, 활자본으로 재현再現된 것도 적잖이 많아, 그 수 대략 칠팔십 종에 달達하는데, 현재 사본이 이미 많이 산일散逸된 때에 있어서는, 역시 우리들의 고전으로서 그냥 경시輕視하여 버릴 수는 없는 것이다.

18. 국문학國文學의 고전古典 (2)

조윤제趙潤濟

이와 같이 국문학의 고전은 아직 한문학漢文學 방면은 그냥 두고, 시가 문학이나, 소설 문학만도 상고와 중세에서는 그 유전함이 비록 근소僅少하지마는 근세近世에 와서는 비교적 풍부豊富하여, 국문학을 체계體系 세우는 데 있어서, 그리 큰 곤난困難을 느끼지 않는다. 그러나, 우리들이 이들 고전에 가까이 접근接近하려 하면, 이들 고전은 고전으로서 많은 결점缺點을 가지고 있다는 것을 간과看過할 수 없다. 첫째, 시가를 두고 본다 하더라도 누구라도 짐작될 바와 같이 신라의 향가鄕歌라는 것은 균여전均如傳의 것은 아직 작자作者 본인本人의 전기傳記에 수재收載되어 있고, 또 그 편찬이 그의 사후死後 그다지 멀지 않아서 된 것이니, 그만두고라도 삼국유사三國遺事의 것은 물론, 그 이전以前의 어떤 책에 의거依據하였다고는 인증認證되지마는, 원체元體 삼국유사 자체自體가 고려에도 말엽末葉이나 되어서 편찬된 책이니까, 여기에 수록된 향가가 과연 얼마나 원형原形을 보유保有하고 있는가 하는 데 대하여는 의문疑問이 전연全然 없을 수 없다. 그리고, 또 고려의 시가로 말하면, 대부분 이조에 와서, 한글 이라는 표기表記 문자의 발명을 기다려서 비로소 문자 상에 재현再現

된 것이기 때문에, 가장 그 원형을 많이 잃었으리라 상상想像이 된다. 이것은 우리가 이조의 시가에서 얻는 경험經驗을 가지고서도, 얼마큼의 추단推斷을 허許할 수 있는 것인데, 이조에서는 몇 번이나 그 편찬編纂 사업事業이 있었지마는, 모두 그 당시 그 당시에 창송唱誦되던 것을 찬집撰集하여서, 동일同一한 작품이 그 수찬修撰되는 시대를 따라 자꾸 변하여져 가는 경향傾向을 가지고 있었다. 이조의 작품이 그러하였거든, 하물며 이조에 들어와서 비로소 겨우 문자 상에 재현된 고려의 시가에 있어서는 다언多言을 요要하지 않을 것이다.

다음, 이조의 시가로 그를 표기할 훌륭한 문자가 있었음에도 불구不拘하고, 원작原作에 대한 관념觀念이 극히 박약薄弱하여서, 고대의 작품과 마찬가지로, 그 원형을 보전保全하기가 역시 곤난하였다. 더욱이, 이조에 들어오면 작품은 나날이 그 양量이 불어 가는데, 그에 반하는 정리整理 사업事業은 진척進陟하지 못하여 작품은 거의 구속拘束 없이 마음대로 산전散轉하였고, 또 일부 찬집撰集 사업이 수행遂行되었다 하더라도, 그는 주主로 시조 부문部門에 편협偏狹되었을 뿐 아니라, 그것마저 중엽中葉을 훨씬 넘은 영조英祖조 이후의 일이니까, 그 동안에 벌써 많이 와전訛傳되었을 때이라서, 원작의 모습은 기대期待하기가 어렵게 되었다. 원래, 시가는 그것이 간단한 탓으로 쉽게 사람에게 구송口誦이 되고, 거기다가 조선 시가의 형식이 화가和歌의 음수音數나 한시漢詩의 평측平仄 등과 같이 엄嚴하지 못한 관계상關係上, 음운音韻의 변경變更과 탈락脫落이 비교적 용이容易하기 때문에, 시대와 구송口誦하는 사람에 따라 얼마든지, 변천變遷할 수 있을 약점弱點을 스스로 포존抱存 하고 있다.

이것은 또 소설이 되면 더욱 심하여, 소설의 이본異本이라면 시가의 그것과도 또 달라서, 책의 체재體裁가 다르다든지 혹은 철자법綴字法 자구

字句의 변화와 같은 그런 것이 아니다. 물론 그런 것도 없잖아 있지마는, 그보다는 온통 내용적內容的으로 심한 차이差異를 가지고 있는 것이 많이 있다. 이를테면, 이것을 판본류版本類에서 예를 들어 본다 하더라도, 경판본과 완판본에는 춘향전이라든지 심청전이라든지 조웅전이라든지 하는 약간의 공통한 이름이 있지마는, 이런 소설들은 그 이름만은 같으나, 그 내용에 있어서는 전혀 그 하나가 다른 하나의 번안飜案에 지나지 못하였다. 이런 것은 그 소설이 많이 읽히면 읽힐수록 더 심하여져서 춘향전과 같은 소설은 오늘날 고대의 것으로만도 오륙 종의 이본異本이 있다 하나, 그들은 이상하게도 그 내용이 하나도 똑 같은것이 없는 형편이다. 이는 요컨대, 조선 소설이 과거에 대단히 수용需用이 많아, 몇 번이나 전사轉寫된 탓도 있겠지마는, 또 하나는 소설의 작자가 극히 제한制限되어 있고, 또 그들은 독자讀者에 충분한 만족을 줄 만한 작품을 내지 못하였기 때문에, 독자층讀者層에 있어서 그들이 자유로 원작을 개찬改纂하여, 얼마큼의 자기 만족을 얻으려 한 탓도 있었는 듯이 생각되거니와, 하여何如ㅎ든 조선 소설의 고전, 더욱이 그 이본異本에 대하여는 종래從來 일반 문학에서 다루어 오던 바와 전연 다른 새로운 견해見解로서 대하지 않으면 안 될만큼, 그 내용이 복잡하여 있다. 그리고, 소설에 있어 또 한가지 어려운 문제는, 그 작자가 미상未詳한 것이 많다는 것이다. 시가에 있어서도 전연 안 그런 바는 아니었지마는, 소설이 되면 거의 전부가 작자 미상이라 하여도 가할만큼 많은데, 그러니, 자연 그 저작著作 연대가 불명不明하고, 따라, 그것의 문학사 상 지위地位라든가, 또는 그들 상호간相互間의 연락連絡이라든가 하는 것이 전연 두절杜絶되어 문학 작품으로서의 가치를 얼마쯤 감소減少하는 느낌이 있다.

이와 같이 국문학의 고전은, 그 양으로서 그다지 많이 있지 않음에도 불구하고, 고전으로서의 여러 가지 결점을 가지고 있다. 즉 위에서 말한 바를 다시 요약要約하여 말하면, 첫째, 아무 정리도 그에 가加하여 있지 않다는 것 둘째, 원색原色이 심하게 박락剝落되어 원작이 불명할 것이 많다는 것. 세째, 작자 미상한 것이 많다는 것으로 말할 수 있는데, 이것은 또 일언一言으로 폐지蔽之하면, 종래의 문학 사회는 고전에 대한 관념이 극히 박약하였다고 할 수 있다. 그러나, 우리는 여기에 있어, 다시 옛날 조선의 문학에 대한 관념을 배울 필요가 있을 듯이 생각되거니와, 옛날 조선의 문학인은 고전을 고전으로서 읽을 필요를 느끼지 않았던 듯하다. 고전이라 할지라도 결국은 우리들의 문학이고, 문학인 이상에는 그것을 즐기는 것이 목적이니까, 공연히 현재에는 읽지 못하고, 따라, 현재 자기들의 호흡에 맞지 않는 그것을 그 대로 고전이라 하여, 존중할 하등何等의 필요가 없었던 것이다. 그보다는 차라리 고전을 현재의 생활에 끌어 넣어서, 현재 그들이 직접 즐길 수 있는 것이 고전 문학에 대한 희망이었던 것이다. 그래서 고전은 자유로 그들의 손에, 현재 생활에 합치合致하도독 개찬되어 갔던 것이나, 여기에, 고전은 벌써 고전이 아니고, 늘 그들의 생활에 약동躍動하는 신선한 현대의 문학으로서, 그들이 맞이하게 되었다. 시가가 시대를 따라 변천하고, 또 창송하는 사람에 따라 달라지는 것도, 그 때문이고, 소설이 많은 이본을 가지고서, 그 내용이 일일이 다르다는 것도 역시 그러한 이유에 기인起因될 것이다. 그리고, 이러한 관념은 또 저절로 작자의 명확明確 여부與否가 필요하지 않았다. 그것이 갑甲의 작이든 을乙의 작이든 그 문학을 즐기는 데 있어서는 역시 문제가 되지 않는 것이니까, 작자 미상이 많다는 것도 역시 거기에 이유가 있다고 하지 않으면 안 될 것이다.

19. 유산가遊山歌

화란花爛 춘성春城하고 만화萬和 방창方暢이라. 때 좋다 벗님 네야 산천 경개를 구경 가세, 죽장竹杖 망혜芒鞋 단표자單瓢子로 천리 강산 구경 가세. 만산 홍록紅綠들은 일년 일도一年一度 다시 피어, 춘색을 자랑 노라 색색이 붉었는데, 창송蒼松 취죽翠竹은 창창 울울하고 기화奇花 요초瑤草 난만爛漫 중에 꽂 속에 잠든 나비 자취 없이 날아든다. 유상柳上 앵비鶯飛는 편편片片 금金이요, 화간花間 접무蝶舞는 분분紛紛 설雪이라, 삼춘三春 가절이 좋을 시고 도화만발桃花滿發 점점홍漸漸紅이로구나, 어주축수애산춘漁舟逐水愛山春 이어던, 무릉도원武陵桃源이 예 아니냐. 양류 세지細枝 사사록糸糸綠하니 황산곡리黃山谷裡 당춘절當春節에 연명淵明 오류五柳가 예 아니냐, 제비는 물을 차고 기러기 무리 져서 거지중천에 높이 떠, 두 날개 훨씬 펴고, 펄펄 백운 간에 높이 떠서, 천리 강산 머나먼 길 어이 갈고 슬피 운다. 원산遠山은 첩첩 태산은 주춤하여, 기암은 층층 장송長松은 낙락落落 에이 구불어져, 광풍狂風에 흥을 겨워 우줄우줄 춤을 춘다. 층암層巖 절벽 상에 폭포수瀑布水는 콸콸, 수정렴水晶簾 드리운 듯, 이 골 물이 주루주룩 저 골 물이 솰솰, 열의 열 골 물이 한데 합수하여 천방져 지방져 소코라지고 펑퍼져 넌출지고 방울져, 저건너 병풍석屛風石으로 으르렁콸콸 흐르는 물결이, 은옥銀玉 같이 흩어지니, 소부巢父 허유許由가 문답하던 기산箕山 영수潁水가 이 아니냐, 주각 제금住刻啼禽은 천고절千古節이요, 적다 정조積多

鼎鳥는 일년풍一年豊이라 일출日出 낙조落照가 눈앞에 버려니 경개 무궁 좋을시고.

20. 이상과 실현理想 實現

어떤 종류의 사상思想은 그 본래本來의 성질상 주관 내主觀內에 있어서 어떤 종류의 상태狀態를 실현할 요구로서 나타난다. 우리는 보통 이러한 특수한 사상을 일러 이상이라 한다. 이상은 항상 현실 위에 임臨하는 힘으로서 그 실현을 요구하고 있다. 현실에 대하여 실현을 요청要請하는 힘이 없는 이상은 영탄詠歎에 불과하다. 공론空論에 불과하다. 요설饒舌에 불과하다. 그러므로, 실행되지 않는 사상은 무가치無價値하다는 말은, 그 의미를 한정하여, 실현되지 않는 이상은 무가치하다는 의미로 보면, 그 내용은 훨씬 선명鮮明하고 타당妥當한 것이 된다.

그러나, 사람들이 자주 말하는 것처럼 — 그리고 톨스토이도 일찌기 말한 것처럼 — 실현된 것은 이상이 아니다. 이상은 실현되자 마자 이상임에 그친다. 이상의 이상 된 소이所以는, 그것이 항상 현실 위에 달린 힘으로써, 현실을 순화醇化 정화淨化시키는 힘으로써, 현실을 지도指導하여 감에 있다. 그러므로, 이상인 한限에는 그것은 현실과 모순矛盾된다. 이상은 현실을 일보일보一步一步 정화시켜 자기에게 근접近接시키면서, 그러나 또한 항상 현실과 일보의 간격間隔을 유지維持하고 있다. 실현의 요구를 짝하지 않는 것은 이상이 아니다. 실현되어 버린 것도 또한 이상이 아니다. 이상은 실현의 요구에 핍박 받으면서 아직도 실현되지 않는 곳에 존재存在하는 것이다. 그러므로, 실현되지 않는 이상은 무가치無價値하다는 말은, 여기에서 다시 개주改鑄할 필요가 있다. 이미 실현된 것은 이상이 아니다. 실현에의 간절한 요구를 짝하지 않는 이상이야말로, 실현에 향하는 내적內的 필연성必然性을 포함包含하지 않는 이상이야말로 무가치한 것이다. 실현되지 않는 이상이 무가치하다면, 모든 이상은 그 본래의 성질상 모두 무가치한 것이 되고 만다.

실현의 결과를 중시重視하는 것과, 실현의 의사意思를 중시하는 것과, 이 두 가지의 차이差異는, 인생의 관점觀點에 경정逕庭이 생긴다. 전자로부터 보면, 아직 결과에 도달하지 않는 이상은 모두 무가치하다. 아직 실현되지 않는 이상을 주장하는 자는 위선자僞善者이다. 그러나, 후자의 입각지立脚地에서 보면 비록 아직 실현되지 않고, 아직 결과에 도달하지 않은 이상일지라도, 역시 이상으로서의 특수特殊한 가치가 있다. 이 가치를 입증立證하는 것은 미래를 통찰洞察하는 예감豫感의 힘이요, 실현의 요구에 불붙이는 현재의 심렬心熱이요, 찰나刹那 찰나에 신생면新生面을 전개展開하여 가는 현실의 진보다.

대大 이상理想을 품은 자는 그 이상이 각각刻刻으로 자기의 내면에 작용하는 힘을 느끼리라, 그 이상을 실현하는 곤고困苦를 깊이 깊이 깨달으리라, 그리고 정복征服되지 않고, 정화淨化되지 않고, 고양高揚되지 않은 자기의 현실에 대하여, 참을 수 없는 수치羞恥를 느낄리라, 그러나, 그에게는 직접 내면의 심증心證이 있기 때문에 이 굴욕과 수치의 감정으로도 오히려 그 이상을 포척抛擲하지는 못한다. 모순矛盾과 고통苦痛과 자책自責과 굴욕屈辱을 감내堪耐하는 것은 이상을 포회抱懷한 자의 피할 수 없는 운명運命이다.

그러나, 이상을 포회抱懷하는 자의 고통을 맛보아 알지 못한 자는 이러한 비통悲痛에 대하여 동정을 불일 수가 없다. 그들은 경이輕易하게도 이

상가理想家의 내면內面에 있는 이상과 생활과의 모순矛盾을 지적指摘하여, 얼른 이상 그것과 이상가인 그 사람과를 부정한다. 그러므로, 이상가는 내면적內面的 모순矛盾의 고통 외에, 또 사회의 매리罵詈와 조소嘲笑를 인내하여야 한다. 톨스토이의 일생一生과 같은 것은 참으로 이상을 포회한 자의 대표적 운명이다. 크거나 작거나 이상을 품은 자는 톨스토이의 운명을 나누지 않으면 아니 된다.

도피逃避하고 싶은 자는 도피하라. 도피하고 싶어도 도피할 수 없는 자는 용감하게 이 비통悲痛한 운명에 부딪뜨리지 않으면 아니 된다.

이상은 현실 위에, 현재의 생활 위에, 백보百步를 나아가도 좋다. 이상이 발랄潑剌한 요구의 성질을 잃지 않는 한限에는 이상은 높으면 높을수록 현실에 작용하는 힘이 준렬峻烈하고 통절痛切하게 될 것이다, 따라서 현실은 더욱더욱 근본적根本的으로 순화醇化되고 정화淨化될 것이다.

그러나, 위대한 이상을 가질 수 있는 마음은 또한 현실의 비열卑劣을 볼 수 있는 마음이어야 한다. 위대한 이상은 생활 위에 뿌리를 박고 성각誠慤하게 현실의 비열을 정화시키는 노력을 지도하여야 한다. 위대한 이상은 우선 현실의 진상을 간파看破하고, 거기에 제일의 기초를 쌓아야 한다. 그리 하여 생활 진보進步의 일보一步 앞을 넘어다 보고 아직 공허한 곳에 그 기초를 두려고 하여서는 아니 된다. 이상과 현실과의 거리距離에 대한 예민銳敏한 감각感覺은 이상의 정화 작용을 발랄한 그 대로 보전保全하는 제일 요건要件이다. 이 거리의 감각을 잃으면 우리는 자기의 생활에 준엄峻嚴한 편달鞭撻을 더하기에 지쳐서 점점 현실에 아부阿附하여 만심慢心의 이유를 부여附與하려고 한다. 그러나, 위대한 이상을 가질 수 있는 것은 그 인격의 잠재성潛在性의 큼을 증명證明하는 것은 될지언정 결코 인격의 현실성의 큼을 증명하는 것은 못 된다.

뛰어난 사람은 말하기를 "비약飛躍하라, 비약하라" 한다. 여기에 비약이라 하는 것은 본질本質의 비약이요, 자의식自意識의 비약이 아니다, 조급躁急한 비약자에 있어서는 자의식이 비약하고, 본질이 처져 남는다, 그리하여, 비약한 자의식과 처져남은 본질과는, 그 사이에 가로질린 틈을 두고 망연茫然히 서로 대립對立한다. 자의식의 비약은 너무나 경이輕易하고, 너무나 사람에게 친근하다. 진정眞正한 비약을 바라는 자는 본질에 비약할 만한 힘이 충일充溢하도록 인내忍耐하고 기다려야 한다. 그리스도께서 "끝까지 참는 이는 구원救援을 얻으리라."고, 말씀하셨다.

이상은 무엇인지를 부정不定한다. 무엇인지를 부정하지 않는 이상은 이상이 아니다. 물론 여기에 말한 부정은 존재存在를 절멸시키는 것이 아니라, 존재 의의를, 존재 원리原理를 갱신更新하는 것이다. 본체론상本體論上의 부정이 아니라, 윤리倫理 철학상哲學上의 부정이다. 이것을 파괴破壞하는 동시에 이것을 고양高揚하고, 이것을 보존保存하는 것이다. 모든 이상은 이런 의미에 있어서 항상 무엇인지를 부정한다.

인생의 일체一切의 악惡과 추醜는, 모두 존재存在 이유를 가지고 있을는지도 모른다. 악과 추를 절멸絶滅시키려는 것은 결국 신神의 세계를 모욕侮辱하는 무용한 노력努力일는지도 모른다. 그러나, 나는 악과 추가 악한 자의 처지 그대로 긍정되어야 할 것이라고는 아무리 하여도 생각할 수가 없다. 이 세상에는 단순히 나 일개인의 편의를 위하여 타인을 모함謀陷하는 자가 있다. 나는 아무리 하여도 이러한 참무자讒誣者의 행위行爲를 그들의 처지 그 대로 시인是認할 수는 없다. 나는 그들의 존재를 보고 비분悲憤한다. 나는 그들 때문에 손상損傷된 자를 보고 눈물을 흘린다. 여기에 나의 전全 인격적人格的 존재가 있다. 만일 이러한 악과 추를 부정할 수 없는 것이다 하면, 자기란 것이 이 세상에 존재하는 것은 세계의 원리原理

와 모순矛盾된 오유誤謬라고 생각한다.

부정되어야 할 것은 결코 자기의 밖에만 있는 것이 아니다. 나는 도저히 허용許容할 수 없는 악과 추가 내 마음의 동굴洞窟 안에 준동蠢動하고 있는 것을 본다. 나는 내 안에 자리를 잡은 악과 추를 보고 수치羞恥를 이기지 못한다. 이 악과 추를 현재 그 대로 시인하는 것은 내 전 인격이 허락許諾하지 않는다. 여하히 강변强辯하더라도 내 존재 전체가 반항反抗한다. 나는 전심全心의 증오憎惡로써 이것을 빈척擯斥한다. 원래 여하히 이것을 빈척하더라도, 내 악과 추는 용이容易하게 절멸하지 않는다. 그러나, 나는 충심衷心으로 이것을 부끄러워한다. 그리하여, 이것을 부끄러워 함으로 말미암아 내 악과 추는 일단一段의 정화를 겪었다. 내 악과 추는 얼마쯤 인간다운 결점缺點에까지 높여졌다. 부끄러워하는 것은 부정하는 것이다. 이것을 부정하는 것은 내 전인격이 악과 추의 처지에 서 있지 않을 것을 증명하는 것이다. 그리 하여 전 인격의 처지를 높은 곳에 둔 때문에 악과 추도 또한 얼마쯤 정화되었다. 수치의 지성至誠으로써 포용包容하지 않고, 악과 추를 시인하는 것은 도저히 생각되지 않는다. 이러한 것은 전 인격의 경험에 반대되는 공허한 사상이다.

뛰어난 사람의 입각지立脚地에서 본다면 신神의 세계 안의 일체 현상現像은 모두 긍정肯定되어야 할 것인지도 모른다. 그러나, 일체 현상이 긍정되는 것은 일체로 그 뛰어난 처지에 의하여 정화된 때문이다. 바꾸어 말하면 그 뛰어난 처지에 의하여 하층下層의 처지가 모두 정복되고 부정된 때문이다. 모든 있는 힘은 이 뛰어난 처지에 의하여 더욱더욱 빛날 것이다. 그러나, 허다한 보는 것, 생각하는 것, 느끼는 것은 이 처지에 의하여 부정되었다. 그러므로 아무리 일체를 긍정하는 자라도, 야비野卑, 간휼奸譎, 유미柔媚, 음험陰險을 거척拒斥하지 않을 수 없을 것이다. 이런 것을 한꺼번에 긍정하는 길 — 부정을 경유하지 않고 긍정하는 길 — 도 있을는지 모른다.

그러나, 그 길은 현재의 나로서는 전연 이해할 수 없다.

이상은 우리의 본질에서 나와서, 우리의 현실을 초월超越하여, 현실 위에 정화의 힘으로서 작용하고, 최후로 현실을 영원히 이끌어 가려한다. 일체의 입각지立脚地가 정화되고, 일체의 존재가 긍정되게 되면, 이상은 벌써 그 임무任務를 다한 것이다. 그 때야말로 모든 가치는 곧 현실로 되어, 우리는 무이상無理想의 자재경自在境에 들 것이다. 그러나, 그 때까지는 구원겁久遠劫뒤까지는, 이상은 항상 우리를 괴롭게 하여, 우리 본질을 정련精鍊 정화淨化하고, 우리의 생활에 모순을 만들어서, 우리의 생활을 전개시키는 것이다.

21. 봉선화鳳仙花

봉선화鳳仙花 휘어잡고 섬섬옥수纖纖玉手로 산호필珊瑚筆 듬뿍 찍어, 글 한 귀 지어 보세. 요지瑤池의 벽도화碧桃花는 삼천 년三千年 꽃이 피니 서왕모西王母 잔채 할 제 열매도 더디 연다. 월궁月宮에 단계수丹桂樹는 구만 리九萬里에 향기香氣 난다. 항아姮娥의 찬 그림자 신세身勢도 외로울사, 옥창玉窓밖 앵도화櫻桃花는 정부征夫의 근심이요, 금정金井의 오동梧桐잎은 원녀怨女의 회포懷抱로다. 장대章臺에 서장류西墻柳와 녹수綠水에 채련화採蓮花는 오히월녀吳姬越女의 방탕放蕩한 노래로다.

백옥경白玉京 선녀仙女로서 인간人間에 적강謫降하여 용왕龍王의 주신 꽃을 옥계玉階에 심었에라. 토옥土沃코 깊은 골에 수풀을 헤쳐 보니 층층層層이 모은 화계花階 춘색春色이 거의로다. 조랑朝粱에 연어燕語하고 녹수綠樹에 앵제鶯啼할 제, 즐즐이 심어 놓고 물을 주어 배양培養하니, 잎잎이 퍼진 거동 채봉의 꽃이로다. 청학靑鶴의 붉은 이마 사이사이 봉을 지여 아침볕 밤이슬에 차차次次로 피어 내니, 단사丹砂를 점쳤던가 성성혈猩猩血을 묻혀 낸 듯 초목草木이 다정多情하여 웃음을 띠었으니, 난두欄頭에 빗겨앉아 사랑이 절로난다. 청홍합靑紅盒 앞에 놓고 낱낱이 떼어 내니, 꽃답고 어여쁘다. 화중花中의 보배로다. 백옥반白玉磐 갈글빻아 덩이덩이 섞어 놓고 설화지雪花紙 조각 종이 주황사朱黃絲를 풀어내어 섬섬옥수纖纖玉手로 촉하燭下에 희롱戲弄하니 허수히 매지 말고 단단히 매였에라. 잠자코 일어나니, 손끝에 꽃이 핀다. 한 물 두 물 들어 물물이 깊어 가니 목단화牧丹花 진홍색紅色아 네 빛은 가소可笑롭다. 가락의 옥지환玉指環은 한 빛을 돋치는듯 은침銀鍼을 잠간 빼아 나의羅衣를 재봉裁縫할새 수단繡緞을 움즉일제 낙화落花가 뜨뜨는 듯.

무정세월약유파無情歲月若流波라, 여름 한 철 잠간 지나 추풍秋風이 건듯 불어 화색花色이 향기하니, 화지花枝를 어루만져 창연愴然한 회포懷抱로다. 나상羅裳에 씨를 받아 향합에 넣어 두고, 해마다 봄이여든 봄마다 너를 심어 내 손에 꽃을 도쳐 북당北堂에 자랑하자. 네 이름 고쳐지어 규중화閨中花라 하리로다.

22. 도막 생각

변영로卞榮魯

(1) 애욕愛慾과 예술藝術

애는 몰입沒入이다. 예술은 표현表現이다. 몰입하고는 표현할 수 없다. 표현하려면 몰입하여서는 아니 된다. 신은 우리에게 두 가지를 다 누릴 특전을 아니 주었다. 애욕과 예술욕을 동시에 채울 수가 있다는 것은 하늘 밑에서는 제일 큰 거짓말이다.

나의 본능이 나에게 귓속한다 — "사랑하여라. 선악을 넘어서 이론을 넘어서? 전세계를 아니 신까지라도 상대로 하고 사랑하여라. 비틀거리는 겁유怯懦한 벗이여, 무엇을 주저하느냐?"고.

그러나, 나의 최고 이성은 규호叫號한다 — "벗이여, 벗어나거라 — 너의 아름다운 질곡桎梏에서, 매혹적魅惑的 무의미無意味에서! 너는 너의 예술을 위하여 너의 애인과 비장한 별리를 감행하여라. 충동생활衝動生活의 선풍旋風과 일시의 분류奔流를 초월하여 구원애久遠愛의 표현과 불후미不

朽美의 창조를 위하여 너의 아름다운 질곡桎梏에서 벗어나거라." 고.

나는 이 두 가지의 위력있는 명령 밑에 있다.

(2) 종교와 예술과의 공통점

오저奧底에 들어가서 사고思考하던 종교 역시 예술과 같이 어느 보이지 않는 비인격적非人格的 애인愛人에서 대한 심령心靈의 연소燃燒다. 절도竊盜하지 아니할 것, 음란淫亂하지 아니할 것, 허위虛僞하지 아니할 것, 살인殺人하지 아니할 것, 인리隣里를 헐지 아니할 것은 그 신성연인神聖戀人에게 바치는 꽃묶음인 것뿐이다. 그러므로 이상 모든 계률戒律이 종교에 대한 훈계訓戒가 되는 동시에 예술에 대한 훈계도 되는 것이다.

어느 깊은 의미에 있어서 엄격嚴格하고 경건敬虔한 금욕적 인물이 아니고는 종교나 예술의 신엄神嚴한 전당殿堂에 들어갈 수 없는 것이다. 알아듣기 쉽게 말하면, 종교가는 영혼의 수도승修道僧이 되는 것 같이 예술가는 심정의 수도승이 되어야 할 것이다.

(3) 절대絶對의 신임信任

믿을 것이다. 그저 믿을 것이다. 믿은 결과가 어떻든지 믿을 것이다. 믿은 결과가 어떻든지 믿을 것이다. 아무리 허위 많고 간교奸狡하고 음험陰險한 인간일망정 믿을 것이다. 엄숙하게 믿을 것이다. 믿지 않으면 속지 않을 줄 아느냐? 아니다! ―사기자詐欺者는 언제든지 더 총명聰明하다―

언제든지 설계를 하니까!

믿지 않다가 속으나 믿다가 속으나 속기는 마찬가지면, 믿다가 속는 편이 일층 더 인격적이 아니냐, 비장하지 않느냐?

믿을 것이다 — 형제를 믿을 것이다 — 처자를 믿을 것이다. 인리를 믿고 의심하지 말아라. 허위 간교 음험을 넘어서 인류 공통의 심정心情의 가는 샘이 가슴 속에 흐름을 믿다가, 믿은 보람이 있으면 행이고, 없으면 불행인 것은 물론이다. 하나 행과 불행은 우리의 인력으로 좌우할 수 있는 범위 바깥일 것이다.

믿을 것이다. 절대로 믿을 것이다. 믿을 수만 있거든, 원수까지도 믿어라.

(4) 시인과 철학자의 대화

벌써 백 년 전 옛날 일이다.

빼르린 어느 노대露臺에는 이십 이 세쯤 되어 보이는 창백한 청년 한 사람과 반백斑白의 노인 한 사람이 서서 있다. 저이들은 무슨 깊은 생각에 잠긴 사람들 같이 일없이 창궁蒼穹의 별들을 바라보고 서 있다. 그 청년은 후년後年에 문명을 천하에 날린 유명한 시인 하이네요, 그 반백의 노인은 그 당시 독일의 정신계를 지배하던 유명한 철학자 헤겔 선생이었다. 그런데, 그 때 그 두 사람 사이에는 아래와 같은 대화가 있었다.

하이네……별을 가르키며 "선생님, 참으로 아름다운 밤입니다. 저 별들을 보십시요."

헤　겔……아무 표정 없이 — "흠"

하이네……"선생님, 저는 저 별들이 우리 인생의 사후 주택이라고 생각합니다."

헤　겔……"흠……흠……, 별들이 인생의 사후주택이라구! 별? 하늘 면에 박힌 하얀 나창癩瘡인 것뿐이지………"

하이네……깜짝 놀래면서 — "무엇이요? 그러면 우리가 죽은 뒤에도 행복스러운 집이 없습니까? 우리가 행한 덕의 보상을 받을 곳이 없다는 말씀입니까!"

헤　겔……냉혹冷酷하게 — "하이네! 그래서 자네가 그러한 사후 보상을 기대하고 자네의 병모를 간호하고 형을 독살하려다가 중지하였는가?……흠……흠"

이상이 그 청년 시인과 노년 철학자 사이의 대화였다. 얼마나 두려운 의사意思의 차이냐? 아, 신앙적信仰的의 시인! 아, 회의적懷疑的의 철학자! 하나는 정서情緒와 직관直觀의 녹문綠門을 통하여 신앙에 이르렀고, 하나는 이지적理智的 추리推理의 사력지沙礫地를 거치어서 회의에 이르렀다.

(5) 시인, 예술가, 철학자여

시를 쓴다든지 그림을 그린다든지 철학을 연구한다든지 하는 사람 중에 물론 다는 아니겠지마는, 그 중에 더러는 일종의 생활방편生活方便(물론 저급의)으로 — 좀 더 천박하게 말하면 — 생활의 구실로 하는 이가 있겠다. 혹은 생활의 한산閑散을 잊어버리려는 도락주의道樂主義로 하는 이도 있겠다 하나, 개중個中에는 시나 예술이나 철학 아니고는 자기를 발견할 수 없고, 자기를 확충시킬 수 없으며, 자기를 표현할 수 없다는 절대의 성실감誠實感으로 하는 이도 물론 있을 것이다.

이제 우리는 우리가 그 여럿 가운데 어느 부류에 붙겠는가, 제 각기 자기의 생활을 반성 비판하고, 제 각기 자기의 하는 일에 대한 태도를 검색檢索하여 볼 것이다. — 엄정하게, 가혹하게, 용서 없이! —

이상에도 말한 바와 같이 물론 전부는 아니겠지마는, 우리 중에 더러는 생활의 빙자憑藉 거리도 — 어찌하여서 이 세상에 산다는 이유는 있어야 할 것이니까 자기의 영분領分도 아닌 시를 쓴다든지, 그림을 그린다든지 철학을 연구하는 이가 있겠다.

또 더러는 입이 텁텁할 때에 담배 피우고 마음이 울적할 때에 술 마시는 격으로, 문학이니 예술이니 철학이니 하고 뒤떠드는 축도 있겠다.

그러나, 그 모든 것보다도 더 보기 싫고 참을 수 없는 것은 아무 이유 없이, 동기 없이 목적 없이, 야심까지도 없이, 공연히 남이 하니까, 나도 좀 해 볼가하는 태도態度로 하는, 맥 없고 신경 없는 무뢰적無賴的 기분에 싸여 하는 이들이다. 벗들이여 명심하라. 무뢰적 기분은 유희遊戲적 기분과 결혼하여 잔멸殘滅과 조락凋落이란 미운 자식을 낳을 것이다.

젊은 대한을 빛나게 할 많은 시인 예술가 철학자들이여! 명실할 것이다 — 우리의 생은 유희가 아니고 분투奮鬪임을, 도락이 아니고 노고勞苦임을. 로맨 롤랑은 말하였다. "우리 인생의 길은 장미꽃을 뿌려 놓은 탄탄대로坦坦大路가 아니다!"라고.

인간의 생명이란 죽음의 준비인 것뿐이다. 그림자가 물체를 따르는 것 같이 아름다운 죽음은 반드시 아름다운 생활의 뒤를 이어 오고, 의미 있는 죽음은 반드시 의미 있는 생활의 뒤를 따르는 것이다. 이렇게 보면 우리의 생은 우리의 사死 곧 우리의 사체死體를 곱게 아름답게 찬란하게 둘러싸 줄 수의壽衣를 짜는 시기인 것뿐이다! 땀의 날과 피의 씨로 된 비단의!

아아 젊은 대한을 빛나게 할 시인, 예술가, 철학자들이여! 눈물의 골짜기를 걸어라, 애를 써라. 극매어라. 그래서 그 보상으로 구원久遠의 생명을 파악하여라.

23. 인현왕후仁顯王后

숙종 대왕 세비 인현 왕후의 본은 여흥驪興이시니, 행병조판서行兵曹判書 여양부원군驪陽府院君 둔초의 녀시오. 영의정領議政 송동춘 선생의 외손이시라.

부인 송 씨 기이하신 신몽을 꾸시고, 정미 사월 이십삼일 탄생하오시니, 집우에 서긔 니러나고, 산실産室의 향취 옹실擁室하여, 오래되도록 없어지지 아니니, 부뫼 지긔知機하심이 있어, 가중의 말을 내지 못 하시게 하시더라.

잠간 장성하시매, 정정탁월亭亭卓越하사 화월이 붓그리는 듯하시고, 용안이 황홀찬란하사 백일이 빛을 잃으니, 고금의 비할 곳이 없으시며, 녀공재봉이 민첩신이하사 일백신령이 가르치는 듯하시나, 안색에 나타내지 아니하시고, 유정유일唯精唯一하시고 숙연肅然하사, 회포를 남이 아지 못하며, 무심무려한 듯 하사 흡연洽然하신 성덕이 유화천연柔和天然하사 덕행 예절이며, 효의孝義 특출하사 유한정정幽閒貞靜하시고, 단일성장端一誠莊하시고, 널은 도량이 어위하시고, 백행이 구비하시니, 종일 단좌하시매 화풍경운和風景雲이 옥체에 둘렸으니, 단엄침중端嚴沈重하사 사람이 우러러 보지 못하며, 맑고 좋으신 골격과 향기로시기 가을 물결과 높은 하늘 같으시고 높고 곧은 절개는 금옥과 송백 같으시고, 어려서부터 희학과 사치를 좋아 아니시고 단순이 적적하시니, 무색한 의대 가운대 긔이

한 자태 비상하시며, 정대하사 일백 가지로 빼혀나시고, 문필이 유여하사 만고녁대를 무불통지하시나, 가만한 가운대나 붓을 들어 문자를 쓰지 아니시니, 부모와 삼촌 형제 사랑 과중하시고, 원근 친척이 놀라고 탄복하여 지내니, 아시적부터 공경치 아니리 없어 꽃다운 이름이 세상에 가득하더라.

상시 세수물에 붉은 무지개 찬란하니, 민 공이 반다시 긔히 될 줄 짐작하고, 심중에 염하여 범사 교훈함을 간절이 하시니, 그 중부仲父 노봉老峯 민 선생 성학대도聖學大道와 엄정한 성으로 후를 사랑 하시기를 모든 자질 중의 더하시되, 매양 가라사대, "물이 극히 맑으면 귀신이 끄리나니, 차애此兒 과히 현미現米한즉 수한이 기지 못할가 근심하노라." 하시더라.

일즉 모부인 상사를 만나 지통이 되어 애훼哀毁하시며, 세월이 오래되녜에 넘으시며, 계모 조씨 봉양하심을 지성으로 하시니, 외조 동춘 선생이 애중이 녀기사 다려다 슬하에 두실 때, 가만히 날로 일컬어 가라사대, "임사姙姒의 덕행이 있다." 해서, 내외 문중의 경학대통經學大通과 절부節婦의 극진여행極盡女行을 교훈하시니, 설사 후의 천성의 불민하심이 계서도 이름이 없지 아니하려든, 하물며 산고옥출山高玉出이오, 해심생태海深生苔라 하니, 명가지문의 성인이 생하시니 범연하시리요.

경신동庚申冬에 인경 왕후仁敬 王后 승하하시니, 대왕대비께옵서 곤위가 비였음을 근심하사 간택하는 영을 나리오사 숙덕을 구하시니, 청성淸城 부원군府院君 김 공이 후의 덕행을 익히 들은 고로, 대비긔 주달하고, 영의정 송 선생이 상전의 아뢰되, "국모는 만민의 복이라 당금 병판 민 모某의 여애 숙덕이 쌍전함을 신이 익히 아오니, 복망伏望 전하는 번거이 간택을 말으시고 대혼을 완정하소서." 대비 대열 하사, 비망긔備忘記를 나리와 전교傳敎하사 지실知悉하라 하시니, 민 공이 송률하여 즉시 상소하여, 지극히, 사양하니, 말슴이 심히 간절하되, 상의 이미 굳으신라지, 허치 아니시고, 세 번 상소에 도로혀 엄지嚴旨를 나리와 책하시며 좌의정 노봉 민공을 입대入對하사, 국체불경國體不敬함을 경책하시니, 신자 도리의 사양할 길이 없어, 물러 집에 돌아와, 형제자질 다 뫼여 송황하은 천은을 감축하여 눈물이 절로 떠러짐을 깨닷지 못하더라.

— 지은이 모름. (인현 왕후 전에서) —

24. 고구려의 민족 사상

손진태孫晋泰

지금으로부터 이천 사오백 년 전, 중국으로 말하면 춘추전국 시대春秋戰國時代에 있어 반도의 남쪽에는 한족韓族이 있었고 북부 및 만주 지방에 예맥穢貊이란 족속이 살고 있었다. 그들은 모두 인종학상 통구스通古斯 족에 속하는 종족으로 아직 통일된 국가 형성 단계에 달하지 못하고 무수한 부족적 소국가를 이루어 있었다.

당시는 중국사에 있어서도 아직 그러한 세태이었었다.

이 부족국가部族國家 시대는 원시 공산사회를 지나기 멀지 아니 하므로 비록 사유재산 제도는 일어났으나 계급 사이의 이해利害를 위한 적대敵對현상現像은 있지 아니하였다. 다시 말하면 토지의 겸병兼倂이 없었으므로 지주·귀족과 소작인·농노라고 하는 계급적 대립 형태는 발생되지 아니하였었다. 비록 무사와 농민의 신분身分관계는 있었으나, 결코 그것이 적대敵對 관계에까지 이르지는 아니하였다.

조선 역사상에 귀족이란 것이 일어나게 된 것은 실로 중국의 압력에 인因함이었다. 진秦과 한漢이 중국을 통일하여 그 커다란 힘이 동으로 진출하게 됨을 따라, 만주와 반도의 모든 부족국가도 통일된 힘으로서 이에 대항하지 아니ㅎ지 못하게 되었다. 이것이 국가 발생의 기인基因의 가장 중대한 자者이었다. 이러한 통일국가에 있어서는 귀족이란 계급이 필연적으로 발생되었다. 한 국가에 있어 그 정치적 권력을 획득 지속持續하기 위하여서든지, 또는 강대한 외적에 대하여 그 민족적 이익을 옹호하기 위하여서든지, 종래의 부족적部族的 농민병農民兵보다는 조직적인 강대한 군대를 필요로 하였다. 그런데 이 군대란 것은 그 때 부족추장部族酋長 즉 원시原始 귀족의 사병私兵이었다. 이 사병을 양성하기 위하여는 거대한 자원資源을 구하지 아니할 수 없었고, 그 자원은 군내에 있어서는 토지겸병土地兼倂, 농노사용農奴使用등 이외에 구할 길이 없다. 이에 비로소 계급 대립할 맹아萌芽가 터지었던 것이다. 그러나, 그 자원은 반드시 국내가 아니면 구하지 못 할 성질의 것은 아니었으며, 또 국내에 있어서는 종래의 부족 국가적 토지제도의 관성慣性이 아직 농후하게 남아 있었으므로 일조一朝에 그것을 파괴하기까지는 당시 맹아기萌芽期의 귀족의 세력으로는 불가능하였다. 이에 그들은 그 자원을 외 민족으로부터 취하고자 노력하였다. 이러한 시대의 원시 귀족과 민중 사이에는 그 경제적 이해충돌보다는 민족 전체로서의 공동이익 획득이라는 것이 이 사회의 표면에 나타날 엄연奄然한 최대最大 현상現像이었다. 이러한 시대를 나는 가로되 민족국가시대라고 한다. 이 시대에 있어서는 지배계급인 원시 귀족이나 민중 사이에 오직 민족 의식이 치렬熾烈하였을 뿐이었다.

고구려의 왕실이 서기 일 세기 경, 북으로부터 내려와서 압록 강 중류 대안對岸, 동가강佟佳江 하류 유역의 소평원小平原에 국가를 건설하였을 때는 마치 이러한 민족국가 형성의 시초기이었다. 그들은 평원平原다운 평원이라고는 가지지 못 하고 험준한 산곡山谷에 처하여 있었으므로 민족적 발전을 위하여서는 전체적 단결과 부단한 긴장을 하지 않을 수 없다.

중국인이 그들을 평하여 인성人性이 흉급凶急하고 강용强勇하여 침략을 좋아하며 그 행보行步가 마치 닫는 것과 흡사하다고 한 것은 이러한 긴장과 상무를 의미하는 것이었다.

이러한 사상思想을 가진 민족의 발전은 불문가지不問可知이니, 그들은 과연 사오 세기 간의 간단間斷 없는 분투에 의하여 만주 전토全土와 반도 북반北半을 영유領有한 대 고구려국을 형성하였던 것이다.

그러나, 우리가 슬퍼할 것은 이렇게 고구려의 국가가 국가로서 발전됨을 따라 그에 비례하여 귀족사상이 점차로 발전되었던 것이다. 국가의 영토가 확대될수록 귀족의 부력富力은 증가되고 귀족의 부력이 증가될수록 민중의 생활은 궁핍하게 되고 이에 따라 전일前日의 민족의식은 점차 쇠퇴하여지고 또 그에 따라 계급 적대의 사상은 장차 강화하여 갔었다. 그것은 민중의 죄가 아니요, 귀족들이 지은 죄이었다. 대 국가에 있어 그 정치적 권력을 얻기 위하여는 전보다 더 큰 재력財力을 필요로 하였고, 같은 귀족 중에서도 정치적 우월권優越權을 획득하려면 남보다 더 큰 재력을 필요로 하였다. 그러므로, 이에 귀족 사이의 정권 쟁탈전이 일어나게 되어 종래의 선거제도이었던 추장 및 총리 대신의 지위는 무력상쟁으로 화하고 합의제도合議制度이었던 국가의 의정기관議政機關은 독재적으로 타락되고 말았다. 이렇듯 귀족들이 정권 쟁탈전에만 몰두하고 있는 동안에 민족의식의 발전을 구한들 어찌 그 것이 가능한 일이랴! 그 가장 대표적이고도 비통한 결과를 보게 한 것은 고구려 말년의 천 남생泉男生 형제의 가증可憎할 정권 쟁탈전이었다. 고구려는 실로 이로 말미암아 망하였으며, 조선사史는 실로 이로 말미암아 요하遼河 이동, 압록강 이북의 거대한 영토를 상실하게 되었다.

역사란 것은 우리가 과거의 사실을 알기 위하여서만 의미가 있는 것이 아니요, 마치 한 개인이 과거의 경험에 의하여 장래 생활의 목표를 정하는 것과 마찬가지로 한 민족의 전체로서의 과거 생활을 과학적으로 비판 파악함에 의하여 현실 및 장래 생활에의 정확한 지침을 발견함에 그 절대의 의미와 가치가 있는 것이다. 그러면 상술한 고구려사에서 우리는 무엇을 얻을 수 있을까? 그 것은 내가 여기 중언부언重言復言할 필요도 느끼지 않는 바이다.

25. 나의 정치 이념

김구金九

나의 정치 이념은 한 마디로 표시하면 자유다. 우리가 세우는 나라는 자유의 나라라야 한다.

자유란 무엇인가? 절대로 각 개인이 제 멋 대로 사는 것을 자유라 하면, 이것은 나라가 생기기 전이나, 저 레닌의 말 모양으로 나라가 소멸된 뒤에나 있을 일이다. 국가 생활을 하는 인류에게는 이러한 무조건의 자유는 없다. 왜 그런고 하면, 국가란 일종의 규범의 속박이기 때문이다. 국가 생활을 하는 우리를 속박하는 것은 법이다. 개인의 생활이 국법에 속박되는 것은 자유 있는 나라나, 자유 없는 나라나 마찬가지다. 자유와 자유 아님이 갈리는 것은 개인의 자유를 속박하는 법이 어디서 오느냐 하는 데 달렸다.

자유 있는 나라의 법은 국민의 자유로운 의사에서 오고, 자유 없는 나라의 법은 국민 중의 어떤 일 개인, 또는 일 계급에서 온다. 일 개인에서 오는 것을 전제, 또는 독재라 하고, 일 계급에서 오는 것을 계급 독재라 하고, 통칭 파시오라고 한다.

나는 우리 나라가 독재의 나라가 되기를 원ㅎ지 아니한다. 독재의 나라에서는 정권에 참예하는 계급 하나를 제하고는, 다른 국민은 노예가 되고 마는 것이다.

독재 중에도 가장 무서운 독재는 어떤 주의 즉 철학을 기초로 하는 계급 독재다. 군주나 기타 개인 독재자의 독재는 그 개인만 제거되면 고만이어니와, 다수의 개인으로 조직된 한 계급이 독재의 주체일 때에는 이것을 제거하기는 심히 어려운 것이니, 이러한 독재는 그보다 큰 조직의 힘이거나, 국제적 압력이 아니고는 깨뜨리기 어려운 것이다. 우리 나라의 양반 정치도 일종의 계급 독재어니와, 이것은 수백 년 계속하였다. 이태리의 파시오, 독일의 나치스의 일은 누구나 다 아는 일이다.

그러나, 모든 계급 독재 중에도 가장 무서운 것은 철학을 기초로 한 계급 독재다. 수백 년 동안 근세 조선이 행하여 온 계급 독재는 유교, 그 중에도 주자학파의 철학을 기초로 한 것에서, 다만 정치에 있어서만 독재가 아니라, 사상, 학문, 사회 생활, 가정 생할, 개인 생할까지도 규정하는 독재였었다. 이 독재 정치 밑에서, 우리 민족의 문화는 소멸되고, 원기는 마멸된 것이었다. 주자학 이외의 학문은 발달하지 못 하니, 이 영향은 예술, 경제, 산업에까지 미쳤다. 우리 나라가 망하고, 민력民力이 쇠잔하게 한 가장 큰 원인이 실로 여기 있었다. 왜 그런고 하면, 국민의 머리 속에 아무리 좋은 사상과 경륜이 생기더라도, 그가 집권 계급의 사람이 아닌 이상, 또 그것이 사문난적斯文亂賊이라는 범주밖에 나지 않는 이상, 세상에 발표되지 못 하기 때문이었다. 이 때문에 싹이 트려다가 눌려 죽은 새 사상, 싹도 트지 못하고 밟혀 버린 경륜이 얼마나 많았을가? 언론의 자유가 어떻게나 중요한 것임을 통감하지 아니할 수 없다. 오직 언론의 자유가 있는 나라에만 진보가 있는 것이다.

시방 공산당이 주장하는 소련식 민주 주의란 것은 이러한 독재 정치

중에도, 가장 철저한 것이어서, 독재 정치의 모든 특징을 극단으로 발휘하고 있다. 즉 헤겔에게서 받은 변증법, 포이엘바하의 유물론 이 두가지와 아담·스미드의 노동 가치론을 가미한 맑스의 학설을 최후의 것으로 믿어, 공산당과 소련의 법률과 군대와 경찰의 힘을 한 데 모아서, 맑스의 학설에 일점 일획이라도 반대는 고사하고 비판만 하는 것도 엄금하여, 이에 위반하는 자는 죽음의 숙청으로써 대하니, 이는 옛날의 조선의 사문난적에 대한 것 이상이라. 만일 이러한 정치가 세계에 퍼진다면 전 인류의 사상은 맑스 주의 하나로 통일될 법도 하거니와, 설사 그렇게 통일이 된다 하더라도, 그것이 불행히 잘못된 이론일진대 그런 큰 인류의 불행은 없을 것이다. 그런데, 맑스의 학설의 기초인 헤겔의 변증법의 이론이란 것이 이미 여러 학자의 비판으로 말미암아, 전면적 진리가 아닌 것이 알려지지 아니하였는가? 자연기의 변천이 변증법에 의하지 아니함은 뉴톤 아인스타인 등 모든 과학자들의 학설을 보아서 분명하다.

그러므로, 어느 한 학설을 표준으로 하여서, 국민의 사상을 속박하는 것은, 어느 한 종교를 국교로 정하여서, 국민의 신앙을 강제하는 것과 마찬가지로 옳지 아니한 일이다. 산에 한 가지 나무만 나지 아니하고, 뜰에 한 가지 꽃만 피지 아니한다. 여러 가지 나무가 어울려서 위대한 삼림의 아름다움을 이루고, 백 가지 꽃이 섞겨 피어서 봄 뜰의 풍성한 경치를 이루는 것이다. 우리가 세우는 나라에는 유교도 성하고, 불교도 예수교도 자유로 발달하고, 또 철학으로 보더라도 인류의 위대한 사상이 다 들어와서, 꽃이 피고 열매를 맺게 할 것이니, 이리하고야만 비로소 자유의 나라라 할 것이오, 이러한 자유의 나라에서만 인류의 가장 크고 가장 높은 문화가 발생할 것이다.

나는 노자老子의 무위無爲를 그 대로 믿는 자는 아니어니와, 정치에 있어서 너무 인공을 가하는 것을 옳지 않게 생각하는 것이다. 대개 사람이란 전지전능할 수가 없고, 학설이란 완전무결할 수 없는 것이므로, 한 사람의 생각, 한 학설의 원리로 국민을 통제하는 것은 일시 속한 진보를 보이는 듯하더라도, 필경은 병통이 생겨서, 그야말로 변증법적인 폭력의 혁명을 부르게 되는 것이다. 모든 생물에는 다 환경에 순응하여, 저를 보존하는 본능이 있으므로, 가장 좋은 길은 가만히 두는 길이다. 적은 꾀로 자주 건드리면 이익보다도 해가 많다. 개인 생활에 너무 잘게 간섭하는 것은 결코 좋은 정치가 아니다. 국민은 군대의 병정도 아니오, 감옥의 죄수도 아니다. 한 사람 또는 몇 사람의 호령으로 끌고 가는 것이 극히 부자연하고, 또 위태한 일인 것은 파시오 이태리와 나치스 독일이 불행하게도 가장 잘 증명하고 있지 아니한가? 미국은 이러한 독재국에 비겨서는, 심히 통일이 무력한 것 같고, 일의 진행이 느린 듯하여도, 그 결과로 보건대 가장 큰 힘을 말하고 있으니, 이것은 그 나라의 민주 주의 정치의 효과이다. 무슨일을 의논할 때에 처음에는 백성들이 저마다 제 의견을 발표하여서 헌헌효효喧喧囂囂하여 귀일할 바를 모르는 것 같지마는, 갑론을박으로 서로 토론하는 동안에 의견이 차차 정리되어서, 마침내 두어 큰 진영으로 포섭되었다가, 다시 다수결의 방법으로 한 결론에 달하여, 국회의 결의가 되고, 원수의 결재를 얻어, 법률이 이루어지면, 이에 국민의 의사가 결정되어 요지부동하게 되는 것이다.

이 모양으로 민주 주의란 국민의 의사를 알아보는 한 절차, 또는 방식이요, 그 내용은 아니다. 즉 언론의 자유, 투표의 자유, 다수결에 복종 — 이 세 가지가 곧 민주 주의다. 국론 즉 국민의 의사의 내용은 그 때 그 때의 국민의 언론전으로 결정되는 것이어서, 어느 개인이나 당파의 특정한 철학적 이론에 좌우되는 것이 아님이 미국식 민주 주의의 특색이

다. 다시 말하면 언론, 투표, 다수결, 복종이라는 절차만 밟으면 어떠한 철학에 기초한 법률도 정책도 만들 수 있으니, 이것을 제한하는 것은 오직 그 헌법의 조문뿐이다. 그런데 헌법도 결코 독재적의 그것과 같이 신성 불가침의 것이 아니라, 민주 주의의 절차로 개정할 수가 있는 것이니, 이러므로 민주 즉 백성이 나라의 주권자라 하는 것이다. 이러한 나라에서 국론을 움직이려면, 그 중에서 어떤 개인이나 당파를 움직여서 되지 아니하고, 그 나라 국민의 의견을 움직여서 된다. 백성들의 작은 의견은 이해 관계로 결정되거니와, 큰 의견은 그 국민성과 신앙과 철학으로 결정된다. 여기서 문화와 교육의 중요성이 생긴다. 국민성을 보존하는 것이나, 수정하고 향상하는 것이 문화와 교육의 힘이요, 산업의 방향도 문화나 교육으로 결정됨이 큰 까닭이다. 교육이란 결코 생활의 기술을 가르치는 것만을 의미하는 것이 아니다. 교육의 기초가 되는 것은 우주宇宙와 인생人生과 정치政治에 대한 철학哲學이다. 어떠한 철학의 기초 위에 어떠한 생활의 기술을 가르치는 것이 곧 국민 교육이다. 그러므로 좋은 민주주의의 정치는 좋은 교육에서 시작될 것이다. 건전한 철학의 기초 위에 서지 아니한 지식과 기술의 교육은 그 개인과 그를 포함한 국가에 해가 된다. 인류 전체로 보아도 그러하다.

이상에 말한 것으로 내 정치 이념이 대강 짐작될 것이다. 나는 어떠한 의미로든지 독재 정치를 배격한다. 나는 우리 동포를 향하여서 부르짖는다.

4282年8月5日 發行

중 등 국 어

臨時定價

6권　290圓

版權所有

編　者　**李 秉 岐**
發行者　**金 時 必**

서울市鐘路2街91

發行所　**金龍圖書株式會社**

(4280. 9. 20. No.102)

印刷所　**大建印刷所**

(1947. 9. 30. No.21)

[부록] 25권 교육학 Ⅰ 상세목록

1	중등국어 1	1949.8.5	금룡도서	
2	중등국어 2	1949.8.5	금룡도서	
3	중등국어 3	1949.8.5	금룡도서	
4	중등국어 4	1949.8.5	금룡도서	
5	중등국어 5	1949.8.5	금룡도서	
6	중등국어 6	1949.8.5	금룡도서	

가람 이병기 전집 ㉕

교육학 I(중등국어 1~6)

지은이 이병기
펴낸이 양오봉
펴낸곳 전북대학교출판문화원

초판 1쇄 인쇄 2024. 12. 16
초판 1쇄 발행 2024. 12. 25

전북대학교출판문화원 전북특별자치도 전주시 완산구 어진길 32 (풍남동2가)
전화 (063) 219-5319~5322
FAX (063) 219-5323
출판등록 2012년 8월 20일 제465-2012-000021호

값 36,000원

ISBN 979-11-6372-239-7 04810
ISBN 979-11-87892-59-5(세트) 04810

* 이 책은 2024년도 익산시와 전라북도의 지원에 의해 간행되었습니다.